古往今来
华夷互融
万川归一
共铸中华

二〇二三年三月八日

夏家通話果花離華
中一相共碩紅分中華
凝同意情培開不興
和弟融親葉實體力
共兄互相茂結整協
方海流愛枝根夷心
五四交友繁連華齊

林超民
二〇二三年五月二十日

飞凤古城民族文
化百年华东巨著
蔚为大观

莊孔韶

中国自古重视名实相符，名不正则言不顺。兼具历史学与人类学深厚功底的高志英教授出版大作《华夷互融：飞凤古城民族志》，从多学科角度，以扎实的民族志材料为根基，对此进行了详尽的辨析。名实互构，顺应时势，华夷交融，美美与共，多元一体，为中华民族共同体形成，提供了丰富的要素和强大的动力，书写了人类历史上的华丽篇章。

纳日碧力戈 2023.5.30.

华夷互融
飞凤古城民族志

高志英 著

学苑出版社

图书在版编目（CIP）数据

华夷互融：飞凤古城民族志 / 高志英著 . — 北京：学苑出版社 , 2023.1

ISBN 978-7-5077-6597-7

Ⅰ . ①华… Ⅱ . ①高… Ⅲ . ①少数民族-乡村-民族志-中国 Ⅳ . ① K28

中国国家版本馆 CIP 数据核字 (2023) 第 056688 号

责任编辑：战葆红
出版发行：学苑出版社
社　　址：北京市丰台区南方庄 2 号院 1 号楼
邮政编码：100079
网　　址：www.book001.com
电子邮箱：xueyuanpress@163.com
联系电话：010-67601101（营销部）　010-67603091（总编室）
印　刷　厂：北京建宏印刷有限公司
开本尺寸：710mm×1000mm　1/16
印　　张：23.75
字　　数：370 千字
版　　次：2023 年 1 月北京第 1 版
印　　次：2023 年 1 月北京第 1 次印刷
定　　价：98.00 元

目 录

绪论 ·· 1
 一、从夷到彝：内涵、外延的历时性异同与其融入中华民族共
  同体的历史关联 ··· 1
 二、华夷互融：西南边疆少数民族社会变迁与中华民族整体发展
  历史主脉 ·· 4
 三、历史记忆与仪式实践：民族学、人类学汉夷交融史研究
  的必要性与可能性 ·· 9

上篇 仪式实践中汉彝文化嵌融的昂贵土主神 ······················ 19
 一、五月十三土官山上土主庙里的"祭大山"仪式 ················· 19
  （一）"祭大山"：飞凤古城汉彝村民共享的村落集体仪式 ····· 19
  （二）请神归位——从彝族土司到汉彝村民共享的土主神 ··· 31
  （三）从祭牛到祭猪：从彝族游牧生计到汉族农耕生计的祭品
    变化 ·· 37
 二、五月十三："祭大山"时间节点中的汉彝文化重合 ············ 41
  （一）昂贵土司忌日说 ·· 41
  （二）村民祭天求雨开秧门日说 ···································· 44
  （三）内地关老爷磨刀日说的空间位移 ·························· 48
 三、汉彝村民共享的多元信仰与仪式实践文化意涵分析 ·········· 59
  （一）汉彝自然崇拜的在地化混融 ································ 60

（二）彝族土主崇拜的汉彝村民共享与村落共同体建构……… 63
　　（三）彝族土主与汉族关公互为"陌生人－王"的西南实践… 65

中篇　百年昂氏土司：汉彝文化交融的多重历史叙事主角………… 69
　一、设治、教化与朝贡：广西府土流并治、普氏（昂氏）崛起… 70
　　（一）设治……………………………………………………… 70
　　（二）教化……………………………………………………… 83
　　（三）朝贡……………………………………………………… 105
　二、官方史志中的昂贵"肆虐不法"形象重构与其宿命隐喻… 109
　　（一）昂贵"肆虐不法"及其文化土壤………………………… 110
　　（二）普氏（昂氏）衙门空间位移的内、外视角……………… 129
　　（三）官方史志对昂贵"肆虐不法"形象的历时性重构……… 151
　三、地方文化精英对昂贵的神化及其文化隐喻………………… 175
　　（一）乌蟒在世——乱世枭雄………………………………… 175
　　（二）飞刀龙马——来自俗世舅家与仙界的双重神力………… 186
　　（三）"四大金刚"——联通上下、内外的政治利益集团的
　　　　　联结与分化……………………………………………… 201
　　（四）土司大印——明代中央王朝敕封权力由得到失的
　　　　　寓意………………………………………………………… 232
　　（五）昂二、昂三公主——昂氏家族的分化与汉化隐喻……… 237

下篇　六百年飞凤古城：汉彝交往交流交融的展演剧场………… 243
　一、城子与城子人：汉彝建筑文化交融实践与古城村落共同
　　　体的形成………………………………………………………… 243
　　（一）从"爨夷"到汉族：古城居民的置换与汉彝文化交融… 243
　　（二）从"白芍"部落聚居地、永安土司城堡到汉彝共居
　　　　　的飞凤古城……………………………………………… 255

（三）"三十六层迷宫"土库房：汉彝文化交融互嵌的物
化象征符号 ………………………………………………… 276

（四）飞凤古城：跨越族群文化边界的村落共同体生存空间 … 281

（五）江西街：边疆与内地经济文化一体化空间的时空位移 … 289

二、外彝内汉：飞凤古城民宅建筑文化及其主体生命史 ……… 306

（一）曾家大院：武功立身的曾氏家族兴衰史的见证物 …… 307

（二）将军第：忠君护民的李大将军家族兴衰史的物化标识 … 311

（三）陈家大院：城子精神文化生产者陈氏家族兴衰史的
物化叙事 …………………………………………………… 318

（四）姊妹墙：城墙建筑中的女性在场与"陌生女—王"
实践的铿锵物语 …………………………………………… 326

三、飞凤坡：神、佛、仙护佑的"风水宝地" ………………… 330

（一）土司府：兴亦"风水"，毁亦"风水" ……………… 331

（二）灵威寺：儒释道与民间信仰水乳交融的公共信仰空间 … 341

（三）阳宅民居：儒释道与民间信仰交融的私人信仰空间 … 349

（四）祖坟阴宅：家族土地边界区隔和风水理论的实践变通 … 353

结论与讨论 ……………………………………………………… 358

一、外界史家之历史与村民之历史异同——不同视角下的不同历
史叙事 ……………………………………………………… 358

二、攀附与逃离——土司制存废中的多重悖论 ……………… 359

三、华夷互融的总趋势及其路径的多向性、多维性 ………… 361

参考文献 ………………………………………………………… 363

后记 ……………………………………………………………… 372

绪论

一、从夷到彝：内涵、外延的历时性异同与其融入中华民族共同体的历史关联

开篇不得不说明的是，书中有两个概念不断反复出现，一是"夷"，二是"彝"。后者不难理解，是指20世纪50—60年代中国民族识别之后，作为中国56个民族之一的彝族。但对前者的界定、诠释，则为不易。不过如将其泛指非内地汉族之外的边疆少数民族，实际上是不应该产生歧义的，因为在中国历史上"夷"之概念由来已久，并以此指代中原之外的"四夷"。

早在西周的《礼记》中，就出现了"南方曰'蛮'，雕题交趾，有不火食者矣"的记载，此蛮意同"夷"；到春秋战国时期，则逐渐出现了"东夷""南蛮""西戎"与"北狄"之别，以此将中原（中国）华夏族与四境少数民族从地理空间、政治、经济与文化上加以区分。此时的"夷"，显然是指中原四周非农业生计的非华夏群体。本书的田野点——云南省红河哈尼族彝族自治州泸西县，为古代"南蛮"分布的地理空间范围内。另，中国历史上也曾以"夷"替代"蛮"，指代的是中原以南，且非华夏的各少数民族，其中包括源自甘青高原的氐羌系统族群后裔彝族等族群。这在汉代以来的汉文献记载里比比皆是：

> 西南夷君长以什数，夜郎最大；其西靡莫之属以什数，滇最大；自滇以北君长以什数，邛都最大。此皆魋结，耕田，有邑聚。其外西自同师以东，北至楪榆，名为嶲、昆明，皆编发，随畜迁徙，毋常处，毋君长，地方可数千里。自嶲以东北，君长以什数，徙、筰都最大；

自筰以东北,君长以什数,冉駹最大。其俗或土箸,或移徙,在蜀之西。[1]

宋代《太平御览》卷七九四引汉应劭《风俗通义·四夷》也载:

> 氐言抵冒贪饕,至死好利。乐在山溪,本西南夷之别种,号曰白马。孝武帝遣中郎将郭昌等引兵征之,降服,以为武都郡。[2]

可见,从《史记·西南夷列传》伊始,汉文献对西南少数民族中的氐、羌族群的记载,就将"蛮"与"夷"或"蛮夷"等交替使用。众所周知,彝族源自乌蛮,乌蛮源自氐羌,也属于汉唐时期的"西南夷",以及更早时期,并长期使用的"南蛮"一支。故而在本书里的"夷",即指代包括彝族先民在内的"西南夷"或"南蛮"群体。而且,多是从其文化有别于华夏文化的角度使用"夷"这一概念,故而并不能以"夷"完全等同于今天民族识别后的"彝族"。或者说,今天彝族族称主要是20世纪50年代才出现的,与古文献里的"夷"群体并非一对一的关系。后者既可以指代沿袭已久的包括"东夷""南蛮""西戎"与"北狄"在内的非中原华夏群体,也可以指代汉唐时期的"南蛮""乌蛮""白蛮"群体,还可以指代元明清至民国的"罗罗"群体。前两者是泛指,主要是指从地理空间与文化等视角有别于华夏的民族群体;后者则对应今天的彝族,是一个历经漫长的分化、交融过程后形成的独立民族共同体。彝族学者何耀华就说:

> 从历史源流来看,彝族渊源于我国古代西北南迁的氐羌人与西南地区的土著居民的融合体。在漫长的历史发展中,汉族、白族、纳西族等族人口大量融合于其中。先秦、两汉时期汉文献称为"嶲""昆明",汉晋时期称为"叟",南北朝至唐代称为"东爨乌蛮",元、明、清时期称为"罗罗"。彝族支系繁多,有数十种自称和他称。……(20

---

[1] (汉)司马迁:《史记·西南夷列传》,北京:中华书局,1963年,第2991页。
[2] (宋)李昉:《太平御览》,北京:中华书局,2000年,第3524页。

世纪)50年代经过民族识别,并遵照本民族的共同意愿,统称为彝族。[1]

需要注意的是,在"巂""昆明""叟""东爨乌蛮"与"罗罗"到20世纪50年代最终被识别为彝族之前,学界也较为普遍地用"夷"特指今天的彝族。在明代《万历云南通志》卷十六《羁縻志》第十一"爨蛮风俗"条中,还出现过"爨夷"之名:

> 爨夷之名,其原如此,今云南郡县山谷险阻之地皆此夷居之,种名不同而爨则一也。

到民国,也仍然有用"夷"指代"罗罗"群体的。如著名彝族研究专家林耀华先生在民国时期就曾著《凉山夷家》[2],这是一部实地考察彝族文化的田野报告,依据其亲自搜集的材料,以家族为中心,叙述与彝族氏族、亲属、家族与婚姻相关的社会组织,并描写其生活、经济、阶级、冤家与巫术等内容。林先生所调查、研究的对象就是凉山区域的彝族,对此,内、外皆不会产生歧义与误读。1941年夏天在昆明西南联合大学师生组织的"川康科学考察团",由曾昭抡带领十名大学生到凉山彝区调查,并完成调查报告《大凉山夷区考察记》[3]。可见,用"夷"称呼今天的彝族群体,在民国时期就较为普遍。到1995年,林耀华先生又出版了《凉山彝家的巨变》[4],则将"夷"改为了"彝",是遵循了20世纪50年代民族识别之后的统一族称"彝族"。由此仍然可以看出,以早期的"夷"对应后来的"彝",如是在针对研究对象的具体时空下,也是可行的。

值得注意的是,"夷"之所以为"夷",或彝族先民之所以为"巂""昆明""叟""东爨乌蛮"和"罗罗",在于其诸多民族或族群要素有别于"华夏"或"汉"。一是区位处于华夏边缘而有别于华夏,并且主要分布于西

---

[1] 何耀华主编《彝族卷》,载吕大吉、何耀华主编:《中国各民族原始宗教资料集成》,北京:中国社会科学出版社,1996年,第14页。
[2] 参见林耀华:《凉山夷家》,昆明:云南人民出版社,2003年。
[3] 参见曾昭抡:《大凉山夷区考察记》,北京:中国青年出版社,2012年。
[4] 参见林耀华:《凉山彝家的巨变》,北京:商务印书馆,1995年。

南高山深林；[1] 二是其族源为氐羌族群而有别于源自炎黄的华夏；三是传统文化或传统生计方式因长期游曳迁徙于高山深林，而有别于早就行定居农业的华夏及其后来的汉族。但最为重要的是，"南蛮""西南夷"及后来的"僰""昆明""叟""东爨乌蛮"与"罗罗"而至彝族，他们皆因为与"华夏"，以及与"西南夷"内部各群体一直发生着密切的族际交往关系，才产生了彼此的族群边界。换言之，如果没有彼此间的交往、交流，也便不可能有彼此间在族称、文化与族群认同等方面的族群边界。[2] 或者说，在彼此交流交往交融的漫长历史中，无论是政治上的联盟及统属关系，或是经济上的山地游牧与坝区定居农业的互补关系，姻缘上的婚姻互通关系，以及文化习俗上的互动交融关系，无不是既有族群边界，又有绵绵不断的族际互动交融关系。因此，在西南地区的汉族（华夏）与"夷"、彝族的关系，既是一种彼此区隔的关系，同时也是一种你中有我、我中有你而彼此成就的关系。

综上所述，本书从"夷"到"彝"的历史梳理，实际上是西南少数民族不断融入中华民族共同体历程的西南实践史实呈现。只不过，前者并非单指今天的彝族，而是包括彝族在内的历史上称为"西南夷"或"南蛮""乌蛮"等文化上有别于华夏的所有非华夏群体。其核心在于这些泛指的非华夏群体具有有别于"华夏"文化的"蛮夷"文化。而后者则是本书田野点里的主要研究对象——红河哈尼族彝族自治州泸西县飞凤古城村随土司制度的兴衰而兴衰并逐渐汉化的"彝族"，他们是在长期与汉族交流交往交融后形成的。而且，与西南众多山地民族一样也经历了一部分不断受汉文化影响而融入汉族中，另一部分则迁徙到更边缘山区，并继续保留其传统文化的分化历程。可见，其内部的分化与外界（具体指汉族）的交融，也是相辅相成的。

二、华夷互融：西南边疆少数民族社会变迁与中华民族整体发展的历史主脉

华夷关系是中国民族研究史的重要内容。早在周朝时期，就有"华夏"

---

1 参见王明珂：《华夏边缘：历史记忆与族群认同》，杭州：浙江人民出版社，2013年。
2 参见[美]斯蒂文·郝瑞：《田野中的族群关系与民族认同：中国西南彝族社区考察研究》，巴莫阿依、曲木铁西译，南宁：广西人民出版社，2008年。

（中原、中国）与"东夷""南蛮""西戎"和"北狄"之分。这不仅仅是地理空间的分界，也是文化空间的分野。后来，就约定俗成以蛮、夷来概指非中原华夏及后来的汉族的四境少数民族。所以，南方少数民族也多用"蛮""蛮夷"来指代。因此，华夷之变，贯穿了整个中华民族发展史，也是中国民族关系、民族文化变迁研究领域的重要命题。换言之，以华变夷、以夷变华与华夷互变互融贯穿于漫长的中国历史，由此推动整个中国各民族社会文化的变迁。这在少数民族众多的中国西南，尤为突出。可以说，华夷互融互变就是西南历史变迁的主线。而且需要注意的是，所谓的"华""夷"，也并不是一成不变的人类群体，而是一直处于动态变化中的人类文化群体、区域群体与政治群体。因此，可以想见，在西南同一民族、同一区域中，各王朝时期前后而来的"华"文化与其先后接触的"夷"文化，当是某一段华夷互动、交融的产物，才形成了中国西南各民族间你中有我、我中有你的水乳交融的关系。

具体到云南，根据文献记载与考古发现，远在战国时期，楚国"庄蹻开滇"，其后"变服从俗，为夷之长"[1]，便是云南境内"以夷变华"的肇始，由此也埋下了后来作为主流的"以华变夷"主脉伏笔。古滇国在短期内发展强盛起来，显然与庄蹻所带来的内地楚文化的融入有关[2]。换言之，来自内地的华夏文化与本土的"夷"文化的接触、碰撞与交融，迎来了云南历史上的第一个文化高潮——古滇文化。西汉时期，汉武帝接受张骞建议，欲打通民间早已存在的与大夏的"蜀—身毒"通道，派使臣进入古滇国，并赐"滇王之印"[3]，将云南纳入汉朝版图，才有了滇王"汉孰与我大"[4]这样的疑问。实际上这也是有文献记载的汉文化与滇云本土文化的又一波

---

1 （汉）司马迁《史记·西南夷列传》载："始楚威王时，使将军庄蹻将兵循江上，略巴、（蜀）黔中以西。庄蹻者，故楚庄王苗裔也。蹻至滇池，地方三百里，旁平地，肥饶数千里。以兵威定属楚。欲归报，会秦击夺楚巴、黔中郡，道塞不通。因还，以其众王滇，从其俗，以长之。"北京：中华书局，1963年，第2993页。

2 参见方国瑜《汉晋时期云南的汉族移民》，林超民主编：《方国瑜文集》第一辑，昆明：云南教育出版社，2001年。

3 参见方国瑜《两汉经营西南：郡县设置与行政统治》，林超民主编：《方国瑜文集》第一辑，昆明：云南教育出版社，2001年。

4 （汉）司马迁《史记·西南夷列传》载："滇王与汉使者言曰：'汉孰与我大？'"北京：中华书局，1963年，第2996页。

接触与碰撞，也因此而有了"汉习楼船"之典故[1]。之后，云南一系列重大历史事件皆与内地中央王朝经营西南战略有关。这也记载在闻名中外的大观楼长联[2]里。三国时期，诸葛亮率兵"五月渡泸（金沙江）、深入不毛"[3]。传说诸葛亮治理南中，不留一兵一卒，至今泛及云南乃至东南亚的诸葛亮信仰，正好说明其所代表的蜀汉文化对于云南各族的广泛影响。[4]魏晋南北朝时期，中原内乱，大量汉人南迁，其中不少流入云南，在灿烂的爨文化中就有本土"夷"文化与汉文化的深入交融。[5]唐代，经唐王朝、南诏与吐蕃之间的长期战争，以及唐王朝与南诏的交好关系，又有大量的内地人口流入洱海流域，也把汉文化带到此境，所谓"唐标铁柱"[6]，便是明证。宋代，虽有宋太祖"宋挥玉斧"[7]，欲隔断宋王朝与云南的政治关系，但难以阻止两地民间在经济、文化方面的频繁往来。元代，元军在滇西北金沙江的"元跨革囊"之举后[8]，云南成为中国十三个行省之一，更便于汉"夷"文化的交流。明王朝在云南，特别是边境地区乃至境外屡次用兵，数量庞大的汉族人口迁入云南。至此，云南历史上汉族人口首次超过少数民族人口，汉文化与少数民族文化产生更大范围的交流、交融。而且，与以往的汉文化进入云南后成为"文化孤岛"而大都呈现"变服从俗"的"以夷变华"特点不同，至此，终于以"以华变夷"为主流之势。这在其后的清代、民国，以及中华人民共和国时期都未曾改变。这也是云南各民族越来越深

---

1 （汉）司马迁《史记·平准书》载：公元前120年，汉武帝"大修昆明池……治楼船……"。北京：中华书局，1963年，第1436页。

2 孙髯翁《大观楼长联》载："……数千年往事，注到心头，把酒凌虚，叹滚滚英雄谁在？想汉习楼船，唐标铁柱，宋挥玉斧，元跨革囊。伟烈丰功费尽移山心力。……"

3 （晋）陈寿：《三国志·卷三十五·蜀书五·诸葛亮》，北京：中华书局，1964年。

4 马强：《近二十年来国内诸葛亮研究概述》，《成都大学学报》（社会科学版）2003年第2期。

5 参见林超民、王跃勇主编：《南中大姓与爨氏家族研究》，昆明：民族出版社，2002年。

6 （宋）欧阳修、宋祁《新唐书·吐蕃上》载：707年，吐蕃及姚州蛮寇边，"九征毁絙夷城，建铁柱于滇池以勒"。北京：中华书局，1975年，第6081页。

7 （清）毕沅《续资治通鉴·宋纪·卷第四》载：北宋初年，"王全斌既平蜀，欲乘势取云南，以图献。帝鉴唐天宝之祸，起于南诏，以玉斧画大渡河以西曰：'此外非吾有也！'"上海：上海古籍出版社，1987年，第20页。

8 （明）宋濂等《元史·宪宗本纪》载：1252年，"忽必烈征大理过大渡河，至金沙江，乘革囊及皮筏以渡。"北京：中华书局，1976年，第57页。

入地融入中华民族共同体的一个漫长历史过程。总而言之，在云南历史上，因为汉族与少数民族人口的流动与交往交流，在不同的历史时期具有从"以夷变华"到"以华变夷"并"华夷互融"的变迁特点。当然，在局部区域与民族中，这种"华夷互变"因情因境而变化，使得云南民族关系史显得尤为复杂多样。

本书研究对象与田野点——泸西县城子村即飞凤古城，就是经历了长期的"以夷变华"到"以华变夷"的典型村落。这个村落历史上是彝族先民之一"东爨乌蛮"群体所在地范围。唐代《云南志》就曰：

> （竹子）岭东有暴蛮部落[1]，岭西有卢鹿蛮部落，第六程至生蛮磨弥殿部落。此等部落，皆东爨乌蛮也。男则发髻，女则散发，见人无礼节拜跪，三译四译乃与华通。大部落则有大鬼主，百家、二百家小部落，亦有小鬼主。一切信使鬼巫，用相制服。土多牛马，无布帛，男女悉被牛羊皮。[2]

从昭通大关县豆沙关金沙江流域为地标的"岭东""岭西"广阔区域，彝族先民"东爨乌蛮"人口众多，分布广泛，势力强大，长期保留着其传统文化特征。特别是城子一带山区远离城镇，交通闭塞，社会封闭，因而成为彝族贵族最后的盘踞地。因其西南部的红河州弥勒县，西北部的昆明市石林县，东北部的曲靖市师宗县，以及其东南部的文山州丘北县，都有大量彝族分布，故彝族传统文化保留得相对完整，故而也使内地汉文化与中央王朝势力实际深入的时间相对较晚，中央王朝就不得不用"以夷治夷"手段敕封彝族贵族昂贵及上辈为土司，让其继续管理辖区内彝汉百姓。昂贵土司修建城子古堡，作为其统治中心，故城堡的军事功能突出。一方面昂贵受封于中央王朝，另一方面他却与中央王朝进行政治、军事势力的博弈与抗衡；同时，在官民之中也存在着内地汉文化与本土彝族文化之间的

---

1 据向达考释，在今昭通大关县豆沙关一带。载方国瑜主编：《云南史料丛刊》第二卷，昆明：云南大学出版社，1998年，第13页。
2 （唐）樊绰《云南志》，载方国瑜主编：《云南史料丛刊》第二卷，昆明：云南大学出版社，1998年，第13页。

碰撞、互动与交融。而且,不可逆转的是,明代以来,大量汉族人口迁入泸西,彝多汉少的人口结构发生质变,坝区小农经济也越来越发达,土司制度因其经济文化基础的崩溃而最终终结,山地与水田围绕的城子农村村落特征越来越突出,并构建了儒释道杂糅的村落公共信仰空间,并赋予城子以颇有汉文化意味的"飞凤"之美名。

纵观城子政治制度与其民族结构、生计方式的变迁,其功能从军事城堡到农业村落的变迁明显,可谓是研究中国西南汉夷混居村落社会、经济、文化变迁的理想窗口,透视出了中国西南历史上的汉夷互变互融关系的特征与实质。而且,对于西南汉族移民史及其文化调适的研究,也有重要的意义。总之,要了解中国滇东南民族关系史,就要看城子;要了解滇东南汉族移民史,也要看城子;要了解滇东南社会文化变迁史,还要看城子。

飞凤城子古村的历史,也是一部从"以夷变华""以华变夷"到"华夷互变""华夷互融"的历史。而且,城子村的"华夷互变""华夷互融",不但体现在衣食住行等显性文化要素方面,同时也隐含于生老病死、婚丧嫁娶等人生礼仪中所蕴含的宗教信仰方面。并且,村落祭拜对象众多的繁杂宗教仪式恰恰表明,儒释道与汉族民间信仰神灵体系逐渐主宰了城子村民的精神世界,而使其"汉化"趋势与特征越来越突出。但是"祭大山"(兼山神与昂贵土司神化的土主神为一体)仪式的日渐隆重、程序化,说明作为彝族土司城堡的历史已经沉淀为村落集体记忆,根深蒂固地存留在汉夷村民心中。这就为我们超越身份证上的民族成分来了解"民族"概念提供了另一种思路——所谓"民族",不仅仅是身份证上的族别,更主要的是在漫长历史中积淀的,有别于他者的共同文化、习俗与心理的群体。在此,不仅仅是民族与民族之间"你中有我,我中有你",而且在同一民族文化、同一区域文化中也同样是"你中有我,我中有你"。这应该就是费孝通先生所言的"多元一体"理论的历史、社会与文化根基——这也便是古城及其古城历史文化所留下的精神文化遗产。[1]

一个有故事的村落,往往是一个有历史的村落。斯人已逝,斯事已往,但斯人斯事却会在一代代后人的口耳相传的重构中积淀成颇有时代特性的

---

[1] 参见费孝通:《中华民族的多元一体格局》,《北京大学学报》(哲学社会科学版)1989年第4期。

文化层。一层覆盖一层，最终成为层垒、重构的村落历史之塔。于是，村落就成为有历史、有故事的村落。名闻遐迩的泸西飞凤古城就是这样一个村落。

三、历史记忆与仪式实践：民族学、人类学汉夷交融史研究的必要性与可能性

有关彝族"村落"或社区社会、历史、经济与文化变迁的研究，以及节日庆典仪式研究，即从村落微观历史透视宏观历史的民族志研究，在彝族研究学术史上并不少见。少见的是，对历史记忆与仪式性、动态性的整合研究。

从历史学的视野、理论与方法研究彝族的学者及其成果斐然。如方国瑜的《彝族史稿》[1]及其后出版的《中国民族史》[2]《云南民族史》[3]等专著。在后二者中，彝族历史也是其中不可或缺的重要内容，它们系统厘清了彝族民族共同体形成的历史。进入21世纪以后，涉及彝族的史学专著更是层出不穷出现，充分体现了彝族史研究之于云南、西南地区，乃至中国历史研究，中国民族发展史研究的重要性。

以人类学、民族学的视野、理论与方法研究彝族史及其与汉族交流交往交融历史的，也是成果累累。早有林惠祥的《中国民族史》[4]，同时也有国外人类学家的关注及介入。如1928年夏，杨成志受原中央研究院和中山大学语言历史所指派，陪同俄国学者史禄国夫妇及容肇祖同赴云南调查少数民族；嗣后他留滇继续调查，接着赴大凉山彝族地区调研彝族文化，为其后来成为著名的人类学彝族研究专家打下了基础。1929年6月，杨成志在云南东陆大学演讲《从西南民族说到独立罗罗》，从其标题就可以看出该研究并非只是孤立地聚焦于彝族（罗罗），而是将其放置在"西南民族"这个大

---

[1] 方国瑜：《彝族史稿》，成都：四川民族出版社，1984年。
[2] 江应樑、林超民主编：《中国民族史》，北京：民族出版社，1990年；王钟翰主编：《中国民族史》，武汉：武汉大学出版社，1994年。
[3] 尤中：《云南民族史》，昆明：云南大学出版社，1994年。
[4] 林惠祥：《中国民族史》，上海：上海书店，1984年。

的视野下。¹1930年4月，发表《罗罗文的起源及其内容一般》，谈及彝族有关彝文起源的传说²。1931年陆续发表了《云南罗罗族的巫师及其经典》《罗罗太上清净消灾经对译》等文，关注彝族宗教巫师及其宗教经文³。1930年由中大派往法国留学，先后就读于巴黎人类学院与巴黎大学，写成《中国西南民族中的罗罗族》，介绍其在滇调查时发现彝族巫师和经文的经过，并论及彝族原始宗教与原始思维、巫术、彝文起源传说以及经咒分类等。⁴1934年由巴黎赴伦敦，在首届国际人类民族科学大会上宣读法文论文《罗罗的语言、文学与经典》，被英国皇家人类学会会刊《人类》杂志译成英文转载。1935年5月经修改后更名为《罗罗文字与经典》，获巴黎大学民族学博士学位。其后，又陆续发表了《罗罗文明源流探讨》⁵《罗罗起源和性格》⁶等文。早在20世纪40年代，民族学家黄文山是这样评价他的："国内研究罗罗专家以杨氏为巨子。"⁷基于杨成志开启的彝族与西南其他民族的人类学、民族学研究，特别是较早在国际学界全面介绍彝族文化，因而也被称为"川滇民族调查第一人"⁸"中国人类学民族学"播种人"⁹。

  在很长一段时间里，他对彝族的研究可谓独领风骚，考察其社会制度、风俗、宗教、文字和语言，收集民俗品大小数百件，尤注意其宝贵之经典，为最有成绩。……国内研究罗罗族专家，以杨氏为巨子，当无问题。¹⁰

---

1 杨成志：《从西南民族说到独立罗罗》，《广州考古学院考古学杂志》1932年第1卷。
2 参见杨成志《罗罗文的起源及其内容一般》，载周大鸣主编：《杨成志人类学民族学文集》，北京：民族出版社，2003年。
3 参见杨成志《云南罗罗族的巫师及其经典》《罗罗太上清净消灾经对译》，周大鸣主编：《杨成志人类学民族学文集》，北京：民族出版社，2003年。
4 杨成志：《中国西南民族中的罗罗族》，《北平地学杂志》1934年第1期。
5 杨成志：《罗罗文明源流探讨》，《维也纳国际人类学杂志》1936年。
6 杨成志：《罗罗起源和性格》，《德国种族学杂志》1936年。
7 王水乔：《杨成志与西南民族研究》，《云南民族学院学报》（哲学社会科学版）1996年第2期。
8 蔡家祺：《川滇民族学调查第一人》，《云南民族大学学报》2003年第4期。
9 许晓明：《杨成志：凉山彝族的探路者》，《中国民族报》2013年7月29日。
10 黄文山：《民族学与中国民族学研究》，《民族学研究集刊》1936年第1期。

绪论

西南联大时期，是中国西南边疆人类学、社会学发展的重要时期，从而也推进了彝族研究。如魁阁学派的重要代表人物之一的陶云逵，就有多篇文章涉及彝族文化。1933 年他在法国柏林大学获得人类学博士学位回国之后，就任中央研究院语言研究所编辑员。不久即受中央研究院的派遣，前往云南做了为期近两年的体质人类学调查。抗战全面爆发后，陶云逵先后辗转中国长沙、香港与缅甸、越南等地，于 1940 年起再度赴滇，历任云南大学社会学系教授、代系主任、西南联大社会学系讲师与教授，并于 1942 年在南开大学成立"边疆人文研究室"之时，出任主任一职，直至 1944 年 1 月 26 日在昆病逝。虽然陶云逵调查云南各民族历史文化仅十余年时间，但著作却颇丰。其中不少是具有开启这些民族的人类学研究之功。如《碧罗雪山之栗粟族》是一部典型的民族志，也是傈僳族第一部人类学民族志。[1] 又如《俅江纪程》是记述 1936 年徒步调查独龙江所见所闻所思，也是第一部独龙族人类学田野调查的详细记录。[2] 再如《车里摆夷之生命环》也是一部颇有特点的民族志，在其自序中就说：

> 本文主要是叙述摆夷自生至死，一生中生活的各方面，即所谓"生命环"。以生命环为经，以生活的各方面为纬。[3]

虽然陶云逵有关彝族研究的专论并不多，只有《大寨黑夷之宗族与图腾制》一文，[4] 但通过《几个云南土族的现代地理分布及其人口之估计》[5]《几个云南藏缅语系土族的创世故事》[6] 与《西南部族之鸡骨卜》[7] 等对彝语支

---

1 陶云逵：《碧罗雪山之栗粟族》，《中央研究院历史语言所集刊》第十七本（册），1948 年。
2 陶云逵：《俅江纪程》，《西南边疆》第 12、14、15 期，1943 年。
3 徐益棠、陶云逵《车里摆夷之生命环》序，载金陵大学中国文化研究所编印：《边疆研究论丛》，民国三十四年至三十七年，第三期，第 2—3 页。
4 陶云逵：《大寨黑夷之宗族与图腾制》，《边疆人文》1943 年第一卷。
5 陶云逵：《几个云南土族的现代地理分布及其人口之估计》，《"中央研究院"历史语言所集刊》第七本，第四分册，1936 年。
6 陶云逵：《几个云南藏缅语系土族的创世故事》，《边疆人文》1943 年第一卷。
7 陶云逵：《西南部族之鸡骨卜》，《边疆人文》1943 年第一卷。

同源民族与同区域异源民族，如傈僳族、纳西族，独龙族、苗族、傣族、佤族等的调查研究，而将彝族置于一个更为宽泛的多民族相互杂居、分化与交融的宏观视野下，与杨成志的研究有异曲同工之妙。[1] 他说：

> 藏缅语系之罗罗，其大本营在长江以北，川境之大凉山。罗罗及其支系如麼些、栗粟、怒子（怒族）、曲子（独龙族）、罗黑（拉祜族）、阿卡（哈尼族）、窝尼（哈尼族）等则分布于全滇各地，各处山头均有罗罗语系之人群。人口约在一百万人左右。文字，则除罗罗本支及麼些外，余部均无，即罗罗、麼些中其文字亦多用于宗教典籍，而非全为社会公物。藏缅语系诸部族在滇无强大的政治组织，其原在滇东、滇北之土司，今多"归流"。[2]

陶氏短短几行字就介绍了彝族及其彝语支民族的分布、人口、文字、政治组织与改土设流等方面的情况，呈现了彝语支民族历史文化的共性与差异性。更为难得的是，陶云逵除了对彝族祭祀仪式——"族祭"，法器——羊骨、贝的特别关注外，也非常重视神话故事的搜集。他说：

> 他们的神话是活在他们生活之中。从神话，我们不难窥见其人群之信仰、道德和规定社会行为的法则。……从比较民族学观点来研究文化的传播、演变，以及诸民族的亲疏关系问题，神话自亦为重要。[3]

陶云逵这种将仪式、实物与口传历史相结合的研究方法，无疑对后来的人类学、民族史的彝族历史文化研究具有启发意义。

林耀华是又一位以脚步丈量西南彝族大地，以人类学、社会学理论与方法研究彝族历史文化的重要学者。1943年7月2日至9月26日，林耀华带领燕京大学边区考察团深入凉山腹地进行了历时87天的实地调查，

---

[1] 参见本书第10页。
[2] 陶云逵：《云南土著民族研究之回顾与前瞻》，《"中央研究院"历史语言所集刊》第七本，第四分册，1936年。
[3] 陶云逵：《几个云南藏缅语系土族的创世故事》，《边疆研究论丛》1943年第2期。

从而实现了他游历凉山、深入"罗罗国"的梦想。在次年完成的《凉山夷家》这部实地考察报告中,标明了考察的地理范围,叙述了社会团体从大到小的机构及其内在的联系,继而详尽描写了彝家经济、阶级、冤家与巫术等几方面的主要问题。凡此种种,实际上将罗罗社会学上之事实网罗无遗。此书可使读者对"罗罗"之民族、社会、文化等宛如身临其境。[1] 1975年在初访凉山33年之后,林先生再访凉山彝家,7年后写成《凉山彝家今昔》一文。1984年为推动凉山彝族的现代化问题研究而三上凉山,并撰写了《三上凉山——探索凉山彝族现代化中的新课题及展望》[2]。1992年受商务印书馆之约,与博士弟子潘蛟共同完成《凉山彝家的巨变》[3],回顾了凉山彝族自治机构、社会面貌与社会经济发展等方面的巨大成就,同时也揭示了根深蒂固的等级观念及其核心"血统优劣论",并指出商品经济及其价值观是直接葬送家支组织及其观念的根本所在。林先生这种长达半个多世纪的跟踪调查研究,以丰富的第一手田野调查资料揭示彝族社会、政治、经济与文化变迁的动态观,为我们不以固化的刻板印象研究异文化打开了思路。

> 林耀华教授历时50年的凉山彝族研究,汇聚了民主改革和政治经济改革带给凉山的巨大变化,以及两次改革前的灾难与动荡带给彝家的酸痛苦楚。……从这个意义上来说,凉山彝家社会文化变迁的轨迹就是半个世纪来中国社会的一部简史。学者苦苦的研究历程,就是50年来中国民族学学科发展史的缩影。[4]

推进彝族民族学、社会学与历史学研究的另一位重要学者是何耀华。何耀华在20世纪60年代就在四川大凉山昭觉、美姑、布拖等县做了6个多月的田野调查,积累了大量的第一手关于彝族社会和地方档案文献的田

---

1 [日]鸟居龙藏《〈凉山彝家〉书评》,载林耀华:《凉山彝家的巨变》,北京:商务印书馆,1995年。
2 林耀华:《三上凉山——探索凉山彝族现代化中的新课题及展望》,《社会科学战线》1987年第1期。
3 林耀华:《凉山彝家的巨变》,北京:商务印书馆,1995年。
4 孙庆忠:《林耀华教授和他的凉山彝族研究》,《中央民族大学学报》2000年第6期。

野调查资料。[1] 1980年,何耀华在中国民族学会成立大会上宣读了他对凉山彝族的家支进行探讨的力作《论凉山彝族的家支制度》[2],对凉山彝族家支的构成、特点及其变迁等进行了深入的论析,受到与会专家学者的关注,并在国内外学术界产生了很大的影响。同年还撰写《论凉山彝族与汉族的历史关系》[3],不久又撰写了《试论彝族的祖先崇拜》[4],还主编了《中国彝族大百科全书》[5]。该书条目总量大,覆盖范围广,释文融政治性、学术性、资料性于一体,用彝、汉文资料互证,内容涉及地理、历史、政治、经济、社会、文化、文学艺术、风俗习惯、宗教信仰、语言文字等多个领域,汇总了古今彝族的文明与智慧,极具收藏、阅读与研究价值。何耀华还著有《西南民族研究·彝族专辑》[6]《石林彝族传统文化与社会经济变迁》[7]。另外还与吕大吉一起,主持了《中国各民族原始宗教资料集成》这部数十卷的皇皇巨著,汇聚了我国56个民族大量珍贵的原始宗教资料。其中,何耀华主编的《彝族卷》可谓是汇集了彝族原始宗教资料的鸿篇巨著。[8]何耀华在彝族研究方面的累累硕果,是其丰富的田野调查资料与扎实的历史文献功底的结合,开辟了一条"历史民族学"的彝族研究道路。他的弟子杨福泉博士就评介说:

> (何)治学的一个突出特点是将各种史料和田野调查密切结合,用历史民族学的理念研究中国西南少数民族的历史和现实问题。他在民族学界很有影响力,是积累了丰富民族志资料的"六江流域"田野调查的发起人和参与者之一。他深钻细研史料,又立足田野调查获取

---

[1] 何耀华:《武定凤氏本末笺证》,昆明:云南民族出版社,1986年。
[2] 何耀华:《论凉山彝族的家支制度》,《中国社会科学》1981年第2期,《中国社会科学》英文版1981年第4期。
[3] 参见何耀华:《论凉山彝族与汉族的历史关系》,《思想战线》1980年第3期。
[4] 参见何耀华:《试论彝族的祖先崇拜》,贵阳:贵州人民出版社,1983年。
[5] 参见何耀华主编:《中国彝族大百科全书》,昆明:云南人民出版社,2014年。
[6] 参见何耀华:《西南民族研究·彝族专辑》,昆明:云南人民出版社,2018年。
[7] 参见何耀华:《石林彝族传统文化与社会经济变迁》,昆明:云南教育出版社,2000年。
[8] 参见吕大吉、何耀华主编:《中国各民族原始宗教资料集成·彝族卷·白族卷·基诺族卷》,北京:中国社会科学出版社,1996年。

绪论

第一手资料,形成了他治学两翼并进融会贯通的特点。[1]

在国外彝族研究学者中,与本专著相关的主要人类学家之一是《田野中的族群关系与民族认同——中国西南彝族社区考察研究》的作者斯蒂文·郝瑞(Stevan Harrell)[2],另一位是《野鬼的年代》[3]的作者艾瑞克·缪格勒(Erik Mueggler)。他们的研究视角、思路、方法与理论,值得借鉴。

美国人类学家郝瑞,是在20世纪80年代开始到中国内地进行民族学和人类学调查与研究的外国学者,其关注点主要在于族群与民族、民族认同、民族识别、边疆民族的文化变迁等。而在具体的个案研究中,他选择了四川省的彝族(以诺苏为主体的彝族)来作为研究的重点,先后进行了多年的田野跟踪调查:1988年赴四川省攀枝花市的汉族和彝族乡村调查"民族性、家庭结构和经济变化";1993年1—3月和1994年10—12月在四川南部调查"民族关系";1998年到凉山收集诺苏的文物备展;1999年在凉山州盐源县开展"初等教育的运用研究"等等。基于这些田野调查写下了《中国民族边疆的文化际遇》(1995)、《高山图示——中国彝族诺苏文化的传承》(2000)、《西南中国的族群性》(2000)、《田野中的族群关系与民族认同——中国西南彝族社区考察研究》(*Field Studies of Ethnic Identity:Yi Communities of Southwest China*)(2000)等专著。郝瑞对彝学的重大贡献,首先是他从民族范畴意义上的"彝族"、民族识别与彝族认同,以及彝族认同与民族关系三个维度探讨彝族的认同问题;其次是关注彝族文化变迁问题,通过观察彝族的手工艺制作和民族特点,发现彝族的文化变迁表现在彝族的两项传统手工艺中:漆器和手工服饰;最后是通过对彝学的研究和介绍彝学出现的历史条件,指出彝学在中国不再是一个研究主题,而成为一个研究领域、彝学的国际化、一些个人对彝学作为社会领域和其走向的反应四个方面,深入探讨彝学相关问题。

---

1 杨福泉:《历史民族学家何耀华的治学之路》,《中国社会科学报》2017年8月21日。
2 参见[美]斯蒂文·郝瑞:《田野中的族群关系与民族认同——中国西南彝族社区考察研究》,巴莫阿依、曲木铁西译,南宁:广西人民出版社,2000年。
3 参见[美]Erik Mueggler.*The Age of Wild Ghosts Memory, Violence, and Place in Southwest China*, University of California Press, 2001.

华夷互融：飞凤古城民族志

斯蒂文·郝瑞是20世纪80年代以后对中国西南民族研究卓有成效的少数外国学者之一，他从实地考察出发，特别是对西南地区颇具代表性的彝族的历史、族群认同、文化变迁、教育、彝学史等进行了学理性的思考、研究和梳理。其研究无疑有助于宣传介绍彝族，同时也有助于从客位的角度丰富西南民族研究成果。[1]

《野鬼的年代》是一部关于地方族群历史记忆、仪式实践及其与外界具有既区隔又关联关系的人类学民族志。其丰富的田野资料，来源于艾瑞克·缪格勒（Erik Mueggler）在云南省楚雄州永仁县直苴村历时两年的田野调查。所谓"野鬼的年代"（Age of the Wild Ghost），指的是始于"大跃进"所导致的1958—1960年间的灾难性的饥荒，并一直延续到20世纪90年代的30多年的时间段。缪格勒试图从"物质语言"（a language of materials）与口头诗歌语言（a verbal poetic language）来探寻直苴人的记忆与叙述，对其宗教与仪式进行了大量的调查与研究，目的在于展现直苴彝人的记忆和时间与空间观。总之，在历史记忆、仪式呈现的空间观与时间观的交织中回溯村落历史的《野鬼的年代》，近年来在中国西南研究中影响颇大。

缪格勒的《野鬼的年代》是一本基于中国西南少数民族社区研究的民族志。在一定意义上，它也是一本关于国家的民族志（an ethnography of the state），他的研究为我们展现了一个社区与国家互动的动态过程。[2]

飞凤古城村民，无论是汉族移民后裔，或是彝族后裔，皆对昂贵土司的兴衰有着深刻的历史记忆，并渗透到村落民居建筑与寺庙道观的存与废，

---

[1] 王菊：《斯蒂文·郝瑞的中国西南彝族研究》，《思想战线》2009年第5期。
[2] 汤芸：《从〈野鬼的年代〉看西南中国》，《西南民族研究》2006年第1期。

俨然是景军《神堂记忆》的西南实践[1]。遗憾的是至今却无人关注。关于滇东南彝族历史记忆与其族群认同的研究成果不多，只有平慧的《从历史记忆到族群认同：云南彝族葛泼人祭祖仪式中的口头叙事》一文，认为祖源记忆、姓氏来源等贯穿祭祖仪式始终的口头叙事，补充了葛泼人的历史文化信息，亦彰显了葛泼人独特的文化特征和族群边界。[2]但其文并不涉及族际互动与其历史记忆、族群认同的关联，因而留有很大的空间可以推进历史记忆、仪式实践与汉夷（彝）文化互动互融的研究。

实际上，无论是以历史学方法研究中国少数民族彝族历史者，或是上述研究彝族历史文化者，再或是人类学、民族学与社会学视野、方法与理论研究云南汉族移民及其文化变迁的学者及其成果，皆并不少见。如方国瑜《从秦楚争霸看庄蹻开滇》《汉晋时期在云南的汉族移民》《唐宋时期在云南的汉族移民》《明代在云南的军屯与汉族移民》与《清代云南各族与人民对山区的开发》等文，[3]皆从中华民族整体发展视角探讨秦汉以来云南的汉族移民问题。又如苍铭的《云南边地移民史》，是首部系统论述内地汉族移民云南的历史过程、动因、形式、影响的专著，[4]还有方铁、方慧的《中国西南边疆开发史》[5]，陆韧的《变迁与交融：明代云南汉族移民研究》[6]等等，都是基于丰富的文献史料，并在一定程度上在参考考古资料基础上完成的，系统、完整而翔实地梳理了汉族移民开发云南，并与云南各少数民族交流交往交融的历史。另有郝正治《汉族移民入滇史话》，通过对自战国时期"庄蹻开滇"至今历代汉族移民云南，并与本土少数民族结合的历史过程的梳理，力图探寻云南汉族普遍传承的"南京柳树湾"记忆的来源。不过因是"史"与"话"结合，不少历史事件尚需进一步进行学理性考证。[7]

---

1 参见景军：《神堂记忆——一个中国乡村的历史，权力与道德》，福州：福建教育出版社，2013年。
2 平慧：《从历史记忆到族群认同：云南彝族葛泼人祭祖仪式中的口头叙事》，《民族文学研究》2018年第3期。
3 参见林超民主编：《方国瑜文集》第1—4辑，昆明：教育出版社，2001年。
4 参见苍铭：《云南边地移民史》，北京：民族出版社，2004年。
5 参见方铁、方慧：《中国西南边疆开发史》，昆明：云南人民出版社，1997年。
6 参见陆韧：《变迁与交融：明代云南汉族移民研究》，昆明：云南教育出版社，2001年。
7 参见郝正治：《汉族移民入滇史话》，昆明：云南大学出版社，1998年。

近年来，从物化历史记忆，如族谱、墓碑等，结合口传历史记忆探讨云南汉族移民及其与本土少数民族文化交融历史的研究成果逐渐出现。如马勇与代艳芝的《论明清时期腾冲汉族移民的历史记忆与族群认同》[1]指出，明清时期，主要以军事移民落籍腾冲的汉族移民通过修撰家谱、建盖宗祠等方式，在"土—客"之间的相对关系中，建构起了共同的历史记忆，强化了祖先认同和族群意识。又如和梦的《"极边"不边：腾北麻栎村的历史、权力与仪式研究》一文，是基于腾冲北部汉族、阿昌族、傈僳族、景颇族杂居村落各族村民通过仪式共享与族谱、墓碑的"内地化"历程，讨论村落建构历史中的权力分化与地位等级，仍然突出边疆—内地、少数民族—汉族彼此关联、交融的史实。[2]

由上可知，早期以历史学的宏观视野与理论、方法研究西南彝族、汉族历史文化及其变化者众，以人类学、民族学与社会学的微观视野与理论、方法研究西南彝族、汉族历史文化者，在近年也越来越多。但是从历史记忆与仪式实践交互角度切入汉彝杂居村落的民族志研究成果，至今少见。具体从泸西飞凤古城来看，其历史既是彝族在云南偏远山区繁衍生息的历史，同时也是汉族移民实边、开发云南山区的历史。而且，自明代以来，彝族与汉族生存于同一时空下，彼此的历史是交互作用的。其具体表现，除了生产生活中渐趋一致，逐渐重构出一种彼此共享的区域共性文化之外，还渗透在历史记忆与仪式实践的共享，由此共同融入中华民族共同体中。所以，在前人的历史学、人类学、民族学、社会学与宗教学等研究成果与方法、经验与成果基础上，开展对具有华夷族群身份互变、文化互融的西南实践缩影的飞凤古城村的民族志研究，对于多学科的"华夷互融"而融入中华民族共同体实践的研究应该具有推动与启发意义。

---

[1] 马勇、代艳芝：《论明清时期腾冲汉族移民的历史记忆与族群认同》，《云南民族大学学报》2015年第5期。

[2] 和梦：《"极边"不边：腾北麻栎村的历史、权力与仪式研究》，云南大学民族学博士学位论文，2020年。

上篇 仪式实践中汉彝文化嵌融的昂贵土主神

在飞凤古城，最隆重的村落集体性祭祀仪式，莫过于五月十三"祭大山"。在云南，诸多少数民族靠山吃山，因而都有山神崇拜[1]，但以泸西古城的五月十三祭山神仪式别具特色。

一、五月十三土官山上土主庙里的"祭大山"仪式

（一）"祭大山"：飞凤古城汉彝村民共享的村落集体仪式

2016年农历五月十三（公历6月17日），平日里寂静的土官山、土主庙突然热闹起来。

"祭大山"的大山，与城子周围环列的高峻大山相比，不过是个高五六百米，并有浓密树木遮挡的小山包。而且，经过漫长历史的开发，山包面向城子的一面，以及山包后连接高峻玉屏山梁的半山腰，都被开发成山地。层层山地里种植有梨子、桃子与板栗等经济作物，树下有玉米、土豆、黄豆、小麦、四季豆等山地作物。只有实在太陡而难以开垦之处，或费力开垦却得不到少许山地的，还保留着一些自然植被，是村民放牧牛马的好地方。因此，"大山"，实际上就是一个被层层山地环绕的小山包。

沿着城子左侧田间小径行走百十米，就到了"大山"脚下。平日里，城子村民经此到"大山"种植山地农作物与经济作物，放牧牛马，割猪草。

---

[1] 参见高志英、苏翠薇：《云南原始宗教史纲》，昆明：云南大学出版社，2016年。

到清明与过年时节，一些村民就爬过山包，在山包后上坟祭祖。但一年中最为热闹的是，在"大山"面对城子一面的"土主庙"里的"祭大山"仪式。可谓全村出动，杀猪宰鸡，祭拜祈祷，载歌载舞，好不热闹！这便是城子所特有的"祭大山"，既是一个宗教仪式，也是一个民俗节日。[1]

在城子村，每年农历的五月十三都要到村民口中又称为"土官山"的"大山"上的土主庙进行祭拜。因此，当地人也把这个仪式叫作"祭大山"。但通过笔者实地考察及访谈了解到，其实那天到土主庙祭拜的主神是昂贵土司，因而举行祭大山活动的场地主要是"大山"上的土主庙。"大山"离老城子村不远，就在村前方荷花池[2]的左侧。

五月十三前一天午饭后就有十几个中老年村民（女8人，男3人）来到庙里，准备第二天"祭大山"仪式的相关事宜。到下午5点半左右，太阳还悬在古城所在山梁——飞凤山一丈多高的西边天时，简单的饭菜已经做好。首先进行节前祭土司献饭仪式。

祭土司过程中，两男一女在土主庙内念词祈福。一男于土主庙（殿）门口敲鼓主持，其余村民在土主庙前进行叩拜。祈祷词为：

……望风调雨顺，平平安安……
东边保，西边保，南边保，北边保……

祭桌上的祭品为米饭加五菜一汤——炒青椒、洋芋（土豆）、懒豆腐（煮豆腐）、花生、炸荞条及白菜汤，均为素菜，据说第二天才献荤菜。另外，还有茶水以及我们调查组带来的沙琪玛、面包等甜品，也被村民呈献于昂贵土主神前。

整个祭神献饭过程大约进行了半个小时后，再将饭菜从土主庙端出。然后大家一起在主殿旁的厨房吃饭。所谓厨房，就是一个靠主殿墙壁，用石棉瓦搭建的偏厦，另外三边搭上一米多高的空心砖墙。在主殿两侧各有这样的两间厨房，也分别有灶台，便于荤、素分开。"祭大山"时人多，做的饭菜也多。但此地地势不平，加之经济能力有限，难以建盖面积较大

---

[1] 2012年7月25日，笔者在城子对村民苗永贵的访谈。
[2] 水田里种植荷花而称"荷花池"。

上篇　仪式实践中汉彝文化嵌融的昂贵土主神

的厨房,因而就在主殿两侧先后因陋就简地盖了两间厨房。我们就在地面坑坑洼洼,桌子、条凳的大小与高矮不一的厨房里,与这几位"祭大山"仪式的主要人物共享了一餐节日前的素食。其中,就有次日"祭大山"仪式的主角——50多岁的陈海莲。仪式前的打扫卫生很辛苦,饭菜很简朴,但是陈海莲与其他村民脸上都洋溢着一种仪式前的兴奋与肃穆交织的表情,这也把我们带进了祭祀仪式的气氛里,不敢稍有喧哗。

用完晚饭,太阳已经挂在土司山对面飞凤古城顶峰灵威寺前古树的树梢上了。大家在金色斜阳下把主殿打扫干净,归置整齐。主殿又称为"土主庙"或"土司庙",是一栋约有3米宽、9米长的长方形土木平房,坐东朝西,与古城相向而立。太阳从土司山左前方升起,在古城落下。土主庙里的主神昂贵土司及其配神每天就这样看着晨曦照亮古城,傍晚晚霞染红古城。

在连日的大晴天后的傍晚,只见平日里简陋的土司庙被镀上一层金辉,一座座神像在斜阳余晖中显得金碧辉煌。今年主持"祭大山"仪式的陈海莲将庙门锁上后,就吆喝大家回村准备第二天"祭大山"所用物品。下坡返回古城的路上,离开土主庙越远,几位大妈的兴奋越胜过了肃穆,开始有说有笑有唱。

> 我们平常间白日都去干农活,只是这两天因为祭大山就不去了,要好好准备祭大山。[1]

三个大爹快手快脚先下山了,大妈们则一路下坡一路歌,一直到进古城各自的土掌房或稻田对面的新村砖混房里。夜幕缓缓垂在楼台累榭的古城上,灯光映射下的土黄色土掌房更显现出一种历史的沧桑。侯大妈也从土官山上回到了家,坐在城子对面太阴山上的新房院落里,看着其祖祖辈辈生活的古城,一边纳鞋底一边给笔者介绍说:

> 明天要准备一对鸡、一头猪,这些都是向村子里的人买。明天要摆20多桌,一般有豆腐、白菜、洋芋等八九样菜。用的钱就是(村民)

---

[1] 2016年6月15日,笔者在城子对村民陈海莲的访谈。

捐功德的，开销还是够的。明早才洗菜，再次打扫卫生，收收整整，提前分配好各自任务，看情况分配人数。明天早上7点半开始上（山）去准备这些，12点左右吃早饭。这期间负责后勤准备的就准备，其他人烧香、烧纸、献功德。

其他村子的人也会自愿来帮忙，去年大概有12个人来帮忙。有汉族，也有彝族。吃饭后表演节目，跳舞，唱歌。只有老年人表演节目，年轻人不演。是平时自己学的，有广场舞、民族舞、唱老歌。3点多就结束，不需要提前报节目。表演好节目后大家又吃一顿，吃好后差不多结束，负责后勤的收一下就可以了。每年功德收得两三千，开销基本上够，不够的话就再凑钱。[1]

侯大妈是每年"祭大山"帮忙做饭、打扫卫生与表演节目的热心人，恰恰忘记了介绍"祭大山"祭祀仪式的具体内容，但也足以看出这是一个古城村民集体性的活动。而管理土司庙已7年的被称为"陈大仙"的陈海莲，三言两语就把祭祀仪式讲清楚了：

明天7点上去庙里。上去庙后，先准备斋茶供起来。明天把猪拉上去后要先念经，猪头猪脚要供起来。杀猪的人要虔诚，一条真心。村委会干部也会自愿捐功德，鸡是一对的，要供起来。而且还要烧香烧纸，烧金山换银山，烧银山换平安。[2]

节日前侯大妈与陈大仙对于"祭大山"仪式人神共娱互惠场景的描述，在次日再次呈现：

农历五月十三一大早，天蒙蒙亮就来到土司庙（土主庙）的是陈海莲大妈，是踩着土司山野草与碰落了玉米秆和果木叶上的露珠第一个来到土司庙的。她来不及喘口气，就指挥昨天帮忙的9个村民将土司庙里里外外、前前后后再打扫一遍。然后是其本人亲自给主殿里的神像点香、点蜡烛、磕头，其余村民则在主殿旁两间厨房里忙碌开了，这些村民皆穿着市面上

---

[1] 2016年6月14日，笔者在城子对村民侯大妈（侯二友的妻子）的访谈。

[2] 2016年6月14日，笔者在城子对村民陈海莲女士的访谈。

上篇 仪式实践中汉彝文化嵌融的昂贵土主神

的衣服与自己手工缝制的围腰、布鞋,因而看不出谁是汉族,谁是彝族。而且同样都讲汉话,干同样的活。要知道他们的族别,只有看其身份证。

不久,村里的"先生"陈清华与其他村民也陆续来到。74岁的陈清华,个子矮小,皮肤白净,面容清瘦,却步履轻巧,精精神神,一点看不出已是70多岁高龄。陈先生一到,就被陈大仙恭恭敬敬接到主殿里坐好。陈先生的助手们就一个个过来商量仪式事宜,个个垂首而立恭恭敬敬。陈大仙比一般妇女高壮,嗓门大,底气足,在人声鼎沸的土主庙,其声音也不会被淹没。他们俩,女的声音高亢,指挥大家干净利索;男的温文尔雅,吩咐事情不急不忙。但都感觉得到"陈大仙"与"陈先生"是今天祭祀仪式的两个主角。

村民们陆续而至,先来的坐在殿里与从厨房里抬出的凳子上;后来的,就只能拖一块空心砖坐在庙前平地上;再后来的,有的靠树而站,有的直接坐在草地上。女的一边唠嗑,一边折纸壳[1];男的则一边唠嗑,一边抽水烟筒。因为大家都聚在土主庙前不甚宽敞的院坝上——实际上是略低于土主庙的一山坡小台地。男女老少都换上了节日的新装,脸上洋溢着快乐,在兴奋的相互招呼声与聊天声中,节日气氛顿显。

当太阳从土主庙所在的土司(主)山与其左前侧太阳山的山缝里冉冉升起之时,对面城子里土掌房的袅袅炊烟中也响起一阵阵猪叫声,大家都挤到土主庙院坝前沿向古村观望。因为都知道,当祭祀用的猪拉到土司庙里时,"祭大山"仪式就要正式开始了。

土司山与古城相隔的荷花池与稻田里的晨霭尚未散尽,身强力壮的四男一女将一头大黑公猪拖出城子,拉向土司山。山很陡,山路崎岖不平,一女在前以玉米引猪,两男在前拉猪,后有两男赶猪,又哄又拉又推,留下一路的"上,上,嘘嘘嘘……"声,猪也似懂人意艰难爬坡过坎。据说每年猪都是很顺利地就沿着这条小路赶上去的,不会到处乱跑。但因猪肥路陡,差不多半小时才将猪赶到土司庙前平台下小树林里。这里便是每年烧猪宰鸡之地,既便于拴猪拴鸡于树脚,而且在此干活的人也不会被太阳曝晒。这时,在树下临时安灶的四个大锅里的水已经煮沸翻滚,杀猪刀已磨得锃亮。

---

1 本地土话,指祭祀用的金元宝、银元宝。

太阳光晕染得城子一片金黄,烧香拜土司神的村民已有五六十人了,其中女性占三分之二以上,其中又以中老年为主。这是当下大量年轻人外出打工、就业、求学之后,城子村成为老年村的"祭大山"实况,中老年人不得不充当了宗教仪式的主体。其中,不少人主动帮忙择菜、洗菜,准备做饭。村民每人都背了一两斤大米,一些时鲜蔬菜、香烛、金银元宝以及用纸折成的长刀长矛等。今天所祭供与共享的米饭是村民每家带的米合在一起做成的,而菜除了用捐功德的钱购买所必需的那几种之外,也有一部分是村民从家中自愿捐献的。为此,一路上男女大多背一个竹篮、挑一个担子。里面装着一家人献给土司神的祭品,同时也有跟大家分享的大米、时鲜菜。

捐功德,是每个来参加"祭大山"仪式的村民必做的第一件事。村民们一到土主庙前,来不及歇一口气,就都先到主殿前偏厦右侧登记功德处。大家对此程序很熟悉,所以一到土主庙就先直奔捐功德处。放下背箩,脸上的汗珠还来不及擦一下,就从衣服底下掏出钱来恭恭敬敬地捐上。功德有百元面额的,也有十元面额的,还有五元、一元的。除了少数年轻人从钱包里掏出之外,占多数的中老年人多是掀开一层又一层衣服,小心翼翼地掏出一方帕子包裹的钱捐上,满脸的虔诚。

> 捐功德是自愿的,数额多少不管,村民都会积极主动。数额在10元至200元不等,多捐多得福,但没有钱也可以意思意思。捐功德得来的钱,用于支付这次"祭大山"所购买的猪、鸡、菜以及其他开销。每年收支基本平衡,如果不够的话,村民再凑钱付清这些债务。[1]

收所捐功德由两位男性村民负责,一人收钱,一人记录在一个本子上。土司庙前墙壁上一左一右贴有两幅功德榜,分别记载有前年与去年捐功德人的姓名和数额。据了解,在村民看来,捐功德也是一种与神的互惠交换,捐得越多,回报就越多,所以都乐于捐献。但前来参加"祭大山"仪式的多数是中老年人,种地收入有限,所以数额并不大。据说有偶尔的年份,曾有做生意的人捐得多,有几百、几千元的。这几年生意不好做,来捐功德求发财的生意人就少了。中老年人多数是求家人平安、家宅清洁,所以

---

[1] 2012年7月28日,笔者在城子对村民何绍刚的访谈。

上篇 仪式实践中汉彝文化嵌融的昂贵土主神

依据他们的能力所捐献的钱并不多。

接下来是烧香,烧"金山""银山"与大刀长矛,以及纸质衣裤鞋帽与布料衣裤鞋帽等。时间从第一批村民来到一直持续到午后。在土主庙前院坝里,用红砖水泥砌有一个圆形的香炉。昨天已将去年烧香与烧其他祭品沉积的厚厚的香灰清扫出去,今天时间不长又堆积了一米多高的香灰。每位村民挂完功德以后,先在土司庙前的烧香炉里烧香祈福。然后点燃一把香,在土司庙前祈祷跪拜,再将点燃的香插到炉里。"金山""银山",即用金箔、银箔折成的金元宝与银元宝。有些村民是直接从小商铺购买已经折好的,有些村民则是购买金箔银箔,然后自己折叠。其中不少人是今天才在现场折,然后将其投到香炉里进行焚烧。据村民说,焚烧的祭品越多,能够得到的回报就越多。因此,大家都乐于多多地折,多多地烧。到下午两三点,直径一米、高一米左右的圆形烧香炉里已经盛满了香灰,离香炉近的人们都感受得到香炉散发出的热气。

当陈大仙引一些村民烧祭品的时候,香炉就成为大家注目的重点。据说这些村民是有一些特殊诉求的人家,如家里连续遭到天灾人祸,或家人久病不愈,意外死亡,生意失败,庄稼歉收,牲畜染疫……就会请陈大仙或其他死娘神汉卜卦得罪了哪路神仙,并告知需要捐献何种或多少功德,及祭烧何物给土司神。为此,有的购买了衣裤(外衣长裤、毛衣)与鞋帽焚烧。先是由陈大仙引到土司神像前磕头祭拜,再祭拜土司父母(土地公公、土地婆婆),然后再到香炉前焚烧。据说烧得越干净越好,表明土司神已经接受其祭拜,将灾去福来。在焚烧这些衣物时,陈大仙嘴里念念有词。有时还会突然倒地人事不省,嘴里却流利地说出"倮倮话"(平时并不会讲彝族话,做祭拜仪式时才会讲);并把燃着的一把香放进嘴里,口舌却安然无恙,香则一直在冒烟燃烧。村民就觉得陈大仙很"神",能够将其意愿表达给土司神,因而对其言听计从,生怕得罪了大仙,得罪了土司神。在此过程中,陈清华先生与其弟子也一直长跪于土司神像前,敲锣摇铃念经。在其念经声中,完成一个又一个、一家又一家的祭拜仪式。仪式做完,祭拜者脸上才显出一副释然的样子。

杀鸡祭祖,是一些有特殊诉求的人家的祭献仪式。用的是红色的大公鸡,鸡毛与鸡冠越红越好。就像抢寺庙里的头炷香一样,哪家的鸡被陈大仙选择为头祭，回报的福气也将更多。这是"祭大山"仪式之前，因家有不顺而在请陈大仙占卜、搞祭鬼时就被指定的。被用来祭祀的一对鸡，先由主人家将鸡头和鸡脚用清水洗净，然后再倒上一碗米和水，抱着鸡跪于庙前。过话人，也即又被称为"死娘婆"的陈大仙念词祈福结束后，主人就让鸡啄食碗里的米和水，然后才把鸡交由专门负责杀鸡者（男性）宰杀，并将鸡主人家的"金山""银山"（金元宝、银元宝）染上鸡血后，才将鸡拿去烫毛、拔毛、开膛破肚、切块等。也有一部分村民自行抱着一只红公鸡，其祭拜与宰杀过程与被指定祭祀用的那对鸡一样。据了解，这些自愿抱鸡奉献的村民，有些是此前找"过话人"即"死娘婆"看病或者消灾减难，"过话人"要求他们在祭大山这天抱着鸡来祭拜。今天共有14家14只鸡奉献，这些鸡在土司庙内神像前供献后，可自行带回家与家人共享，也可以在庙里与众人共享。但实际上并没有一人带鸡回去，而是以与大家共享为乐。因为他们认为是与土司神一起共享了。而且，这几户人家除了杀鸡祭献之外，多数还买了衣服、裤子、鞋子、帽子，还有香与纸质大刀长矛，在陈大仙指引下焚烧于香炉里。

  这些是献给土司老爷的，还有土司老爷的父亲、母亲的。他们一家都成神仙了，衣裤鞋帽每个（神）都要献上一套，大刀是给昂贵土司老爷的，长矛是给土司兵的，金山银山也是每人一份。今天是祭大山，要给他们一整套新的，越多越好。[1]

抛进热气腾腾香灰里的衣服与纸质祭品，一下子就燃烧起来，腾起很高的火烟。陈大仙一边用木棍掀动祭品，使其烧透烧尽；一边念念有词，时不时来一折鬼上身时说的"倮倮话"，引来在场所有人的注意力都集中在其身上。土司庙里为献祭（鸡）者念经的一阵阵敲锣摇铃声更增添了一种神秘气氛，好似鬼神果真降临，在看着人们的一举一动一般。因此，无论是择菜、洗菜、切肉的，还是折金银元宝的，或是抽烟的、聊天的，眼睛都盯着陈大仙与献祭者抱鸡进庙—出庙喂鸡—杀鸡滴血—烧香烧衣物的

---

1 2016年6月16—18日，笔者在城子对村民陈海莲的访谈。

上篇　仪式实践中汉彝文化嵌融的昂贵土主神

流程。看得出人们都很在意鸡是否好好吃米——吃饱了才可以到阴间给土司老爷报信；香炉里的衣物是否焚烧干净——焚烧干净就意味着土司老爷与其父母、兵丁都收到了祭品，心满意足了，将好好保佑村民平安。

杀猪也是今天的重头戏。这不仅仅因为杀猪比杀鸡难，主要的是猪在今天的祭品中是很重要的。

> 以前"祭大山"杀的猪不是买来的，是每年一家轮流养的。只能是公猪，黑色的。每一年的猪的重量都是一样的。如果养得太肥了，超过规定的，就可以拿回去多余的部分；如果猪瘦，体重不足，就需要补足不够的部分。[1]

今天献祭的猪一直拴在土司庙下一个台阶的小树林里，不时有人喂猪草与玉米粒，吵吵嚷嚷的人声并没有惊扰它享受美食。但这时间并不长，大约11点，村民就磨刀霍霍准备杀猪。先是放一串鞭炮，噼噼啪啪的鞭炮声将所有人的注意力吸引过来。陈大仙手持香灰水和蒿枝，绕着猪一边念祭词一边洒香灰水，然后再放一次鞭炮后杀猪者才将猪宰杀。杀猪的大爹有50多岁，每年都专门负责这个活。当帮忙的其他几个青壮年男性将猪的四蹄捆住，并按倒在地上时，大爹一刀就刺进猪心肺。顿时血流如注，很快接满了一个盆子。不几分钟，猪就不再挣扎。旁边草地上临时埋锅烧的沸水一直滚烫，四五人不费什么劲就把猪拖到沸水锅里烫猪毛、刮猪毛。然后从锅里拖出，在草地上开膛破肚，切割猪肉，整理肠胃，再送到荤菜厨房。

然后是吃斋饭。大约半个小时过后，猪刚杀好，中午的斋饭准备完毕，就开始进行祭祖献饭。共有一荤五素，其中唯一的一道荤菜为青椒炒猪肉。这猪肉是昨天从街子上买来的，今天早上宰杀的鸡肉和猪肉要到下午饭时才食用。土司庙祭台上除了斋饭外，还摆满了水果、糖果、饼干、面包等食物，还有一个8寸左右的生日蛋糕，意为给土司过生日。一串鞭炮声后，庙内有三男两女念祭词献饭祈福，庙门口有陈先生敲鼓引领跪于庙前的其他村民。大约半小时左右，献饭结束。大家一起帮忙在土主庙前的平台上

---

[1] 2016年6月17日，笔者在城子对村民陈清华的访谈。

摆好桌子、条凳，并摆好碗筷与饭菜。与祭神献饭的一样，有一荤五素共计6个菜，村民各自入席开始享用午饭。午饭共摆了16桌，从院坝（平台）到两间厨房都摆了饭桌。每桌8人，坐不下的就端个碗坐在房前树下的空心砖上，有的坐在草地上。五六百个村民挤在这个小平台上，越发显得庙小人多热闹。远道而来的祭拜者与演出团队仍然陆陆续续到来，土司庙前的小山坡可以用人山人海来形容了。

节目表演是"祭大山"仪式中大家喜闻乐见的。今天共有3支演出团队进行节目表演，各有特点，总的特点是世俗性特别明显。10点半左右，城子村村民侯大妈为首的演出队穿好演出服装，去村口迎接一支来自泸西县城的民间表演队。这支表演队共有15人，男女均为中老年，其中有4位男性，节目主要有舞蹈、歌曲以及自称为小品的音乐剧。舞蹈以时下流行的广场舞为主，歌曲多为山歌、花灯和革命老歌，代表性节目主要有《好日子》《开门红》《好运来》《欢聚一堂》《一个酒醉鬼》等。从他们的服装、道具到台风，都可以看出是一支久经演场的队伍，而且化妆浓妆艳抹，动作夸张，引得人们一阵阵笑声，全然忘了是在"祭大山"的肃穆场景。另有一支演出队是邻近乡镇的，专业化程度稍逊于县城演出队，但也是一样的热闹。三支演出队轮流上阵，雅俗兼具的节目引来阵阵笑声与掌声。村民们有的一边折"金山""银山"一边看演出，有的一边帮厨择菜一边看演出，甚至在土司庙里主持祭祀仪式的陈先生等也时不时出来观看一下演出。

共享祭猪祭鸡也是"祭大山"仪式里必不可少的一项程序。在接下来的两个多小时里，在谈不上雄伟的土司庙与同样谈不上宽敞的土司庙前院场里，有的在进庙祭拜，有的在念经，有的在焚烧祭品，有的在忙于炒菜做饭。下午5点，太阳还高高挂在土司庙前的树梢上，文艺节目演出结束。大家七手八脚把桌子、凳子摆放整齐，又把饭菜从厨房里很快抬出来摆在桌子上，一下子十来桌饭菜就摆放好了。在大家"请、请、请……"的相互邀约、谦让声中，第一轮开吃了。晚宴就比午饭丰盛很多，一头祭猪分门别类地做出萝卜炖排骨、青椒炒瘦肉与红烧肉等多道荤菜；村民祭献的鸡则使每桌都鸡肉飘香。在"大山"这个村落公共信仰空间，人们在共享一年一度唯一的一次节日聚餐。平日忙于生计的村民不分男女老少坐在一

上篇　仪式实践中汉彝文化嵌融的昂贵土主神

起，在节日美食的共享中拉近了彼此的距离，村落共同体的认同感也在这同一桌祭品共享中得到激发与强化。

因为场地有限，碗筷有限，就用流水席的方式享用晚饭。一轮流水席刚吃完，又在"请、请、请……"的邀约与谦让声中第二轮马上坐上桌。渐渐落下西山的夕阳透过树缝洒落在大家的脸上，也射进土司庙里。庙里享用香烛、荤素祭品的诸神与在场吃饭的村民都沐浴在夕阳的金辉里，似乎给村民们一种"神灵与我同在"的感觉。

"祭大山"仪式结束，每一轮用完晚餐的村民就先回家去了。所以吃完一轮，大山上人就减少一批。多轮之后，村民才全部享用完晚餐，这时留下的人就很少了。而且，多数是故意留下来帮忙的中青年人与今年主持"祭大山"的村民。

"祭大山"仪式年年举行，村民们早已约定俗成哪一拨人做什么，因此先行回去的多数是老人与需要回去喂猪喂鸡的中年妇女。留下来的村民有收拾桌子板凳的，有洗锅刷碗的。陈清华带男性弟子在庙里收拾香烛，陈海莲带领大妈们在等大香炉的余火燃尽后压上砖头，以免人走了后引发火灾。这一切做完，太阳已经下山，一层轻纱似的暮霭开始笼罩大山，土司庙又恢复了平日的寂静。

最后一批村民在暮霭中小心翼翼地下山走回星星点点夜灯中的古城，村民也恢复了日常的生产生活，土司庙与大山就又变得期待来年再去"热闹"，平日无事不去打扰之地。只有在家人久病不愈或孩子失魂需要去祭"土主"的时候，才会有村民在陈海莲带领下来此做相应的仪式。[1] 总之，"祭大山"仪式结束，大山与古城、庙里的神与古城的村民就又回到一种若即若离的状态，只是在不远的距离内"遥望"着村民的一举一动。村民已经将山地开垦到离土司庙很近的范围，但对树木自然围就的"土司庙"神圣空间却不敢越雷池一步。"祭大山"仪式结束后，土司庙及其所塑诸神也就隐藏在村民看来颇有神秘性的这个狭窄空间里，好似日渐远去的昂贵时代——虽然时间上远去，虽然空间被挤压，但仍然在村民心中留有一个不可取代的位置。正如"爨蛮"文化中的土主崇拜也非伴随社会变迁完全消失，而是以顽强的生命力保留下来。如清代吴大勋《滇南闻见录》上卷就记载

---

[1] 2016年6月14日，笔者在城子对村民陈海莲的访谈。

有彝族先民的土主信仰：

> 土主庙塑像狰狞可畏，面色蓝锭，红须、巨牙、三眼，手各执器械，云系大士化身。相夷方不可德化，而以刚制；不可以善感，而以形怵。故幻此异相，而夷人始知敬奉，尊之曰土主。[1]

可见早期土主形象与佛教菩萨的慈眉善目，以及道教道士的仙风道骨截然不同，而是一副"狰狞可畏"的面孔。应该是来自古印度的佛教中的大黑天神的本土化产物，说是观音大士的化身。而其形貌狰狞可怖，有说缘于其为救民于灭绝，而将玉帝用来惩罚私自下凡的仙人与灭绝人类的瘟药吞进肚里，观音大士才变得形貌"狰狞"的。[2] 可见，对同样的土主庙塑像，信仰主体心目中是可敬的，而在汉文化中心主义者心目中却是狰狞可畏的。

> 土主神，传为大士所化，作男像，滇人奉之谨。研和者，古玉乞城也，有庙，藏土主印。志载岁旱出印则立雨。余取视，一三角有纹顽石耳。土人云，自吴逆兵火后，已无灵。[3]

看来土主塑像也并非全是"狰狞可畏"者，也有兼神圣性与世俗化的"男像"。而此"滇人"，联系相关史志资料，不仅仅指的是各土著少数民族，还包括来自内地的汉族移民。"吴逆"，则指吴三桂。而建庙塑神加以祭拜，则是源自内地的儒释道与民间信仰在云南的传播。

> 滇中有三教寺，塑文昌、祖师、观音者可也。竟有塑孔子与老君、

---

1 （清）吴大勋《滇南闻见录》，方国瑜主编：《云南史料丛刊》第十二卷，昆明：云南大学出版社，2001年，第11页。
2 （清）吴大勋《滇南闻见录》，方国瑜主编：《云南史料丛刊》第十二卷，昆明：云南大学出版社，2001年，第11页。
3 （清）张泓《滇南新语》，方国瑜主编：《云南史料丛刊》第十一卷，昆明：云南大学出版社，2001年，第383页。

上篇　仪式实践中汉彝文化嵌融的昂贵土主神

释迦并坐，且反位于下者，颇为放肆无道。[1]

说明夷人、滇人都在共享兼有儒释道信仰、汉族民间信仰、彝族土主崇拜与白族本主崇拜，并且做了在地化的排序。[2]那么，昂贵死后其神像被敬拜于土主庙就不足为怪了。甚至可进而言之说，在汉文化中心主义者眼里"肆虐不法"的昂贵，在其族人眼里却有护佑一方的神力，进而被同一区域的汉族移民后裔所祭拜。特别是作为其神力象征的土主印，具有岁旱出印就立马下雨的功能。又说自从清代吴三桂的兵火之灾后，其印灵性不再。这便是黎民百姓对于战争及战争引发者的认知、态度。由此可见，汉文献史志中对昂贵的"肆虐不法"的记载，值得认真考证。因为实际上，大士所化土主神只是其中之一，举凡山川、巨石，以及有功于国、有恩于民的人物也会被神化列入土主神系。甚至有可能将人物与高山叠合，塑造出一位位兼具神性与人格的土主神，是为具有保佑一方百姓平安功能的土主、本主。昂贵土司的神化便是其中之一。

（二）请神归位——从彝族土司到汉彝村民共祭的土主神

土司庙又称为"土主庙"，位于土司山（土主山）即"大山"的山坡上，与飞凤古城所在的飞凤山只隔一溜水田，是在飞凤山左前方。土司山背后是层峦叠嶂的玉屏大山，众多山包组合成的玉屏大山好似一座雄伟的屏风，远山含黛，故得名玉屏山。每一个山包顶峰形成大小不一的台地，土司山便是玉屏大山脚的第一台阶。土司山顶也有一个长宽不过十几米的台地，台地下的斜坡遍布树木与野草，应该是因为有土司庙才被保留下来的。但其上下左右都已被村民辟为山地，种植庄稼、果木。因为土司庙被树木与果木遮挡，从飞凤古城村遥看，土司庙隐隐约约；但从土司庙却可以清晰地观看飞凤古城。

草木斜坡之上是一片长方形平地，作为土司庙前的院坝。实际上并无围墙相围，不过是与草木斜坡有一人多高的土石墙角自然形成一个院

---

[1] （清）吴大勋《滇南闻见录》，方国瑜主编：《云南史料丛刊》第十二卷，昆明：云南大学出版社，2001年，第25页。
[2] 张泽洪：《中国西南少数民族的土主信仰》，《中南民族大学学报》（人文社会科学版），2006年第5期。

坝。与土司庙主殿同一直线的院坝前方有一红砖砌的大香炉，内有积累多日的香灰。院坝背后的土主庙是长 10 米左右，宽 3 米的长方形平房建筑，在其右侧及左侧分布有库房（祭大山时，也作为临时素食厨房）、厨房。库房中随意摆放着几张低矮方桌、长凳及陈旧的沙发，有一写有"龍馬飛刀威震山河"的字迹破损的旗帜也放置在一个角落。据陈海莲说，该旗帜由村里"先生"陈清华所写，在每年五月十三"祭大山"时挂在庙外的大树上。厨房进门右上角有一大灶台，在门后放置有许多锅碗；在厨房外的场坝一侧，也有用石头简单搭建的临时灶台。

据土司庙的住持陈海莲说，土司庙已修建近 14 年[1]，而正殿上方悬挂的"威灵有感"匾额则是 2002 年所立，左侧墙壁上贴有修建土司庙时每人捐的功德明细表。捐 50 元者 2 人，30 元者 3 人，20 元者 17 人，16 元者 1 人，10 元者 32 人，捐大米者 12 人，也有捐大米 1 斤、2 斤、3 斤到 5 斤不等。在殿门前方的柱子及殿门两侧，均有一副陈清华老人书写的银灰色对联，横批是"鎮永威神"。

柱子对联：

鎮雄風於四十八寨趨蹌納貢
威標名萬千年之德俯伏上香

正殿门上对联：

霹靂飛刀碎逆子肝膽
化雨和風澤山邑小康

在殿内共有 9 尊神像，分别为昂贵土司骑马作战塑像，2 名侍卫塑像左右侧立，昂贵土司父母土地公公、土地婆婆塑像在正殿左侧；右侧是雷公、龙王及 2 个童子塑像。

昂贵土司跨骑腾云龙马，高举神刀，仿佛正在战场厮杀。在昂贵土司的左右两侧为两小将，手拿长矛。套住龙马的缰绳由皮带制成，龙马头上

---

[1] 至笔者首次进村调查的 2012 年有 12 年，至今则为 22 年。

上篇　仪式实践中汉彝文化嵌融的昂贵土主神

的小圆镜也是玻璃做的；昂贵土司手握的神刀、小将手中的长矛上的红缨皆是红线所制，而非泥土。这不仅增添了神像的立体性，也使之更显生动性。

昂贵土司像右侧依次为其母亲、父亲一脸慈眉善目像。昂贵土司母亲神像双手捧着"金满斗"；其父神像右手持拐杖，左手握银元宝。在昂贵土司左侧依次为雷公、龙王神像。雷公面孔似鸟，右手持镜，左手握锤，身披彩带，脚踏神兽，栩栩如生；龙王头戴龙角王冠，手持银圭，口露长牙，颇具威严神态。

整个土司庙中的神像、壁画皆出自大永宁村的付国真老人之手，于1998年所塑，耗时一个月左右。在昂贵土司像后方墙壁上还有付国真老人书写的一副对联：

揮寶刀乘龍馬鎮守滇南祛瘟逐疫
駕祥雲舞彩霞保護全境年豐歲稔

土主庙中供奉的神像主位是被称为"大山神"的昂贵土司。这不禁让人想起云南彝族、白族、阿昌族、傈僳族、纳西族等的"土主崇拜"，虽然称呼不同，但都是把生前有功于地方的人，在其死后神化为护佑一方的土主（本主）加以崇拜[1]，或者将周围山水自然神化为神加以崇拜，如南诏国对其境内五岳四渎的敕封。[2]但在城子村，所祭拜的大山，既是自然之大山，也是昂贵土司。而且，当下祭拜大山土主神的不仅仅是城子村里人口不多的彝族村民，还包括占更大多数的汉族村民。也就是说，是汉族村民与彝族村民在这个村落公共信仰空间里共享土主崇拜。而其土主，便是城子汉彝村民自然崇拜与（英雄）祖先崇拜的结合体。正如云南彝族的土主崇拜世俗性特征明显一样，昂贵土司的父母也作为神灵被供奉在这土主庙。有意思的是，昂贵土司的雕像身着彝族服装，但是其父母却身着古时汉人服装，好似一对慈眉善目的公公、婆婆，俨然是汉彝文化的混融。

1　张泽洪：《中国西南少数民族的土主信仰》，《中南民族大学学报》（人文社会科学版）2006年第5期。

2　（清）杨琼《滇中琐记》，方国瑜主编：《云南史料丛书》第十一卷，昆明：云南大学出版社，2001年，第263页。

从一些村民以私人名义将某些物件祭放在神像前，可以看出其诚意。其中，有一个似动画片中怪兽的玩具（腰间绑一圈红线）就被放置在昂贵土司母亲神像前。据陈海莲讲，这是葛三冲（音）的媳妇带来的。因她常患病，如果将这物件放于庙堂可以有助于她身体的康复。除了这样的物件，还有一些村民会自己带食物和松柏片（上有"招财进宝"字样）作为私人的祭拜。

土主庙中除了汉彝结合的神像外，不得不提的是墙上的壁画。在昂贵土司神像背后的墙上，绘有腾云驾雾的飞龙；昂贵土司父母神像背后的墙上则为脚踏云彩，手持锣鼓、唢呐等乐器的兵丁。大殿右侧墙壁上方为脚踏祥云，手持枪械、军旗（在前）的兵丁；下方为持刀骑马的3名兵丁。左右两侧墙壁上的兵丁图有异曲同工之妙，不同之处在于左侧只有一个兵丁持枪，其他的兵丁皆是持长矛；下方骑马的兵丁也是手持大刀。再看隐隐约约有着八路军、新四军与红卫兵服饰文化元素的墙上人物画像，整个墙面就是古今、彝汉文化的大聚合。

土主庙中昂贵土司威武的作战神像，加上周围这些生动的壁画，让人仿佛置身于激烈的战斗场面。但有意思的是，整个壁画上的兵丁都是身着"文革"时期统一的绿军服，只是衣服上有"昂贵土司"字样，让人可以判断出是昂贵土司的军队。

昂贵及其父母神像并列一堂，显示出民间信仰的世俗性。即除有主神塑像外，以其亲人、部下作为配神，是将世俗世界的社会关系搬进了其神圣世界。在土主庙里还塑有龙王神像，则是本地干旱少雨，农业生产中的主业——古城前方广阔水田种植水稻，需要"龙王"下雨之故。由此可以看出，村民向昂贵求消灾平安，向以其父母身份出现的土地公公、土地婆婆求财，向龙王求雨，便是飞凤古城汉彝村民的三大精神诉求。

库房中陈旧的桌椅、破损的旗帜，以及正殿右侧只经过简单修补的破裂墙壁，都显示了土主庙日常香客不多。只有到了每年五月十三"祭大山"之时才一改平日的冷寂，成为城子汉彝村民共享的热闹节日。

> 以前土司住在这座大山，其他村子的人来拜土司。土司不是汉族，

上篇　仪式实践中汉彝文化嵌融的昂贵土主神

是彝族,附近村民多汉族,还有彝族。[1]

墙上最左边的神像是南海龙王,龙王边上的是小童子,然后是雷震子。中间的是土司官,就是昂贵。土司官两边是他的两名战将,最右边的是土司官的父亲和母亲,边上的小童子是负责传话的。上面有什么事就告诉小童子,小童子就下来传话。昂贵土司两边的战将头上的两个角是民族的装扮,是彝族的包头,服装也都是彝族服装。昂贵土司手里拿的是他的宝刀,他的宝刀出鞘,兽头都会砍掉。后来被他的小老婆破掉,龙须剪掉,龙马就飞不起,宝刀失灵。不然的话,来一千不够站一边,来一万不够杀饱汉。主要是他的手下人杨喜,他的朝廷出奸臣,昂贵就败了。

这个塑像有10多年了。以前只有一间房子,没有塑像,昂贵土司画在墙上。塑像图案是我设计的。做塑像要用绵纸,拌了拿泥巴舂,舂了才能做塑像。塑像里面要有骨架,用柏树枝做骨架。"金心""银胆"要装在里面,才有灵性。"金心""银胆",就是在塑像里放金、放银,黄钱大、小各放一个。塑像里有柏树枝做起来的骨架,黄钱用红布包起来放在肚子里,就有灵气了。还要写上名字,写上"永安知府土司昂贵",这样就里外都有名字了。做的时候多数我指挥,其他给他们弄,关键的我来整。塑好后要开光,不开光就不通灵。开光我也会,开光很隆重,早上五六点就要开光,还要烧香拜佛,要懂经文的师父来开光。

做塑像要100多天,塑像的泥巴要干,要保养,有裂缝就要补,裂了就要拿白泥补。要等到没有裂缝了以后再上颜色,用油漆上颜色。油漆的保存时间长,不容易脱画。以前用水粉容易脱画,手一摸着,手上都是水粉。

以前昂贵的画是画在正墙上,两边(墙)都没有画,光(仅)有昂土司的画。墙上的画是大永宁的付国真画,年老了,眼力丑了点。两边墙上也是他画的,不生动,死板。(要)是我来画就要有山有水,该驾云的就要有云彩衬托。

塑像还要瞧日子呢,哪天动工,哪天开光,要翻书瞧日子呢。开

---

[1] 2014年5月4日,笔者在城子对村民侯二友的访谈。

光才有灵性，要上四道表文。开始动工的时候要请神归位，意思是有个地点安排他才来塑他的神。塑的时候先塑中间，塑好（主神）再塑两边。做塑像要瞧日子，正月间开始动工，五月间开光。泥巴要干半个月再用。泥巴要选择，要带黄沙土和细白一点的土，拌在一起。泥巴在我们本地方就有，别处都来我们这里拿这个泥巴，我们这里的泥巴好。外层用绵纸，撕绒以后用水糟（泡），拌在泥巴里舂。塑像里面是实心的，实心的塑像才站得住。里面是木头，用草绳裹了以后再用泥巴，不然就沾不住。没有骨架，泥巴沾不住。

塑龙王是老农民种地必须要有龙王降雨，必须要有雨水，五谷才收得成，庄稼才得收。塑雷公是下雨就要打雷，掌握人间善恶，做了坏事可以拿雷来劈、来打。他手上的镜子就是反光，闪电么就扯电闪，雷就劈，掌善恶。雷震子是《封神演义》上周文王的第 100 个儿子。我还是看过（这些），没看过我也说不出来。

做塑像的钱是大家斗（捐资）的，喜欢捐就捐。塑像的时候有点形势紧张，都是喊（说）是迷信活动，因此都是老百姓斗的钱。十多年前写申请去县上都整不成，后来就老百姓斗（钱），有些人出工，有些人出粮，有力出力，有粮出粮，有钱出钱。[1]

现在的这个庙是化（缘）来盖起的，当时我们村主任就说："城子村的人，有米么拿米，有什么拿出来，我们来盖起这个庙。"[2]

以前每年五月十三祭祀大山，苗寺主管事。他们都在寺庙里做事，由陈海莲管理大山。五月十三成为整个村子的集体（性）节日，别个地方寨子的人会来，用大家自愿自发集中的钱办理这个节日。不分彝汉，大家自愿集中。五月十三是自古以来传下来的。[3]

看来土司庙的恢复，也有城子基层组织与文化精英共同发挥的作用，才使之成为一个汉彝共享的村落集体性象征。说明"文化大革命"结束之后，村落政治文化精英们恢复传统习俗之举得到全体村民的响应与支持。

---

[1] 2014年5月6日，笔者在城子对村民侯二友的访谈。
[2] 2016年6月16日，笔者在城子对村民陈海莲的访谈。
[3] 2012年7月21日，笔者在城子对村民何绍刚的访谈。

但土司庙之名称，在村民口中并不相同：一类是一般村民与村落祭大山仪式专家（如陈海莲等）皆习惯于称之为"土司庙"，而且明确告知是为纪念昂贵土司而称"土司庙"。因此，土司庙所在的山也叫"土司山"[1]。另一类是村落文化精英（如陈清华等）所称的"土主庙"。这些精英不但孜孜于研究城子历史文化，也关注泸西历史与文化，对于彝族的土主崇拜也有涉猎，他们直接就称之为"土主庙"。"土司庙"与"土主庙"仅一字之差，透视的却是与彝族土主崇拜的内在关联，自然也将飞凤古城的历史与彝族勾连起来了。

（三）从祭牛到祭猪：从彝族游牧生计到汉族农耕生计的祭品变化

开篇已经介绍"祭大山"这天需要祭猪，而且杀猪祭祀是仪式的主要程序。但调查发现，一开始用来祭祀的并不是猪，而是牛。

> 祭大山属于传统。传说以前山上来了一头牛，就有人把牛牵来，然后杀了，于是逐渐形成了祭大山习俗。每年农历五月十三，是牛来的日子，这是听爸妈说的。农历五月十三是土司的生日，从小就有这个活动。以前每年这个时间会有一头牛来，我们就杀这头牛来献。后面（来）有一年老杨家说这牛还没有我家的大，他就把那头牵去了，那后面以后牛就没有来了。后来再加上我们养牛的也不多了，于是改成献猪，一头猪和一对鸡。但以前是要把牛头献给土司（神）。[2]

说五月十三为昂贵土司生日，就可以明白为何"祭大山"仪式上有生日蛋糕了。报告人言明了以前的祭牛被换成祭猪的过程，实际上是一个五月十三杀牛祭大山仪式神圣化的过程。但传扬后来一杨姓村民将天赐的祭牛占为己有，又因养牛人家逐渐减少——应该是彝族游牧经济向汉族农业经济过渡史实的折射——所以就以一头猪与一对鸡替代了祭牛。但其他村民所说将牛占为己有的却并非杨氏，而是曾氏。而且，也并非是嫌牛小，而是垂涎"天牛"又肥又壮。

1　2014年5月8日，笔者在城子对村民陈清华的访谈。
2　2016年6月16日，笔者在城子对村民陈海莲的访谈。

> 以前五月十三涨大水把寨子都淹了，所以要祭祀大山（神）。每年五月十三都会来一头大黄牛，有一条很好很好的大黄牛。后来就有一位曾姓把那头黄牛换了，换了一头不好的给村里人祭祀杀吃，天牛就再也不来了。现在祭大山，（只是）杀鸡、杀猪，年年都杀。
>
> 祭大山由陈海莲组织，她是管这个大山的，她是这个寺庙的寺主。是（与）管大寺（灵威寺）的人商量的，她加入寺庙里面，和苗寺主一起做事，苗寺主派她去管。她是东山彝族嫁到这里来的。她初一、十五到寺里，平时关寺门（人）在家里。五月十三管山是要维修、打扫寺庙，要安排人做饭，杀猪……这个钱是去庙里的村民捐的钱，凭心意。五月十三是村子集体性的节日，别寨子的也会来。大家捐的钱买猪，买鸡，大家吃吃，算算账，不会亏。这两年是陈海莲管的，前两年是苗寺主管的。这个女的厉害得很，样样事都会做。[1]

这位报告人同样讲到自行跑来献祭的大黄牛——"天牛"被曾姓以小牛替换，意为违了天意，所以"天牛"就不再来了。而祭大山的由来，最初是为了求得村寨免受旱灾庆祝大雨。这位村民还介绍了祭大山仪式过程，以及陈海莲与土司庙、祭大山的关系，以及与城子主寺——灵威寺的隶属关系。

> 庙会是在每年的农历五月十三举办。传说是每年发洪水都会有一头牛随着洪水来到本村子，来的这些牛本村的人就宰吃了。最后一次来了一头很肥壮的牛，被村里有一家人用自家的很瘦小的牛换了用来耕田。于是，从那以后，发洪水就再也没有牛随洪水漂来了。后来为了纪念这个节日，村民们就自发举办这个节日祭祀，自愿交钱，愿意交多少就交多少。[2]

看来村民也习惯将祭大山仪式称为"庙会"，而且可以肯定祭牛仪式

---

[1] 2012年7月21日，笔者在城子对村民何绍刚的访谈。

[2] 2012年7月19日，笔者在城子对村民陈海莲的访谈。

上篇　仪式实践中汉彝文化嵌融的昂贵土主神

与洪水（雨水）有关。需要注意的是，一村民将肥壮"天牛"用于耕田，是否就意味着游牧时代专门作为祭品的牛转变为耕牛，其神圣性随之被淡化？那么，"祭大山"或许也是早期城子人神圣生活的一种追忆。

> 祭大山在雍正八年（1730）就有了，雍正九年开始怀念（纪念）他（昂贵土司），在农历五月十三。以前是要纪念他，纪念土司官昂贵。后来是要封山育林，现在"祭大山"也符合这个政策。以前是要大黄牛，最早以前是大黄牛单个（自行）会来，每年一到时间就来了，后来来了几年，着（被）人家挑（替换）的，就拿小的代替它，大黄牛就不来了。后来就改成杀猪了，要杀猪宰羊，饭做好了是要给大家吃。[1]

> "五月十三"的庙会，是关于昂贵土司的，大家供奉他。听以前的老人讲，昂贵土司死后，每年五月十三山上都会来一头黄牛拜祭他。后来村民觉得这头黄牛太好了，就换回来耕地，以后黄牛就再也不来了。过节当天，村里人到山上去祭拜。[2]

> 五月十三涨大水把寨子都淹了，就要祭祀大山。每年五月十三都会来一头大黄牛，有一条很好的黄牛。后来有一位曾姓把那头黄牛换了，换了一头不好的给村里人祭祀杀吃。现在祭大山，杀羊、杀猪，年年都杀。[3]

陈清华是村里的"先生"，其祖上历代为半耕半读的儒生，对历史事件很关注。但他所言"雍正八年"（1730）显然是历史记忆中的时间错位。因为如果其所言"祭大山"仪式产生时间确切，那就说明昂贵土司在死去不久就被村民追奉为神。而不少村民皆言，大黄牛被曾姓用作耕牛，或许是来自内地的曾姓是较早开始定居农耕生产的，至于有说以"天牛"祭拜昂贵为迎雨、防洪灾，不过是农耕特别需要风调雨顺罢了。

> 五月十三的庙会，是关于昂贵土司的，大家供奉他。听以前老人

---

[1] 2016年6月16日，笔者在土司庙对村民陈清华的访谈。
[2] 2012年7月17日，笔者在城子对村民张宝冲的访谈。
[3] 2012年7月25日，笔者在城子对村民何绍刚的访谈。

讲，昂贵土司死后，每年五月十三山上都会来一头黄牛拜祭他。后来有一村民觉得这头黄牛太好了，就换回来耕地，以后黄牛就再也不来了。过节当天，村里人到山上去祭拜。[1]

以前土司最猴[2]，在我们寨子里，飞刀随便耍耍就（杀）死人了。飞马也很厉害，能到处飞。后来土司找了个小媳妇，小媳妇是大媳妇的妹妹，是大媳妇死了后讨了她的妹妹作为婆娘。土司的小媳妇把土司的飞刀偷来插在灰上，飞刀就不灵了；飞马被剪了龙须，土司要去骑马时就飞不起来了。土司就变得不厉害了，后来被人杀死了。土司没有死之前，保护了村民。有土司时候就祭大山了，后来土司死了，祭大山和拜土司就结合在一起了。祭大山是为了平安，人顺坦，五谷增长，全村平安。[3]

这位报告人将"天牛"与昂贵勾连起来，言下之意是昂贵土司已死，但是村民祭拜他是天意，每年才有一"天牛"主动来献祭。整合村民们关于"祭大山"仪式来源的历史记忆，古城还有在祭大山仪式中沟通人、神的神职人员，并且还有从灵威寺苗寺主到陈大仙的更替与隶属关系。但其主要脉络是：昂贵在世有飞刀龙马，为民一方——昂贵死去，每年五月十三有"天牛"来献，村民杀牛集体祭拜昂贵——曾姓或杨姓村民以自家的俗牛替代"天牛"，祭牛就变成祭猪、鸡。这实际上是明代以来大量汉族移民将内地农耕文化带到此地的史实折射。那么，无论是从明代成化年间至雍正年间，昂贵土司被神化为土主，或是其后以"土司庙""土主庙"为其塑像过节祭拜，皆是一个"由凡入神""请神归位"的神圣化过程。由此也可以看出，昂贵这个彝族土司在村民心目中的地位，在很大程度上是与官方"正史"中"肆虐、不法"记载相左的。

---

[1] 2012年7月19日，笔者在城子对村民张宝冲的访谈。

[2] 本地方言，意为厉害、能力强大。

[3] 2014年5月6日，笔者在城子对村民侯二友的访谈。

二、五月十三："祭大山"时间节点中的汉彝文化重合

在城子古村，乃至远近几十公里外的其他村落，农历五月十三为"祭大山"——昂贵土司、土主的日子，可谓无人不知、无人不晓。

> 传说，五月十三这一天，是玉女赶石天降大雨泡田栽秧之日，也是昂贵自杀升天之日，还说是三国关羽将军在城子村显圣之日。[1]

昂贵自杀升天日、玉女降雨日、关老爷磨刀日……诸多说法是偶然的重合？或是有什么内在逻辑关联？如果联系到明代成化年间（1465—1487）改土归流以后大量内地汉族移民实边入住飞凤古城，推进了该区域农业生产的发展，随之还带来内地传袭已久的农历节气与宗教文化，就会发现其中的微妙了。

（一）昂贵土司忌日说

上文有村民说五月十三为昂贵生日，所以，"祭大山"仪式上也有生日蛋糕祭献。多年的跟踪调查也发现，"祭大山"在村民心目中就是为了纪念、祭拜昂贵。甚至在"文化大革命"时期也未曾中断。

> 五月十三祭大山是纪念昂贵土司的节（日），小时候就过过的，那时候是公家（生产队）出钱，每个人给四两猪肉。[2]

集体时代，农忙季节，生产队会杀猪分肉给村民，是生产队集体性的体现，却被村民将此事与五月十三"祭大山"叠印在一起了。

这个传承已久的祭祀仪式时间点的缘起，在地方文化精英中有多个版本，有说是为了纪念昂贵：

---

[1] 段立青主编，杨俊编著：《阿庐文化系列丛书·古村神韵》，北京：中国文化出版社，2013年，第109—110页。
[2] 2012年7月22日，笔者在城子对村民曾光荣的访谈。

华夷互融：飞凤古城民族志

昂贵食地百姓多为同族人，因昂贵免租且具飞刀龙马，享有盛名，虽然死了，但食地百姓始终怀念，都于每年六月或正月就地杀猪宰羊祭"土官山"。城子村就在土官山设庙、塑像，村民于每年五月十三（昂贵死日）杀牲奉祭。[1]

上文表明，昂贵从广西府土知府高位入狱、降职为弥勒土照磨之后，将其衙门搬迁到了城子——古称"白芍"，后称"永安"，今称"城子""古城"，与族人有族源关系而被认同，还因免租赢得民心，又有"龙马飞刀"而享有盛名，才有其死（成化十七年，1481）至今500多年仍然存活于村民心中。可见，在城子汉彝村民心目中，也包括附近诸村寨汉彝人民心目中，没有昂贵，便没有城子：昂贵生前建了飞凤古城，死后就成为飞凤古城的"保护神"。其兵败自杀日为五月十三，因而将其忌日作为"祭大山"的日子。但如果通览官方史志与具体描述昂贵兵败过程的地方史志，皆找不到昂贵兵败而死的具体日子：

> 成化中，昂贵以不法事，革知府，以冠带置弥勒州，位州治东食其地，事在有司。征调之众，卤（掳）掠无纪律，故近不用。[2]
>
> 广西直隶州，元之广西路，明洪武初（1382）改为广西府，土官普德归附，使署府事；传至昂贵，肆恶不法。成化十一年（1475）革职，安置弥勒州，改设流官。[3]
>
> 成化十七年（1481）五月，知府昂贵故。本年七月，改除流官，知府贺勋。[4]

---

1 泸西县老年人诗书画协会、泸西县政协学习文史委编：《广西府漫话》（内刊），红新出（2005）准印字第098号，滇黔桂石油勘探局昆明印刷厂印装，2005年，第164页。
2 （明）刘文征《天启滇志》，方国瑜主编：《云南史料丛刊》第七卷，昆明：云南大学出版社，2001年，第57页。
3 （清）王崧《道光云南志钞》，方国瑜主编：《云南史料丛刊》第十一卷，昆明：云南大学出版社，2001年，第629页。
4 《土官底簿》，方国瑜主编：《云南史料丛刊》第五卷，昆明：云南大学出版社，1998年，第403页。

上篇　仪式实践中汉彝文化嵌融的昂贵土主神

上述 3 条史料都没有显示昂贵具体死于哪一天，更无后人所重构的死后化蟒的记载。但在从 20 世纪 80 年代至今的地方文化精英们撰写的昂贵传奇中，有对昂贵因残暴无道而众叛亲离，最终龙马飞刀被破而兵败身亡的详细故事情节、生动场景与具体时间，呈现出故事性越来越完备的特点。

> 昂贵忽然想起赐刀仙翁告诉的"谨记涨水日子"，自己却多年来没有理解其中含义。这时醒悟，今天是五月十三（成化十七年，1481），关老爷磨大刀，想必是我大蟒在这涨水的日子该入深渊啦！一声长叹："天意啊！"见追兵迫近，而普亚和兵卒尚在左右，仰天一笑，向各位拱手，"别了！望众兄弟速逃。"便跃身从悬崖上跳下。突然一阵狂风暴雨袭来，一条巨蟒裹着乌云腾空飞去。[1]
>
> 传说，昂贵土知府把土司衙门从矣邦（今泸西[2]）搬到城子后，对彝家四十八寨的人民有很大恩德，人们爱戴他、拥护他。（如今，昂贵在村人的眼中，已成为有德有义之"保护神"。）昂贵死后，村人为了怀念、祭祀昂贵，在太阳山旁（土官山）小山腰建盖土官庙，在墙上画像，摆香案、呈供品来祭奠他。……传说五月十三这一天，……也是昂贵自杀升天之日……[3]

地方文化精英陈天一于 20 世纪 80 年代撰写的《飞刀龙马》中尚无一字一句点明昂贵死亡具体日子，但到 2005 年陈天一的《昂贵传奇》中就首次补上了昂贵的"醒悟"——五月十三的具体日子及其死后化蟒的宗教色彩。当然，到底是昂贵的"醒悟"？还是作者的"醒悟"？那又另说。但开始为村民在五月十三这天祭拜昂贵找到了正统性依据，并首次将此时间与关老爷磨刀日相嵌合。到了 2013 年，其他地方文化精英杨俊等编撰《五

---

[1] 泸西县老年人诗书画协会、泸西县政协学习文史委编：《广西府漫话》（内刊），红新出（2005）准印字第 098 号，滇黔桂石油勘探局昆明印刷厂印装，2005 年，第 161 页。

[2] 指泸西县城所在地中枢镇一带。

[3] 段立青主编，杨俊编著：《阿庐文化系列丛书·古村神韵》，北京：中国文化出版社，2013 年，第 109 页。

月十三土官庙会》之时，依然采用陈天一的五月十三为昂贵忌日之说，而且也指出昂贵是城子村民的"保护神"，因而才要在此日举办"祭大山"仪式。陈天一为在古城历史悠久的陈氏后裔，其文化土壤在古城。他所写的五月十三与昂贵的关系在一定程度上代表的是古城村民的话语，或者说是作为村落精神文化生产者的陈天一引领村民寻找到了五月十三"庙会"与"土官"之间的关联性。那么，其动因就很值得探究了。

一个节日仪式的形成，及其时间、空间的固化，并不是村民一时兴起的随意之举，而是与其生产生活有密切的联系。其背后就是人们对于自然节律的地方性知识与实践。由此可以推测，一是"五月十三祭大山"仪式不会早于城子村民进入农耕经济时代——农历五月十三以后就是忙于泡田栽秧的农忙时节；至此如果尚不下雨，以水田收获为主的农业生产就将歉收。二是不会早于明代成化年间（1481）昂贵被彻底革职之前。因为此前以"爨夷"为主的白芍古城堡民众，应该是以游牧经济为主，并兼行山地刀耕火种农业，雨水对其生产生活虽有影响，但不似种植水稻那样具有完全的依赖性。三是成化十七年（1481）改土归流之后越来越多的内地汉族入住城子，同时也带来了内地汉族农业知识、水田种植技术，也带来了汉族的宗教文化，因而才说"醒悟"出五月十三为关公磨刀下雨涨水日。上文所言的五月十三为昂贵忌日、生日之说，在云南少数民族民间信仰中较为常见。如滇西傈僳族、汉族、阿昌族的王骥崇拜中，就将二月初八说为王骥忌日，也有说是其生日。[1] 但村民所言"五月十三"为关公磨刀日，在下面两个传说中还有更为生动的呈现。

（二）村民祭天求雨开秧门日说

在城子古村，除了数不胜数的昂贵传奇之外，还有诸多颇具道教色彩的神话传说。下列《玉女赶石》就是其中之一：

> 很久很久以前，在泸西县永宁乡城子村对面的蟠龙山大坡顶，有一块巨石，修炼千年，接受天地灵气和日月精华，石中正孕育着一个冰玉美女。
> 一天，夜幕降临……

---

[1] 高志英主编：《中国节日志·刀杆节》，北京：光明日报出版社，2014年。

上篇　仪式实践中汉彝文化嵌融的昂贵土主神

突然间，电闪雷鸣，几道刺眼的亮光划破夜空，如利剑般劈在城子村南面蟠龙山的大坡头顶，那块修行千年的巨石随着雷鸣"轰"地一声炸裂，走出了一位肌肤雪白的玉女。

这位玉女一心想归列仙界，无奈道行不够，仍需修炼。她急需一个修行之地，但因她还未得道，又裸露着身躯，不能见到尘世之人，甚至不能听到鸡鸣狗叫的声音。不然的话，她将前功尽弃，难以成仙。

她找来找去，终于找到一把天生的能打坐的石椅，也就是现在城子村陡陡坡的仙人板凳。

陡陡坡太陡，人迹罕至，这样，她每天身坐石椅，能够静心修炼。

过了很长时间，她的道行仍旧平平，玉女心急如焚。

她想："为什么我还不能得道升天，早归仙界？"她越想心越乱，越难静下心来修行。她决定去寻找一位仙人，指点迷津。

于是，她穿上了云霓做成的衣裳，在大山里艰难地寻找。找啊找，终于在玉屏山找到了飞凤仙人。

飞凤仙人告诉她，要及早成仙，须饮无根仙水。而无根仙水，要历尽艰辛才能找到。

于是，玉女昼伏夜出，在周围的山上找啊找，找了几天，身上被荆棘划得伤痕累累。周围的座座山峰，每一处艰险的地方都寻遍了，仍寻不到无根仙水。

有一天夜晚，她走累了，坐在一溶洞外的石头上休息。

在这里，玉女感到洞内飘出一缕清风，吹在身上，十分清爽凉快。她也隐隐听到溶洞内有什么东西在游水的声音。她便细心地进洞寻找，但溶洞太小了，很是难进。听村人说，要做"长蛇蜕皮""苍蝇搓脚"和"鹞子翻身"三个动作，才能爬得进去。

玉女艰难地爬进洞里，看见了一口石棺材，长一丈五，宽三尺。满满一棺材清水，有两只金鸭子在水里游来游去。玉女终于找到了无根仙水，心里有说不出的高兴！这个溶洞，就是现在人们叫的"石棺材洞"。

玉女饱饱地饮过无根仙水，仍回陡陡坡"仙人板凳"处修炼。

就这样，她一天一次，往返于"石棺材洞"和"仙人板凳"之间。由于路途遥远，又难于行走，于是，玉女又到羊雄山偷来仙牛。每天她骑着牛来来往往，方便多了。至今陡陡坡山路上，仍有仙牛脚印。

修炼了一段时间，她的道行果然大进，渐渐能够飞行。

石棺材里的水渐渐地浅下去，只剩下了半棺材水，金鸭子也飞走了一只。由于石棺的水少了，这使白勺村一带地方少了几分灵气。

春天来了，一连几月，老天都不下雨。眼看五月将近，仍泡不了田，栽不成秧。老百姓愁眉不展，眼看这日子将无法过下去。同时，村人还发现，蟠龙山大坡头的石头像树一样地在往高处生长。

人们惊奇害怕，求告山神。经山神示意，终于知道灾难原因。

石头每年长高一尺，当长到一丈时，玉女就成仙了。

村民受不了老天就这样地旱下去，若真的天旱十年，哪还有人的活路？……

村民们千方百计地想阻止玉女修行，想让她离开此地。

他们爬上蟠龙山大坡头，把陡陡坡的石头全部敲断，让玉女难归仙界。至今，蟠龙山陡陡坡还留下许多被敲断了的断头石。

玉女眼看石头被敲断，可在白天她不能出来阻止，只能是干着急。她想：石头长不到一丈，何时能够成仙？自己又离不开无根仙水和仙人板凳。

想来想去，她恨极了白勺（城子）村里的人们，决定赶石头去堵住冒烟洞，这样，永宁河水就会涨漫起来，就淹没了村庄，这样大家就会搬离此地，她也就能静心修炼，早归仙道。

五月十二的这天夜里，玉女手挥神鞭，一路赶着一个百吨重的巨石，要去堵塞冒烟洞口。当她赶着巨石到了绿塘子时，离冒烟洞只有百十米的路，可是天就渐渐的亮了。

玉女怕被人发现，忙往回跑。

正在这时，鸡鸣狗叫，玉女听到后，刚修得的一点道行顿时全部消除，她就变成了一个普通的凡人。

她心内如焚，流着眼泪，一头撞死在路边石崖上。顿时，整个石崖鲜血淋漓。至今，石崖处仍血迹斑斑，当地人称此崖为玉女崖，把这里称为石罗罗坡。

玉女的眼泪，化作了一场罕见的瓢泼大雨。一时间，沟深河满，

上篇　仪式实践中汉彝文化嵌融的昂贵土主神

地里积水很多。一大早,村人从飞凤山坡的房屋里冒雨下来,泡田栽秧,因路滑泥烂,或后仰,或前伏,常常滑倒在地。

玉女死后,她的神牛顺路来到城子村土地庙,转来转去,赶也赶不动,拉也拉不走。村人就把它杀了迎雨祭天。

村中有一男一女,男的叫"阿卢依",女的叫"阿咩依",根据当时人们在雨中下山滑倒的各种动作,编了一套舞,就在迎雨庙会上跳起来,人们也跟着他俩一起跳。舞姿粗犷优美,表达出村人久旱天雨的喜悦之情。

从那以后,每年的五月十三"迎雨节",人们都要跳这个舞蹈,一直流传下来。……就这样,城子村民把每年的五月十三这一天作为一年开秧门和祭天求雨的盛大节日。[1]

很显然,这个《玉女赶石》的神话传说隐喻的是城子村民接受道教信仰的曲折过程,实际上是外来道教与本土原生宗教的博弈与竞争;同时也表明雨水之于水田种植的城子村民的重要性。在此传说中,当年的大雨是玉女眼泪所化,而其后是否下雨则由"天"主宰,因而就要祭天求雨。到后来则变成了"祭大山"——实际上是祭"土主神"昂贵来求雨,因而也赋予昂贵土司以"雨神"的功能。因此,这个神话传说不但对于城子一带多旱少雨的气候特点进行了合理性解释,而且也给读者显示了道教在该区域的发展不是一帆风顺的,甚至可能与"爨夷"土主崇拜发生过矛盾、冲突,但最终还是交融一体了。因而地方文化精英也不得不思考玉女诞生与孙悟空诞生的关系:

关于玉女的诞生,与《西游记》里石猴的出生有点相似。这个神话故事,或许也是城子彝汉文化融合的一个结晶吧?[2]

1　段立青主编,杨俊编著:《阿庐文化系列丛书·古村神韵》,北京:中国文化出版社,2013年,第34—40页。
2　段立青主编,杨俊编著:《阿庐文化系列丛书·古村神韵》,北京:中国文化出版社,2013年,第41页。

《西游记》是中国人多元宗教信仰兼容并包的艺术性呈现的经典小说，《玉女赶石》中玉女为修道成仙致使天下大旱，村民不得已阻断其成仙路。实际上隐喻的是该区域人口增加后，人类对自然索求过多，而从以往的雨量充沛之地变成干旱少雨之地。并对此归罪于玉女修炼而砍断飞石，但玉女不但不作祟惩罚村民，相反以其眼泪浇灌了当年的稻田，其神牛还成为每年祭天求雨的牺牲品。这样，就把"爨夷"原生宗教与汉族民间信仰和道教在这个"五月十三祭大山"仪式空间、时间里有机交融。换言之，是这个"祭大山"仪式时间、空间的固化，以及汉彝村民的节日共享，为彼此的宗教文化互动、交融提供了一个活态传承平台，并以村民祭天求雨开秧门仪式呈现出来。

（三）内地关老爷磨刀日说的空间位移

有意思的是，农历五月十三这个日子，是汉族社会里普遍流传的"关老爷磨刀日"：

> 每年农历的五月十三日，通常处于夏至或小暑节气间的前后，正常的气候都有降雨的过程，气候不正常的年份亦有不下雨的。而民间称此日若下雨，便是关公在"磨刀"，其磨刀的用水是从南天门处降下凡间，下雨便是吉兆，雨越大越好，预示当年的光景必将"风调雨顺，国泰民安"。倘若此日不下雨，则属不吉之兆，预示当年或许有"自然灾害肆虐"，或许"社会动荡不安"的说法。长期以来，民间以此作为观察天气迹象和社会动态的参照物，并广泛流传为口头谚语。这就是五月十三日人们盼望的甘露细雨。每年农历五月，如果遇到旱天，我们的先人都会怀着期盼的心情说："五月十三日是下雨汛头，关老爷要下磨刀雨呢！"这场磨刀雨还是关羽从东海龙王那儿借来的呢！
>
> 传说关云长的英灵升天后，玉帝赐命为"三星都督总管雷火瘟部宜府酆都御史"。自晋代以来，全国各地的官员都督辖当地的老百姓建"关帝武庙"，香火旺盛，却惹起南海恶龙的嫉妒。恶龙趁关公外出不在南天廷之机，吸尽江河溪流之水，致使大地庄稼干旱枯萎，村民纷纷到关帝庙祈祷降雨。关公回到南天廷后，立即调遣周仓、关平二将率领天兵，定于农历的五月十三日吉时，在南天门外磨利青龙大刀而后出征。是时，其磨刀的水洒落人间，形成微雨，并擒住恶龙，逼使妖龙吐出满腹之水，旱情

上篇　仪式实践中汉彝文化嵌融的昂贵土主神

消失,恢复了风调雨顺的景象。关公为了记取次此教训,遂于每年五月十三日亲自在南天门外磨刀示威并降雨霖。因此,民间百姓为纪念关公磨刀降恶龙、解除灾难疾苦的恩德,把此日作为"关帝救生日",到关帝庙隆重集会焚香膜拜、敬献供品、祈祷平安。久而久之,却讹作关帝的"诞辰日"来祭庆。实则不然,每年五月十三(传说是初三)是"磨刀日"。[1]

显然,"五月十三"在汉文化体系里有一套完整的说辞。而在城子地方文化精英的笔下,就直接将五月十三祭大山中的祭拜土司昂贵与关羽磨刀日叠合在一起,实现了汉文化的在地重构:

> 如今,昂贵在村人的眼中,已成为有德有义之"保护神"。……昂贵全家被杀,三女儿因出家在玉皇阁,得以免除灾祸,此女后来在弥勒拖落寺修道成仙。传说,五月十三这一天,是玉女赶石、天降大雨泡田栽秧之日,也是昂贵自杀升天之日,还说是三国关羽将军在城子村显圣之日。昂家父女,传说有很多灵验。玉屏山顶有时会出现彩云,昂家父女会在云端出现。昂贵身骑龙马,手挥宝刀;三女儿霓裳羽衣,手打花伞。如看到如此幻象,那一年便五谷丰收,人畜平安。[2]

在此,不仅昂贵,还有其女也被神化加以崇拜。玉屏山上的玉皇阁乃道教道观,土司之女在此修道,正是本地彝族接受道教文化的标志。

> 由于日子特殊,有灵气,所以,每年五月十三庙会前一日,会自个跑来一头大黄牛,在土官庙前叫唤,晚上在庙里居住。十三日这天,黄牛便自己跑到屠宰人身边,任其宰杀,祭奠神灵。一直到民国初年,村中一位姓曾的头人觉得,牛可耕地,杀了太可惜,便以猪羊换之。从此,牛再也不来,至今都是杀猪杀羊祭祀。这一天,村人载歌载舞,欢天喜地,

---

[1] 山西省关公文化研究会:《关公磨刀与龙王兴雨的传说》,发布时间:2017年1月10日,引用时间:2021年3月15日,http://www.chinaguanyu.com.

[2] 2014年5月8日,笔者在城子对村民陈清华的访谈。

围在土官庙前，歌颂昂家功德，擂鼓迎雨，祈求风调雨顺。[1]

无论是土司庙、土官庙或是土主庙，其祭拜主神都是昂贵——曾经称霸一方的彝族土司昂贵。可见，在主流文化语境里倒行逆施、"肆虐不法"的昂贵，在村民心里却是生前有恩于民，死后有惠于人者。这就给了我们理解西南少数民族土司一个多维的视角。但重要的是，在明代汉族大量移民实边西南背景下，彝族传统生存空间被挤压，昂贵不得已率部众退居更靠近弥勒与文山交界地的族人聚居地。但大一统历史车轮下仍然不能自保，最终不能改变被改土革职的命运。所以，当昂贵被迫退出历史舞台，村民就以将其神化祭拜的方式，表达其在村民心目中的另一种价值评判。同时，又以昂贵女修道、昂贵忌日与关公磨刀日重合的方式，呈现出中国西南少数民族的汉化过程。

综上，在五月十三举行"祭大山"仪式，并出现多种文化解释，是偶然的巧合，还是有什么内在的逻辑关系？如果联系到飞凤城子古村从彝族城堡到汉族为主的农业村落的变迁，可以想见，伴随汉族移民聚居城子村，汉文化也被传播到此地，汉族民间信仰及其节日便是其中重要的内容。因此说，五月十三"祭大山"，不过是汉族"关老爷磨刀日"与彝族土主崇拜文化的重合。而且，这种重合也并非偶然，而是明代以来作为汉文化载体的内地汉族大量移民实边的结果，同时也是汉文化与本土彝族文化的互动与交融。进而言之，早期彝族为主、后来汉族移民为主的城子村需要一个彼此都能够认可、接受的集体性仪式不断强化村落共同体意识。显然，唯五月十三"祭大山"具有此功能。

内地汉族的关公磨刀日与昂贵土司祭日之所以能够重合为一，还在于历史长河中同处于广西府境的汉、夷（彝）村民面对的是同样的自然环境。此自然环境在给他们提供生产生活资料的同时，也时不时带来自然灾害，同时还引发人为的天灾。而且，据对《康熙广西府志》"灾祥"条对顺治与康熙年间的统计[2]，"灾"往往多于"祥"：

---

[1] 2012年7月17日，笔者在城子对村民张宝冲的访谈。
[2] （清）蒋敷锡修纂：《康熙广西府志》，段锦良主编，刘群点校，昆明：云南人民出版社，2016年，第211—215页。

上篇 仪式实践中汉彝文化嵌融的昂贵土主神

表 1 顺治—康熙年间广西府灾祥统计表

时间	丰收	歉收	天灾	人祸
顺治十六年[1]				大师入滇，流寇道掳，掠人民无算
十七年		荞谷一石卖银十两，牛一头卖银三四十两，猪一只卖银二十两		
十八年			十一月，彗星飞，自东北而西南，状如圆盆，有尾，色灰白，离地数丈有声，坠时如雷，远近皆闻	
康熙元年[2]			大旱。师宗州白蝴蝶群飞蔽天，一月方散	
二年			大水淹至城东南隅，民房尽圮	
三年			地震，谷至十二两一石。五月，天现连罿，红绿圈大如车轮，自辰至午方没。十月二十一日，彗星现于东南，状如帚柄甚长，月余方没	
四年			三月飞霜。五年三月，西关回禄[3]，灾延三百余户	三月，禄昌贤叛，攻犯弥勒城、师宗城
六年			霪雨	

---

1 顺治十六年，即 1659 年。
2 康熙元年，即 1662 年。
3 回禄，即火神。

续表

时间	丰收	歉收	天灾	人祸
七年			大风作,弥天蔽日,拔城隍大树倒檐下,不损一瓦	
八年	大有[1]			
九年	大有			
十年	大有			
十一年	大有			
十二年				吴逆[2]作叛
十三年			三月内地震,城垛倒倾	
十四年			李树结瓜	
十五年			竹开花结实如麦,可食。后竹尽枯	
十六年			大旱	
十七年				吴逆征烟户银,士民鬻妻卖子
十八年			瘟疫大行,遍及牲畜,倒毙几尽	
十九年			十月,彗星夜现西南,长数丈,数月方没	
二十年				王师复滇[3],荞谷一石卖银十二两,牛一头卖银四五十两,猪一口卖银十两

1 大有,丰收之年。
2 吴逆,指吴三桂。
3 王师复滇,指清康熙十三年至二十年清朝消灭吴三桂家族势力之举。

续表

时间	丰收	歉收	天灾	人祸
二十一年			瘟疫大行	
二十二年	大有			
二十三年			秋旱	
二十四年		稍收		
二十五年			旱	
二十六年			大旱	
二十七年	桃花放，大有			
二十八年		秋冬无收	春雹，夏旱	
二十九年		半收		
三十年		半收	民遭回禄之灾	
三十一年	大有		八月初二日，地大震，将地垛房舍摇倒。时时地震，数日不止，兵民俱宿空地四十余夜	
三十二年	大有		地震	
三十三年	大有		地震，兵民延烧数百余家	
三十四年		稍有	地稍震，雨雹	
三十五年	大有		地微震，兵民延烧数百余户	
三十六年		荒歉	水涝，彗星现东方，长丈余，数夜方没	
三十七年		歉收	雨雹，大水淹没	

续表

时间	丰收	歉收	天灾	人祸
三十八年		半收	夏旱，秋雨雹	
三十九年		半收	人民、牲畜瘟疫大行	
四十年		稍收	春雪，夏秋雨雹水潦	
四十一年		夏荒	二月，彗星现于西南，长数丈，数夜方没。五月初旬，飞霜三日	
四十二年		半收	夏雨雹，水潦府城脚下	
四十三年		半收	雨雹水潦	
四十四年		半收	夏旱秋雨	
四十五年		六分收	夏旱秋雨雹	
四十六年		多半收	夏旱秋雨	
四十七年		半收	雹雨连绵，海水泛涨，海田尽为潦没	
四十八年		八分收	夏雨多，秋旱	
四十九年		八分收		
五十年		八分收		
五十一年		六分收		
五十二年		荒歉无收，人民逃散	二月初二日地震。夏旱秋雨，水涨淹没	
五十三年		八分收		

上述顺治十六年（1659）到康熙五十三年（1714）55年间，仅有9年是"大有"，即丰年；其余都是六分、七分、八分的歉收。其原因，概括起来不外乎天灾、人祸两项。而天灾中，要么是大旱导致歉收，要么是雹雨导致

歉收。可见长期以来,广西府境汉彝村民就匍匐在自然压力与社会压力之下呻吟,认为一切天灾人祸皆由看不见的超自然力量在发挥作用,才有如此多的记载。由此也可见,村民对于风调雨顺的强烈渴望。这就是城子古村村民将风调雨顺、庄稼丰收寄希望于五月十三"祭大山"仪式,并寄予被其神化的昂贵身上的根本动因,希望通过人神共娱的宗教仪式建立与超自然力量的和谐关系,以求得风调雨顺、庄稼丰收。这便是五月十三"祭大山"节日仪式的来源与功能。

有意思的是,在其后乾隆年间撰写的史志[1]却比《康熙广西府志》有更为详尽的灾祥记载。如果同样列表于下加以比较,仍可见"天灾人祸"已成为村民重构历史记忆的主要内容。特别是对"夷妇一胎五子"的开篇记载,其时间、地点与人物的真实性不可查,但也记载之,就说明这类在村民看来的"异象"也成为其祭拜神灵的原因之一。

表 2　顺治—乾隆年间广西境灾祥统计表

年份	丰收	歉收	天灾	人祸
顺治四年[2]			弥勒州夷妇一胎五子	
十六年				大师入滇,流寇遁,掳掠人民无算
十七年			荞谷一石价十两,牛一头价三四十两,猪一口价二十两	
十八年			星飞自东北、西南,如盆,有尾,坠声如雷	
康熙元年			大旱。师宗白蝶蔽天,一月方散	

1　(清)周采:《乾隆广西府志》,泸西县地方志编纂委员会办公室整理,芒市:德宏民族出版社,2010年,第218—221页。
2　顺治四年,即1647年。

续表

年份	丰收	歉收	天灾	人祸
二年			潦，淹至城东南隅，民舍尽圮	
三年			地震，谷一石价十二两。夏，天见红绿连环，圈如轮，至午方没。冬，彗星见，如帚，月余方没	
四年			师宗飞霜	三月陆昌贤叛，攻弥勒
五年			西关灾回禄，延三百余户	
七年			风拔隍祠古木，檐瓦不损	
八年	大有			
九年	大有			
十三年			地震，城垛倾倒	
十四年			李树结瓜	
十五年			竹实如麦	
十八年			大疫，人畜皆灾	
十九年			彗星见，长数十丈，数月方没	
二十年				大师复滇，荞谷、牲畜价与三年同
二十一年			大疫	
二十二年	大有			

上篇　仪式实践中汉彝文化嵌融的昂贵土主神

续表

年份	丰收	歉收	天灾	人祸
二十六年			大旱	
二十八年		无收	春雹、夏旱	
三十一年	大有		秋，地震久，城舍摇倒无算	
三十二年			地震	
三十三年	大有		地震，灾回禄	
三十六年			潦，彗见东，数夜没	
三十七年	大有			
三十九年			大疫	
四十二、三年			俱大水	
四十七年			大水	
四十九年			彗见，五月飞霜	
五十二年		大荒	地震，大水，大疫	
五十三年	全收			
五十六年	大有			
雍正元年[1]			癸卯元旦　卿云见	
四年			大水，环翠桥过渡	
六年			大水	

1　雍正元年，即1723年。

续表

年份	丰收	歉收	天灾	人祸
七年			春雹伤苗，夏、秋，大水	
八年			十月望[1]，五色捧日	
九年			春、秋旱，夏潦	
十年			十月二十八日夜，星陨如雪	
十一年			四月飞霜，疫行	
乾隆元年[2]			丙辰旱	
二年			五月雨，仲夏雹大如碗	
四年	有秋[3]			

上述从顺治四年（1647）到乾隆四年（1739）共计92年，只有9年的丰年；其余皆为歉收或荒年，差不多每10年才有一年既无天灾，也无人祸，村民得以安居乐业。换言之，因为天灾人祸太多，才使得泸西各族官民皆将所有"异象"如多胞胎、彗星这类的自然现象也作为祥异之兆。那么，在五月十三日"祭大山"是否有雨，作为一年是否雨水充足的征兆，也就不足为怪了。即认为，这类异象是人与自然和谐关系被打破，并将受到自然惩罚、怪罪的征兆，所以不但见于史册，而且要用一些祭拜仪式加以禳解。

至于康熙与乾隆两志中对于战争带来的人祸在"祥异"条记载并不多，但实际上同书里对于流官们的武略之功记载外，仅仅在《明实录·广

1　望，每月十五日为望。
2　乾隆元年，即1736年。
3　有秋，指好收成。

西府》[1]里就有永乐二十二年（1424）、正统五年（1440）、正统六年（1441）、正统七年（1442）、正统九年（1444）、正统十年（1445）、成化十四年（1478）、成化十七年（1481）的土官聚众叛乱，即在59年里就有8次战争，差不多七八年就有一次朝廷官兵与土司兵丁作战造成的生灵涂炭。这频次、间隔时间更短于天灾。真可谓：兴，百姓苦；亡，百姓苦。宗教诉求就是对现实短缺的精神补偿，在现实世界里，包括城子村民在内的广西府汉夷（彝族、壮族等）黎民百姓饱受天灾人祸之苦，才需要建构一个能够为整个村落或整个区域村民遮风挡雨、消灾避难的神灵。于是，"土主神"昂贵就应运而生了。至于被神化的昂贵与真实的昂贵有多大差距，就是历史人物被神化的微妙——信仰者认为真实就"真实"，信仰者认为有用就"有用"。

　　总之，昂贵被城子彝族村民与明代以后迁入，而且人口、文化后来居上的汉族村民所共同信奉，就是因为他们共同繁衍生息于城子古村，面对的自然灾害与人为灾祸都是一样的。而且，农历五月十三这一天对于该区域汉彝村民的农业生产是一个重要的时间节点。即需要有充沛的雨水插秧，因为"耕作有时"才有秋收的希望，家族的延续也才有物质保证。因而就被承载着内地五月十三关公磨刀日文化的内地汉族移民，不但将内地农耕文化、关公信仰文化传播到此地，并且与本地自然环境、季节更替相结合，从而和彝族村民一同构建，并长期共享五月十三"祭大山"这个传统节日。其动因，仍然是同一村落的彝族与汉族村民面对的农耕水稻种植中对于风调雨顺的强烈渴求。

三、汉彝村民共享的多元信仰与仪式实践文化意涵分析

　　祭祀仪式是信仰主体的宗教信仰、观念的实践性表达。五月十三"祭大山"也是城子汉彝村民民间信仰（原生宗教）和汉族儒释道、民间信仰与

---

[1]《明实录云南事迹纂要》，方国瑜主编：《云南史料丛刊》第四卷，昆明：云南大学出版社，1998年，第226—231页。

观念的仪式表达。主要表现在以山、石、雨水（龙）与牛崇拜为特征的自然崇拜和"天地君亲师"崇拜，以玉女、仙翁崇拜为核心的道教信仰与观音、佛主佛教信仰，以及以昂贵英雄祖先崇拜为核心的祖先崇拜三个方面。

（一）汉彝自然崇拜的在地化混融

通过对仪式程序的深描发现，虽然名曰"祭大山"，看字面意思是彝族传袭已久的山崇拜观念的仪式表达，但此"大山"被拟人化为土司神。如果联系明清中央王朝"以夷治夷"策略，此土司应该就是彝族首领。而且，是在中央王朝势力日渐深入的改土归流过程中被推翻的彝族土司。但有意思的是，却成了彝族后裔与汉族移民后裔共同信奉的崇拜对象。这对于彝族后裔而言很常见，不过是将历史上的英雄祖先崇拜与自然崇拜交融一体罢了。

> （如彝文）《献酒经》所说的天、地、月、星、山、岩石、平原、果树、桑树、蚕、丝、水、鱼等等，皆无不是现实的物质。然而，这些物质却被放在非现实的，而且是根本不可能的、幻想的联系之中——献酒给自然神灵之后，日、月、星辰变辉煌，农事、猎食一切如愿。这当然是荒唐的。但把自然界各个具体对象和现象神灵化的做法，乃是宗教观念在最初发展阶段的表现。[1]

彝族对于山体的崇拜，是较为普遍的一种信仰，与其所处生产生活环境有关。彝族研究专家何耀华就说：

> 放牧于高山，耕种于坡谷，终年在山中打转，其先民对山产生歪曲反映和虚幻的感觉，使他们认为高山是神灵的住所、通往天神的路径和撑天的柱子。《载俄特依说》："四根撑天柱，撑在地四方。东方的一面，木武哈达山来撑；西方的一面，木克哈尼山来撑；南方的一面，大木低泽山来撑。"在他们看来，山是山神的化身，山神有撑天之功。他们认为在诸神之中，山神的力量最大，它能制服一切妖鬼

---

[1] 何耀华主编《彝族卷》，载吕大吉、何耀华主编：《中国各民族原始宗教资料集成》，北京：中国社会科学出版社，1996年，第49页。

上篇 仪式实践中汉彝文化嵌融的昂贵土主神

邪魔。……在许多彝族地区,彝族把山神作为地方的保护神而不断进行祭山活动。[1]

可见,飞凤城子村民的五月十三"祭大山"节日仪式,不过是彝族传承已久的山崇拜习俗之一罢了。由此可知,早期的飞凤古城村民,即该仪式的文化主体是彝族。这是因为"自然是宗教的最初的原始对象"[2],生于斯、死于斯的大山便成了彝族的主要祭拜对象,因而城子所在的飞凤山与周围大大小小的山脉、山峰、山包都被神化为祭拜对象。其中,位于古城西侧,地势稍高于古城的"土官山"上的"土司庙",因与城子一起迎接每天的旭日,送走每天的傍晚,而且受日照时间多于古城;从空间距离而言也便于村民前去祭拜,于是将其神化为"土司山",一代又一代仪式化地表达彝族历史悠久、根深蒂固的山崇拜信仰。

再一方面需要注意的是,来自内地的汉族移民的民间信仰中也同样有山崇拜,其中五岳崇拜就很典型。在大理一带的彝族、白族与内地汉族接触、交往增多以后,就出现了区域性的五岳崇拜,加上四渎崇拜,形成始自南诏的"五岳四渎"崇拜[3]。说明无论是来自内地的汉族,或是本土彝族、白族与纳西族等,都有基于所生存自然环境的自然崇拜。因云南高山大江之地貌,就产生了北岳玉龙雪山、中岳点苍山、西岳高黎贡山、东岳哀牢山、南岳轿子雪山的"五岳"崇拜,以及对金沙江、澜沧江、怒江与黑惠江"四渎"的自然崇拜。这是该区域各族早期所面临的自然环境共性,促使其萌发了具有共性特征的自然崇拜。此外,还有各地村民类似于地方保护神的山神或寨神信仰。这些崇拜对象往往是某座邻近的山,并赋予其神格兼人格,于是那些有功于地方、民族的英雄祖先就与自然物重合,而成为崇拜的对象。可见,"祭大山"仪式不过是彝族英雄祖先崇拜与自然崇拜的结合物,实际上是对其历史,即昂贵土司兴衰史与其所处自然环境的宗教回应。五月十三"祭大山"仪式,显然就是"爨夷"大山崇拜的延续,也是汉族民间信仰中的山崇拜的空间位移,并与彝族祖先崇拜紧密交融。

---

[1] 何耀华:《彝族的自然崇拜及其特点》,《思想战线》1982年第6期。
[2] 参见费尔巴哈:《宗教的本质》,北京:人民出版社,1953年,第2页。
[3] 王崧:《南诏野史》:"蒙氏平地方,封岳渎,以神明天子为国步主,封十七贤为十七山神。"

此外，古城村民还有对黄牛的崇拜，直接将其称为"神牛""天牛"：

> 玉女死后，她的神牛顺路来到城子村土地庙，转来转去，赶也赶不动，拉也拉不走。村人就把它杀了迎雨祭天。……
>
> 据村人说，每年这天，天都会下大雨，涨大水。更为神奇的是，也不知从哪儿，总会自个跑来一头肥壮的大黄牛，任人宰杀，迎雨祭天。
>
> 就这样，城子村民把每年的五月十三这一天，作为一年开秧门和祭天求雨的盛大节日。……
>
> 也不知过了多少年（据说是民国初年），村中一位姓曾的头人觉得，大黄牛可以用来耕田拉车，杀了太可惜。于是，重新换了一头猪来顶替祭祀。从那以后，就再也没有大黄牛自个跑来了。[1]

在前犁耕农业生产时代，或者说在游牧经济时代，牛并不用作犁田耕地，而是作为家庭财富的象征。女子出嫁以牛作为聘礼、身价，以牛作为祭祀的牺牲在西南各山地民族中较为普遍。在"祭大山"仪式中，不断强调"神牛"自然跑来待宰祭献，更增添了其神圣性、神秘性，皆是"爨夷"传统文化中对于牛为代表的与人类关系密切的动物的崇拜心理呈现。

再一方面是对农业生产极为重要的水（雨水）与其象征的龙、蟒的崇拜。这或许是泸西地干天旱，雨水对村民的生产生活具有特别重要意义；或许是进入稻作农业经济以后，雨水是否丰沛就成为收成好坏的主要因素，因而特别受到重视。飞凤城子古村唯一的集体性祭祀仪式、节日也变成为求雨作为主要功能的节日。因此，与一般"爨夷"文化中突出虎文化不同，而是将昂贵也当作"乌蟒"在世。这不得不说是地方文化精英的文字智慧——直接将昂贵神化为龙，那有冒犯天子之嫌；如果将昂贵像对张冲一样神化为"爨夷"所特有的老虎，一方面与昂贵"肆虐不法"形象不吻合，另一方面也不能突出半山半坝的昂贵所处自然环境的文化特征。于是，与水、雨水，特别是与暴雨、乌云、浓雾相依相存的"乌蟒"便成了昂贵的象征。此外，在土主庙还塑有龙神像，同样也是山地与水田农业民族对于

---

[1] 段立青主编，杨俊编著：《阿庐文化系列丛书·古村神韵》，北京：中国文化出版社，2013年，第38—40页。

水的渴望、祈盼。

总之，在五月十三"祭大山"仪式及其相关场景中频频出现的山（石）、水（雨水，龙）、牛（神牛）、乌蟒崇拜，既是"爨夷"传统信仰的区域性特征，也是汉族民间信仰中的自然崇拜的在地化。但特别需要注意的是，将大山崇拜与祖先崇拜重合一体、将昂贵神化为崇拜主体，则是典型的"爨夷"文化特征，却被明代成化年间以来汉多彝少的全体古城村民所共享。也即源自明代中央王朝实施改土归流政策而来的内地汉族移民，与同一区域彝族一同接受了彝文化，并成为一种区域共享文化。由此逐渐打破了族群边界区隔，并弥合了中央王朝与地方土司矛盾、冲突带来的战争创伤。因此，五月十三"祭大山"仪式，与其说是做给以昂贵为首的彝族死者看，还不如说是做给以昂贵为代表的远近"爨夷"后裔与内地移民实边的汉族后裔看，使他们彼此都能够忘记、消解历史隔阂、战争创伤，而在现实生活中成为村落、区域共同体的一分子，而获得集体性安全感与认同感。

（二）彝族土主崇拜的汉彝村民共享与村落共同体建构

各地彝族也都盛行对祖先灵魂的祖先崇拜，并且以"物"作为祖先灵魂的附着物。如凉山彝族对祖灵象征的"马都"的崇拜，云南各地彝族也有制作三代以内近祖的牌位，对三代以上祖先用"金竹枝""松树毛""白花木树"作为象征物的习俗[1]。而在大理巍山一带的彝族，则有将英雄祖先神化为"土主"加以崇拜的习俗。20世纪50—60年代调查资料说：

> 土主庙里的神称为土主神。这些土主神的崇拜者是巍山的土著民族，他们在先秦时期属于氐羌部落，汉晋时期称为"嶲""昆明"和"叟"，在南北朝至唐初称为"爨"，在唐宋时期称为"乌蛮"，到元明清时期称为"土族""罗罗"，解放后称为彝族。……从巍山县境内找到的14处土主庙来看，庙内祭祀的土主，无论是南诏前期就出现的"罗拜"、南诏时期出现的"南诏王"[2]，还是南诏后期出现的"字瑛"，

---

[1] 何耀华主编《彝族卷》，载吕大吉、何耀华主编：《中国各民族原始宗教资料集成》，北京：中国社会科学出版社，1996年，第134—140页。

[2] 具体指罗拜、细奴罗、逻盛、皮逻阁、阁逻凤、凤伽异、隆舜、凤伽异长子、凤伽异二子、世隆、字瑛等。

他们都是宗族祖先，他们和他们的崇拜者在族源上有血缘关系。这种血缘关系把他们紧紧地联系起来。[1]

实际上，早在英雄祖先崇拜之前，彝族先民就已经有祖灵崇拜习俗了：

> 蒙舍及诸乌蛮不墓葬，凡死后三日焚尸。其余灰烬，掩以土壤，唯收两耳。[2]

如果没有灵魂不灭的灵魂崇拜，就无需焚尸，也无需收作为灵魂象征物的双耳。可见，从灵魂崇拜到祖灵崇拜，再到英雄祖先崇拜，伴随彝族社会的发展而发展。那么，曾是城子主体民族的彝族保留其传统的英雄崇拜习俗就不足为怪了。由此也可推测，尽管当下城子人口以汉族为多，但要么在早期彝多汉少的社会环境下，汉族移民也接受了彝族的祖先崇拜习俗；要么是历经土司制度彻底衰败的彝族村民已经汉化为汉族，但其历史记忆中仍然保留了其传统族性，因而也在与汉族移民共享的文化中保留了对英雄祖先的崇拜。

但就当下人口占绝大多数的汉族移民后裔而言，由其主持、传承彝族的"祭大山"仪式，就不那么容易理解了。首先，所谓的"大山"是彝族土司昂贵的神化表达，是昂贵兵败而死才有了城子村民从彝族到汉族的人口置换。这就如当下大理的将军庙的本主神一样，是公元754年天宝战争中阵亡的唐将李宓，在当时是信仰主体的敌方，后来则因为其部分未死将士融入当地白族中，因而被其与白族通婚后裔所祭拜。[3] 因此，虽名曰五月十三"祭大山"为彝族节日，但却可以被城子古村的汉族与彝族村民所共享。结合城子古村民族人口的变化，还可以推测早期过这个节日的可能以彝族村民为多，后来因为地缘、血缘、姻缘与拟血缘多重关系的沿袭与拓

---

[1] 王丽珠《巍山彝族土主崇拜调查》，云南省编辑组、《中国少数民族社会历史调查丛刊》修订编辑委员会：《云南巍山社会历史调查》，北京：民族出版社，2009年，第212、222页。
[2] （唐）樊绰《云南志》，方国瑜主编：《云南史料丛书》第二卷，昆明：云南大学出版社，1998年，第77页。
[3] 杨政业：《李宓其人及被奉为将军洞本主新探》，《云南民族大学学报》2004年第2期。

展,尽管当下村民民族身份多为汉族,但却是汉夷(彝)交融、血脉相通,因而此节日文化也就能够共享了。

更主要的是,因为历经改土归流而同处于城子古村的汉、彝村民,因为对昂贵土司崇拜的文化共性及其仪式共享是基于日常生产生活中密切交往互流,而且信仰仪式共享与彼此间的经济交往、文化交流与婚姻互通相辅相成,族群的边界区隔被打破,村落共同体的意识越来越强。以至于在今天听到的更多的是"我(我们)是城子人",而少有强调其族别是彝族或汉族。

而且,这种区域性的村落共同体意识,广而泛之,便是更高、更广层次的中华民族共同体意识。古城冠以"彝族古村落"并非意味着古城村民完全放弃其民族身份、意识,也并非是村落共同体内部彼此区域博弈的基础或工具,而是公平争取社会资源的一种文化符号或策略,是对外界宣传发展旅游业的需要。虽冠以"彝族古村落"的头衔,但其内部都是具有村落共同体意识的"城子人"。

(三)彝族土主与汉族关公互为"陌生人-王"的西南实践

"陌生人-王"是当代人类学大师、美国科学院院士萨林斯(Marshall Sahlins)提出的理论,指的是统治者起源的共通之处,即"陌生人-王(stranger-king)"模式。首先,王者本是外来者,篡夺了本地人的政权;其次,王者担负有文化(以文化之)的天命,带领处于原始状态中的本地人走向文明;最后,王者通过婚姻与本地人实现联合,从而实现对新王国的获取和统治,并且这种结合可能需要不断重新确认。[1] 通览云南各族历史,在一定程度上就是一部"陌生人-王"的历史。其中,最有名的莫过于《九隆神话》中的历史叙事:

> 哀牢国,永昌郡也。其先有郡人蒙迦独,妻摩梨羌,名沙壹,居于牢山。蒙迦独尝捕鱼为生,后死牢山水中,不获其尸。妻沙壹往哭于此,忽见一木浮触而来,旁边漂沉,离水而少许。妇坐其上,平稳不动。明日视之,见水(木)沉触如旧。遂尝浣絮其上,若有感。因

---

[1] [美]马歇尔·萨林斯:《陌生人-王,或者说,政治生活的基本形式》,刘琪译,载王铭铭主编:《中国人类学评论》第九辑,北京:世界图书出版公司,2009年。

怀妊，十月孕，生九子。复产一子，共男十人。同母一日行往池边，询问其父，母指曰："死此池中矣！"语未毕，见沉木化为龙出水上，沙壹与子忽闻龙语曰："若为我生子，今俱何在？"九子见龙惊走，独一小子不能去，母固留之。此子背龙而坐，龙因舐之，就唤其名曰习农乐。母因见子背龙而坐，乃鸟语谓背为九，谓坐为隆，因其名曰九隆。习农乐后长成，有神异，每有天乐奏于其家，凤凰栖于树。有五色花开，四时常有神人卫护相随。诸兄见有此异，又能为父所舐而与名，遂共推以为王，主哀牢山。[1]

蒙迦独→（蒙）细奴逻（习农乐）的谱系，是南诏蒙氏"自言本永昌沙壶之源"的依据，为"蒙细奴逻→蒙逻晟→蒙晟罗皮→蒙皮罗阁→蒙阁罗凤→蒙凤伽异→蒙异牟寻"这一系蒙氏家族在九隆神话中找到了蒙氏祖先，[2] 旨在使蒙氏祖先神圣化，隐喻的却是其早期血统、文化中有异族血统、文化融入，因而可谓是萨林斯"陌生人－王"[3] 理论的西南实践。

但在五月十三"祭大山"仪式及其文化解读中，重点不是要溯源神性祖先谱系，而是对于该文化主体的两个民族——汉族与"彝族"的互为"陌生人－王"。具体而言，彝族昂贵土司被村落内地汉族移民后裔所敬奉，成为其"陌生人－王"；与此同时，内地汉族移民带来的关公信仰也被同村落彝族所敬奉，成为其"陌生人－王"。这是很意味深长的，故只有回到从彝汉矛盾到彝汉和睦并处历史变迁过程中才可以体会。

彝族的祖先崇拜，与多数氐羌系统民族相同，即近祖崇拜、远祖兼英雄祖先崇拜为特征。近祖崇拜，应该是源于这些民族长期沿袭游猎、游牧与游耕，加之其民族文字并不通行于普通民众中，因而口耳相传的历史记忆中能够记住并加以祭拜的就只有创世远祖、英雄祖先与三代近祖，而中世祖先与其他"不入流"的远祖则被选择性遗忘，从而使民族历史成为一

---

1 （元）张道宗《纪古滇说集》，方国瑜主编：《云南史料丛刊》第二卷，昆明：云南大学出版社，1998 年，第 655—656 页。
2 侯冲：《元明云南地方史料中的九隆神话》，《学术探索》2002 年第 6 期。
3 马歇尔·萨林斯：《陌生人－王，或者说，政治生活的基本形式》，刘琪译，载王铭铭主编：《中国人类学评论》第九辑，北京：世界图书出版公司，2009 年。

上篇 仪式实践中汉彝文化嵌融的昂贵土主神

部"英雄史"。诚然,无论远祖或英雄祖先都是口耳相传的民族英雄历史的记忆,于是就有了不断加以重构、叠垒的可能性。至于为何要将后代的文化层叠垒于其身上,使其越来越吻合于后人的精神诉求,那就是历史记忆的特性了:

> 一个群体非正式地为自己建构起与自身相关的历史记忆,家族成员都认为自己是被描述的一员,而在仪式场域下,实现了个人与群体的记忆与共。[1]

如果说仪式也是一种历史记忆,那么,"祭大山"仪式中的昂贵是否是"英雄祖先",或许最重要的不是其历史的真实,而是"当某个事件、情节或行为方式,放到一些口述史的脉络中,事件最终归位到社会场景下的历史中。"[2] 那么,作为彝族与汉族村民共同生活的飞凤古城的始建者,同时也是村子与国家的关联者的昂贵土司,就拥有不断被层垒的"辉煌历史",从而成为古城汉、彝两个民族共同祭拜,并且不断以口传历史与仪式实践共同层累的"英雄祖先"。

在村民对五月十三"祭大山"仪式及其文化解释中,却无汉族物化的关公崇拜——土主庙并无关公塑像。反而皆是为了纪念昂贵土司、土主神,众多地方史志文化精英文本中充其量就是简单的一句:"传说也是关公磨刀日。"但是,首先,该节日——仪式的时间,恰好是汉族民间信仰与道教信仰中五月十三关公磨刀日;其次,众所周知,"关公磨刀天下大雨",而祭拜昂贵也是求雨;再次,关公身兼汉族民间信仰与儒佛道多重身份,昂贵及其女儿三公主在民间传说里也位列道教神系;最后,五月十三为典型的道教人物的玉女赶石降大雨日子,却同样在土官庙神像以及"祭大山"仪式及其文化解释中是缺位的。因此,貌似这种若有若无,却又无时无处不在的道教人物、符号,正是在城子汉彝两族村民长期的生产生活交往交

---

[1] [美]保罗·康纳顿:《社会如何记忆》,纳日碧力戈译,上海:上海人民出版社,2000年,第14页。

[2] [美]保罗·康纳顿:《社会如何记忆》,纳日碧力戈译,上海:上海人民出版社,2000年,第14、18页。

流中，道教文化被在地化而嵌融于彝族地方性的原生宗教信仰体系里，从而实现了互为"陌生人－王"的西南实践：

> 昂家父女，传说有很多灵验。玉屏山顶有时会出现彩云，昂家父女会在云端出现。昂贵身骑龙马，手挥宝刀；三女儿霓裳羽衣，手打花伞。如看到如此幻像，那一年便五谷丰收，人畜平安。[1]

---

[1] 段立青主编，杨俊编著：《阿庐文化系列丛书·古村神韵》，北京：中国文化出版社，2013年，第110页。

中篇　百年昂氏土司：汉彝文化交融的多重历史叙事主角

　　基于文献记载与飞凤古城村民历史记忆梳理城子古村与昂贵的历史，便可发现，土司昂贵是个不断被重构其"恶性"的历史人物。这似乎与飞凤古城汉彝村民沿袭已久的"祭大山"仪式中其护佑村民平安、丰收的功能相悖。其前提与背景，是明清以来汉文化日渐深入泸西，汉文化中心主义作用于昂贵"恶性"的建构中；与此同时，也重构了一批符合中央王朝道德教化标准的"良吏"的丰功伟绩。不过，不可否认的是，首先是昂贵倒行逆施于明代中央王朝的改土归流大势，因而被流官、汉人与族人所抛弃，这为其"恶性"昂贵形象的塑造提供了社会基础。同样不可否认的是，对于昂贵"肆虐不法"[1]的恶性重构与对流官良吏的良性重构，在一定程度上是汉文化中心主义者的华夷二元对立性认知。但在此过程中，一句"风俗为之丕变"[2]又体现了二者间不是黑白分明，而是不断发生着"以华变夷""华夷互融"的变迁。而且，这种"以华变夷"是在之前的"以夷变华"的基础之上，也即面对华夷文化差异实情的因俗而治。所以，同样不可避免地在发生着"华夷互变"与"华夷互融"。

1　（清）周采：《乾隆广西府志》，泸西县地方志编纂委员会（办公室）整理，芒市：德宏民族出版社，2010年，第9页。
2　（清）周采：《乾隆广西府志》，泸西县地方志编纂委员会（办公室）整理，芒市：德宏民族出版社，2010年，第126页。

一、设治、教化与朝贡：广西府土流并治、普氏（昂氏）崛起

（一）设治

如果没有明代设治的"广西府"，也就没有源于普氏家族的土官（土司）昂贵。因而有必要回顾广西府的设立及其基本情况，实际上也是普氏（昂氏）家族崛起，并从民族部落头人转型为明代中央王朝在广西境的代理者的过程。而广西府的设立，是基于明朝大军浩浩荡荡统一云南的大一统宏观历史背景。

> 傅友德，字惟学，颍川人；沐英，字文英，定远人。俱从高皇帝龙飞有功赐爵，友德颍川侯，沐英西平侯。洪武九年（1376），以云南负固不服，杀我使臣，遣友德为征南将军，英副之，率师三十万往讨。友德从辰沅进，英从乌撒进，会于曲靖，击梁兵，大破之，俘众数万，悉遣归农，夷人感泣，兵不血刃，直趋云南，梁王投水死。大军入城，秋毫无犯，遂略澂江、临安。诸郡悉平，独大理未下，命常茂领兵从间道出点苍山背，大军斩关以入，众悉惊溃，遂拔其城，俘段宝二子，云南悉平。上诏友德班师，命英镇守。[1]

傅友德与沐英皆是朱元璋所器重的良将。他们俩果然也不负所望，以大兵压境、势如破竹的"大破之"军事行动很快统一了云南。战争的残酷过程是可以想象的，但在史志里却都是"夷人感泣，兵不血刃……秋毫无犯"等溢美之词，来标榜其军事行动与朝代更迭的正义性。在此背景下，也崛起——实际上是扶持了一批"爨蛮"等族头人，使其获得作为明代中央王朝在地方的代理者的合法身份。很显然，这是建立在大量本土民众被杀戮的基础上。但在正史里却被遮蔽，因此明代派兵"讨"云南的大规模军事行动，仅200余字就把一场血淋淋的战争轻描淡写一笔带过，并以"夷

---
[1]（明）谢肇淛《滇略》，方国瑜主编：《云南史料丛刊》第六卷，昆明：云南大学出版社，2000年，第710页。

中篇 百年昂氏土司：汉彝文化交融的多重历史叙事主角

人感泣"的记载把战争的残酷性淡化，从而标榜了其战争与统治的合法性。

实际上，早在战国时期的"庄蹻开滇"，到"汉习楼船"，赐印滇王；再到三国时期诸葛亮治理南中，不留一兵一卒而得民心；而后到"唐标铁柱""宋挥玉斧"与"元跨革囊"的滇云漫长历史中，都交织着军事战争及其之后政治统治、经济开发、文化教化与生产发展几个方面。明王朝取代元王朝在云南的统治亦然，首先是以战争、杀戮完成在地方的朝代更替：

> （宝祐）二年（1254），元兵克昆明，遂定云南诸郡。以蛮部三十六路、四十八甸皆设土官，命大理、金齿都元帅府统之。
>
> （洪武）十四年（1381）秋七月，命颍川侯傅友德为镇南将军，永昌侯蓝玉、西平侯沐英为副总兵，征云南，平之。梁王投水死。[1]

梁王投水而死，不过是元朝在云南的政治统治、军事管理终结的标志。"征"（云南）——"平"（蛮夷）——"死"（梁王），三个字就足以看出平定云南蛮夷的势如破竹。但战争的残酷性，即战争所带给黎民百姓的流血、死亡、伤痛却不见于记载，而更多的是借民之口标榜其正义性与合法性。相反，对战争过后对"爨夷"的教化，即伴随军事行动、政治统治而来的历任官员的不遗余力传播汉文化之举，则大写特写，呈现给后人的是"肆虐不法"[2]的土官与为"风俗为之丕变"[3]而努力的流官之间相互博弈、抗衡，直至最后革土归流的广西府动态变迁历史。在史志里，对于"正印为流官，亦必以土司佐之"这种土流并治的统治变迁方式就说得很清楚：

> 明洪武十四年（1381），大军至滇，梁王走死，遂置云南府。自是，诸郡以次来归，垂及累世，规制咸定。统而稽之，大理、临安以下，元江、永昌以上，皆府治也。孟艮、孟定等处则为司，新化、北胜等处则为州，

1　（明）谢肇淛《滇略》，方国瑜主编：《云南史料丛刊》第六卷，昆明：云南大学出版社，2000年，第735页。
2　（清）王崧《道光云南志钞》，方国瑜主编：《云南史料丛刊》第十一卷，昆明：云南大学出版社，2001年，第629页。
3　（清）蒋敷锡修纂：《康熙广西府志》，段锦良主编，刘群点校，昆明：云南人民出版社，2016年，第164页。

> 或设流官，或仍土职。今以诸府州概列之土司者，从其始也。盖滇省所属多蛮夷杂处，即正印为流官，亦必以土司佐之。而土司名目淆杂，难以缕析，故系之府州，以括其所辖。而于土司事迹，止摭其大纲有关于治乱兴亡者载之，俾控驭者识所鉴焉。[1]

就是因为"滇省所属多蛮夷杂处"，所以不得不采取有别于内地的土流并治的权宜性政治制度。但有意思的是，史志始终是对"蛮夷"土官充满了汉文化中心主义的文化偏见。

首先，有关"广西府"设立情况，以及历任官员的教化之功见于历史文献里可谓连篇累牍。当然，首先还是得找"教化"的正义性，那就得从汉文化中心主义立场对有别于汉文化的"爨蛮"文化加以污名化描述。这是元明"朝代更迭—军事行动—政治统治—文化教化"的行动逻辑，并贯穿整个云南各族的政治、经济与文化发展史，由此也使云南及其各族官民越来越紧密地纳入中央王朝的政治、经济与文化体系里。本研究所呈现的不过是漫长历史中的一段，或者不过是一个微观个案罢了。

> 广西，隋属牂州，后为东爨、乌蛮等部所居。唐隶黔州都督府。后师宗、弥勒二部浸盛，蒙、段皆莫能制。元宪宗时始内属。至元十二年（1275）籍二部为军，置广西路。洪武十四年（1381）归附，以土官普德署府事。二十年（1387），普德及弥勒知州赤善、师宗知州阿的各遣人贡马，诏赐文绮、钞锭。[2]

可以看出，明朝之所以扶持弥勒普氏，并建广西府署于泸西，在于师宗、弥勒二部渐盛，故需要扶持普氏"以夷治夷"。在洪武十四年（1381），即明朝大军至滇同年，弥勒彝族头人普德就审时度势率先归附，受到明朝官员的青睐、扶持，成为广西府第一任土官。其后6年，即到1387年，广

---

[1] （清）张廷玉等《明史有关云南事迹辑录》，方国瑜主编：《云南史料丛刊》第三卷，昆明：云南大学出版社，1998年，第436页。
[2] （清）张廷玉等《明史有关云南事迹辑录》，方国瑜主编：《云南史料丛刊》第三卷，昆明：云南大学出版社，1998年，第444页。

中篇　百年昂氏土司：汉彝文化交融的多重历史叙事主角

西土知府即土官普德就率领其下属弥勒知州赤善、师宗知州阿的"遣人贡马"，皇帝对其诏赐文绮、钞锭。这些既是广西府两级土官与明代中央王朝建立以朝贡为象征体系的政治隶属关系的开始，同时也是以贡品与赐品交换的方式开始了内地汉文化与边疆少数民族文化的互动、交融。

"广西府"行政区划名称，在明代《景泰云南图经志书》中就有记载：

> （广西府）建置沿革。蛮云必罗笼，汉唐不通中国，蒙、段亦不能制，元初立广西路军民总管府。今洪武十五年（1382）改为广西府，领三州，曰师宗，曰弥勒，曰维摩。[1]

在此貌似不经意的广西的建置沿革概述中，可以看出其从区位、交通到政治隶属关系，都有与内地中央王朝越来越亲近的动态演变趋势。也就意味着越到后来，越将其紧密地纳入中央王朝大一统政治体系。在目前可见的首部广西府地方史志《康熙广西府志》中就有更为详尽的介绍：

> 广西，古荒服地。唐、虞《禹贡》属梁州之域，商仍之。周为百濮属国，春秋属楚地，战国属楚。秦使常頞略五尺道，置吏。汉为益州牂牁郡，蜀汉属兴古郡，晋属宁州，隋属牂州。唐为东爨乌蛮等部所居，为羁縻州，隶黔州都督府。
>
> 太和间，南诏蒙氏并其地，宋时析为师宗、弥勒二部，大理段氏莫能制。元宪宗时内附，隶落蒙万户府。至元中，置广西路，属临安、元江等处宣慰司。明洪武十四年（1381），颍川侯傅友德、西平侯沐英克云南，改路为府，以土官普得领之。传至昂贵，肆虐不法。成化十一年（1475），土官照磨赵通奏闻。下其议，巡抚御史林符核实，逮贵下狱，革职。改土设流，领师宗、弥勒、维摩三州。[2]

---

[1] （明）陈文纂修《景泰云南图经志书》，方国瑜主编：《云南史料丛刊》第六卷，昆明：云南大学出版社，2000年，第54页。

[2] （清）蒋敷锡修纂：《康熙广西府志》，段锦良主编，刘群点校，昆明：云南人民出版社，2016年，第9—11页。

由此沿革可以看出，从夏商之际到明代改土设流，广西境与中国其他四夷地一样，经历了从"荒服"到完全纳入内地中央王朝大一统政治体系的过程。基于略古详今的史学传统，该志给我们呈现的明代以前的广西境的沿革，或者说其隶属关系也不过是个简略的泛指。这和广西境与内地中央王朝的政治隶属关系由松散到紧密，由模糊到清晰的历史演变相吻合。

普氏土司得以从众多"爨蛮"部落头人中脱颖而出，并统治、管理地方百年，就不得不从广西境区位、交通与"爨蛮"的经济文化特点，以及明代中央王朝"以夷治夷"策略多个因素来综合考量。

（广西府）至到、地里。东至广南府[1]六百里，南至临安府阿迷州[2]一百四十里，西至宁州[3]三百里，北至曲靖军民府陆凉州[4]一百六十里，东北到罗雄州[5]二百里，东南到教化三部长官司[6]六百四十里，西南到建水州[7]三百里，西北到澂江府路南州[8]一百五十里。[9]

府治在云南布政使司东南，属迤东边郡。东肆百伍拾里，至广南府界；南壹百陆拾里，至临安阿迷州界；西壹百捌拾里，至临安宁州界；北伍拾里，至曲靖罗平州界；东南陆百肆拾里，至临安建水州界；西北壹百伍拾里，至澂江府路南州界。自府治至布政使司肆百里，至京师壹万玖百陆拾伍里。[10]

上述分别见于明代与清代地方史志的两条广西府"疆域"介绍，后者

1　今文山州广南县。
2　今红河州开远市。
3　今玉溪市华宁县。
4　今曲靖市陆良县。
5　今曲靖市罗平县。
6　今红河州建水县。
7　今红河州建水县。
8　今昆明市石林县。
9　（明）陈文纂修《景泰云南图经志书》，方国瑜主编：《云南史料丛刊》第六卷，昆明：云南大学出版社，2000年，第54页。
10　（清）蒋敷锡修纂：《康熙广西府志》，段锦良主编，刘群点校，昆明：云南人民出版社，2016年，第15页。

中篇 百年昂氏土司：汉彝文化交融的多重历史叙事主角

增加了至布政司（昆明）与京师（北京）的距离。这表明广西府与内地的交往增多，尤其是与所隶属的在昆明的布政司与在京城的中央王朝已经有了空间距离的观念与认知。就是因为这种遥远而又明确的空间区隔，及其经济文化差异，才不得不采取有别于布政司、有别于内地的"以夷治夷"的政治制度。

又从同史志中对广西府与周遭地区同处于汉夷杂居地的介绍，进一步表明其地与内地的经济、文化迥异。那么，就必须先有一个过渡阶段，才能最终完全融入中央王朝大一统政治、经济、文化体系。这样在其文化、风俗上，也才随之会经历从早期历史上的"以夷变华"到明代以后的"以华变夷"转型中汉夷互融的共同历史命运。

> 风俗，其俗犷悍。郡中夷罗杂处，有曰广西蛮者，乌蛮之别部，其性犷悍，据险以居。其颇通商贩，牵牛马载皮囊，远近赴市，盖近于僰罗之习者也。箬笠鼓墩，有曰沙蛮者，戴竹箬笠，坐鼓墩，掘鼠而食之。[1]

此"风俗"条介绍了广西府有属于"乌蛮别部"的"广西蛮"与非"乌蛮别部"的"沙蛮"，这与当下泸西除汉族外，还有彝族、壮族实情相符。说明早在明清汉族移民大规模进入广西府境之前，就有彝、壮等族先民居住于此。"其俗犷悍"是相较内地汉族及其汉文化而言，也就是汉文化中心主义视野下，华夏是文明的，与华夏相对的四夷是"犷悍"的。"广西蛮"显然是以地名对乌蛮支系"卢鹿蛮"的称呼，"其性犷悍，据险以居"是源于普氏家族的昂贵生长的文化土壤。因此，其一生无论是生前或是死后，都势必要带着这个文化标签。在军事战争基础上，及其后来守卫府署需要而建的广西府，其所在地的地形、地势也如后来昂贵盘踞的"布韶"（布勾）古城一样，需要有易守难攻的特点。但从与布政司、京师的政治、经济与文化联系需要，又不得不考虑其区位与交通，所以就选择了今天的泸西县城所在地中枢镇一带。

---

[1]（明）陈文纂修《景泰云南图经志书》，方国瑜主编：《云南史料丛刊》第六卷，昆明：云南大学出版社，2000年，第54页。

华夷互融：飞凤古城民族志

  诸山环峙为屏，八甸潆溪为堑，弹压乌、沙、土僚诸彝。[1]

  "乌"即"乌蛮"，今天的彝族；"沙"即"沙夷"，今天的壮族；"土僚"，也是今天的壮族。明朝廷之所以选择在高山、河流为屏障之地建府署，其目的在于弹压、控制"诸夷"。

  形胜，四山环治。府制界乎师宗、弥勒二州之间，有吉输、阿卢、发果诸山环峙四面，效奇呈秀，亦可以为胜矣。
  山川，吉输山在府治之东南五里，约高五百余丈群峰起伏，根盘三十余里。阿卢山在府治之西三里，约高三百余丈，平亘四十余里。发果山在府治之北，约高二十余丈，培塿相连，如堆螺状。矣邦池在府治之南一里，周围约三十余里。
  公廨，布政司分司在府治之左。按察司分司在府治之右。府治在阿卢乡矣邦村，内有经历司、照磨司、广丰库，洪武二十三年（1390）建置。其广丰仓在府治之左，旌善、申明二亭在府治之右。
  祠庙，城隍庙在府治之西一里，春秋有祀典。其同祀者，有风、云、雷、雨、山、川之坛在其南，有社稷之坛在其西北，又有厉坛在其北。[2]

  从其"形胜""山川""公廨"与"祠庙"诸条目来看，广西地有"乌蛮别部"据险以守的自然地理条件，因而就有了中央王朝权宜性"以夷治夷"的必要。因此，尽管已经纳入明代中央王朝统治体系，并建立"公廨"以管理，还建盖"祠庙"以教化，但仍然不得不暂时依靠民族头人具体管理。普氏一族就是在此背景下成为雄霸一方的土司（土官）。
  在顾祖禹的《读史方舆纪要》中也曾写有广西府从元代设广西路，有独立的行政区划名称，到明代设广西府及其区位、距离、境内蛮夷种类与改土设流等情况：

---

1 （清）蒋敷锡修纂：《康熙广西府志》，段锦良主编，刘群点校，昆明：云南人民出版社，2016年，第22页。
2 （明）陈文纂修《景泰云南图经志书》，方国瑜主编：《云南史料丛刊》第六卷，昆明：云南大学出版社，2000年，第54页。

中篇　百年昂氏土司：汉彝文化交融的多重历史叙事主角

广西府东至广南府四百八十里，南至临安府阿迷州二百二十里，西至临安府宁州二百四十里，北至曲靖府罗平州二百十里，西北至澄江府路南州二百五十里，自府治至布政司四百里，至江宁府七千五百二十里，至京师一万九百六十五里，至省城三百里。《禹贡》梁州南徼。汉为牂牁郡地，蜀汉属兴古郡，晋、宋因之，隋属牂州。唐时，东爨乌蛮弥鹿等所居，后师宗、弥勒二部强盛，历蒙氏、段氏，皆不能制。元初内附，隶落蒙万户府，至元十二年（1275），立广西路。明初，改为广西府，土知府旧昂姓，今为土照磨，属夷有黑爨、僰夷、土僚、沙蛮、罗罗，五种杂居。《筑城记》：广西东临水下沙夷，西近龟山寇巢，南连路南州，北接陆凉，旧越州土舍夷罗四面杂处，而沙夷尤称狞狎，旧为矣邦、生纳下村土官掌之，成化十四年（1478）以后，属于流官。领州三。府东瞰粤西，南控交趾，山谷幽阻，民夷富强。《志》曰：诸山为屏，八甸为堑，弹压乌、沙、土僚诸蛮，是郡之大势也。[1]

可见，广西府之设立，是因为境内多"蛮夷"，并因重要军事位置而设治"弹压"。从顾祖禹的生卒年月（1631—1692）及其《读史方舆纪要》成书时间推断，上述记载显然可能因袭于成书更早，而后却消失了的明嘉靖十九年（1540）广西知府解一经组织纂写的《广西府志略》，以及万历四十年（1612）知府萧以裕组织纂写的《广西府志》。因为其后才有清康熙五十三年（1714）知府蒋敷锡组织纂修的《康熙广西府志》、清乾隆四年（1739）知府周采组织纂成的《乾隆广西府志》。即后两本《广西府志》成书时间晚于顾祖禹的《读史方舆纪要》，由此可见，从广西府流官首纂地方志到顾祖禹将其纳入全国范围内的"方舆"来考量，已经经过了100多年。而其后100多年的两本方志的文字几乎与100多年前的《读史方舆纪要》如出一辙。那么，相隔100多年已失的广西府地方志与《读史方舆纪要》，同样可能记载也大致如出一辙。由此可见，不唯在外界学者眼里，甚至在来自内地在该地任职的流官眼里，广西府

---

[1]（清）顾祖禹《读史方舆纪要·云南纪要》，方国瑜主编：《云南史料丛刊》第五卷，昆明：云南大学出版社，1998年，第751页。

境各少数民族文化都是固化的。特别是对于"诸蛮",都是冥顽不化的,因而是需要长期"弹压"的。

清代《乾隆广西府志》里,有辗转传抄于明《景泰云南图经志书》与《康熙广西府志》的内容,但在其所领范围中,增加了曾设却又不久就被裁革的"十八寨所"。

> ……明洪武十四年(1381),颍川侯傅友德、平西侯沐英克云南,改路为府,以土官普得(德)领之。传至昂贵,肆虐不法。成化十一年(1475),土官照磨赵通奏闻,下其议,巡抚御史林符核实,逮贵下狱,革职。改土设流,领师宗、弥勒、维摩三州、十八寨所。[1]

在《康熙广西府志》里没有的十八寨,却在《乾隆广西府志》里有记载,是因为"十八寨所"在康熙七年(1668)被裁,并入弥勒州。因此,显然是后者尊重历史事实而补之。也是此"夷"寨,早在正德年间就因"称乱"被平:

> (弥勒州)十八寨夷,久为民害,有阿寺、阿勿者,交通宁州土舍禄世爵,遂于正德十五年(1520)相约称乱。都给事刘洙以闻,上命巡抚何孟春、巡按陈察讨之,擒寺,斩勿,并俘其党一千七百余人。[2]

就是因为"爨夷"的时起反叛,才需要加强军事力量。所以,特别需要注意的是"所"字,师宗、弥勒与维摩为"州",十八寨却是"所"。实际上四者所驻军皆非"卫",而是"所"。强调后者为"所",可能后者的军事地位很重要。但是依据明代府设"卫",州设"所"的兵制,说明这些府、州、所皆具有军事守卫的功能。

再整合上述三本史志相关记载,可以得知广西府境已越来越融入内地

---

[1] (清)周采:《乾隆广西府志》,泸西县地方志编委会整理,芒市:德宏民族出版社,2010年,第9—10页。
[2] 毛奇龄《云南蛮司志》,方国瑜主编:《云南史料丛刊》第五卷,昆明:云南大学出版社,1998年,第438页。

中篇　百年昂氏土司：汉彝文化交融的多重历史叙事主角

中央王朝政治体系，但在经济、文化方面却与内地差异甚大，因而不得不采取"以夷治夷"政治策略的原因。具体分析如下：

其一，其建置沿革，汉唐时期不通中国（中原），到南诏、大理国时期，乌蛮蒙氏与白蛮段氏两个地方政权亦鞭长莫及而不能制。到元代忽必烈革囊渡江（金沙江）占领云南全境，并将云南作为中国十三个行省之一时，就设立了广西路军民总管府，标志着广西区域已经正式纳入元代中央王朝政治体系。到明代洪武十五年（1382）改为广西府，领三州，曰师宗[1]，曰弥勒[2]，曰维摩[3]，曰十八寨[4]，并以上述三州与十八寨分别设"所"的方式加强控制，这就更进一步将其纳入中央王朝政治体系。这是中国历史演变的必然趋势，广西府境从元代的"路"改为明代的"府"，再"革土设流"，不过是其中一隅之例罢了。

其二，描述一府辖三州、一寨的"广西府"之四至，明确了广西府所在地理位置及其辖区范围，以及与其他地区（政权）的地缘关系，乃至其族源与姻缘关系也大致可以推测——广西府在周围彝、壮多民族的包围中。而且，这些区域也如广西府一样，各有土司的职衔与管辖范围，因而同样被纳入了明代中央王朝政治体系之内。其中，又因广西府署区域普氏势力较强，如果明王朝非得扶持一个地方代理人的话，普氏就有了舍我其谁的优势。

其三，明代广西府的民族结构，仍然以"蛮类为主"，史志主要介绍了"乌蛮别部"的"广西蛮"，以及"沙蛮"与"土僚"及其风俗。此乃当时广西府境内三大群体，因而也是广西所处社会环境——"广西蛮"（彝族）

---

[1] 今曲靖市师宗县。

[2] 今红河州弥勒县。

[3] （清）周采：《乾隆广西府志》，泸西县地方志编委会整理，芒市：德宏民族出版社，2010年，第10页："维摩：旧州名。即今之邱北县。元朝设维摩千户，后改维摩州。明朝仍称其名。清雍正八年（1669）撤维摩州并入广南府，设三乡县，其辖地划入师宗州。清雍正二年（1724）分设五嶍通判，改隶曲靖府，邱北州同改为县丞，仍隶属师宗，隶广西府。道光二十年（1840）始立邱北县。"

[4] "所"，是明朝军队编制实行"卫所制"的军队组织，有卫、所两级。一府设所，几府设卫。卫设指挥使，统兵士5600人，卫下有千户所（1120名士兵），千户所下设百户所（112名士兵）。各府、县卫所归各指挥使司都指挥使管辖，各都指挥使又归中央五军都督府管辖。十八寨，即今天弥勒县鸿溪镇。

与"沙蛮"（壮族）混居，但各有相对固定的分布范围，而且其风俗也各不相同。其中，又对"广西蛮"的介绍相对详细，说明其为广西境内的主体民族，因而明王朝就不得不因俗而治，扶持其中的头人来"以夷治夷"。

其四，"广西府"之形胜，四山环制，府制介乎今红河、曲靖、文山与昆明之间，并有吉输、阿卢、发果诸山环峙四面为屏障。不仅山川地貌奇秀，而且是一个相对独立的易守难攻的地理单元。再结合其民族状况，尤其是与内地汉族经济文化上的巨大差异，也就不难断定，"因俗而治""以夷治夷"才是切合当时实际的治理方略。在此背景下，普氏土司家族的诞生就不得不说是天时、地利与人和皆备。

其五，从公廨来看，夹在布政司、按察司之间，并得其遥领。在洪武二十三年（1390）开始建置其府治在阿卢乡矣邦村，内有经历司、照磨司、广丰库与旌善、申明二厅。说明"广西府"官僚体制的雏形正在形成中，在政治上与内地中央王朝更近一步了。换言之，在广西府境创构了一个具有地方特色的府、州级别的政治文化空间。就此而言，"以夷治夷"也不过是权宜之计罢了，迟早将融入大一统的洪流里。

其六，从内地盛行的城隍庙、社稷坛、厉坛与风、云、雷、雨、山、川坛都已移植于此，通过各种祀典"教化"民众，使其越来越趋同于内地汉文化。那么，也就可以想见，"以夷治夷"政策不可能长久，普氏土司家族独霸一方的命运当然也不可能长久。

再将明代正德（1506—1521）年间的《正德云南志》与前述《景泰云南图经志书》有关"广西府"的记载对照，可以发现后者中透露出的府署空间转移：

> 东至广南府四百五十里，南至临安府阿迷州一百六十里，西至临安府宁州界一百八十里，北至曲靖府陆凉州一百六十里，东北到罗雄州二百里，东南到教化三部长官司六百四十里，西南到建水州三百里，西北到澂江府路南州一百五十里。自府治至布政司四百里，至应天府七千五百二十里，至顺天府一万九百六十五里。
>
> 建置沿革，《禹贡》梁州之界。古滇国东南境，汉魏益州牂牁郡地，蜀汉属兴古郡，晋时属宁州，隋属牂州，后为东爨乌蛮、弥鹿等

中篇　百年昂氏土司：汉彝文化交融的多重历史叙事主角

> 部所居，唐为羁縻州，隶黔州都督府。后师宗、弥勒二部浸盛，蒙氏、段氏莫能制。元宪宗七年内附，隶落蒙万户府。至元十二年（1275）籍二部为军，置广西路。十八年（1281）复为民，属临安、广西、元江等处宣慰司，本朝改为广西府，领州三。
>
> 城池，广西府土城旧为矣邦、生纳二村土官掌之，成化[1]间革土官置流官，于是知府贺勋始筑土城，以卫民居。周遭四里一百一十步，为门五。[2]

可见，最早的广西府署为土城，是就地取材，由矣邦、生纳二村的土官普氏一脉掌之。到土官昂贵被革职，由知府贺勋开始建筑规模齐备的新土城，开始进入短暂的土流并治时代，或是流进土退时代。仍然是两村或者两部落的土官。对此，可以从矣邦池所在地推断其具体位置。

> 矣邦池，一名龙甸海，在府东南。周三十余里，其水源西出阿庐（古洞），东出奇鹤、紫薇二山之麓，弥勒吉输诸水秋泛，汇而为池。[3]

就是说，盘踞矣邦、生纳二村的"爨蛮"头人，也是选择了背山临水的屏障之地作为其统治中心，因为前有池（海、湖）、河，后有高山，易守难攻，而且还兼有山地与坝区经济生产之利。另外，与外界也并非完全封闭，史志就记载有与外界的经济交换活动。再对《正德云南志》所载广西府历史加以进一步分析，还可以发现一些重要信息：

一是透露明代属广西府管辖的师宗与弥勒一带在南诏、大理国时期，一度非常强大，以至于蒙氏、段氏也对其无可奈何。其族群为何？联系前后历史，应该就是东爨乌蛮中的"卢鹿蛮"（或称阿卢部）为主要。到后来明代成化年间（1481）改土归流为止，该群体一直在此区域历史中扮演

1　成化（1465—1487）是明宪宗朱见深的年号。
2　（明）周季凤纂修《正德云南志》，方国瑜主编：《云南史料丛刊》第六卷，昆明：云南大学出版社，2000年，第174—176页。
3　（清）蒋敷锡修纂：《康熙广西府志》，段锦良主编，刘群点校，昆明：云南人民出版社，2016年，第18页。

着重要角色。其头领,便是中央王朝树之为土官,又废之为民,并被汉文化刻画为"犷悍"的普氏昂贵之流。所以,从兴到衰,从扶持到废除,与其说是城子古村村民津津乐道的昂贵本人的命运,不如说是西南少数民族的共同历史命运。即在政治上越来越融入中央王朝体系,在文化上越来越融入中华文化体系。

二是在"四至"中,增加了"自府治至布政司四百里,至应天府七千五百二十里,至顺天府一万九百六十五里"。离昆明布政司与应天府(南京)、顺天府(北京)相距遥远,其政治、经济与文化诸方面尚保留着根深蒂固的"地方性"。因此,在一定时期内的"以夷治夷"是必然的。换言之,是地理、区位、形胜与民俗等给了普氏等土司上台,并在一定历史时期内扮演中央王朝在地方的代理者角色的平台与机会。

三是从元代到明代的政治沿革记载,表明其从元至明经历了从"民"到"军",又"复为民"的历史变迁。这也应该是广西区域从军事开拓转向经济发展的转型过程。毕竟大规模战争结束,"民以食为天",复归为民,安居乐业才有益于民,也才有益于国。只不过此"大势"之下的局部的"地方性",即土司权势的保留,仍然会掀起层层波浪,演绎出一部又一部历史剧。一直传承于城子古村,乃至泸西各族口中的"昂贵土司"便是其中之一。

总之,明代中央王朝在广西境的设治过程,就是内地政治、经济与文化在此地的不断传播,并结合本土自然与社会环境而加以在地化的过程。万历元年(1573)撰写的《广西府筑城记》中就说:

> 滇是郡为东南陲要害。其地东邻水下沙彝,西近龟山[1]巢寇,南连路南,北接陆凉[2]。旧越州土舍,彝猓四面杂处,而沙彝尤称犷悍。旧为矣邦、生纳二村,掌于土官。我朝成化间(1481)更置流官,知府(贺)勋氏始筑土城,久已圮废。嗣亦因仍,鲜经远,惮更张,于保护长策,未缘有以请也。隆庆四年(1573),江右戴君时雍来领兹土,兴革张弛,与民同欲。……岁辛未夏,城役兴,诸营表面势,鸠工庀材,属课章

---

1 即今石林县圭山。
2 即今曲靖市陆良县。

中篇 百年昂氏土司：汉彝文化交融的多重历史叙事主角

程，戴守实殚心力。众是用辑和，以乐于赴事。壬申（1572）秋八月，城成。周七百二十四丈有奇，外砖骈比，内附土石，高可一丈八尺，基广丈五尺，辟四门以司启闭，创望楼以崇观瞻。时，见兰谷邹公以兵部亚卿行抚事，方修崇德远略，用邀蛮方。闻戴守之缮斯城也，心赏之，复申令之，既嘉乃绩。命其门，东曰"拱化"，西曰"献瑞"，南曰"清波"，北曰"拥祥"。巡按许公命其楼东曰"澄沙"，西曰"望仙"，南曰"献翠"，北曰"耸盖"。夫亦因于形胜，察于巩固之足以壮封疆士旅之气，杜隅荒沙猡之窥也。……

广郡孤危悬警，视猡纳如何？兹城与澄江并建。嵩明、澄江犹有编民，得籍众力。广西赋具彝寨，民罔土著，郡乏僚佐，属鲜州县，虽督版锸，犹将朝夕亲勒之。……

专斯城者，计极犷之竜沙，树一方之雄猷。其上有讲于斯，庶几焉，毋恃中城以屹于长城矣。经历黄世安，始终董役事，例亦得书。万历元年正月谷旦。[1]

可见，广西府城的修建从贺勋（1481年初）建到1572年戴时雍复建、完善，前后延续90多年的时间。这也是汉文化不断深入广西府境的漫长过程。这些东曰"拱化"、西曰"献瑞"、南曰"清波"、北曰"拥祥"的四门，以及东曰"澄沙"、西曰"望仙"、南曰"献翠"、北曰"耸盖"的名称，就已将此设治过程体现得淋漓尽致，表明从物化建筑到意识形态的浸润，都越来越与内地趋于一致了。其政治基础便是从土酋林立到扶持土官（土司），再到土流并治，最终改土归流的历史变迁。

（二）教化

如果说设治后的筑城是以物化的方式给本土民众构建了一个可以受汉文化耳濡目染的文化空间，那么历任官员的身体力行则是动态教化之功。万历（1573—1620）《云南通志》卷五"建设志"条第二也载有"广西府"机构设置情况，从中也可以看出历任官员是如何以物化与非物化并行的方式致力于以汉文化教化夷民的：

---

[1] （清）蒋敷锡修纂：《康熙广西府志》，段锦良主编，刘群点校，昆明：云南人民出版社，2016年，第227—229页。

职官，知府一人，通判一人，经历司经历一人，照磨司土官照磨一人，儒学训导一人。

城池，府城旧为矣邦、生纳二村，土官掌之。成化间（1465—1487）革土置流，知府贺勋[1]始筑土城，倾圮。隆庆五年（1571），知府戴时雍[2]请建，易以砖石，周围七百二十四丈有奇，高一丈八尺，辟四门，巡抚侍郎邹应龙题，东曰拱化，西曰献瑞，南曰清波，北曰拥祥。[3]

表明在成化间（1481）"革土置流"之前的广西府，仍然是"土官掌之"，即普氏土官家族所掌。但需要注意的是，其府衙位置却不是后来声名远扬的飞凤城子古村，而是在更为靠近内地，交通相对方便的矣邦、生纳二村之间。到了成化年间，即在成化十七年（1481）改土归流，来自内地的流官贺勋取代了昂贵，终于结束了从普德伊始，传承五代，延续99年的普氏彝族土司统治。而且，从贺勋开始及其之后的历任流官戴时雍等，都莫不积极把内地建城设池的传统、规制带到此地，城池便是中央王朝在此地权威的物化象征。而巡抚侍郎邹应龙[4]所题的"拱化""献瑞""清波""拥祥"四门更是典型的汉文化特色。城池屹立，城门高耸，无时无刻不在宣扬着明代中央王朝的威风，彰显着汉文化的精髓。

有关广西府土司制如何在地方政治结构完善、文化教化深入过程中走向没落的，在《康熙广西府志》"建设志"条里记载得更为详尽：

职官，自洪武二十五年（1392），土官普德传至昂贵罢。成化

---

1 贺勋，湖南湘潭人，举人。明成化十七年（1481）首任广西府流官。
2 （清）周采：《乾隆广西府志》，泸西县地方志编委会整理，芒市：德宏民族出版社，2010年，第127页：戴时雍，公江西浮梁县进士，隆庆四年（1570）任。肃清衙门，剔除奸蠹，精明果决，庭讼一空，群下凛然敛戢，政通人和。三四年间，米麦饶裕，四方就食者众。初砌筑砖城，又筑外罗土城，民乐于趋事，功成甚速。始请金七千四百有奇，仅费金三千，羡金悉还藩库。又分工修学，公余课士，讲业不辍。迁两淮转运使。士民怀思，立生祠。
3 （明）邹应龙修，李元阳纂《万历云南通志》，方国瑜主编：《云南史料丛刊》第六卷，昆明：云南大学出版社，2000年，第551页。
4 邹应龙，字云卿，号兰谷，兰州皋兰人，明朝官员。参见（清）张廷玉等：《明史·卷二百十·列传第九十八·邹应龙》，北京：中华书局，1974年，第5569—5571页。

中篇 百年昂氏土司：汉彝文化交融的多重历史叙事主角

十四年（1478），改流官知府。知府一；同知一；通判一。嘉靖间，许佲通详奏请裁革，移于武定。万历七年（1579）后，建捕抚于圭山，仍设通判，驻镇弹压路南、罗平、陆凉、师宗四州；经历司经历一；照磨所土官照磨二；初设一赵氏督粮；一高氏巡捕，今废；儒学训导二，嘉靖末年裁去一。[1]

在此说的成化十四年，即1478年。改流官知府，是指《康熙广西府志》与《乾隆广西府志》里的"知府贺勋……成化辛丑，由云南府同知升任"。也就是说，从洪武二十五年（1392）至成化十四年（1478），皆是由普氏"土官掌之"。到成化十四年至十七年则是土流并治，其后短短3年，即到成化十七年（1481）废除昂贵土官职，就完全由流官贺勋管理。可见，一是经过昂贵之前的普氏土司4代土官时期的军事行动、政治设治、文化教化，已经到了可以由流官取代土官的时候了。于是将云南府同知贺勋派到广西府，而且他也不辱使命，在其任上使土司制度彻底终结。由此也可见，昂贵在位时间极短，特别是从广西府署退到"布韶"部落聚居地，即今天的飞凤古城，不过短短3年。那么，其本人也好，飞凤古城也好，能够留下多少历史遗迹是可以想见的。所以说，流传至今的有关昂贵及其衙门所在地的飞凤古城的丰富历史记忆，更多的是后人不断重构、堆积而成的。

城池，府城旧为矣邦、生纳二村，土官掌之。成化十四年（1478），改土设流，知府贺勋始筑土城，寻圮。隆庆五年（1571），知府戴时雍请易以砖石，周围七百二十四丈，高一丈八尺，基广一丈五尺，辟四门、四城楼。[2]

该记载说明首次将内地府署规制搬到广西府境的是第一任流官贺勋，

---

[1] （清）蒋敷锡修纂：《康熙广西府志》，段锦良主编，刘群点校，昆明：云南人民出版社，2016年，第82—83页。

[2] （清）蒋敷锡修纂：《康熙广西府志》，段锦良主编，刘群点校，昆明：云南人民出版社，2016年，第85页。

因而也成为其成功完成改土设流的物化象征。但或许是时间仓促，或许是技术原因，也或许是资金所限，所建土城没有几年就坍塌了。近百年之后，另一任知府戴时雍就以砖石重建，不但规模超过贺勋所建土城，而且也所建了充满汉文化气息的四门。因此，从署府建城来看，也是伴随中央王朝势力的深入而不断完善的。这个贺勋所建"土城"值得我们思考。因为今天的飞凤古城就是典型的土城，说明在改土设流之初只有能力依据地方建筑特色修建"土城"。由此可以估计，之前普氏家族所盘踞的生纳、矣邦之间的土司衙门也是"土城"。并且都首先出于军事上易守难攻的考虑，而选择背山面水之地。贺勋之前由土官所建的今天泸西县城中枢一带的府城也是如此，后来昂贵在"布韶"地所建的城子也是背山临水的"土城"。那么，可以肯定，昂贵时期就已经形成了飞凤城子古村的雏形。只不过因为其在位时间甚短，其土城规模可以想见并不大。

> 府治，明洪武二十三年（1390）建，在城正街，面南，前有"天南保障"坊，左右"承流""宣化"二坊。次为大门，门外左"旌善"亭，右"申明"亭、羁候铺。大门内为仪门，仪门外经历司衙、六房吏舍。仪门内为圣谕房，两旁为六房，土地祠在左，衙在右。正堂五楹而两库辅之，经历司居左，督捕厅稍进左，经历左。[1]

可见，广西府署建筑既有世俗性功能，也有神圣性功能，最终都是具有汉文化教化地方的功能。于是，通过这些物化的府署建筑将内地政治、文化在此无声传播。与此同时，还有一代又一代继任的广西府流官们不遗余力地将内地的政治、经济与文化移植于此。同样这在地方史志中记载甚多，因此如果从《康熙广西府志》[2]与《乾隆广西府志》[3]文字记载来看，俨然是两部为广西府革土归流、"以华变夷"歌功颂德之作。

---

[1] （清）蒋敷锡修纂：《康熙广西府志》，段锦良主编，刘群点校，昆明：云南人民出版社，2016年，第88页。

[2] （清）蒋敷锡修纂：《康熙广西府志》，段锦良主编，刘群点校，昆明：云南人民出版社，2016年。

[3] （清）周采：《乾隆广西府志》，泸西县地方志编委会整理，芒市：德宏民族出版社，2010年。

中篇　百年昂氏土司：汉彝文化交融的多重历史叙事主角

首先体现在为有明一代"善官良吏"有专章记述，特别是其中的"立祠祀""刻石思之"等"事件"中可以看出来。但有意思的是，这些"事件"有时间差，即多数为后人假托当世人所作；有人物差，即后世官员借"士民"之意而作。这就如昂贵与飞凤古城文化是后人不断重构、层累的一样，这些"历史人物"与"历史事件"也都处于不断重构的过程中。而此过程，本身也是汉文化在广西府在地化传播、弘扬的一个过程。如记载有改土归流之功的贺勋的文字，两者就有差异中可以看出端倪：

> 知府贺勋，字安世，湖广湘乡人，乡荐第一。成化辛丑（1481），由云南府同知升任。时，初改土设流，公创制立法，建学设师，惠农通商，筑城设坛，禁淫弭盗，定粮差、修祠典、正婚姻、厚丧葬，后升云南参政，仍管府事。莅任一十二年[1]，风俗为之丕变，民释涂炭，登春台者，自公始也。通判陈陬，有《政绩记》，知府解一经请崇祀名宦。[2]

> 贺勋，公字安世，湖广湘县乡荐元。成化辛丑（1481），由云南同知升任。时，初设流，公创制立法，建学设师，惠农通商，筑城设坛，禁奸弭盗，定粮差、修祀典、正婚姻、厚丧葬。后升云南参政，仍管府事。莅任一十二年，风俗为之丕变，民释涂炭，登春台者，自公始也。通判陈陬有《政绩记》，知府解一经请崇祀名宦。[3]

比较两志所载，个别文字有异，但大体内容相同，可见即使是因袭传抄都有所不同。贺勋之所以被"请崇祀名宦"，其功绩在于把内地的政治、经济与文化制度移植到广西。具体来看，有直接针对"爨蛮"土司及其族人的"改土设流"与"禁淫弥道"，也有貌似针对的是汉族移民——"土民"，实际上也是间接针对"爨蛮"土司及其族人的一系列举措。表明在当时的广西府要建功立业，就必须面对这两个主体族群的"族性"，也就必须具

---

[1] 从1481年至1492年。
[2] （清）蒋敷锡修纂：《康熙广西府志》，段锦良主编，刘群点校，昆明：云南人民出版社，2016年，第164页。
[3] （清）周采：《乾隆广西府志》，泸西县地方志编委会整理，芒市：德宏民族出版社，2010年，第126页。

有足够的政治智慧、军事谋略、经济措施与文化教化考量、决策与行动。贺勋在这四个方面都面面俱嘉,才被立传于史册。但从最后一句"通判陈陬,有《政绩记》,知府解一经请崇祀名宦"来看,并不是贺勋生前就被立生祠,而是死后才立传、立祠的。这是特别需要注意的,即历任广西府流官中,史志记载立生祠者,实际上是后人在其离职或去世多年,甚至多代以后才立的"生祠"。由此可见,就与昂贵历史被不断重构一样,这些流官们的事迹也有后任、后世的加工、放大之嫌。

如果通览《康熙广西府志·宦迹传》便发现,贺勋等流官从无祠到立祠,有一个从口传到物化的过程。如贺勋之后第二位被立传的李浑是"一时土司凛凛,民至今叹服";第三位被立传的郭集礼是"知向学士迄今怀仰无已";第四位被立传的知府解一经"始终一节,士民传讼(颂)";第五位被立传的知府许佽"郡人每喜谈其事";第六位被立传的知府辜用琥"民相率立去思碑亭";到第七位被立传的知府戴时雍时才有"士民怀思,为立生祠"。时间从成化辛丑(1481)到隆庆四至九年(1571—1575),大约90年时间。这也是来自内地的立生祠文化在广西境从无到有、从少到多的一个过程。

那何为生祠呢?生祠就是为纪念活人所建的祠堂,也是传袭已久的内地汉文化。

> 《庄子》庚桑子所居,人皆尸祝之。盖已开其端。《史记》栾布为燕相,燕齐之间皆为立社,号曰栾公社;石庆为齐相,齐人为立石相祠,此生祠之始也。[1]

说明,最早的生祠始于春秋战国时期。不过不是任何人都可以被立祠纪念,而是有一定的要求。在内地可能因为立生祠者不少,到清代愈盛,以至于顾炎武也不由得感叹:

> 今代无官不建生祠,然有去任未几,而毁其像,易其主者。[2]

---

[1] (清)赵翼:《陔馀丛考》,北京:中华书局,2006年,第690页。
[2] (明末清初)顾炎武:《日知录集释》卷22"生祠"条,长沙:岳麓书社,1994年,第792—793页。

中篇　百年昂氏土司：汉彝文化交融的多重历史叙事主角

为此，早在唐代，从官方层面就加以规范，对于现任官员立碑或立祠都有一定限制。《唐律疏议》载妄自遣人立生祠或德政碑者，要受到"诸在官长吏实无政迹辄立碑者，徒一年"的处分，故而顾炎武在《日知录》中称唐朝"当日碑祠之难得"。但在明代的广西府一隅，可谓生祠林立。虽然在同一志书的《宦迹传》里也写了诸多流官被立生祠，如被"通判陈陬，有《政绩记》，知府解一经请崇祀名宦"的首任知府贺勋，"以养母恳致政，民相率立去思碑亭"的知府辜用琥，"士民怀思，为立生祠"的知府戴时雍，"士民攀留不能得，多置像户祝，后又立生祠"的知府陈忠，"民立碑思之"的知府萧以裕，"郡人思之，立祠钟秀山，肖像以祀"的知府张继孟，"同入名宦祠"的同知金信，"当事题请以游崇祀名宦"的通判游大勋，等等[1]。说明作为汉文化象征的立祠祝祀风俗，经过明代历任广西府流官的努力，而在广西府境已成主流之势。这也表明为生者立祠的汉文化传统，伴随着明代中央王朝政治统治在该区域的深入而广泛传播，由此也将边疆与内地相勾连。

但对于广西府官员的生祠，还有两个方面是需要注意的。一是提拔他任官员在其赴任他方后的歌功颂德。如对成化年间就职的贺勋的立祠，就先有通判陈陬撰写了歌功颂德的《政绩记》，但直到嘉靖年赴任的解一经手里才完成"请崇祀名宦"之举。这显然已经不是生祠，而是后人为标榜其生前功劳而立祠崇祀。所以这与其说是做给故人，不如说是做给当下生者，即以贺勋的古迹规范后人言行。二是为此目的的后来重构，就必须在为尊者"隐恶"的同时，进行"扬善"的再加工，才导致我们今天在《康熙广西府志》与《乾隆广西府志》里所见的流官皆是完美之至的良官善吏。因为这不仅仅是中央王朝对于他们安抚、控制地方的要求，同时在其死后也仍然成为在地方传播内地汉文化、规范地方官民言行的榜样。所以，从设治到立祠，无不是传播汉文化之举里的一环，环环相扣地将内地汉文化源源不断、生生不息地传播到此地。

关于解一经的《名宦碑记》如下：

1　（清）蒋敷锡修纂：《康熙广西府志》，段锦良主编，刘群点校，昆明：云南人民出版社，2016年，第164—169页。

华夷互融：飞凤古城民族志

按：《一统志》[1]，广西府自汉、唐、宋时，为州、为路，而属于临元[2]宣慰司。我朝升为府。以前，皆土官相继为之。迨成化辛丑（1481），始改流官。首得知府贺公[3]，建学立师，惠农通商，筑城设坛，禁娼弥盗，定粮差，修祀典，正婚姻，厚丧葬，百度维新。当道奏保食参政俸，在任一十三载[4]，公知足而归焉。次得同知金公[5]，踵其芳躅。凡贺公之行于前者行于后，鼓舞作兴，无所不用其极。在任九载，而于学校尤加意也。夫二公之去已六十年于兹，人尚称颂。可见功德之入人者深矣。予自到任以来，享已成之治，思创治之难，逆流穷源，悉知颠末。慨然叹曰："古今立制，凡人臣在位，功施于一方，泽垂于后世，有行业之可纪者，宜立祀以荣其名，所以励人心，为百世劝也。今贺、金二公后先相望，历年多，施泽于民久，是以能化民成俗。使无庙以祀之，功德何由崇报乎？他日世远言湮，亦孰从而知其所自来也。"嘉靖二十年（1541）夏五月，余具详钦差提督学校、云南按察使司副使蔡。蒙批："仰备开各官政迹揭帖，仍将碑记逐项备载。"开具揭帖，复呈本道。蒙批："具呈，贺知府勋，金同知信，俱有功德于夷方，质诸祀典为合。仰起造祠宇三间，榜名'名宦祠'，制神主二座，并祀于中。春秋备猪、羊、酒、果随丁奉祀。庶崇德报功之义以尽，人心有所风励，而世重有所劝矣。"时嘉靖二十一年岁次壬寅，秋九月，知府解一经谨识。[6]

此《名宦碑记》里的金信又是何许人也？

同知金信，浙江丽水人，由举人。弘治辛亥（1491）任。贺公以

---

1 即《元一统志》。
2 即临安府元江路。
3 皆广西府首任知府贺勋。
4 《乾隆广西府志》"贺勋"条为十二载。
5 今广西同知府事金信。
6 （清）周采：《乾隆广西府志》，泸西县地方志编委会整理，芒市：德宏民族出版社，2010年，第286—288页。

中篇 百年昂氏土司：汉彝文化交融的多重历史叙事主角

参政告致行，公谓："新政难成而易败，凡贺公所行悉遵守，无失踵其芳躅，以绥士民。"更鼓舞作兴，靡不所至。同入名宦祠。"[1]

可见同列名宦祠的金信传，目前可见最早的也是康熙五十三年（1714）纂修的地方史志，事隔其在任时已经约200年；而与知府解一经撰写此碑记的嘉靖二十一年（1452）也相隔有近40年。那么，无论是对贺勋，或是对金信，其事迹的记载就不可能与事实没有出入。但这种出入也是有标准的，第一是"为尊者讳"；第二是"为尊者扬善隐恶"；第三是"为人心有所风励，而世重有所劝"。故而，往往是除了对其口耳相传之外，还要用文字、用碑刻、用立祠全面加以歌功颂德。这样，不仅仅是这些被立祠神化的"贤官善吏"生前所行有功于汉文化在广西府境的传播，死后仍然还在发挥此功能。而且，涵盖政治、经济与文化多个方面，使得广西府境与内地在政治、文化上越来越趋于一致。这就是昂贵土司下台、广西府普氏土司制度终结的所趋大势。

在贺勋传里还说，由其开启了广西境的"修祀典"传统，指的是需要由其主持的各种祀典。那就需要有固定的时间，与举行祭祀仪式的固地空间。从史志看，最早的是文昌祠与伏波祠。在《康熙广西府志》中就记述了其境内有文昌祠与伏波祠：

> 文昌祠，知府万裕祚迁于旧学明伦堂。春秋上丁日祭。……伏波祠，在钟秀山行署后。久废。[2]

作为汉文化在广西境的物化象征的文昌祠，到嘉靖年间（1522—1566）才由知府许佺首建[3]，而在许佺之前的知府解一经就将贺勋"请崇祀名宦"，说明有些祠是生祠，但是有些是后来的官员操作。但在《祀祀

---

[1] （清）蒋敷锡修纂：《康熙广西府志》，段锦良主编，刘群点校，昆明：云南人民出版社，2016年，第168—169页。
[2] （清）蒋敷锡修纂：《康熙广西府志》，段锦良主编，刘群点校，昆明：云南人民出版社，2016年，202—203页。
[3] （清）蒋敷锡修纂：《康熙广西府志》，段锦良主编，刘群点校，昆明：云南人民出版社，2016年，第165页。

志》里却只有文昌祠与伏波祠，说明在当时史家心目中，来自内地的这两个祠及其所拜之神才是正统的，广西府境内立祠也由此始。但是到乾隆年间（1736—1796），为广西府"良吏"所立的祠就与文昌祠、伏波祠并立了。而且，也跟《康熙广西府志》与《乾隆广西府志》记载一样，只有个别文字有异，其共性在于"筑坝、修城、开学"三项：

> 伏波祠，在钟秀山行署后，久废。萧、晏二公祠，在城内西门隅。陈、戴、高三公祠，在西关外。三公筑坝、修城、开学，功在民生，祠之。[1]
> 群祠，伏波祠，在关圣宫旁。萧、晏二公祠，在西门。陈、戴、蔡、高四公祠，在西门外，筑坝、修城、开学，功在万世，祀之。[2]

伏波为汉名将马援，字文渊，建武十七年（41）任伏波将军，征交趾[3]，后世称其为马伏波，平定岭南六十余城，开辟道路，兴办水利，福泽深远，受到南征沿途各地民众的崇祀，并立祠祀之。作为马援崇拜的主要载体，伏波庙的地理分布相当广泛，其北界可达湖南沅水、澧水流域，东至广东武水流域，南至广西南部沿海以及少数民族聚居的左右江流域。其中，尤以湖南沅水流域和广西的桂江流域、西江流域以及沿海地区最为广泛，并呈现逐渐向边缘地区扩散的趋势。[4] 本研究所涉及的广西府的伏波崇拜，显然就是湖广汉族移民带到云南的。因此，伏波信仰于此地的传播，也是内地汉文化在云南的传播。而且也是广西府建制以后，以文教化的内容与形式之一。

"萧、晏二公祠"里的"萧"，可能其一是指萧知府以裕：

> 萧以裕，公江西清江县举人。万（历）三十年任。课士，定月考，会诸生，讲论无倦。迁建学宫，建鹤麓书院。事关学校，靡不殚心。

---

1 （清）蒋敷锡修纂：《康熙广西府志》，段锦良主编，刘群点校，昆明：云南人民出版社，2016年，第203页。
2 （清）周采：《乾隆广西府志》，泸西县地方志编委会整理，芒市：德宏民族出版社，2010年，第71页。
3 交趾，今越南。
4 范玉春：《马援崇拜的地理分布：以伏波庙为视角》，《广西师范大学学报》2007年第3期。

中篇 百年昂氏土司：汉彝文化交融的多重历史叙事主角

省刑薄敛，善政不可胪举。阅解公荒志，慨然曰："郡无志，可乎？"爰修志若干卷。广西有志自公始。土酋普者辂绕（扰）江外，公帅师擒之，诸夷畏服，百姓以宁。[1]

概括其功绩，一是"课士"——培养一批饱读诗书的地方文化精英，并兼建学宫、书院，而且"事关学校，靡不殚心"。实际上是对于汉文化的传播及其教化的地方，无不殚心积虑。二是创纂写郡志先河，广西府有志书由其始。同样将内地盛世修史、明时修志的历史传统带到广西府一带。三是镇压土酋叛乱，"诸夷畏服，百姓以宁"。此三大功劳使萧以裕拥有了立祠祭祀，即从凡人神化为神明的资格。

另一位晏公祠的"晏"姓官员，并不见于记载。《康熙广西府志》中只有陈、戴、蔡"三位知府立生祠纪念"，但到万历后立祠时就已经有"陈、戴、蔡、高四公"：

> 陈忠，公字良父，号葵轩，直隶献县人。由官生万历二十一年（1593）任。冰清玉洁，一意为民。首兴水利，筑永惠坝，开东西两河。沙夷掠东山，领乡兵立营江边，出奇剿平，东山安枕。三出水下，修筑三乡城诸官署。管捕务，立乡长，分管各地方。沙夷沿江各渡口设哨兵，拨附近闲田地，给牛种，且种且守。诸所经略，皆万世功。九年考满，士民立生祠，肖像尸祝。[2]

史志说陈忠"冰清玉洁，一意为民"。具体事项，一是兴水利；二是剿平抢掠之"沙夷"；三是修筑官署；四是设治管理；五是养守并重。可见其在文韬、武略方面都出类拔萃，功绩卓著，因而在生前就被立祠祭拜。因此，虽然是万历年间人[3]，但在此却立于隆庆（1567—1572）时代的戴时

---

[1] （清）周采：《乾隆广西府志》，泸西县地方志编委会整理，芒市：德宏民族出版社，2010年，第129页。

[2] （清）周采：《乾隆广西府志》，泸西县地方志编委会整理，芒市：德宏民族出版社，2010年，第128页。

[3] 万历（1573—1620），是明神宗朱翊钧的年号，明朝使用此年号共48年，为明朝所使用时间最长的年号。

雍之前。这也是从明到清历史变迁、时代更迭之后，史家对于历史人物与事件的价值判断使然。史志载列于陈忠之后的戴时雍也功绩卓著：

> 知府戴时雍，江西浮梁人。由进士，隆庆四年（1570）任。肃清衙门，剔除奸蠹，遇事精明果决，庭讼一空。吏至鬻私产以供役。一日，经历受人禀事，庭让之曰："佐贰首领，不许接受词讼。禀，即词也！"群下凛然敛戢，于是政通人和。三四年间，斗米虮七索，荞麦一升虮五六手，四方来就食者众。初，砌筑砖城，又筑外罗土城，民乐于趋事，功成甚速。始请金七千四百有奇，已，亦仅费三千。羡金解还藩司。又分工修学，公余课士，讲业不辍。迁两淮转运使，去后，士民怀思，立生祠。[1]

关于云南以贝为货币，最早见于唐代史志："以缯帛及贝市易，贝之大若指，十六枚为一觅。"[2] 元代史志也说云南行省："交易用贝子，俗呼作虮，以一为庄，四庄为手，四手为苗，五苗为索。" 到知府戴时雍时仍用贝币，而且特产丰富，价廉物丰，也是其功绩之一。[3]

> 戴时雍，公江西浮梁县进士，隆庆四年（1570）任。肃清衙门，剔除奸蠹，精明果决，庭讼一空，群下凛然敛戢，政通人和。三四年间，米麦饶裕，四方就食者众。初砌筑砖城，又筑外罗土城，民乐于趋事，功成甚速。始请金七千四百有奇，仅费金三千，羡金悉还藩库。又分工修学，公余课士，讲业不辍。迁两淮转运使。士民怀思，立生祠。[4]

概括戴时雍对广西地方的贡献，一是肃清衙门——表明其时衙门腐败

1　（清）蒋敷锡修纂：《康熙广西府志》，段锦良主编，刘群点校，昆明：云南人民出版社，2016年，第166页。
2　（宋）欧阳修、宋祁：《新唐书·南蛮上·南诏上》，北京：中华书局，1975年，第6270页。
3　（元）李京《云南志略》，方国瑜主编：《云南史料丛刊》第三卷，昆明：云南大学出版社，1998年，第128页。
4　（清）周采：《乾隆广西府志》，泸西县地方志编委会整理，芒市：德宏民族出版社，2010年，第127页。

中篇 百年昂氏土司：汉彝文化交融的多重历史叙事主角

现象到了非肃清不可的地步，从而也表明于国于民都需要有戴时雍这样自身清廉，且勇于整顿吏治的好官，才能政通人和，长治久安；二是重视农业生产，使民得以安居乐业；三是修筑城池，并且不贪分毫；四是课士讲业，积极传播汉文化。以上四个方面的功绩，使其在离此他任后，被"士民"怀思，因而为其立生祠。

需要注意的是，官吏需要有"政绩"方才可立祠。列于戴时雍之后有"政绩"者为蔡氏。蔡氏何许人也？依据《广西府志》，其功绩如下：

> 知府蔡应科，福建龙溪人。由进士，万历九年（1581）任。历官户部侍郎。崇儒爱士，莅事无停狱，民鲜宿冤。不矜才，浑厚自持，奸邪潜自消沮。比升任，阖境慕颂，历久不置。[1]

> 蔡应科，公福建龙溪人。由进士，万历九年（1581）任，历官户部侍郎。崇儒爱士，无停狱宿冤。浑厚不矜才，奸邪潜消。[2]

蔡应科的功绩记载相对简略，也不外乎是治理地方与教化士民两个方面。而且，两志皆无为其立生祠的记载。或许蔡祠另有其人？又或许蔡祠在康熙（1661—1722）年间尚未修建，到了乾隆（1736—1795）年间，即纂写《乾隆广西府志》时才修建。所以，因袭传抄《康熙广西府志》的知府传记里并未收入，却见于《乾隆广西府志》中的祠祀篇了。

不过如果与前几个立生祠者联系起来，便会发现陈、戴、蔡等都有一个共性——离任后升官就职了。这就极为意味深长了。换言之，同样有"功绩"者是否人人都享有立生祠纪念的待遇？很显然并非如此。那么，立生祠者与被立者之间的功利关联就一目了然了。由此角度看，这些被立祠者的功绩被放大、被溢美是完全可能的。

立在"陈、戴、蔡、高四公祠"末位的是高氏。在《广西府志》"名宦"条里唯一高姓官员是高梁楷：

---

[1] （清）蒋敷锡修纂：《康熙广西府志》，段锦良主编，刘群点校，昆明：云南人民出版社，2016年，第167页。

[2] （清）周采：《乾隆广西府志》，泸西县地方志编委会整理，芒市：德宏民族出版社，2010年，第128页。

高梁楷，公字太冲，贵州思恩府举人。爱民礼士，安夏攘夷。蒿目时艰，太息曰："欲救吾民，宁为鸾凤？"划去烦苛，悉归宽恕，六案无雷滞之牍，贯索空图圄之中。调停兵食，峻防要害，秘献妙略，黑耳、五罗巨寇，贴然革心。永惠坝历年久，闸口倒，子河壅，公力事修筑之任，塌者筑、壅者通。罗和白溪流泛涨，将子河冲为两段，分八字以杀之，架木槽以渡之。露冕勤劳，凡三阅月而水利兴。民谓："前有陈父，后有高母。"郡专祠肖像以祀之。[1]

　　高梁楷之所以被立生祠，同样是"爱民礼士，安夏攘夷"，即对内的"夏"，则安之；对外的"夷"；则攘之，这是其时能够被立祠的必备条件。换个角度看，从"夏"——内地汉族移民的视角，高氏是好官良吏；但是从"夷"——"爨夷""沙夷"的视角未必如此。但无论是被立祠者，还是立祠事件，皆同样成为教化地方的活态实例，是毋庸置疑的。这样，不仅仅是他们在任时的功绩，而且还有离任立祠后的"功绩"的物化与口传的重构，都同样具有教化地方的功能。其中，或许还有上文所言的，立生祠讨好离任提升官员，具有给现任地方官员获得社会资源的作用。因而立祠乐此不疲。其结果，使得对地方官员的价值评判与内地越来越趋于一致。这样，就通过被立祠者及其立祠者的立祠行为而将边疆与内地在政治上、文化上紧密关联。因此说，对于离任升职者的立生祠加以溢美，也就成为流官们教化地方的功绩之一。至于这些被立生祠者是否如此的完美、高大，那又另说了。而且从《康熙广西府志》到《乾隆广西府志》的成书时间，中间仅隔在位13年的雍正朝，就已经多出一个高姓良吏被立祠。其立祠时间在生前或在身后皆很值得怀疑，或许有后人出于对善官良吏的期盼而不断放大、重构其功绩的可能。这与昂贵的"肆虐不法"也有不断被放大、重构的可能，是一样的。

　　另有一批官员也同样将其功劳放大、溢美而塑造成完美形象，但却是用被神化、入文昌等祠祭拜的方式。而且，在《康熙广西府志》与《乾隆

---

[1] （清）周采：《乾隆广西府志》，泸西县地方志编委会整理，芒市：德宏民族出版社，2010年，第129—130页。

中篇 百年昂氏土司：汉彝文化交融的多重历史叙事主角

广西府志》中，其文字记载有增减：

> 许佲，号虢田，河南灵宝人。由恩生，嘉靖[1]间任。实心实政，剔蠹去奸，民皆称为亲阿父。始立文昌祠。任内，将一杉松作篱椿者，手植于衙中，自祝之曰："如我不负民，此木乃当生！"杉松果活。郡人每喜谈其事。[2]

> 许佲，公河南灵宝县恩生。嘉靖间任。实心实政，剔蠹去奸，民称为许父。始立文昌祠。任回，手植一松桩，祝曰："我不负民，此木当生！"松果活。[3]

对比两志的记载，许佲之"神"，并非仅仅是因为以松树的死活，而是由此校验其是否"负民"，旨在显其离任前被"民"称为"许父"的整肃吏治与建文昌祠之功。这类似真似"神"传说的口耳相传到著书立说，即从其任职的嘉靖年间到载此条目的清代乾隆年间[4]的《广西府志》，历经 200 年左右，大概有 10 代人，就可以想象对其功绩的重构非一日之功，也非一人之事，而是越来越与内地在文化上趋于一致的广西地方及其民众需要这样的良官善吏。

> 知府邵鸣岐，顺天府东安人。由举人，万历三年任。平易近民，绝苞苴，严关键，省刑罚。诸生庭谒，常从容叙论，移时月必六课，悉加评品。既行，士民卧辙留靴，泣不忍离。[5]

> 邵鸣岐，公顺天东安人。由进士万历三十年任，平易近民，绝苞苴，

---

[1] 嘉靖是明朝第十一位皇帝明世宗朱厚熜的年号，使用时间为嘉靖元年（1522）至嘉靖四十五年（1566），一共使用四十五年，是明朝使用第二长的年号（仅次于明神宗万历帝的四十八年）。

[2] （清）蒋敷锡修纂：《康熙广西府志》，段锦良主编，刘群点校，昆明：云南人民出版社，2016 年，第 165 页。

[3] （清）周采：《乾隆广西府志》，泸西县地方志编委会整理，芒市：德宏民族出版社，2010 年，第 127 页。

[4] 乾隆年间，1736—1796 年。

[5] （清）蒋敷锡修纂：《康熙广西府志》，段锦良主编，刘群点校，昆明：云南人民出版社，2016 年，第 166 页。

华夷互融：飞凤古城民族志

严关键，省刑罚。诸生延谒，常从容叙论。移时月必大课，悉加评品。比归，士民立石思之。[1]

有意思的是，邵鸣岐在两志里记载其出身，一是举人，二是进士；记载其任职时间，一是万历三年（1575），一是万历三十年（1602）。孰真孰假？显然不能盲目相信史志所载，而是需要进一步考证。更为重要的是，在康熙时，士民对其只是"泣不忍离"；到了乾隆年间，就已经立石思之；进而就有可能建祠以祀。由此可以肯定的是，这些官员生前仅为民众认可，其后的身后立石、立祠，官员们的操作作用就很大了。

上述无论是被立生祠者，或是被神明化者，或是被"立石思之"者，虽然被勒石铭刻其功绩者，其祖籍地不同，具体功绩也不同，但其共性是他们皆是符合促使明代中央王朝政治机构正常运转的良官善吏标准。对于这些有功于国、有恩于民者，封建史家当然要不惜笔墨加以歌功颂德。因为他们不但在生前为维护明代中央王朝在地方的统治鞠躬尽瘁，死后也仍然以"神"的形象发挥着教化地方的功能。由此，无形中就将地方—中央、"爨夷"—汉族置于了一个既互为存在的条件，又相互对立的复杂关系中。很显然，前者的"恶"衬托了后者的"善"，前者的野蛮衬托了后者的文明。因而，才有略此详彼的历史书写，意味着土官、土民（蛮夷）将越来越隐于官方正史之后，与此同时越来越凸显的是来自内地的流官群体及其"丰功伟绩"，而且他们多是以"士民怀思"的正面形象出现。这就为对土官，尤其是昂贵土司的"恶性"形象塑造埋下了伏笔。或者说，在这些官方史志作者心里，有着流官与土官、正统与非正统、善与恶相对立的认知框架，因而就要通过汉族移民、流官良吏来促进汉文化的传播。

史志还记载，在明朝广西府戴时雍前后的历任官员大都不遗余力地传播汉文化：

> 李浑，公浙江慈溪县进士。嘉靖初年任，始制文庙祭器。时土舍昂继先骄悍不法，亲督民兵围其寨，缚至庭下扑死。取其子云，教之

---

[1] （清）周采：《乾隆广西府志》，泸西县地方志编委会整理，芒市：德宏民族出版社，2010年，第127—128页。

中篇　百年昂氏土司：汉彝文化交融的多重历史叙事主角

> 读书，使续后。一时土司凛凛。[1]

李浑被列入史册，一方面是亲自率军围剿土舍昂继先盘踞的寨子；另一方面是广西府的文庙祭器由其始制。而且，对于土司家族，"骄悍不法"者，灭之；年幼者，教之读书。于是，不唯民众，连土司家族都从根基上接受了汉文化，进而演绎着一幕幕"以华变夷"的历史剧。

> 郭集礼，公江西万安县举人。嘉靖十六年（1537）任，以清廉励操，尤喜课士。时地僻讼简，常列儒生于座右，如塾中师弟，讲解课文，激励劝勉，民间由是争尚学焉。[2]

郭集礼是流官中"好为人师"的典型，因其努力，由官到民，形成了"争上学"的风气。其后还有："初撰本府《志略》"的解一经；"始立文昌祠"的许铭；"以宽和民，以教化息讼"的辜用琥；"崇儒爱士"的蔡应科；"正风化、立'旌善''申明'二亭并兴学校、捐资奖励"的张光宇；"迁建学宫，建鹤麓书院。事关学校，靡不殚心"的萧以裕；"兴文讲武，厘剔之治不一，士民安生，人文蔚起"的张继孟，等等。[3] 有明一代，如上述诸知府极力传播汉文化的"广西同知府事"也甚多。[4] 在这样一个接一个，一波接一波的汉文化传播浪潮下，汉文化越来越成为广西府一带的主流文化。因而在后来的史志中，越来越看到汉文化在广西府一带的浸润、兴盛。这在万历《云南通志》卷八学校志第五中也有记述：

> 庙学，广西府儒学在钟丽山麓，弘治三年（1490），知府贺勋奏

---

[1] （清）周采：《乾隆广西府志》，泸西县地方志编委会整理，芒市：德宏民族出版社，2010年，第126页。
[2] （清）周采：《乾隆广西府志》，泸西县地方志编委会整理，芒市：德宏民族出版社，2010年，第126页。
[3] （清）周采：《乾隆广西府志》，泸西县地方志编委会整理，芒市：德宏民族出版社，2010年，第126—130页。
[4] （清）周采：《乾隆广西府志》，泸西县地方志编委会整理，芒市：德宏民族出版社，2010年，第130—133页。

建。右为明伦堂，翼堂为二斋；左为大成殿，翼殿为两庑，表以重门，环以泮池。嘉靖七年（1528）建启圣祠，世宗御制敬一箴亭及《注释视听言动心五箴碑》。经籍、雅乐、祭器亦备。射圃在东门城外。社学在府治西。[1]

而且，在《乾隆广西府志》中记载的祠祀中，就有作为汉文化核心的儒释道与汉族民间信仰：

> 祀典，本府，社稷坛，在城西。山川风云雷雨城隍合为一坛，在城东关外。先农坛，在城东外，季春耕籍祭。八蜡祠[2]，在城南翠屏山。东龙王庙，在江头村。西龙王庙，在永惠坝。城隍庙，在城西铁龙山麓。郡厉坛[3]，在城北外。府土地祠。先师庙，在钟秀山。崇圣殿，在大成殿后。文昌祠，在学宫左。桂香殿，在学宫左。魁星阁，在学宫左。史皇祠，在学宫右。名宦祠，在大成门左。乡贤祠，在大成门右。关圣庙，在东门外。兴文土地祠，在大成殿右。忠孝祠，在明伦堂左。节义祠，在明伦堂右。群祠……[4] 寺观，本府，玉皇阁，在城西外。一

---

[1] （明）陈文纂修《景泰云南图经志书》，方国瑜主编：《云南史料丛刊》第六卷，昆明：云南大学出版社，2000年，第639页。

[2] 又称为"八蜡庙"。《礼记·郊特牲》记载："八蜡，以记四方。"据东汉经学家郑玄所注："四方，方有祭也，蜡有八者：先啬一也；司啬二也；农三也；邮表畷四也；猫虎五也；坊六也；水庸七也；昆虫八也。"北京：北京燕山出版社，1995年，第186页。

[3] "厉坛"，俗称"鬼魂坛"，府、州称"郡厉坛"，县称"邑厉坛"。在州、县城的北郊，每年的清明、七月十五、十月初一，一年三次，由州、县长官亲自主持举行"祭厉"仪式，祭祀那些本地的无祀鬼魂。祭祀活动的前三天，州、县长官要斋戒、沐浴、更衣后到城隍庙烧香，焚烧一道黄纸写的"告城隍文"。恳请城隍神发号施令，勾摄一境之内的无祀鬼魂，到祭厉的那天都到厉坛去享用祭品。（清）张廷玉等撰：《明史》，北京：中华书局，1974年，第1311页。

[4] （明）谢肇淛《滇略》，方国瑜主编：《云南史料丛刊》第六卷，昆明：云南大学出版社，2000年，第69—72页。

中篇　百年昂氏土司：汉彝文化交融的多重历史叙事主角

在布韶龙楼山[1]。三元宫，在城西北隅。斗母阁，[2] 在城西外。致和观，在城东外。真武宫，一在城西桃笑庵，一在圭山[3]。山川庙，在城北。土主庙，[4] 在城西外。火神庙，在城南外。文昌阁，一在隐仙岩，一在嵋龙。广福寺，在城东三里。万寿寺，在城西一里。圭山寺，在城西五十里。东华寺，在城东十五里。西华寺，在城西十五里。萝岩寺，在城南三十五里。香泉寺，在城南二十里。[5]

上述这些宗教建筑、神圣空间，囊括了内地汉族的民间信仰与儒释道信仰，而且广及府署之外 30 多里，差不多已泛及今泸西县四境。说明明代中央王朝对于广西府的汉文化的人文教化长期不遗余力，并在清末民初已呈主流之势。此过程，也是将与汉文化相对应的地方"蛮夷"民族文化作为非主流化、非正统化的历史过程，因此可以说也是意识形态领域的"革土归流"。而且是先行于府衙附近的政治、经济与文化核心地，也先行于军事上、政治上的"革土归流"。那么，昂贵及其普氏家族终将走下广西政治历史舞台的命运就可以想见了。早在嘉靖年间（1522—1566），李浑就已经对"骄悍不法"的昂继先用兵围剿，但却又对其子"加之读书"。这可能是彻底消灭普氏（昂氏）家族的时机尚未成熟，因此转而从其子身上教化读书。可谓深谋远虑，而且卓有成效。这也是史志作者对其地爨蛮风俗有别于汉文化的偏见描述的思想基础。

至此，经过从成化辛丑年（1481）贺勋伊始后的历任官员不遗余力的教化之功，一些"纯乎夷"都"向慕华风，敬礼儒释"了：

1　布韶，为古代彝族"白勺"部落的聚居地，"布韶"为"白勺"的同音异写，即今泸西县飞凤古城，简称"城子"。段锦良主编：《阿庐文化系列丛书——阿庐文物》，昆明：云南人民出版社，2013 年，第 61—62 页；陶芳芳：《"土掌房的活化石"——城子古村》，《青年与社会》2017 年第 23 期。

2　斗母阁，即斗姆阁。

3　圭山，今昆明市石林县东南部的圭山，与泸西接壤。

4　土地庙，即土主庙。

5　（清）周采：《乾隆广西府志》，泸西县地方志编委会整理，芒市：德宏民族出版社，2010 年，第 69—72 页。

华夷互融：飞凤古城民族志

> 丽江、广南、广西、永宁，纯乎夷矣，而亦向慕华风，敬礼儒释；至于怒相仇杀，不可以教化怀服，则犬羊之性固然也。[1]

整合《康熙广西府志》与《乾隆广西府志》之记载，有明一代列入"名宦传"的就有知府贺勋、李浑、郭集礼、解一经、许佁、辜用琥、戴时雍、邵鸣岐、陈忠、蔡应科、钱秉元、张广宇、萧以裕、张继孟、高梁楷、包嘉等13人，同知、通判则有金信、蒋时极、游大勋、王励精、冯大济等，训导有马昱、赵秉恒、陈大本、杨曰忠、罗邦儒等先后在广西府境任职，还有众多数量的官员任师宗州、弥勒州知州。与此相应，有明一代广西府署境内就产生了官至兵部尚书的举人杨绳武，而进士则更多：

> 进士……崇祯辛未科陈于泰榜，杨绳武，授翰林。仕至蓟辽总制，赐尚方剑。赠太子少傅，兵部尚书。……举人……正德癸酉科，杨洲，四十名，任四川保宁府同知。崇祀乡贤。万历戊午科，张于宸，十五名，任广东英德县知县。杨日进，四十四名，任湖广武昌府同知。天启甲子科，李章铉，三十八名，任四川蓬州知州，署监军金事。崇祯癸酉科，钱经世，四十三名。丙子科，杨延嗣，四名，任广东宜山县知县。壬午科，段仁，四十七名。选举，李谦亨，王府审理。[2]

可见，通过多年的汉文化的传播、浸润，广西府境科举盛行，并为内地输送了一批科考出身的人才。很显然，这是从内地科考出身的流官到本土士民（汉族移民）通过科考纳入中央王朝政治体系的一个侧面。不过可以推测的是他们多数是内地汉族移民的后裔。内地汉族移民广西府境，同样把内地科考文化带到云南。再经过历任流官将科举制度位移于此，就在本土汉族士民中产生了一些以"修身""齐家""治国""平天下"为抱负的政治、文化精英。到清代，就曾提出"郡邑一体应试"，而将少数民

---

[1] （明）谢肇淛《滇略》，方国瑜主编：《云南史料丛刊》第六卷，昆明：云南大学出版社，2000年，第700页。
[2] （清）周采：《乾隆广西府志》，泸西县地方志编委会整理，芒市：德宏民族出版社，2010年，第138—140页。

中篇　百年昂氏土司：汉彝文化交融的多重历史叙事主角

族土官也纳入科举制度的作用：

> 土司以世系承袭，不由选举。其祖、父相传，其子、弟恣睢相尚，不知诗书礼义为何物，罔上虐下，有由然矣。我国家八法计吏，三年考绩，土官皆不预焉。不肖者无惩，间有一二贤者，亦无以示劝，欲其奉职守法也得乎？臣请著为定例。嗣后土官应袭者，年十三以上，赴儒学习礼，即由儒学起送承袭，其族属子弟有志上进者，准就郡邑一体应试。俾得观光上国，以鼓舞于功名之途。古帝"舜敷文德，以格有苗"。由此志业。其土官于岁终，开列所行事实申报督抚察核具题，不肖者降革有差，贤者增其秩或赐之袍服，以示优异。使知以朝命为荣辱，自不以私心为向背。此又其一也。[1]

清代广西府两本史志所载，尚未见有少数民族土官子弟应试，但从广西府学的建立可见其地的汉文化教化之广泛，而且云南全境莫不如此。那么，为朝廷培养人才的科举应试制度，也逐渐影响到土官群体，是完全有可能的。全伍伦所撰《迁建府学记》就载：

> 府学旧建城内钟秀山下。万历丙申（1596），瀛海陈公忠迁东门外，距城三里。越十七年，清江萧公以裕迁东门外，距城一里。康熙龙飞壬寅（1662），古燕万公裕祚，复迁钟秀山麓，规制一如学校志周阙。盖自明迄今，学凡三迁矣。窃考二百年间，载诸目前者，知数公之为，非有感于堪舆家之言也，非有迫于功令之不得已也，抑非有所袭以要誉而然也。而何其不相谋而适相合，识者于此觇循良已。尤异者，长沙贺公创建在改土设流之初，兹复迁建于兵燹改革之际。时异也，而其事弗异；创迁异也，而其地弗异。庶几兴学育才之心，能弗异乎？而时与创迁，固仍弗异也。广西，南控交趾，当两粤必由之路。于滇东，则为要地；于一统疆域，则保障天南。学校之重，较他郡尤为倍。亟翊以流寇毒于前，沙贼虐于后，城舍焦土，民鲜孑遗，衣冠礼乐之风，

---

[1] （清）蔡毓荣《筹滇十疏》,方国瑜主编：《云南史料丛刊》第八卷，昆明：云南大学出版社，2001年，第427页。

顾何日复见之哉！然当是时也，咸知为臣死忠、为子死孝、弟赴兄难、妻殉夫节者，志不胜书，自非圣夫子教导之结人心，二百年作育以厚风化，胡以至是！于知学校为有司先务，益明已。

顺治十有八年辛丑（1661）季秋，万公来守是邦，盈眸蓁芜，哀鸿甫集，顾不谓荒烟断草中，尚有至圣庙，一一具存也。甫谒庙，见状不禁唶然曰："萧然旷野，其如风雨飘摇，日就倾圮何？"绅士知公意，悉乐捐工赀，力请于公，议迁今所。公方计兴百废，知先务，莫此为急者。遂重绅士之请，捐俸以助，始决议迁焉。是举也，以贺公勋之鼎创，金公信之作人，陈公忠、萧公以裕之迁建，章公钏、陈公仁、王公璟之增设，一举而咸备矣。爰择壬寅八月起工，不一年间次第告厥成积，万公之功多也。虽李公浑所制祭器、经书，兵变无遗，尚为阙典，幸奉文各项兴复，但有日矣。万公之功，不慕全哉！龙飞康熙甲子（1684）岁，辽阳高公起龙，捐资又复重修。至康熙癸酉，澶肃刘公治中，率士捐修，建魁阁、明伦、尊经。康熙丁丑（1697）岁，会古吴宋公德深捐造，各项祀典、祭器，一一具备，咸然大新矣。[1]

从此《迁建府学记》可以看出，早在万历丙申年，即公元1596年，广西府就建了府学。其后到顺治十八年，即公元1661年，先后搬迁3次。其间也曾倒圮，但因"广西，南控交趾，当两粤必由之路。于滇东，则为要地；于一统疆域，则保障天南"[2]的重要地理位置，而使得"学校之重，较他郡尤为倍"。其目的在于养成"为臣死忠、为子死孝、弟赴兄难、妻殉夫节"[3]的社会风气。

该《迁建府学记》还说："知数公之为，非有感于堪舆家之言也。"正好说明学府三迁，始终不离开钟秀山麓，就是历任官员有感于堪舆家之

---

[1] （清）蒋敷锡修纂：《康熙广西府志》，段锦良主编，刘群点校，昆明：云南人民出版社，2016年，第232—233页。
[2] （清）蒋敷锡修纂：《康熙广西府志》，段锦良主编，刘群点校，昆明：云南人民出版社，2016年，第232—233页。
[3] （清）蒋敷锡修纂：《康熙广西府志》，段锦良主编，刘群点校，昆明：云南人民出版社，2016年，第232—233页。

言。这说明内地汉文化里的风水学说也被带到此地。进而言之，就可以推测，昂贵将降职后的衙门建于"飞凤山"，并赋予一套风水文化，首先不是其赋予，而是具有汉文化背景的后来者赋予。但修建飞凤城堡，必然是其传统文化里的以山水为屏障。由此可见，飞凤城堡兼有政治、军事与经济功能，是因为来自内地的汉文化与本土"爨蛮"文化在选址原则方面具有共同性。其根本原则，就是要利用自然为我所用，充分发挥自然的多重功能。由此角度，也可以看出早期设土官时代建广西府府署于矣邦、生纳之间，也是遵循了"爨蛮"与内地汉族的自然地理认知共性。1841年贺勋改土设流，依然是汉文化与"爨蛮"文化在相同的自然、地理环境下的共识、共享。所以说，"以夷变华"或"以华变夷"是一个同步进行的双向涵化。简言之，是长期的汉文化教化下的"华夷互融"形成的区域文化共同体，因而是越来越难以区分彼此。

（三）朝贡

最能体现地方土司与明代中央王朝政治隶属关系的，莫过于朝贡制度。在上述府署物化建筑的存在与流官们的努力下，将包括政治、经济与风习在内的内地汉文化也传播至此，同时也将其中的君臣之礼传播到了广西府境。这在历任广西府土官与其下各州土官依据明朝规制进行朝贡中可以看出来。广西府各土官在革土归流前以"来朝""贡马"方式行君臣之礼，也多见于史志：

> 广西府永乐元年（1403）春正月丙申，……云南广西府等处土官知府阿觉等七十八人来朝，贡马，赐钞及绮、帛，仍给钞偿其马直。
> 辛丑，……云南维摩州知州波得等三百八十八人来朝，贡马及方物，各赐钞币，仍给偿马直。
> 永乐六年（1408）十月辛丑，……云南广西府土官知府阿觉遣把事阿定等来朝，贡马，赐钞币遣还。
> 永乐七年（1409）闰四月乙卯，……云南弥勒州土官知州者克遣人来朝，贡马，赐钞及袭衣。
> 永乐十年（1412）……辛丑，云南广西府土官知府阿觉……各遣使贡马及方物，赐钞及文绮表里有差。

永乐十三年（1415）六月己丑，云南广西府弥勒州千夫长阿山等来朝，贡马，赐钞币等遣还。

洪熙元年（1425）二月乙卯，……云南广西府等处土官知府昂保等九十人贡马，赐钞币表里有差。

洪熙元年闰七月乙卯，……云南师宗州土官同知珑哥等来朝，贡马。洪熙元年八月丙子，……赐云南师宗州土官同知珑哥等四十二人钞、纻丝、纱、罗、绢、袭衣有差。

宣德五年（1430）秋七月癸亥，云南弥勒州故土官知州者克子樊习等贡马。

宣德五年八月庚辰，赐……云南弥勒州故土官舍人樊习等……钞、彩币表里、袭衣有差。

正统四年（1439）七月壬申，……云南广西府弥勒州土官舍人必者等俱来朝，贡马及方物，赐绢、钞有差。[1]

上述可见，从1403年到1439年36年间，广西府土官与明中央王朝发生"贡—赐"关系11次，说明基于这种朝贡体系的地方—中央、边疆—内地的政治隶属关系是较为紧密的。在"贡—赐"之间，彼此同时也将广西府境的马、方物[2]与内地的绮、帛、绢、钞、袭衣等实现了互惠式的交换。

钞，是纸质货币，是中国金、元、明三代纸币交钞、宝钞的简称。钞通过"赐"的方式传入广西府境，其意义就超出了货币本身，具有了中央王朝在云南经济一体化的象征符号意涵。而且，钞与在云南历史悠久的贝币一同流通，意味着内地纸钞文化与"爨蛮"贝币文化的并行。

广西府土产（方物）甚多，其一为马，其二为各种土产。以土产为贡，赐回绮、帛、绢、纻丝、绮、纱、袭衣、文绮表里与彩币等。文绮，指华丽的丝织物。袭衣原意为成套衣服，如（宋）文莹《玉壶清话》卷三载："（太祖）赐去华袭衣、银带，为右补阙。"《续资治通鉴·宋高宗绍兴二十七年》也记载："诏尚书左司郎中汪应辰宴国于玉津园……加赐袭衣、

---

[1] 《明实录云南事迹纂要》，方国瑜主编：《云南史料丛刊》第四卷，昆明：云南大学出版社，1998年，第226—227页。

[2] 方物，即土特产。

中篇 百年昂氏土司：汉彝文化交融的多重历史叙事主角

金带、器、币有差。"以马与方物通过朝贡的方式换取"赐"品，实际上是内地农业经济文化与广西府山地经济文化的一种交流。一方面，于内地朝廷，通过"贡"获得了边疆少数民族的方物；另一方面，于边疆少数民族，也通过"赐"得到了内地农业文明的产品。在本质上，在这一"贡"一"赐"之间，实现了彼此的经济交流与文化交融。

清代王鸿绪的《明史稿有关云南事迹》也有广西府境土官朝贡记载：

> 永乐六年（1408）十月，土官知府阿觉遣把事阿定等来朝贡马，赐钞币遣还。
>
> （永乐）七年（1409），弥勒州土官知州者克，遣人来朝贡马，赐钞及袭衣。
>
> 洪熙元年（1425），师宗土官同知珑吾来朝贡马。
>
> 宣德五年（1430），弥勒州故官知州者克子樊习等贡马。[1]

这样的下"贡"、上"赐"之间，就是典型的中国历代中央王朝与地方、内地与边疆、汉族与少数民族之间的政治、经济与文化关系网络建构象征。中国朝贡制度研究的开拓者费正清曾先后刊发《论清代的朝贡制度》[2]《朝贡贸易与中西关系》[3]《中国沿海的贸易与外交：1842—1854年通商口岸的开埠》[4]等论著，对中国的朝贡制度进行了深入细致的研究、论述。他将朝贡体制放在中西冲突的背景下进行考察，建立了"冲击－反应"模式，并把此模式作为其研究近代中国的基本框架，成为西方学界研究清代乃至整个中国传统内外关系的主要分析模式。

在费正清后研究明代朝贡体系的中国学者也不少，如何平利在《明初朝贡制度析论》中就分析了明代朝贡制度的特点，是政治重于经济的朝贡贸易，是作为维系与招徕藩国称藩纳贡的纽带。因此，明初所推行的朝贡

---

[1] （清）王鸿绪撰《明史稿有关云南事迹》，方国瑜主编：《云南史料丛刊》第三卷，昆明：云南大学出版社，1998年，第619页。

[2] 费正清、邓嗣禹：《论清代的朝贡制度》，《哈佛亚洲研究杂志》1941年第2期。

[3] 费正清：《朝贡贸易与中西关系》，《远东季刊》1942年第1卷第2期。

[4] 费正清：《中国沿海的贸易与外交：1842—1854年通商口岸的开埠》，牛贯杰译，太原：山西人民出版社，2021年。

制度与政策，事实上亦是中国封建社会传统对外关系的继承与发展。[1] 又如石元蒙的《明清朝贡体制的两种实践（1840年前）》则指出，朝贡体制以1840年为时间点，有着两种实践走向：一为"怀柔外夷"的实践；一为"保持自主性"的实践。[2] 具体到地方土司与明代中央王朝的朝贡体系，它既是中央王朝与少数民族地区政治、经济交往、交流的主要途径，也是以儒家思想为核心的中原文化对土司地区传播的重要媒介，其意义已远远超过贡品与赐品本身。

　　正如前文所述，明代广西府流官们文韬功绩的溢美到极致，就是立生祠与神化祭拜。因此说，广西府历任官员不遗余力地传播汉文化以教化地方和不遗余力立祠立传，也体现了他们生前为达官贵人，死后成为地方神明继续"教化"的过程。从贺勋伊始载于史册的15任广西府知府，从金信伊始的10任广西同知府事莫不如此。其"教化"之功，被不断放大、重构直至神化的过程，在清《康熙广西府志》与《乾隆广西府志》里皆有生动体现。即用史志书写的方式体现了汉文化在广西府的显性传播，是种大张旗鼓的传扬。但与此同时，也在其字里行间看到，因为有"爨蛮"及其传统文化的广泛存在，历任官员不得不尊重其现实，而采取因俗而治的措施。实际上，"爨蛮"土司也通过朝贡制度而行君臣之礼，维护中央王朝在地方的统治，并完成了彼此的经济、文化交流。由此可见，"爨蛮"土官仍然有被史志所忽略的"隐性""向慕华风"之心。而且，是早期的被动性到形成惯习，成为自觉性的行为。为此，我们不得不分析、揭示字面上显性的汉文化与言下之意的隐性"爨蛮文化"，及其二者的并存、交融，本质上是来自内地的汉文化面对有别于其的"爨蛮"文化发生在地化变迁，从而使其在传播汉文化的同时，也部分地吸纳了"爨蛮"文化。后者也同样如此，才使得既保留了其传统文化，又吸纳了汉文化的时代性或场景性变迁的"爨蛮文化"保留、传承至今。

　　但另一方面，与"向慕华风，敬礼儒释"者不同，同时也存在着的是"怒相仇杀，不可以教化怀服"者。这便是处于从夷到汉社会文化转型期的"爨蛮"后裔们的文化特征。一旦被视为"犬羊之性"的文化偏见载于其身上，

---

[1] 何平立：《明初朝贡制度析论》，《学术界》1988年第4期。
[2] 石元蒙：《明清朝贡体制的两种实践（1840年前）》，暨南大学博士学位论文，2004年。

就有可能激起反抗仇杀。如在有关昂贵的口述历史中"倮倮"一词，事实上就一再激化了民族矛盾。此乃明代汉文化与"爨蛮"文化从接触到冲突，最后并存、交融的历史背景所致。这样一文一武、战争与怀柔的相辅相成，使得包括泸西在内的广西府"爨夷"逐渐被纳进中华民族这个大熔炉里。而且，是从被动到主动，从自然到自觉，出现了"民间由此争尚学""人文蔚起"的局面。至此，从秦楚、汉唐以来的"以夷变华"，到明清终于转型为"以华变夷"，汉文化的孤岛也逐渐壮大而成海洋，与内地在文化上的一致性越来越突出。因此说，对于上述这些有功于国、有恩于民的流官们的立传、立生祠与神化，本身也构成地方汉文化体系的一部分，进一步推进了汉文化"大传统"在广西地方的传播。通过上贡、下赐的物的交换、流动，实现了内地与边疆、中央与地方、汉族与少数民族在政治、经济与文化的一体化。简言之，便是"华夷互融"。

二、官方史志中的昂贵"肆虐不法"形象重构与其宿命隐喻

在《乾隆广西府志》"土夷"传中，有一段文字表明"志土夷"在于以仁义教化"土夷"：

> （广西）人类甚夥，夷不习诗书，不明礼让，故多顽。然秉夷之好，皆所自有。其奸贪诈伪，劫掳仇杀，习使之也。若渐以仁、摩以义，令其遂生复性，将凡有血气，莫不尊亲矣。志土夷。[1]

这种所谓的仁义教化背后，实际上是站在汉文化中心主义的立场教化"土夷"。所以，至今所看到的有关昂贵及其族人的文字无不是"奸贪诈伪，劫掳仇杀"之徒。但如果换位思考的话，"土夷"的"奸贪诈伪，劫掳仇杀"

---

[1] （清）周采：《乾隆广西府志》，泸西县地方志编委会整理，芒市：德宏民族出版社，2010年，第212页。

也好，昂贵的"肆虐不法"也好，自有其文化土壤。因此，如果是站在汉文化中心主义的立场，是非要加以教化不可。

（一）昂贵"肆虐不法"及其社会文化土壤

我们说汉文献对"四夷"及其文化的描述史，是历史的真实与对异域想象的交织史，是毫不为过的。远的暂且不说，如汉代司马迁的《史记·西南夷列传》，因为此时云南与内地的交往毕竟有限，不能苛求于前人做到历史叙事真实。但在最早较为详尽记录乌蛮文化的唐代樊绰《云南志》的字里行间，也是充满了对"南蛮"的"非我族类，其心必异"[1]的文化偏见：

> 缘南蛮奸猾，攻劫在心。田桑之余，便习斗敌。若不四面征战，凶恶难悛。所以录其城镇川原，尘渎宸扆。或冀破其蚁聚之众，永清羌虏之夷。[2]

樊绰还表明写此志的目的，是为朝廷"破其蚁聚之众，永清羌虏之夷"服务。其前提是不唯华夏与"爨蛮"之间有文化差异，而且同样也看到在"爨蛮"内部"西爨"与"东爨"也存在差异：

> 西爨，白蛮也；东爨，乌蛮也。当天宝中，东北自曲靖州，西南自宣城，邑落相望，牛马被野，在石城、昆川、曲轭、晋宁、喻献、安宁至龙和城，谓之西爨。在曲靖州、弥鹿川，南至布头，谓之东爨，风俗名爨也。[3]

《云南志》中也可看到两爨的文化共性——牛马被野相望的山地游牧经济。这在早就进入定居农业的内地汉族史家看来，就是一种"异文化"。其中，"东爨"中的"卢鹿蛮"等风俗的描写就更充满猎奇心理与文化偏见：

---

[1] （战国）左丘明：《左传》，上海：上海古籍出版社，2015年，第409页。
[2] （唐）樊绰《云南志》，方国瑜主编：《云南史料丛刊》第二卷，昆明：云南大学出版社，2001年，第12页。
[3] （唐）樊绰《云南志》，方国瑜主编：《云南史料丛刊》第二卷，昆明：云南大学出版社，1998年，第32页。

中篇 百年昂氏土司：汉彝文化交融的多重历史叙事主角

男则发髻，女则散发。见人无礼节跪拜。三译四译，乃与华通。大部落则有大鬼主，百家二百家小部落，亦有小鬼主。一切信使鬼巫，用相服制。土多牛马，无布帛，男女悉披羊皮。[1]

上述从发型、礼节、语言、宗教、生计、服饰多个方面记录了"东爨"习俗。但与其说是记录，还不如说是从汉文化中心主义加以比较、定性。但即便同一史志、同一史家也不得不正视的是"乌蛮"群体及其文化也不是固化的铁板一块，而是不断从中分化出众多其他"别支"来。早在唐代，从大的层面已经有"乌蛮"与"白蛮"之分。而且，彼此的差异，在于接受外界文化的差异，特别是接受汉文化多与少的差异。与此同时，也是保留其民族传统文化的差异：

《樊志》所载西洱河区域，施蛮、顺蛮、长裈、"六诏"为乌蛮，弄栋、青蛉等为白蛮，而渠滥、白崖、云南诸地之居民为白蛮。大概接近汉文化（或文化较高）的称白蛮，其余称乌蛮。[2]

从小的层面，即在"乌蛮"内部也分化出诸多"别支"，如"乌蛮之苗裔"的"独锦蛮"，"本乌蛮之后"的"长裈蛮"，"本乌蛮种族"的"施蛮""顺蛮""栗粟两姓蛮"与"磨（些）蛮"等等；宋代《太平御览》也援引了此文，而后代广为引用[3]。其动因，在于方国瑜先生所言的接触、接受汉文化影响的多少，从而不但在"乌蛮"群体内部，而且在其下的"乌蛮"内部也不断发生分化。这是在汉文化影响下的"乌蛮"群体内部文化。但因其时汉文化在滇云区域只是"文化孤岛"，而在局部性地改变本土传统文化的同时，不得不融入尚呈主流之势的"乌蛮"文化大海中。因此说，

---

[1] （唐）樊绰《云南志》，方国瑜主编：《云南史料丛刊》第二卷，昆明：云南大学出版社，1998年，第13页。

[2] 参见方国瑜著，秦树才、林超民整理：《云南民族史讲义》，昆明：云南人民出版社，2013年。

[3] （宋）李昉《太平御览所引南夷志》，方国瑜主编：《云南史料丛刊》第二卷，昆明：云南大学出版社，1998年，第256页。

华夷互融：飞凤古城民族志

唐代"乌蛮"及其后来"爨蛮""罗罗"文化中都或多或少融入了汉文化元素。但遗憾的是，我们没有更多的考古资料与口述历史资料可以互证，因而就不得不更多地依靠这些不完全具有真实性与客观性的汉文献来解读少数民族历史。以后再加上辗转抄袭，以及汉文化中心主义的不断叠加，于是就呈现了一幅与汉文化并存的"少数民族文化"。到元代史志里，对"乌蛮"（罗罗）的文化偏见就更胜一筹了。在此，逐条加以分析：

> 罗罗即乌蛮也，男子椎髻，摘去须髯，或髡其发。左右佩双刀，喜斗好杀。父子昆弟之间，一言不相下，则兵刃相接，以轻死为勇。马贵折尾，鞍无鞯，剜木为蹬，状如鱼口，微容足指。妇人披发，衣布衣，贵者锦缘，贱者披羊皮，乘马则并足横坐，室女耳穿大环，剪发齐眉，裙不过膝。男女无贵贱皆披毡跣足，手面经年不洗。夫妇之礼，昼不相见，夜同寝。子生十岁不得见其父，妻妾不相妒忌。虽贵，床无褥，松花铺地，惟一毡一席而已。嫁娶尚舅家，无可匹者，方许别娶。[1]

从上述字面意思看，似乎是对早期的"乌蛮"，到元代称为"罗罗"群体文化的"客观"描述，其实不过是把有别于汉人风俗的"罗罗"风俗呈现出来罢了。由此我们也可以了解到"罗罗"的服饰之礼、婚嫁礼仪，看得出自有一套文化体系。从文化相对论的视角，文化是基于其所处自然环境与社会环境的生产生活知识与技能的积淀，并无先进与落后之分。但李京《云南志略》的字里行间，却同样充满了猎奇心理与汉文化的优越感。因此，实际上类似嫁娶尚舅家习俗，不唯彝族，在纳西、傈僳、景颇与怒、独龙等民族中也长期存在，是一种建构、巩固与舅家的血缘与姻缘双重社会关系的生存智慧。

> 有疾不识医药，惟用男巫，号曰大奚婆，以鸡骨占吉凶。酋长左右，斯须不可阙，事无巨细，皆决之。凡娶妇必先与大奚婆通，次则

---

[1] （元）李京撰《云南志略·诸夷风俗》，方国瑜主编：《云南史料丛刊》第三卷，昆明：云南大学出版社，1998年，第128页。

中篇　百年昂氏土司：汉彝文化交融的多重历史叙事主角

> 诸房弟皆舞之，谓之和睦，后方与其夫成婚。昆弟有一人不如此者，则为不义，反相为恶。[1]

沿袭唐代"爨蛮"的"鬼主"文化、"奚婆"文化，是"罗罗"传统文化的重要组成部分，直至元代，这种文化在政治与日常生活中仍然占有重要地位，实际上是通过作为人、鬼（未知世界）媒介的"鬼主"[2]"奚婆"努力建构人与自然、人与社会的和谐关系努力[3]。但汉文化里颇有贬义性的一个"鬼"字转译，加上颇有女性特征的"婆"字将"罗罗"的宗教文化污名化了。殊不知，在乌蛮族群里，有的民族"鬼""神"名称不分。即无"神"一词，"鬼"却有"善鬼""恶鬼"两类。如果以汉语语境里具有恶性的"鬼"来理解乌蛮族群里兼有恶性与善性的"鬼"是不确切的。而"婆"也并非指年老的女性，而是"帕""泼"的同音异写，是乌蛮族群对"人""群"的称呼，直译应该是"巫人""巫师"。

> 正妻曰耐德，非耐德所生，不得继父之位。若耐德无子，或有子未及娶而死者，则为娶妻。诸人皆得乱，有所生，则为已死之男女。如酋长无继嗣，则立妻女为酋长。妇女无女侍，惟男子十数奉左右，皆私之。[4]

上述可见，元代"罗罗"社会已经对遗产继承形成了严格的规范。再加上"嫁娶尚舅家"的婚姻制度，就已经将其社会关系网络紧密嵌合于其血缘与姻缘关系中，从而大大增强了面对自然压力与社会压力时的博弈、抗衡力量。至于初夜权不属于丈夫，这在东西方文化里也不少见，是对从

---

[1] （元）李京《云南志略·诸夷风俗》，方国瑜主编：《云南史料丛刊》第三卷，昆明：云南大学出版社，1998年，第128页。

[2] （唐）樊绰《云南志》，方国瑜主编：《云南史料丛刊》第二卷，昆明：云南大学出版社，1998年，第13页。

[3] （元）李京《云南志略·诸夷风俗》，方国瑜主编：《云南史料丛刊》第三卷，昆明：云南大学出版社，1998年，第128页。

[4] （元）李京《云南志略·诸夷风俗》，方国瑜主编：《云南史料丛刊》第三卷，昆明：云南大学出版社，1998年，第128页。

少女到少妇身份转型的过渡时期身份的恐惧[1]，也是出于对丈夫的保护目的。因此在中世纪欧洲一些民族中新娘的初夜权归神职人员，为的是将其身上可能有害于丈夫的因素去掉。而寡妇可以与其他男子私通，所生孩子被当作死去丈夫的孩子的风俗，就不得不回到恩格斯关于生产生活资料再生产与劳动力再生产的理论，就有习俗存在的合理性。再看与死者的拟血缘父子关系的建构，目的在于可以"名正言顺"地继承死者的遗产，实际上最终目的是为了劳动力的再生产。这在其他民族中也不少见，故不值得奇之怪之，但却被封建史家所诟病。

> 酋长死，以豹皮裹尸而焚，葬其骨于山，非骨肉莫知其处。葬毕，用七宝偶人藏之高楼，盗取邻境贵人之首以祭。如不得，则不能祭。祭祀时亲戚毕至，宰杀牛羊，动以千数，少者不下数百。每岁以腊月春节竖长竿，横设一木，左右各坐一人，以互相起落为戏。多养义士，名苴可，厚赡之，遇战斗视死如归。善造坚甲利刃，有价值数十马者。标枪劲弩，置毒矢末，沾血立死。自顺元、曲靖、乌蒙、乌撒、越巂皆此类也。[2]

对于酋长骨灰的处理，则表明"罗罗"的灵魂不灭观念与英雄祖先观念，以及灵魂在人之头颅的传统认知。[3]所以在生前与"邻境贵人"进行争夺自然资源与社会资源的竞争，死后也要举行"邻境贵人"灵魂臣服于部落酋长的象征仪式，实际上是区域内族际关系紧张的仪式呈现。为此，需要通过祭祀仪式宰杀的成百上千头牛羊与祖灵、族人共享，为的是通过这样的"夸富宴"[4]而获得声望，由此凝聚族人力量。因此，"多养义士"之举与流行至今的荡秋千风俗，也具有增强族群认同的功能。这样，和平时

---

[1] [古希腊]希罗多德：《历史·希腊波斯战争史》第一卷，王以铸译，北京：商务印书馆，1959年，第175页。

[2] (元)李京《云南志略·诸夷风俗》，方国瑜主编：《云南史料丛刊》第三卷，昆明：云南大学出版社，1998年，第128页。

[3] 参见吕大吉、何耀华主编：《中国各民族原始宗教资料汇编·彝族卷》，北京：中国社会科学出版社，1996年。

[4] 参见[法]马塞尔·莫斯：《礼物》，汲喆译，上海：上海人民出版社，2002年。

中篇　百年昂氏土司：汉彝文化交融的多重历史叙事主角

的族人嬉戏与战争时的视死如归，就交织在"罗罗"历史之中。而且，战争、博弈的目的，是为了族人能够繁衍、生息。所以，在此历史、社会环境中就孕育出了"罗罗"视死如归的民族性格。

到最后的"按"部分，李京还记录了一条匪夷所思的所见所闻：

> 按……大德六年（1306）冬，京[1]从脱脱平章平越篱之叛，亲见射死一人，有尾长三寸许。询之土人谓此等间或有之，年老往往化为虎会。[2]

或许因为结尾处这条记录，满足了读者的好奇心。但由此却弄巧成拙，使人不得不怀疑前文所述的真实性——一个很站不住脚的"亲见"，使人怀疑其前文所述到底是亲眼所见、亲耳目睹，还是道听途说？这使得后人在使用汉文献中关于"四夷"异域、异文化的史料时要慎之又慎。

到明代，在万历《云南通志》卷六羁縻志第十一"爨蛮（罗罗）风俗"条中就延续了基于之前汉文化中心视角的对"爨蛮"异域、异文化的描述：

> 爨夷之名，其原如此，今云南郡县山谷险阻之地皆此夷居之，种名不同而爨则一也。[3]

概述其名称原来就如此，点明其来源于"爨夷"自称。多分布在云南各郡县的山谷险阻之地，因而也是汉文化较难渗透之地。尽管各地名称有异，但都属于"爨夷"群体，因此具有文化共性兼差异性。明代《万历云南通志》除了全文抄袭李京的《云南志略》之外，还加上了如下文字：

> 此蛮寡则刀耕火种，众则聚而为盗。……若耐德无子，或有子未

---

1 （元）李京《云南志略·诸夷风俗》，方国瑜主编：《云南史料丛刊》第三卷，昆明：云南大学出版社，1998年，第128页。
2 （元）李京《云南志略·诸夷风俗》，方国瑜主编：《云南史料丛刊》第三卷，昆明：云南大学出版社，1998年，第128—129页。
3 （明）邹应龙修，李元阳纂《万历云南通志》，方国瑜主编：《云南史料丛刊》第六卷，昆明：云南大学出版社，2000年，第647页。

及娶而死者，始及庶出及野合所生者。……爨蛮终不若僰夷之易制也。[1]

《万历云南通志》同样描述了"爨蛮"（夷）的生产生活、宗教、继嗣制度、葬俗、节日，以及强兵毒矢、视死如归的特点，这与内地汉族沿袭上千年的儒家伦理纲常那一套，差异明显。但在"聚众为盗""野合"与不"易制"等词汇中，不乏猎奇与矮化，甚至污名化之心理。这也便是各任流官们所孜孜要"教化"的缘由所在。实际上是因为与内地经济、文化差异，而不得不参用土流并治的根本原因，也是昂贵"肆虐不法"之文化土壤。

从1253年元军革囊渡江，到次年攻克云南诸郡之后，"以蛮部三十六路、四十八甸皆设土官"，开启了云南土官（司）制度的历史。所谓"蛮部三十六路、四十八甸"，即云南土著少数民族聚居地，其中又被分为"爨蛮"与"僰蛮"两类。在汉文化中心主义史家眼里，其中的"爨蛮"是"性强悍"：

> 西南诸夷，种类至多，不可名纪，然大端不过二种：在黑水之外者曰僰，在黑水之内者曰爨。僰有百种，爨亦七十余种。僰性柔弱，爨性强悍；僰耐湿，好居卑，爨耐燥，好居高；僰以纺织、稼穑为业；爨以畜牧、射猎为业；僰自为地，有酋长，法令严明，与中国无异；爨虽有头目，然与郡县杂处，习染诈伪。小则鼠窃狗偷，大则聚众相攻杀，不可禁止。[2]

由此可以看出，"爨蛮"与"僰蛮"之别首先在于其分布地不同，即分别在黑水（金沙江）内外。而此"僰夷"指的是后来的"摆夷"，即傣族，并非方国瑜先生所言之白族先民。其次在于其保存"蛮夷"传统文化程度的不同。换言之，也是其接受汉文化程度的不同。方国瑜先生就曾说过，不能简单地把"乌蛮"作为今天彝族的前身，也不能把《云南志》里的"僰蛮"作为今天白族的前身。彼此的区别在于二者接受汉文化程度的不同，

---

[1] （明）邹应龙修，李元阳纂《万历云南通志》，方国瑜主编：《云南史料丛刊》第六卷，昆明：云南大学出版社，2000年，第647页。
[2] （明）谢肇淛《滇略》卷九夷略，方国瑜主编：《云南史料丛刊》第六卷，昆明：云南大学出版社，2001年，第777页。

中篇 百年昂氏土司：汉彝文化交融的多重历史叙事主角

与保留自己民族传统文化的程度不同而已。[1] 这是伴随内地官员与移民而来的汉文化在云南各少数民族中的传播程度的不同，从而导致"爨蛮"中也分化出诸多的"乌蛮别支"。其中，保留传统文化最多的东爨尤为强悍，而西爨则接受汉文化相对较多。此乃后者分布地为坝子，也是内地汉族移民首选之地。

（洪武）十七年（1384），移中土大姓以实云南。[2]

明代洪武年间中土大姓移民实边，意味着将其故居地的文化也传播到此境来，这才出现了前文所述的"向慕华风"变迁，同时也出现了"僰蛮"与"爨蛮"之间的进一步分化。尤其是在汉族封建史家看来是具有"不可以教化怀服，则犬羊之性固然"的那一群体里，在出现了"向慕华风"与"以夷变华"的同时，仍然不时起兵反抗。如仅仅与广西府有关的叛乱就记载有：

十年，广南特磨道作乱，总兵沐英讨平之。[3]
二十二年（1362），广西府阿赤部酋者满矣情，构越州土酋阿资以叛，西平侯沐英讨平之，诛者满矣情，独阿资遁。[4]
……而顺宁、广西、元江、寻甸、武定俱以叛乱剿灭，改设流官。[5]

至此，最终在矛盾不可调和之时，同时也在汉化趋势越来越明显之际，就以改土归流之举，废除土官，使其走下政治历史舞台。但其后一直到清代史志对"爨夷"（爨蛮）的描述仍然是从元代以来的"异类"固化。如

---

[1] 方国瑜《关于"乌蛮"、"白蛮"的解释》，方国瑜著，林超民主编：《方国瑜文集》第二辑，昆明：云南教育出版社，2001年。
[2] （明）谢肇淛《滇略》卷七事略，方国瑜主编：《云南史料丛刊》第六卷，昆明：云南大学出版社，2000年，第736页。
[3] （明）谢肇淛《滇略》卷七事略，方国瑜主编：《云南史料丛刊》第六卷，昆明：云南大学出版社，2000年，第736页。
[4] （明）谢肇淛《滇略》卷七事略，方国瑜主编：《云南史料丛刊》第六卷，昆明：云南大学出版社，2000年，第737页。
[5] （明）谢肇淛《滇略》卷七事略，方国瑜主编：《云南史料丛刊》第九卷，昆明：云南大学出版社，2000年，第755页。

谢肇淛的《滇略》卷七"事略"条载：

> 爨夷则黑水之内，以其王姓爨，故名。……今种类散处于滇各郡，依山谷险阻而居，聚为寇盗，亦有与汉民杂处，耕稼纳赋者。男子椎髻，去须髯，佩双刀，喜斗轻死；妇女披发衣皂，贵者锦绣饰，贱者披羊皮，乘马则并足横坐。室女耳穿大环，剪发齐眉，裙不掩膝。男子，无贵贱皆披毡，跣足。夫妇之礼，昼不相见，夜则同寝。子生未十岁，不得见其父。妻、妾不相妒忌。疾不食药，惟用男巫，号曰大觋皤[1]，以鸡骨占吉凶。正妻曰耐德，非所生不得继位。若耐德无子，或有子未及娶而死者，始及庶出及野合所生者。酋长无继嗣，则立妻、女治事。死，以豹皮裹而焚之。猎月为春节，竖长竿，横设一木，左右各坐一人，以互落为戏。多养义士，名苴可，厚赡之，战斗视死如归。善造坚甲，其利刃有价直数十马者，标枪劲弩，置毒矢末，沾肤立死，官兵捕之则鸟鼠散。至于附近耕种者，愚蠢侏儒，又受市驵鱼肉，而不能自直也。[2]

很明显，清代《滇略》是对元代李京《云南图景志》的因袭，《云南图景志》则是对元《云南志略·诸夷风俗》再因袭。时间跨度前后几百年的从"爨蛮"到"罗罗"的文化变迁史实，这些史志作者并未深入其地进行调查，并加以补充、修正，而是以固化、污名化的眼光以讹传讹。但短短一行"亦有与汉民杂处，耕稼纳赋者"，则体现出到明代，有一部分与汉族杂处的"爨夷"，生产上转向定居"耕稼"，并以"纳赋"纳入中央王朝政治、经济体系。其背后就是汉文化在邻近"爨夷"中的传播，使其生产生活皆发生了一定程度的"汉化"。

> 爨蛮之名，相沿最久，其初种类甚多，有号"卢鹿蛮"者，今讹为"倮倮"，凡黑水之内，依山谷险阻者皆是。名号差殊，言语嗜好，

---

[1] 大觋皤为前文大溪婆的同音异写，为彝语，傈僳语中"波""婆""帕""颇"，皆指人，尤指男人。
[2] （明）谢肇淛《滇略》卷九夷略，方国瑜主编：《云南史料丛刊》第六卷，昆明：云南大学出版社，2000年，第779—780页。

中篇　百年昂氏土司：汉彝文化交融的多重历史叙事主角

亦因之而异。大略寡则刀耕火种，众则聚而为盗。……病无医药，用夷巫禳之。巫号"大觋嬎"，或曰"拜祸"，或曰"白马"。取雏鸡雄者生剖，取其两髀束之，细刮其皮骨，有细窍，刺以竹签，相其多寡向背顺逆之行。其鸡骨窍有异，累百无雷同，以占吉凶。或取山间草，齐束而拈之，略如蓍法，其应如响。有夷经，皆爨字，状类蝌蚪。精者能知天象，断阴晴，在酋长左右，凡疑必取决焉。民间皆祭天，为台三阶，亦"白马"为之祷。……军无行伍纪律，战则蹲身，渐进三四步乃挥标跃起。人挟三标，发其二必中二人，其一则以系刺不发也。……以射禽兽，去其射中之肉而食之。部夷称酋，必曰"撒颇"，夷言主人也，夷皆憨而恋主。诸酋果于杀戮，每杀人，止付二卒携持至野外，掘一坑，集其亲知泣别，痛饮彻夜，昧爽，乃斫其头推坑中，复命。更使二卒勘之，乃许其家收葬。虽素昵者，欲杀则杀之，令出，无敢居间丐死，其家人莫敢怨憝。以用法严，故境内无盗。然其诛求无厌，每酋长有庆事，令头目入村寨，计丁而派之。游行所至，阖寨为供张，无少长皆出，罗拜马前。邻寨在数十里内者，皆以鸡、黍馈。无以应诛求，往往潜出他境劫掠，所得，酋长头目私分之。官府檄下督责，则缚数人应命。[1]

上述引文省略号部分皆为《云南志》等书的辗转抄袭，其余则是天启《滇志·地理志》的补充。从补充部分更可以看出，为什么昂贵、者继荣与必六之流"肆虐不法"仍然可以延续其统治几十年。是在于其社会环境与文化土壤，并以一套政治、宗教加以规范，从世俗与神圣两个层面将所有子民整合于其体系内，并成为自觉维护其体系的一员。所以，昂贵所代表的不是其本人，而是其背后在汉文化视角看来是"不法"，但在其族人看来是"合法"的社会环境与文化土壤中的千千万万个"爨蛮"。因而中央王朝才不得不先以"以夷治夷"手段因俗而治，如果将这种不得已的权宜之计放到昂贵所生存的文化土壤也就不难理解了。

总之，从唐代《云南志》，元代《云南志略》到明清《景泰云南图景志》

---

[1] （明）刘文征《天启滇志》，方国瑜主编：《云南史料丛刊》第七卷，昆明：云南大学出版社，2001年，第72—73页。

《滇略》与《天启滇志》等等,从内容及其详略都大致雷同的记载,可以概括出昂贵之所以成为"倮倮"昂贵,同时又对"倮倮"一词敏感至极的文化逻辑。概言之,是在一个被外界界定为"倮倮"的社会环境与文化土壤,孕育出了"昂贵倮倮"及其性格。需要注意的是,上述在不同时间如此雷同的描述,只有两种可能:要么是外界对于"爨蛮"的刻板印象仍然固化在几百年前,所以前后的史家辗转传抄,内容雷同,也就是外界对其了解、认知雷同、固化;要么是"爨蛮"社会长期封闭,其传统文化变迁较少。但无论怎样,其结果,在与明代中央王朝的关系方面,首先是朝贡体系被打破,或者是阳奉阴违,或者直接起而反之。终于到明代正统年间(1436—1449),这种朝贡体系开始被打破了,取而代之的是广西府境少数民族头人的反叛及朝廷对其的平叛:

> 正统五年(1440)十一月乙卯,敕云南总兵官都督同知沐昂等曰:"近得按察司佥事陈璇奏:'维摩、阿迷、弥勒三州土獠[1]、沙人[2],写妖书,张旗帜,招集人马作耗扰边。'朕惟朝廷寄尔一方重镇,军民赖以抚辑,贼势如此而略不以闻,何耶?其即遣三司官往彼宣布德威,谕以祸福,悉宥其罪,令还生业。如其不从,然后量调官军剿之。务在计出万全,慎勿轻动激变,以滋边患。又闻尔等平昔不以边备为重,纵下人恣为虐害,军政不修,民用日困,而风宪官又相比不言,是致边夷敢为侵侮。今后其各涤心改行,勉副委托。"乙丑,……云南师宗州贼金郎剌、金福、阿年等伪称皇、称后、称总兵,诱聚州民及罗罗[3]、白头蛮[4]、侬人[5]、沙人数千为乱。总兵官沐昂与战于日者乡,败之,追至发召寨,擒阿年。追至发交寨,斩金福并获其伪后。金郎剌奔贵州,为土官侬郎举所败,众遂溃。昂以阿年及伪后奏捷,上命诛之,枭其首以徇。

1　土獠,又写作"土僚",即今壮族。
2　沙人,即今壮族。
3　罗罗,即今彝族。
4　白头蛮,即今泸西的白彝支系。
5　侬人,即今壮族。

中篇 百年昂氏土司：汉彝文化交融的多重历史叙事主角

正统六年（1441）二月癸未，……敕云南总兵官、都督同知沐昂及云南都、布、按三司、巡按御史等官曰："得奏，言师宗州及广南府州贼徒阿罗、阿思等纠合行劫。盖自去冬维摩等州蛮寇作耗，已敕尔等捕其余党，今乃滋蔓如此，延玩之罪，姑置不问。敕至，尔等即从长计议，委的当官员前去招抚，俾还本土，悉宥前罪。如梗化不服，待平灭麓川之日，即与兵部尚书王骥等计议，相机剿灭，务俾寇贼平息，边境安宁。"

正统六年十二月丁未，……升云南都指挥佥事李友为都指挥同知署都指挥佥事卢钺实授都指挥佥事，千百户、旗军十三人俱升一级，以杀获师宗州反贼功也。

正统七年（1442）正月戊寅……赏云南维摩等州获寇有功官军人等，都指挥李文等三百一十人彩币、绢、布有差。

正统七年十一月丁巳朔，……云南维摩州奏："土民海轻等生拗，其该征秋粮等件不肯办纳，累经招抚，益肆猖獗。"上命总兵官都督沐昂及云南三司官宣布朝廷恩威，谕以利害祸福，以化服之。如果执迷，调官军剿捕，仍会同总督军务兵部尚书、靖远伯王骥详议行之。

正统九年（1444）闰七月戊子，云南广西府弥勒州土官知州必者奏："百夫长番豆等逋负累岁税粮，臣往催征，被彼聚徒抗拒，杀臣从人，劫夺良马。乞加诛讨。"上命下三司覆视，如果不妄，则诛其首恶，宽贷其余。租税令先后送纳，岁凶不能纳者蠲之。

正统九年八月戊午，停征云南广西府逋负税粮课程，以累岁薄收故也。

正统十年（1445）六月乙丑，免云南弥勒州逋负税粮，以寇盗劫掠，夷民逃徙，故有是命。

成化十四年（1478）冬十月壬辰，云南总兵官黔国公沐琮等奏："广西府土官知府昂贵与弥勒州千夫长龙判等互相仇杀，屡遣官抚捕，负固不服。"上谕兵部臣曰："贵等构乱之初，使守土之臣因俗而治，必不稔恶至此，顾乃推托隐蔽，以致边夷效尤，莫能禁止。宜移文并勘，凡其境内仇杀事情如此类者，降敕镇守、巡抚等官，分委官属躬亲处画，不竟者，毋辄更代；三司府卫以下职官未停俸者，俱令停俸。"

成化十七年（1481）夏四月壬申，都察院臣言："巡按云南监察御史樊莹奏：广西府土官知府昂贵袭职后，为家人告发毒杀伯母等情，究问是实，原保任贵巡按云南监察御史及都、布、按三司等官俱当坐罪。"[1]

上述从正统五年到成化十七年，持续41年（1440—1481）的战乱，有的是土官互相仇杀，有的是头人反叛朝廷，并泛及广西府全境的"罗罗""沙人""侬人"与"土僚"等，俨然是广西境的"战国时代"，严重动摇了明中央王朝在广西地方的统治，因而屡叛屡平。有的是一次性彻底镇压，还有的则处于"反叛—平叛—再反叛"的恶性循环中。到最后，就是成化十七年（1481）昂贵获罪革职，终于结束了广西府近百年的土司制度。

由上可知，广西府土司制度从产生到衰亡的过程，也是越来越与内地政治、经济与文化一体化的过程。因此，流官们既要安抚土官、肃清吏治、发展生产、文化教化，还要平定叛乱。这可以从广西府历任地方官员的教化丰功伟绩之后的零星、碎片化记载中搜集、整合并复原其史实。

李浑，……时土舍昂继先骄悍不法，亲督民兵围其寨，缚至庭下扑死。取其子云，教之读书，使续后。一时土司凛凛。[2]

李浑在嘉靖（1522—1566）初年到任，那么可见，广西府从成化间（1465—1487）改土归流至此约百年，土官的反叛仍然不绝。史志里难以找到土舍昂继先的其他信息，但从其姓"昂"来看，该区域昂姓者，仅有广府土知府昂氏（源于普氏）一族，即昂贵家族实际上是普氏家族。说明在昂贵于成化十七年（1481）"病故"的当年，就已"改除流官知府贺勋"。[3]

---

[1] 《明实录·云南事迹纂要》，方国瑜主编：《云南史料丛刊》第四卷，昆明：云南大学出版社，1998年，第227—229页。

[2] （清）周采：《乾隆广西府志》，泸西县地方志编委会整理，芒市：德宏民族出版社，2010年，第126页。

[3] 《土官底簿·云南土官》，方国瑜主编：《云南史料丛刊》第五卷，昆明：云南大学出版社，第403页。

中篇 百年昂氏土司：汉彝文化交融的多重历史叙事主角

换言之，在成化十七年改土设流，贺勋到任，直至李浑到任的嘉靖年间的七八十年后，仍然有昂氏（普氏）后裔反复反叛。可见，无论史志如何对那些流官添光增彩，都掩盖不了其时民族矛盾仍然尖锐的史实。

> 陈忠，……沙夷[1]掠东山，领乡兵立营江边，出奇剿平，东山安抚。[2]

史志载："有曰蛮者，戴竹箬笠，坐鼓墩，掘鼠而食者"，为广西府"生蛮"四种之一。[3] 说明当时反叛朝廷者不唯"爨蛮"，还有"沙蛮"等。但寥寥几句就把这一场战争给轻描淡写了，而且旨在宣扬流官之文韬武略。

> 萧以裕……土酋普者輅绕（扰）江外[4]，公帅师擒之。诸夷畏服，百姓以宁。[5]

联系到被昂贵篡权的是普氏的土司权位，此土酋普者輅也应该是"爨蛮"之属。在广西府一带普氏土司还有阿迷州知州。史志载：

> 普宁和，罗罗人，相继承袭阿迷州万户府土官，洪武十六年（1383）赴京朝觐，授阿迷州知州。故，男普救告袭，二十年（1387）准袭，二十六年（1393）故，嫡长男普誓，西平侯[6]札付接缺管事，二十九年（1396）正月奉太祖皇帝圣旨，既是西平侯著他署事，与他实授，钦此。故。男普宁年二岁，未堪承袭，乡老告保普誓正妻沙保暂署州事，候普宁长成袭职。永乐二年（1404）十月奉圣旨，是，如今着沙保做

1　沙夷，即今天泸西境壮族。
2　（清）周采：《乾隆广西府志》，泸西县地方志编委会整理，芒市：德宏民族出版社，2010年，第127页。
3　（明）周季凤纂修《正德云南志》，方国瑜主编：《云南史料丛刊》第六卷，昆明：云南大学出版社，2000年，第174页。
4　江外，即盘江之外。
5　（清）周采：《乾隆广西府志》，泸西县地方志编委会整理，芒市：德宏民族出版社，2010年，第129页。
6　西平侯，即沐英（1344—1392），参见（清）张廷玉等：《明史·卷一百二十六·列传第十四·沐英》，北京：中华书局，1974年，第3756—3766页。

知州,等他男长成时,著他袭,钦此,回还。在途病故,把事者老等告保普誓次女沙虚暂袭,八年(1410)四月奉令旨,先准沙虚做知州,等普宁长大袭职,钦此。沙虚故,普宁先故,普显宗系沙虚嫡长孙男,亦系普宁男。宣德五年(1430)六月奉圣旨,准他,钦此。故。男普柱,宣德八年(1433)袭。故。并无嫡,庶弟侄儿男正妻沙费,成化元年(1465)奏袭查勘。十八年(1482)弟普明奏袭,查系争袭不明,行勘未报,文选司缺册内。成化十二年(1476)十二月除,流官杜参。[1]

综上,从洪武十六年(1383)阿迷州普氏先祖普宁和被朝廷任命土知府,到成化十二年(1476)革除土官,前后93年,先后有11任土知州。也即明朝从洪武年间到成化年间近百年的土司制度,为其后的设置流官,即在政治、经济、文化方面与内地一体化,奠定了基础。由此可见,"以夷治夷"的土官制度不是目的,而是政治策略,是不得已的权宜之计。一旦时机成熟,革除土官、派遣流官,是必然的趋势。所以,上述土司中并无"普者"这人,但《广西府志》说其为土酋,应该是有官职的,而且是在"江外"——盘江[2]之外,也即广西府署边缘的阿迷州地界。也就是说,明朝设置土官之地皆为流官府署之边缘地带,其经济、文化与内地差异甚大,因而有在政治上用"以夷治夷"的方式管理这些地方的"爨蛮"的必要。

但如果此普氏与广西府知府普氏(昂氏)一族同样,也是在成化年间(十七年,1481)改土归流的,就表明经过近百年的变迁——经济上发展定居农业,文化上以汉文化加以教化,至此与内地政治、经济与文化越来越趋于一体化了。所以,并不在于阿迷州"争袭不明,行勘未报",也不在于"昂贵故",而是土官制度到此走向没落是历史的必然。那么,同样也不在乎普者"辂扰江外"是否真人真事,也不在乎昂贵是"病故",或者是其他之"故"是否真实,总之其气数已尽。

---

1 《土官底簿·云南土官》,方国瑜主编:《云南史料丛刊》第五卷,昆明:云南大学出版社,1998年,第389页,"阿迷州知州"条。
2 (清)周采:《乾隆广西府志》,泸西县地方志编委会整理,芒市:德宏民族出版社,2010年,第20页:"盘江,自旧沾益花山洞发源,经沾益、曲靖、陆凉、澄江、阿米,流入府境,出罗平州界。郡中诸水,惟此为最。"

中篇　百年昂氏土司：汉彝文化交融的多重历史叙事主角

张继孟……会院司进剿普名声，未克，委员抚，悉被害。公挺身至息宰河，贼扬兵恐之。公单骑入陈利害，大骂。贼服其能，遂伏降，滇祸得宁。调四川保宁府。郡人立祠，肖像以祀。[1]

"普名声"为普纳之孙。普纳则为阿迷州土知州普宁和之后裔。其世系如下：（1）普宁和→（2）普救（普宁和子）→（3）普誓（普救嫡长子）→（4）沙保（子普宁年幼，由普哲正妻沙保暂署，后奏袭）→（5）沙虚（沙保病故，由普哲次女沙虚暂袭）→（6）普显宗（普宁、沙虚皆故，由沙虚嫡长孙显宗袭）→（7）普柱（显宗子）→（8）普觉→（9）普纳→（10）普名声→（11）普服远。[2] 可见，因为土知州早逝、子幼等原因，两次大权旁落。先是从普誓手中落入其正妻沙保手中；然后从沙保手中落入其姑手中，也即普誓次女沙虚手中；继而由沙虚到其嫡长孙显宗手里。在历史洪流中，这些人名实质上不过是些符号，即明代中央王朝在阿迷州地方的代理者的符号。但是了解了其职位承袭背后的复杂关系，就会明白不仅是这些"爨蛮"土官与流官之间，而且在"爨蛮"土官家族内部也充满了争权夺利的斗争。

而且，在上述龚荫先生梳理的承袭脉络背后更为复杂的是，在《土官底簿·云南土官》"阿迷州知州"条里，到普柱死后，因无嗣，就由其庶弟侄儿的正妻沙费于成化元年（1465）奏袭。但到成化十八年（1482）普明奏袭时，旁系争袭，就未能入文选司册。其内部也混乱如此，终于在成化十二年（1476）革除土官，由流官管理。但是在龚荫先生所摘录的《明史·云南土司传》里，在普柱之后的普觉、普纳、普名声、普服远都是脉络非常清楚的。这应该是明代地方政府所认可的、具有合法性的土官承袭。但在土官家族内部，为了获得此合法性，尔虞我诈、头破血流是不难想象的。那普纳之孙普名声是如何走上历史舞台的呢？

---

[1]（清）周采：《乾隆广西府志》，泸西县地方志编委会整理，芒市：德宏民族出版社，2010年，第129页。

[2] 龚荫：《中国土司制度》，昆明：云南民族出版社，1992年，第497页。

成化十二年（1476）设流官，以普柱孙普觉为土巡检，弘治年裁。正德二年（1507），以广西维摩王弄山与阿迷接壤，寇盗出没，仍令觉后纳继前职。[1]

可见，土官的存与废，官职的大与小，完全在于明代中央王朝需有人代其管控地方的需要。所以就以一个土巡检的职位将阿迷州土知州的余脉传袭下来，并且仍然以土流并治的方式管理地方，由此以土官的明袭暗降而增强了流官的权力。但是土官在一定时期内仍然有其利用价值，特别是其还有存在的地理与政治因素，即在广西、维摩（邱北）交界地，有寇盗出没，需要"以夷治夷"。于是，在土知州被革除之后，仍然沿袭土巡检职，就从普觉传到了普纳。

天启四年（1624），阿迷州土知州普纳之裔孙名声，率土练随御史傅宗龙援黔有功，题授宣慰司，以其子柞远为土知州。崇祯五年（1632），御史赵洪范按部，名声不出迎。已，出戈甲列数里。洪范大怒，谋之巡抚王伉，请讨，得旨。官军进围州城，名声恐，使人约降，而阴以重贿于元谋土官。官军望见，官必奎。时官军已调必奎随征，必奎与名声战。兵始合，佯败走。遂大溃，布政使周士昌战死。朝廷以起衅罪伉，逮治，而名声就抚。然骄恣益甚，当事者颇以为患。已而广西知府张继孟道出阿迷，用计毒杀之。[2]

从革除土官，到降职扶持普氏为土巡抚，权限已大不如土知府时代，家族命运很有日落西山之势了。但偏偏还有"起衅""骄恣"之徒，其命运也就可想而知了，因而也就为张继孟立战功创造了机会。虽然只用了"用计毒杀之"五个字，但其背后的残酷性是可以想见的。而且，此寥寥五字在遮蔽了战争血淋淋的画面的同时，却用更多的笔墨渲染改土归流之后的"士民安生，人文蔚起"。这样，处于昂贵一样从土官到流官转型期的普氏的命运势必就与昂贵一样，是另一支普氏土司制终结的承担者。其后世

---

1 （清）张廷玉等：《明史·云南土司》，北京：中华书局，1974年，第8077页。
2 （清）张廷玉等：《明史·云南土司》，北京：中华书局，1974年，第8077页。

中篇　百年昂氏土司：汉彝文化交融的多重历史叙事主角

代将"服远"而纳入大一统政治体系。

　　　　高梁楷，……调停兵食，峻防要害，秘献妙略，黑耳、五罗巨寇，贴¹然革心。²

对于高梁楷，所有的战争场面都隐去了。但隐不去的是驻兵峻防要害，致使巨寇都不得不"帖然革心"。同样可以肯定的是，恩威并重的手段才能做到此地步，所以战争也是当时历史重要的一个方面。尽管史家小心翼翼地极力淡化战争的残酷，但在放大、溢美流官们的丰功伟绩时却又冒出来一些线索。因而也足以看出"巨寇"仍在，并成为流官们的心腹之患。因此，他们为官一任，就必须文韬并兼武略。

　　　　蒋时极，……督捕府初设，为三郡³交界，夙称贼巢。公威名素著，诸土司桀骜如罗雄、者继荣，亦望风叩见。⁴

从上述对广西同知府事蒋时极武功的简略记述仍然可以看出，在远离府署的三郡交界地，也是其地方政治中心的边缘地，一直有成为"贼巢"的地方。因蒋公之武略，使得土司中的"桀骜"不驯者，也"望风叩见"。又从罗雄、者继荣之姓氏来看，盘踞"贼巢"者仍然是"爨蛮"土司。

　　　　游大勋，……土酋普名声叛⁵，夺据本府布韶地方⁶。公请奉委，督土舍王显祖兵，同郡人赵定同为保障，扼郡南，招武甸。营垒未成，

1　"贴"通"帖"，帖然是指顺从服气，俯首收敛。
2　（清）周采：《乾隆广西府志》，泸西县地方志编委会整理，芒市：德宏民族出版社，2010年，第129—130页。
3　三郡，即广西府所辖维摩州、弥勒州与师宗州。
4　（清）周采：《乾隆广西府志》，泸西县地方志编委会整理，芒市：德宏民族出版社，2010年，第130—131页。
5　（清）张廷玉等：《明史·云南土司》，北京：中华书局，1974年，第8077页。
6　布韶地方，即今泸西城子村一带，是古代彝族"白苟"部落聚居之地。

贼骑突至，显祖不援，土兵奔溃。公张盖正色独拒，遂与定同遇害。[1]

从同为游大勋广西同知府事的军功记载仍然可以看出，即便地方被平定，并设治管理，也仍然不时有"桀骜"不驯者反叛，因此现实并非如史家粉饰的那样一派祥和。这些土酋之所以能够屡平屡叛，是有其深厚的文化土壤的：

> 罗罗之俗，憨而恋主，即虐之赤族，犹举其子孙，若妻妾戴之，不以为仇。故自济火至今千有余年，世长其土，勒四十八部，部之长曰头目。其人深目长身，黑而白齿，椎结跣蹻，荷毡戴笠而行腰束苇索，左肩拖羊皮一方，佩长刀箭籚，富者以钏约臂。悍而喜斗，修习攻击，雄尚气力，宽则以渔猎山伐为业，急则以屠戮相寻，故其兵常为诸苗冠。[2]

可见，在汉文化中心主义者看来，"罗罗"具有"憨而恋主""悍而喜斗"的民族性格，所以，"宽"与"急"的度，是流官们所必须拿捏好的。清人赵藩就说：

> 能攻心则反侧自消，从古知兵非好战；
> 不审势即宽严皆误，后来治蜀要深思。[3]

但从夷人的"叛""夺据"可以看出，明代中央王朝在地方的统治的推进，实际上是在与土酋的拉锯战中完成的，而不是一次战役、一波教化

---

[1] （清）周采：《乾隆广西府志》，泸西县地方志编委会整理，芒市：德宏民族出版社，2010年，第131页。
[2] （明）田汝成《行边纪闻》，方国瑜主编：《云南史料丛刊》第四卷，昆明：云南大学出版社，1998年，第608页。
[3] 成都武侯祠赵藩（1851—1927）所撰对联。赵藩是中国近代历史上著名的政治家、学者、诗人和书法家。参加过辛亥革命和护国、护法运动，历任众议员，南方军政府交通部长。赵藩一生著述颇多，尤以诗词为最。成都武侯祠著名的"攻心联"即为其所撰。现昆明大观楼"天下第一长联"为其手书。晚年致力于文化事业，总纂《云南丛书》等书籍至逝世，享年76岁。

就可以一劳永逸。不过从这些封建史家立场出发，更多的笔墨却是放到对这些官员文韬之功的溢美方面，而有意忽略了其武略事实。但事实上，正是这些被详略有异地载于史册的流官们的"文韬武略"，才使明代中央王朝在地方实施的政治、经济与文化策略下，可以从土官统治过渡到土流并治，进而到流官专治。这背后是中央王朝政治势力在西南的层层递进深入，与此同时，是通过历任流官与历代内地移民将汉文化润物细无声地传播至此，逐渐化干戈为玉帛，让"桀骜不驯"的土酋们也"服远""望风叩见"，共同融入中华民族共同体内。

（二）普氏（昂氏）衙门空间位移的内、外视角

整合可见史志资料发现，普氏（昂氏）在其五代近百年的土司历史中，其统治中心先后迁移二地。就是从其族人聚居，并有游牧、种植与捕鱼之利的弥勒搬迁到族人多、交通便利，而且又有山水屏障的广西府署——今泸西县城中枢镇（俗称：老城子）一带。到普氏土司第五代传人昂贵手里，则搬迁到了其后远近闻名的城子飞凤古村"白韶"。在此过程中，可以看出来自内地的汉族流官与本土土官对于统治中心选择的天时地利人和考量。尽管二者视角不同，文化背景不一样，但却有着对自然环境、区位、民族等因素共识、共通的文化基础。这应该是彼此可以共同融入中华民族共同体的文化共性。

本研究所关注的昂贵土司及其普氏家族，就是利用明朝大军征服云南的初期，需要依靠地方豪强进行统治的情况下众多崛起者之一。他们投靠明朝大军，因立下军功而在众多土酋中脱颖而出，成为独霸一方的广西府土官，但最终的命运却在明代中央王朝在政治、经济与文化和内地一体化社会背景下走下历史舞台。其间有反叛朝廷的挣扎，也有不断将衙门迁离广西府政治、经济与文化的中心地区的苟延残喘，但最终的命运都如同上述有名字的，或者没有名字的"桀骜"不驯者一样，在流官们文韬武略的"丰功伟绩"中，最终结束了其作为地方土官（土司）的历史命运。因此说，普氏（昂氏）家族的命运，就是广西府乃至西南所有土酋的命运；普氏（昂氏）家族所经历的被文韬、被武略，就是广西府乃至西南所有土酋的被文韬、被武略。但遍览有关广西府与普氏（昂氏）家族的官方史志里，所突出、溢美的是流官们教化之功后的祥和景象。如果从著书者的角度、立场出发，

固然有"为尊者讳"的传统因素。因为这些流官是明代中央王朝在地方的命官,对于他们的"为尊者讳",也便是对明朝皇帝的"为尊者讳"。这在中国历史上的各朝各代莫不如此。

但另一方面,这些史家之所以要处心积虑地放大教化地方之功,淡化战争的残酷之实,也是有着表达广大官民对和平的向往与渴望的潜台词。所谓"一将功成万骨枯"[1],无论官民,又有谁愿意忍受战争、残杀、流血之苦呢?所以,史志连篇累牍美化流官们的教化、封侯,也有可能是有意无意地遮蔽、遗忘战争残酷的心理因素。

总之,在明清正史到地方志中,有关明代广西府土司制度的建立、诸族土官与明朝廷的朝贡关系、诸任流官的文韬武略,都表明其越来越与内地一体化的发展趋势。其核心,就是内地汉文化与边疆少数民族文化的进一步交融,从而促使该区域政治、经济、文化与内地越来越趋于一致。那么,昂贵"肆虐不法"的文化土壤就已经从根本上铲除了,故而走下历史舞台不过是迟早的事了。《明史稿有关云南事迹》中有一段对广西府设治、扶持土酋为土知府的过程、动因的完整记录:

> 广西,隋属牂州,后为东爨乌蛮等部所居。唐隶黔州都督府,后师宗、弥勒二部浸盛,蒙、段皆莫能制。元宪宗七年(1251)始内附。至元十二年(1275),藉二部为军,置广西路。洪武十六年(1383),平云南,广西来归附。四月,以土官普德权署广西府事。二十年(1387),广西知府普德、弥勒州知州赤善、师宗州知州阿的各遣人贡马,诏赐文绮钞锭。二十四年(1391),云南左布政张纮奏,维摩、云龙、永宁、浪渠、越顺等州县,蛮民顽恶,不喜政教,宜置兵戍守以控制之。永乐六年(1408)十月,土官知府阿觉遣把事阿定等来朝贡马,赐钞币遣还。七年(1409),弥勒州土官知州者克,遣人来朝贡马,赐钞及袭衣。洪熙元年(1425),师宗土官同知珑吾来朝贡马。宣德五年(1430),弥勒州故官知州者克子樊习等贡马。

---

[1] (唐)曹松《己亥岁二首》,其一:"泽国江山入战图,生民何计乐樵苏。凭君莫话封侯事,一将功成万骨枯。"其二:"传闻一战百神愁,两岸强兵过未休。谁道沧江总无事,近来长共血争流。"

中篇　百年昂氏土司：汉彝文化交融的多重历史叙事主角

　　正统六年（1441），总兵官沐昂奏，师宗州及广南府贼徒阿罗、阿思纠合为乱。命昂等招谕之，未几平。成化中[1]，土知府昂贵有罪，革知府，以冠带安置弥勒州。因置流官，以贺勋为知府，始筑土城。嘉靖元年（1522），设云南弥勒州十八寨守御千户所，其部众好掳掠，无纪律，故久不用，至水西乌撒用兵复征调之。崇祯间[2]，巡按傅宗龙由滇入黔，招普兵以行，时滇中最劲为沙、普兵，亦曰昂兵。[3]

　　这条《明史稿》里的记载，表明明朝统一云南，广西土酋纷纷来附。其中，普氏（昂氏）土司先祖普德就被敕封为首任广西府土官。之后与其下属弥勒、师宗两州土官一起一直维系着与中央王朝的朝贡关系，行君臣之礼，并且也服从征调，并在平广南府"贼"中立有军功，这也是其职责之一。但在朝廷看来，"蛮民顽恶，不喜政教，宜置兵戍守以控制之"。因此，对这些土酋的用与废，在于是否有"纪律"。就因为如此，比之绵延几百年的云南一些土司，普氏（昂氏）土司家族的传袭实在太短暂，仅仅就传袭了五代，从公元1382年到1481年，持续时间不到一百年，可谓是短命土司。究其根源，还是其身上保留的民族传统文化太厚重。就如弥勒州十八寨千户所一样，因为民情与内地迥异，加之其重要的地理位置，而不得不暂且设置土官。但一旦不守"纪律"就可以扣上"反贼"的帽子，很快将其赶下历史舞台。

　　纵览普氏（昂氏）家族历史，虽然任土官时间不长，但其衙门却经历了在其传统盘踞地作为其土司府署的政治、经济、文化中心到远离被流官占据的府署所在地，而迁往或者说回归"爨蛮"核心地，这也使昂贵离其走下历史舞台的时间越来越近。

　　据载，在明朝大军入滇之前，普氏（昂氏）土司前身的普氏头人所在地，在弥勒与泸西交界地的矣邦、生纳两村之间。那其实弥勒的地理位置与民情如何呢？

---

[1] 成化中，即公元1478年。
[2] 崇祯（1628—1644）。
[3]（清）王鸿绪《明史稿有关云南事迹》，方国瑜主编：《云南史料丛刊》第三卷，昆明：云南大学出版社，1998年，第618—619页。

华夷互融：飞凤古城民族志

> 矣邦池，在府东南，一名龙甸海，周三十余里，半跨弥勒州界。[1]

既然矣邦池分跨广西府（泸西）与弥勒州，那生纳离此也不应该太远。之所以说二村之间，估计是当时"爨蛮"游牧生计方式，使其在定居与半定居之间。即仍然沿袭着彝族先民"夏处高山，冬入深谷"的半定居状态，因而其活动（管辖）范围很广。又有"龙甸"，即因需要风调雨顺的半山区坝子龙（水）崇拜的农业之利，还有矣邦池（湖）的渔业之利，三者结合基础上的生产方式与经济发展使其能够从该区域众多土酋中脱颖而出；加之能够审时度势主动归附明军，而被敕封为辖有弥勒与师宗二州的广西府土官。

再看矣邦池水源，就可以推测其地也有易守难攻的地理优势：

> 其水源西出阿庐，东出骑鹤、紫薇二山之麓，弥勒吉输诸水秋泛，汇而为池。[2]

可见矣邦池水源主要由其西阿庐山，其东骑鹤、紫薇二山河水汇成。以水往低处流的规律，矣邦池及其周围的"龙甸"所环靠的阿庐、骑鹤、紫薇三座大山，可以作为天然的屏障，又可以以矣邦池作为天堑。此地利不可谓不难得。

另外，普氏（昂氏）从弥勒与广西（泸西）交界地崛起，应该还与其"土夷"分布的多与少，力量的强与弱有关。即早期仅仅作为一方土酋的时候，在矣邦、生纳一带也足够其驰骋了。但从明代中央王朝手里获得了更大的统治权力之后，矣邦、生纳小小一隅就不足以支撑、张扬其权势了。特别从族源之社会资源而言，已经有了族人更多、管辖范围更广的政治权力。

---

[1] （明末清初）顾炎武《肇域志·云南志》，方国瑜主编：《云南史料丛刊》第五卷，昆明：云南大学出版社，1998年，第654页。
[2] （清）蒋敷锡修纂：《康熙广西府志》，段锦良主编，刘群点校，昆明：云南人民出版社，2016年，第18页。

中篇　百年昂氏土司：汉彝文化交融的多重历史叙事主角

> 本府，黑猓、白猓、葛猓、洒泥猓、阿者猓、鲁兀猓、（间有）沙人、摆衣、侬人、土獠。……弥勒州，摆衣、土獠（十八寨）、猓猓、别古猓。[1]

上述所有的"猓""猓"皆为今天泸西一带彝族各支系的同音异写，在弥勒也有分布，但是在整个广西境种类更多，人口数量与其势力也应该更强。"摆衣"又写作"摆夷"，即今天的傣族；沙人，即今天的壮族；土獠，也即今天的壮族。那么，普氏（昂氏）在成为明代中央王朝在此境的代理者之后，将府署选择在族人更多的"广西府署"所在地，即今天的泸西县城的老城子中枢一带就不足为怪了。

> 土舍彝猓，四面杂处，而沙彝尤为犷悍。旧为矣邦、生纳二村，掌于土官。[2]

如果此地的"旧"指的是普氏（昂氏）崛起之前所在的矣邦、生纳地，那么，虽然也有"猓猓"，但却是"沙彝（夷）"，即"彝猓"中的一支，尤其犷悍。所以，普氏（昂氏）在此境的族源社会资源不如首次搬迁地的今泸西县城附近中枢镇一带。彝语"普"为老大，说明其家族世代为头人。彝族传统文化中，世俗头人，同时也是宗教领袖"鬼主"，也才有"恋其主"的传统。说明在普氏（昂氏）归附明代中央王朝之前，就已经是地方兼有世俗与神圣权威的民族头人。

> 昂觉，广西府弥勒州人，有父普德[3]，除授本府知府。洪武二十一年（1388），者满作乱杀死，总兵官委觉署掌府事，赴京告袭，缘无官吏人等保结宗枝图本，二十七年（1394）正月，本部官奏间，

1　（清）周采：《乾隆广西府志》，泸西县地方志编委会整理，芒市：德宏民族出版社，2010年，第212—213页。
2　（清）周采：《乾隆广西府志》，泸西县地方志编委会整理，芒市：德宏民族出版社，2010年，第235页。
3　又同音异写作"普得"。

华夷互融：飞凤古城民族志

西平侯奏俱系正枝叶，节该奉太祖皇帝圣旨，与他世袭，著袭了，钦此。故，男昂保在任署奏袭。永乐五年（1417）九月，奉圣旨，著他袭了罢，钦此。故，男圆通，正统六年（1441）袭职。故，无嗣，亲侄昂宗，保送间故。该男自蓬袭，亦故。成化九年（1473），会奏，自蓬弟昂贵应袭，本年十二月，题准，行令就彼冠带袭职。文选司缺册内查得，成化十七年（1481）五月知府昂贵故。本年七月，改除流官知府贺勋。[1]

上述可见，普氏（昂氏）一族的继位承袭也充满波折。首先因为首任广西府土知府普德在任内被者满杀死，就由其子昂觉继位；然后传到昂觉之子昂保；昂保再传其子圆通；但因圆通无嗣，就传与亲侄昂宗；昂宗死，其子自蓬袭位，也早死，才落到自蓬弟昂贵"应袭"。这符合彝族历史传统里的夫死妻继、兄终弟及。

> 正妻曰耐德，非耐德所生，不得继父之位。……如酋长无继嗣，则立妻、女为酋长。[2]

兄长去世无嗣，由弟弟继承其酋位，在前文中多有提及。这是彝族政治传统上的"兄终弟及"。因此，昂贵并非昂觉嫡重孙，但在"爨夷"传统里是可以变通的，而在中央王朝政治体制下的父传嫡长子土司继承制里是不允许的，然而可能因鞭长莫及而不得不承认既成事实，故中央王朝也不得不因地制宜敕封其继承广西府土知府职位。由此才说"昂氏土司"，实为"普氏土司"。

据今人编纂的《中国土司制度》载：

> 广西府土知府昂氏（普氏）
> 治所：广西府，明洪武十五年（1382）三月以广西路改置，治所

---

[1]《土官底簿·云南土官》，方国瑜主编：《云南史料丛刊》第五卷，昆明：云南大学出版社，1998年，第403页。

[2]（元）李京《云南志略·诸夷风俗》，方国瑜主编：《云南史料丛刊》第三卷，昆明：云南大学出版社，1998年，第128页。

中篇　百年昂氏土司：汉彝文化交融的多重历史叙事主角

即今云南泸西县城（先在矣邦，于成化中筑今城）。

族属：土知府昂氏（普氏），彝族。

承袭：（1）普德→（2）昂觉→（3）昂保→（4）圆通→（5）昂贵

事纂：土官昂觉，广西府弥勒州人，有父普德本府知府（《明史》载普德署广西府事在洪武十四年，《明实录》载广西改路为府，以土官普德属府事为洪武十五年三月），明洪武二十一年（1388）者满作乱杀死。总兵官委觉署掌府事，赴京告袭，缘无官吏人等保结宗枝图本。二十七年（1394）正月，本部官奏间，西平侯奏俱系正枝叶，节该奉太祖皇帝圣旨："与他世袭，著袭了。钦此。"故，男昂保，在任署事奏袭，永乐五年（1407）九月袭职。故，男圆通，正统六年（1441）袭职。故，无嗣，亲侄昂宗保送间故，该男自蓬袭亦故，成化九年（1474）会奏，自蓬弟昂贵应袭。本年十二月题准，行令就彼冠带袭职。文选司缺册内，查得成化十七年（1481）五月知府昂贵故，本年七月改除流官知府贺勋。[1]

上述可见普氏一脉承袭与大致在位时间：普德（洪武十四年—二十一年）——昂觉（洪武二十七年—？）——昂保（永乐五年—？）——圆通（正统六年—？）——昂宗、自蓬（？）——昂贵（成化九年——十七年），先后有7人与承袭土官之位有关，但真正曾在位的只有5人。而且上一任与下一任承袭时间不完全对应，即其间空缺多年。另外，"保送间故""亦故"之"故"的原因为何？是自然病逝，或是人为死亡（谋杀而死），是很值得玩味的。

《中国土司制度》还转引道光《云南通志·食货志》载：

广西土知府隶属于广西直隶州，治广西城（即今泸西县城）。领县三，即：师宗县、弥勒县、丘北县。广西直隶州设置土司一十四家，计土知府一，土知州二，土同知一，土照磨一，土巡缉一，土舍五，

---

[1] 龚荫：《中国土司制度》，昆明：云南大学出版社，1992年，第711—712页。

华夷互融：飞凤古城民族志

土营长三。[1]

所谓"土知府"即普氏（昂氏）土知府，在14家土司（土官）中级别最高、权位最重，是因为其治所在广西城重要的区位，以及以山为屏障，以河为天堑的险要，因而地位最重要。广西府建立后，府辖弥勒、师宗，后又辖今文山州之邱北（古称维摩州）。此乃明王朝对云南少数民族地区实施的"以夷治夷"政策，即任用当地民族中的上层人物，任命其为各种称呼与级别的土官，执掌当地政事。其根本原因在于朝廷在此境的力量尚薄弱，此地众多民族的经济、文化与内地差距甚大，因而难以实施与内地一样的政治制度。

整合上述文献记载与口传历史，可以看出昂贵一生经历了从辉煌到衰败的历史，实际上也是汉彝势力伸缩的一个过程。而土司府的位移，便是重要的标志。

在"夷区"崛起的旧广西府，在今天泸西县老城子的矣邦、生纳一带。[2] 据清康熙年间的《广西府筑城记》说：

> 滇是郡为东南陲要害。其地东邻水下沙彝，西近龟（圭）山巢寇，南连路南（今石林），北接陆凉（今陆良）。土舍彝㑩，四面杂处，而沙彝尤为犷悍。旧为矣邦、生纳二村，掌于土官。[3]

其"彝㑩"并非特指今天的彝族，还包括僰夷、黑㑩㑩[4]、阿者㑩㑩、葛㑩㑩、鲁乌蛮、屋㑩㑩、白㑩㑩、阿嘻㑩㑩、白彝、土獠、种家、朴喇等。史志说其中以东爨乌蛮后裔"沙彝"支系最为犷悍，并与黑爨、僰彝、土獠、沙蛮、㑩㑩杂处而具有文化共性：

---

1 龚荫：《中国土司制度》，昆明：云南大学出版社，1992年，第711页。
2 （清）周采：《乾隆广西府志》，泸西县地方志编委会整理，芒市：德宏民族出版社，2010年，《重印乾隆〈广西府志〉序》第1—5页。
3 （清）周采：《乾隆广西府志》，泸西县地方志编委会整理，芒市：德宏民族出版社，2010年，第234—235页。
4 原文"㑩㑩"第一字为猓。

中篇　百年昂氏土司：汉彝文化交融的多重历史叙事主角

> 黑爨、僰彝、土獠、沙蛮、猡猡五种杂处，习性犷悍，据险负固。……猡猡妇以布为袍，圆领大袖，前及膝，后曳地。有争辩，诣鬼神言誓，直者敢去，曲者退缩。黑猡猡，自恃其贵而强好争斗，剽掠其间。[1]

黑爨、僰彝、土獠、沙蛮、猡猡杂处，还与同一区域的"得大方祭"的土獠（壮族先民）、与"好礼读书，衣冠尚汉俗的"僰夷（傣族先民）有了文化差异。因此说，可以确定普氏（昂氏）家族属于上述"习性犷悍、据险负固"的猡猡群体，而且是其中的"自恃其贵而强好争斗，剽掠其间"的黑猡猡群体。所以，当新来不久的明朝官员尚弱时，也不得不倚重这些"夷帅"。但他们被封官之后，即为"土官"，所在官署即为"土司"。由其"有争辩，诣鬼神言誓，直者敢去，曲者退缩"的文化特征看，便是唐代史志所记载的兼政治与宗教领袖的"鬼主"。而在第五代广西府土司昂贵时代及其后被赋予丰厚的风水文化，就标明了彝族的鬼主文化在其土司制结束以后也被汉文化所取代。而早期的广西土司衙门，则是在以骑鹤、紫薇二山为屏，以吉输为池的生纳、矣邦村一带，而成其"东南陲要害"。或者说其时的广西府是明王朝向云南东南部推进的一个桥头堡。那么，最早的普氏土司与其继任者昂氏土司就是明王朝用于掌控滇东南的一颗棋子。其东南部即为今天的红河哈尼族彝族自治州大部，有大量的彝族分布；广西府所邻近的文山邱北、昆明石林与曲靖陆良，也皆为彝族分布地，是中国西南彝族聚居地之一。由此彝族分布格局就可以理解在明代初期夷强汉弱情况下，不得不采取"以夷治夷"的政治妙算了，也不得不在普氏家族权力中心地创建广西府署，由此管控被任命为土司之前更广阔的地域，更多的民族。

万历《云南通志》就载：（广西）府城"旧为矣邦、生纳二村，土官掌之"。[2] 其"土官"即普德，在洪武十五年（1392）被任命为首任土

---

[1]（清）蒋敷锡修纂：《康熙广西府志》，段锦良主编，刘群点校，昆明：云南人民出版社，2016年，第217页。

[2]（明）邹应龙修，李元阳纂《万历云南通志》，方国瑜主编：《云南史料丛刊》第六卷，昆明：云南大学出版社，2000年，第551页。

知府。而从之前及其祖辈"东爨"政权兼神权于一身的"鬼主"[1]统治传统来看，其在"爨夷"中延续的时间久远，而且影响甚大，并且血缘、姻缘与拟血缘关系盘根错节。[2]从此角度，也可以理解为何新建广西府府署要建于普氏老巢并给予其更大的管辖范围了。之后（1）普德→（2）昂觉→（3）昂保→（4）圆通→（5）昂贵前期，皆在今天泸西县城老城子（中枢镇）一带。在昂贵因"肆虐不法"而降为土照磨以后，又将府署（衙门）搬迁到今天永宁乡的永宁飞凤"城子"古村。此过程经历5代土官，共计99年。这是中央王朝势力与汉文化越来越深入广西府境，同时也是"爨夷"土酋势力越来越小，其所辖地方民族政治、经济与文化基础越来越衰败，直至走下历史舞台的过程。

《康熙广西府志之二·建设志》职官条也说：

> 广西府，自洪武十五年（1382），土官普德传至昂贵罢。成化十四年（1478），改流官知府。[3]

此"土官"即普氏土司，由矣邦、生纳二村发展起来的广西府城池，就是从普德到昂贵前期五代土司盘踞之地。该地之所以成为普氏土司的衙门所在地，此乃"率众向化"的要求：一是该区域邻近"彝猓四面杂处"原聚居地，普氏家族在此立足有族源社会基础；二是其中少数民族头人普氏率先向化归附，成为中央王朝在地方的代理者，进行"以夷治夷"管理地方，同样具有对中央王朝与彝族土官而言的"地利"。那么，史志中的矣邦、生纳二村的具体位置又在哪里呢？

在今泸西一带有一个流传甚广的"护印村"传说：

> 在明成化年间[4]，广西府最后一任土知府昂贵，把知府衙门从今

---

[1] 张泽洪：《中国西南少数民族鬼主制度研究》，《思想战线》2012年第1期。
[2] 参见林超民、王跃勇主编：《南中大姓与爨氏家族研究》，北京：民族出版社，2002年。
[3] （清）蒋敷锡修纂：《康熙广西府志》，段锦良主编，刘群点校，昆明：云南人民出版社，2016年，第82页。
[4] 即成化十四年，1479年。

中篇 百年昂氏土司：汉彝文化交融的多重历史叙事主角

天中枢镇[1]的胜利小学附近，搬迁至永宁城子，重建府城，这也是"城子"得名的原因。到了城子，才发现知府大印不见了，急忙派人一路寻回。当寻到衙门处，发现家中黄狗死在衙门下。拉开黄狗一看，它的身子紧紧护着知府大印。为纪念此"义犬"，于是把此地改名为"护印村"。根据贺勋筑广西府城的位置，"生纳"村，大概就是（中枢）西门外的"护印村"，即今天胜利小学一带。[2]

此文字记录 1479 年，即其袭职之后的第五年（1474—1479）昂贵衙门从今天泸西县城所在地的"老城子"中枢镇一带搬迁到其北部永宁乡的城子古村，是符合历史事实的。但是，所谓民间传说里的"护印村"为"生纳"村就值得推敲了。因为史志明确记载贺勋建筑的广西府署非普德归附之前其祖辈土酋所掌之生纳、矣邦二村。具体是二村之间？或者是以某一村为中心，另一村仅为其统治范围？因史料阙如，难以断定。但从明代及其以前"爨夷"山地游牧兼坝子农业游耕经济推测，可能此二村不过是普氏土酋政治权力的中心，其周围还应该分布着相当数量的兼定居、半定居的族人。甚至可能为便于"随水草畜牧，夏处高山，冬入深谷"[3]的游牧经济，故其统治中心也不断位移于二村之间。那么，生纳与矣邦二村具体位置就得从《康熙广西府志》中找其线索。[4]

据考证，"矣邦"，是彝语地名。"矣"为"水"之意，"邦"是"山"之意。所谓"矣邦"，就是水边的村子。后来改为"龙甸"，是汉语之名，是因村前有"龙甸"。"甸"是"小平坝"之意。"龙甸"，即"有龙潭的小平坝"。综合来看，"矣邦"位置，应该就是今天的泸西县紫薇山上的龙甸村。由此可以推测，"矣邦"村所处位置，就是现在的龙甸村或其附近。那龙甸又在哪里？这可以从《龙甸土地庙简介》中找到具体位置，而且还发现该山为"爨夷"及汉族移民的重要生产生活空间而被加以神化的过程：

---

1 今泸西县城所在地，为泸西政治、经济与文化中心。
2 杨俊《宜居泸西》，载泸西县文字艺术界联合会：《寻梦红高原——泸西县第五届阿庐文学奖获将作品集》，江河：泸西县文联，2018 年。
3 （宋）欧阳修、宋祁撰：《新唐书·南蛮下》，北京：中华书局，1975 年，第 6318 页。
4 （清）蒋敷锡修纂：《康熙广西府志》，段锦良主编，刘群点校，昆明：云南人民出版社，2016 年，第 18 页。

华夷互融：飞凤古城民族志

紫微山土地庙，因其建在龙甸村子背后的紫薇山上，所以过去人们都叫它为龙甸土地庙。它坐落在离泸西县城东郊三公里处的紫微山上。其周围的地形独具特色，其后是一座苍翠挺拔的山峰，两旁又有两个较小的山峰前来拥抱，其间形成一块形似半圆的平地，酷似一把椅子的形态，土地庙就建在其间。相传此处就是我（泸西）县东山一带所谓的二十四把金交椅之一。"地理先生说"：这真是一块难得寻找的风水宝地，在此处建庙宇，其菩萨必定是非常灵验的。[1]

从灵验传说到山形、山势与植被，可以看出就是大自然提供人们生产生活与军事之需而被神化，从而又为人们提供精神文化产品。可见，早期普氏在矣邦、生纳时代依赖的便是此山。成化间（1383或1384）被敕封为广西府土知府以后，普氏土司与后来的昂氏土司也没有离开此山所及的"护佑"空间范围。这样，就从"爨夷"无偶像崇拜的原生宗教山神崇拜过渡到了汉族有信仰空间，并且有偶像崇拜及其入驻空间的土地庙或土司庙、土主庙。有意思的是，将土地神称为"菩萨"，显然是汉传佛教传入后的产物。因此说，龙甸土地庙，同样是汉夷文化交融的物化象征；山名为紫薇，则显然与道教信仰有关。而在此前，则是普氏一族的生息之地。

与诸多表明其神圣性的建筑及其祭拜对象的神化一样，土地庙的神化也是一个被后来者重构的过程。而且，必定与某一历史人物、历史事件进行移植、重合的文化重构：

清康熙十二年（1673），清廷下令削藩，平西王吴三桂率先起兵反清。他统领大军途经广西府时，相传就驻扎在紫微山山脚马厩田（今阳火冲门）一带。传说当时紫微山和龙甸村一带到处是茂密的参天蔽日的原始森林，豺狼虎豹肆意横行，伤害人畜。吴三桂的兵马露宿荒野也深受其害，有些战马和士卒常常被咬伤、咬死，甚至拖去吃了。吴三桂在毫无办法可想之际，突然想到了土地神。按迷信的说法：山

---

[1] 泸西县老年人诗书画协会、泸西县政协学习文史委编：《广西府漫话》（内刊），红新出（2005）准印字第098号，滇黔桂石油勘探局昆明印刷厂印装，2005年，第79页。

中篇　百年昂氏土司：汉彝文化交融的多重历史叙事主角

神土地是管豺狼虎豹等各种野兽的，如果野兽要去吃人畜，必须要先去拜山神土地，得到准许，方可去吃人畜，否则是张不开嘴的。于是，吴三桂和一些将领便亲自到紫微山土地庙烧香朝拜，从此人畜才得以安全。当时吴三桂曾对土地神说："我封你为都土地，命令你管辖云、贵、川三省的山神土地。从今以后，我有多大官位，那你也就有多大官位……"正因为如此，紫微山土地庙里的土地神像戴的是王帽，穿的是蟒袍，与全国其他地方的土地神的穿戴迥然不同。[1]

吴三桂在中国清代历史中赫赫有名。将土地神的灵验以吴三桂赋以其神权加以证明，就将神权与世俗政权结合起来，并将其"管辖"范围大大扩展，广达云贵川三省所有的山神土地。这一方面是在山体神化过程中对王权的攀附，另一方面是以扩大其管辖范围来突出其神圣性，也即民众口里的"灵验"性。

因此，在解放前我县城乡广大人民群众和政府官员以及邻近的弥勒、师宗、罗平、邱北等县的善男信女们成群结队，络绎不绝，不辞路途的遥远和行走的劳顿，虔诚地到紫微山土地庙朝拜，其中有的求官运亨通，步步高升；有的求合家清吉平安，消灾免难；有的求生意兴隆，财源广进……紫微山在民间传说得神乎其神，真是有求必应，无不灵验，屡试不爽。最后连打家劫舍、杀人放火的强盗们在行事之前都要到土地庙去打牙祭，乞求土地神保佑他们行事平安顺利，马到成功。

在漫长的岁月里，紫薇山土地庙的香火长盛不衰，朝拜的人群摩肩接踵，热闹非凡，仅群众送挂的匾额就达三百多块，由此便可见其当年之盛况。[2]

而且称呼其为"山神土地"，正好把汉文化里的山崇拜与"爨夷"文

---

[1] 《广西府漫话》编委会编：《广西府漫话》，昆明：滇黔桂石油勘探局昆明印刷厂，第80页。
[2] 《广西府漫话》编委会编：《广西府漫话》，昆明：滇黔桂石油勘探局昆明印刷厂，第80—81页。

化里的山崇拜有机交融，显然是泸西各族先民基于自然崇拜而将与其关系密切的紫薇山也加以神化，并盖土地庙加以祭拜。在汉语、汉族民间信仰体系为"土地庙"，在彝语、彝族原生宗教信仰体系则是"土主庙"，加上"紫薇"山名、"菩萨"灵验等被赋予文化意义的紫薇山，已成为汉族与彝族心目中管控一方土地，从而被共同崇拜的土地神灵兼佛教信仰所崇拜的对象。在广西府设治之前，是位于矣邦、生纳二村间的普氏所祭拜的山神；待普氏成为广西府土知府之后，就成为汉族与"爨夷"官民共享兼有本土与内地佛道文化的"山神土地"。由此，也为飞凤古城汉彝村民共享五月十三"祭大山"仪式找到了其多重文化渊源。

地方史志中对紫薇山的位置、山势也多有记载：

> 紫薇山，城东十里，自罗平白蜡山延袤雄迤，至东南突起，五参三参与本朝对。[1]

可见，紫薇山离广西府署不过短短十里，在普氏尚未以一方土酋豪强统治该区域的时候，是其生于斯、葬于斯的高峻山梁。但是对于普氏而言，其前后的统治范围与权势却天差地别。之前不过是众多"爨夷"土酋之一，管控的仅是自己有限的族人；之后则通过所纳入明代中央王朝政治体系，其政治统治中心在矣邦、生纳间原统治盘踞地；但其范围就不止于矣邦、生纳一隅；统治的民族也不止族人，而是整个广西府境，其下还包括师宗州、弥勒州、维摩州与十八寨所众多民族。或者说，是以其归附明朝大军而获得了远远高于作为一方土酋时的统治权力。其统治范围的扩大，既是其家族及其区域内彝族纳入中央王朝政治体系的象征，同时也是在与内地汉文化的交融过程中纳入"边疆－内地"文化一体化的开始。在此后，则通过大量内地汉族移民与转型为定居生计经济的"爨夷"共同开启广西府境的定居种植农业、养殖业，从而在经济上也越来越与内地趋于一致。那么可以说，普氏在泸西老城子建盖广西土司衙门，既是其统治权力顶峰的开始，同时也是其统治权力衰落的开端。

---

[1] （清）蒋敷锡修纂：《康熙广西府志》，段锦良主编，刘群点校，昆明：云南人民出版社，2016年，第17页。

中篇 百年昂氏土司：汉彝文化交融的多重历史叙事主角

继续跟踪普氏土司发展的线索，其被敕封为土知府后的97年时间（1382—1479），也未远离此山。而且成为早期普氏崛起地及其后来盘踞的广西府城池的一个重要的地理、文化坐标，佐证了其所在位置为今泸西老县城中枢镇"老城子"一带。再依据广西府康熙、乾隆两本史志插图，就可得知二村及其后的广西府城池在骑鹤、紫薇二山之下。那骑鹤山又在何处呢？对同样作为广西府境的名山，在诸多史志中皆有记载：

> 骑鹤山，城北二里，巍然特立，四时环拱，九华罗列，府主山也。[1]

骑鹤者，乃典型的道仙形象；城北二里，有地缘优势；特立环拱，为府屏障。因而成为广西府境的"主山"。加之"紫薇"的道教意涵与菩萨灵验传说可以看出内地佛道文化与民间信仰的山体崇拜是如何与广西府境自然环境相结合的。这骑鹤山还是"府治八景"之一，并且位列榜首中有更形象的体现。

秀山远眺

> 循鹤山之麓而城，城以内有山焉。崚嶒竦秀，多怪石玲珑，蘅蕙丛生。缘石蹬而上，一亭轩如，四窗洞启。溉坐，香风忽至，油油洋洋，宛如游兰畹，登茵阁云。其下则盘石相间，古木修萝，涨日含风，蓊郁尤胜。望乔木而知故都，盖以此哉！南望屏山，方当户牖，诸峰森峙，环列穆如，疑如虞廷群后，端冕交让；又如洙泗群贤，正冠垂绅，揖逊而俯仰焉。真郡中佳胜也。外则大泽茫然，鱼龙浩荡，沙渚云汀，高霞白鸟，寒暑阴晴，变化万状。
>
> 自有此郡，已有此山。然宋元以前，皆弃为牂牁外徼，名迹罕纪；明成化间始置吏焉。涵濡二百余年，声教久被，人文蔚起，固知山川有灵，造物之不终秘。缅忆从来诸君子之守是邦，与其僚苦（若）属及泸人士，时而选胜咏游于斯，岂少哉？惜皆寂寞无闻，嗟乎！岘山之胜事无存，叔子之风流未远。余登此，每低回久之，因为之赋，用

---

[1] （清）蒋敷锡修纂：《康熙广西府志》，段锦良主编，刘群点校，昆明：云南人民出版社，2016年，第17页。

贻好事嗤焉。

层城环望一峰青，几度星郎出守临。万象毕罗坷郡秘，百端交集渤溟深。衣冠旧径苔方绿，车马间亭日未阴。长愧登高称作赋，漫同遗老采风吟。[1]

可见，无论是来自内地的汉族流寓、移民，还是本土各族，都是具有发乎情、烙乎心的山崇拜共性。这样，被原在骑鹤、紫薇二山另一侧繁衍生息的普氏家族及其族人对其敬拜有加，广西府设治后又被汉族官民与"爨夷"官民共同祭拜。这种基于山崇拜，或者说自然崇拜的文化共通性，应该就是彼此文化得以交融的文化根基。那么也可以推测，能够让普氏家族在其祖居地成为管辖一方的土司的原因，除了被敕封土知府的传统群众基础与现实功利因素外，还有在骑鹤、紫薇二山的层层包围、护佑中的精神诉求仍然得以满足的原因。这两座山不仅给予其政治、经济与社会资源，也给予其精神食粮。

骑鹤、紫薇二山名称，显然是来自道教。因此，其山名所得应该是道教传入广西境之后。在"府志八景"之二的"鹤岫浮青"里就说了骑鹤山名之由来：

相传有神人跨白鹤鸣其上，月夜远闻，疑在九霄缥缈间者。辟而寺与台于巅，不知始何代？大约昔之人旭日舒长，令时休畅，则凭此为游观之乐云。名曰"白鹤观"，亦犹金陵凤凰台、武昌黄鹤楼也。……岫逼青冥翠欲浮，长风吹下籁声幽。飞符自昔争趋蝶，跨鹤何人独往游。云海苍茫归雁断，霜巅霁晚落霞收。亦知此地非沙苑，试向高台觅羽镞。[2]

从骑鹤山来源传说，以及文中与金陵凤凰台、武昌黄鹤楼的类比，其

---

[1] （清）蒋敷锡修纂：《康熙广西府志》，段锦良主编，刘群点校，昆明：云南人民出版社，2016年，第26页。
[2] （清）蒋敷锡修纂：《康熙广西府志》，段锦良主编，刘群点校，昆明：云南人民出版社，2016年，第28页。

中篇 百年昂氏土司：汉彝文化交融的多重历史叙事主角

与汉文化的关联就一目了然了。甚至可以说，将这些本土民族自然崇拜对象的名川大山加以神化，并再赋予其道教（实际上是儒释道三教合一）文化意涵后，就是将此山的信仰主体也纳入汉文化圈里。但与此同时，却又具有汉文化在"爨蛮"地的在地化特征。如龙甸土地庙也充满了道教文化，但不以"观"称呼，而是用佛教与儒学惯用的"庙"称呼之，同时其崇拜对象则被称为"山神"与"土地"。一个土地庙，一座骑鹤山，一座紫薇山，不过是广西府境内众多汉彝互通的民间信仰与儒释道文化空间的缩影，但其体现的不仅仅是内地汉族儒释道信仰与民间信仰在边疆地区的相互交融，而且也是其与本土"爨夷"文化的有机交融，因而也是来自内地的流寓、移民与"爨夷"官民共享既融有汉文化元素，又包含有"爨夷"文化元素的广西境区域文化。

由上可知，在洪武十五年（1382）广西府设治之前，也即普氏土酋称霸一方的时候，其政治、经济、文化中心在骑鹤山不远的矣邦、生纳两村一带，与弥勒接壤。设治之后的广西府署也并未远离骑鹤山，同样在离紫薇山更近的今泸西县城所在地的中枢镇。一个传袭已久的"中枢"字，就可以得知中央王朝设治于此的交通、军事与经济多方面的综合考量。普氏土酋从民族头人转型为朝廷任命的土官之后，中央王朝与普氏土司双方皆为各自的利益而不得不利用其统治族人的地缘与族源优势，并获得统治范围更广、统治民族更多的"老城子"作为其衙门所在地。这是其政治权力的顶峰时期。但接下来就是昂氏土司衙门迁往城子古村，就从政治权力顶峰转向衰落，乃至灭亡。

总而言之，明代中央王朝扶持地方豪强夷帅作为土官并非长久之计，更不是其长远目标，不过是通过其政治统治、文化教化与经济发展而与内地趋于一致之前的权宜之计。官方史志叙事似乎是要表达因为昂贵的"肆虐不法"才导致其降职为弥勒州土照磨，不久又被改土归流。但却忽略了政治、经济与文化大一统历史洪流之下，每个土司家族间的差异只不过是其统治时间的长短而已。而且，此时间长短，固然是土司家族是否为官一任、为民一方，以及是否恪守君臣之礼有关，更主要的是此历史巨轮是否已经到达此境。所以，普氏（昂氏）经历五代99年，最终在昂贵手里结束了其土官统治的历史命运。在这短短99年里，从彝帅到土司，从生纳、矣

华夷互融：飞凤古城民族志

邦彝村到作为明王朝在该区域政治、军事、经济与文化中心的广西府署"老城子"，再到永宁飞凤城子古村，不到百年时间，但从其形制、格局与政治、文化意涵，却可以看出内地那一套政治、文化体系在边地的推进速度之快。本土官民也在此过程中经历了不断汉化的急遽变迁。

飞凤城子古村，位于泸西县城南部永宁乡境内，属大永宁行政村。地处两州（红河哈尼族彝族自治州、文山苗族壮族自治州）三县（泸西县、弥勒县、邱北县）交界处，距泸西县城25公里，距州府蒙自近200公里，距省城昆明197公里，是泸西县联通州内各县（市）及文山州的南大门，泸中（泸西县城至开远中和营）公路穿境而过。可能是因为城子古村地处僻壤，也可能是昂贵盘踞此地时间短暂，因而在官方史志里对其早期历史少有记载。但在口传历史中，对昂贵篡权当政，并将土司衙门迁到"白芍"（白韶）的历史进行了详尽的描述：

> 昂贵当上了土知府，要风得风，要雨得雨，慢慢的竟妄自尊大，骄奢淫逸起来。在这山高皇帝远的偏僻地方，他觉得自己就是土皇帝，再加上有龙马、飞刀相助，他想做什么，就做什么，终日沉迷于酒色之中，常做些肆虐不法之事。
>
> 上任年余，昂贵嫌土府衙门地势不好，规模太小，想重选地点，兴建一所自己满意的土司衙门。他派出风水先生到处寻找风水宝地，最后选中了白勺村飞凤坡顶。然后，不惜耗费大量的人力、物力、财力，大兴土木，营建了彝汉合璧、规模宏伟、富丽堂皇的土司府。并从府城南门修筑了一条宽一丈二尺、铺满石板的通驿大道，直达白勺。真个是逢山开路，遇水搭桥，人们把这条路称为土官路，路中的石桥称为土官桥。[1]

地方文化精英之所以不顾土司衙门搬迁，非昂贵自己意愿即可，而必须得到朝廷认同的基本常识；也忽略了昂贵在"肆虐不法"后由土知府降职为土照磨，祖辈所在的今泸西县"老城子"一带因改土归流而无其立足

---

1 段立青主编，杨俊编著：《阿庐文化系列丛书·古村神韵》，北京：中国文化出版社，2013年，第50—51页。

中篇　百年昂氏土司：汉彝文化交融的多重历史叙事主角

之地的史实，而是将其退避到白苟僻壤，解释为是"嫌土司衙门地势不好"。很显然，这是满脑子风水文化的后世地方文化精英对历史事件的再解读，因而将其败退之举也赋予风水文化意义。由此也开始了对白苟古城的文化重构史。

实际上，不唯昂贵土司，云南诸多土司都有从原来的统治中心搬迁到偏僻之地的经历。这就不能不联系明代以来云南汉夷人口与分布格局的变化。土司职务，本来就是为代理朝廷"以夷治夷"而特设。也就是说，如果辖区子民不再以夷为主，或者经济上定居农业取代了山地游牧、游耕生计，文化上也逐渐"以华变夷"，那么，土司统治的经济、文化根基就已经动摇或者不复存在。那土司们的命运如何？要么被融入当地越来越突出的汉文化环境里而被"汉化"；要么离开此地，迁往仍然保留民族传统经济文化的偏远之地苟延残喘。

从广西府的交通与地形地貌来看，来自内地的汉族移民必然首先到达弥勒、师宗，再后才到泸西，然后到泸西背后的今文山州维摩一带。所以，到明代成化年间开始的汉盛夷衰背景下，昂贵选择将其统治中心位移到城子古村，从其角度而言，应该是不得已而为之。因为当地居民仍然是以彝族为主，而且背后的维摩与石林东山一带分布有大量彝族。而从中央王朝角度看，也是需要有土官为其在夷多汉少之地继续代其"以夷治夷"。因此说，昂贵将土司衙门搬迁到白苟村，既是不得已而为之，同时也是明智之举。史志记载中也可以看出昂贵是要找一个流官鞭长莫及之地偏安一方：

> 布韶，府属南乡五十里，革职土官昂贵故穴。向为逆索窃据，世为府患。[1]

就是因为昂贵能够审时度势，在不再能够在日渐汉化了的泸西县城今中枢镇的"老城子"一带立足之时，就搬迁到"三管三不管"的白苟，才能够苟延残喘一些时日。但是，正如城子汉彝村民至今还是对昂贵保存了一份敬意而神化之，并作为一方"土主"加以敬拜一样，有意忽略或淡化

---

[1]（清）蒋敷锡修纂：《康熙广西府志》，段锦良主编，刘群点校，昆明：云南人民出版社，2016年，第209页。

昂贵土司府被迫位移的实质，却以赋予其风水文化的方式重新创构，从而强化昂贵的神性。

伴随着内地汉族流寓与移民迁徙西南边境，汉文化就润物细无声地传播于此，因而有一个从弱到强、从局部到整体的动态历史过程。因此作为汉文化重要内容的风水学，在泸西特别是泸西"爨夷"中，在明初是不可能那么盛行，因而昂贵也不可能因为笃信汉族的风水学而搬迁衙门于"风水好"的白苎古村。总之，所谓的城子风水，以及昂贵兴亦"仙翁"，亡亦"仙翁"的宿命解释，皆不过是后来的地方文化生产者借用神仙意志表达大众意志而已。因此说，昂贵从泸西搬到白苎的真正"风水"，并非风水学意义上的"风水"，而是作为军事城堡与亦牧亦农村寨二重功能的区位、地势、地形优势。这在城子最早的布局里也可以看得出，昂贵是在天时、地利与人和中权衡对其有利的因素：

> 土司府占地广阔，位居至高，有威慑全村、吞吐四野之势。
>
> 整个建筑巍峨雄峙，红楼碧瓦，富丽堂皇。门柱窗棂，精雕细镂，涂丹镏金。前厅、中堂、大堂、后衙，层层递进，高深莫测。大院前有石雕神虎一座，人形兽身，戴虎头帽，披虎斑衣甲，张弓执斧，虎视眈眈，威风凛凛。座前石香炉，终日香烟袅袅，给土司府平添几分威严。
>
> 府衙左侧住兵头侍卫，右侧居差官下役，府衙前，立大、中、小兵营护卫，形成犄角之势。现城子仍称大营、中营、小营，皆由此来。
>
> 寨前四周城墙高耸，十分坚固。箭垛、鼓楼比比皆是，护城河沟深面阔，水流湍急。木板吊桥昂首悬提，地处要道。四周碉楼林立，暗堡重重。可以说一夫当关，万夫莫开，算得上壁垒森严，固若金汤。[1]

很显然，能够篡夺土司位置，进监狱又出狱，并且降职后还能够苟延残喘的昂贵也非等闲之辈。他选择迁往白苎自有其周全考虑，即曾经是"地

---

[1] 段立青主编，杨俊编著：《阿庐文化系列丛书·古村神韵》，北京：中国文化出版社，2013年，第64页。

中篇　百年昂氏土司：汉彝文化交融的多重历史叙事主角

处偏隅，大小维摩、土酋所为营窟"的广西[1]，因时过境迁而难以为"营窟"之时，必然就要寻找另一个"营窟"，而且必须是夷多汉少之地。那么，其背后与左右皆彝族同胞聚居，又属于"三管（泸西、维摩、弥勒）三不管"的白芍自然就是首选。因此实际上，也有地方文化精英并不否认昂氏（普氏）土司府迁往白芍为不得已之举：

  赵家痛定思痛，派出人手四处收集昂贵罪行，暗遣次子赵琼携本进京告御状。明宪宗皇帝闻奏，龙颜大怒，下旨着云南巡抚林符将昂贵拘捕入狱，革职法办。风声传来，昂贵狡兔欲逃，他下令收拾广西府城知府衙门中的金银细软，携家带口逃往白芍的土司府，妄图凭借白勺（白芍）村险峻扼要的地势，土掌房上下相通，左右互连，可攻可守的优势，和周围族人顾本排外的反抗心理，加上他多年招降纳叛的武装势力，企图负隅顽抗，逃脱朝廷对他的惩治及赵通的报复。[2]

这才是昂贵将土司衙门迁往白芍的实质所在。但地方文化精英之所以不顾土司衙门搬迁非昂贵自己意愿即可，而是必须得到上峰同意的基本常识，在于他们对于"城子历史文化"再生产的热衷。

  城子飞凤山顶所谓凤头上，相传在明成化年间（1779），时任广西府土知府的昂贵曾建土司府在此。
  据说，昂贵当上广西府土知府后，派人四处勘查建造土司府的地方，他的心腹风水先生最后相中了城子这块宝地。
  风水先生对昂贵大言道："别小看这山坡，它如一凤凰高踞，蓄势待发。左有太阳山，红日映照，右前有月亮山，宁静安详，一阳一阴，五行调和。用之，进则出将入相，退亦占山为王，成为一方霸主。"
  昂贵听后大喜，动用数不清的人力、物力、财力，历经数年光景，

1　（清）刘慰三撰《滇南志略》卷六，方国瑜主编：《云南史料丛刊》第十三卷，昆明：云南大学出版社，2001年，第304页。
2　段立青主编，杨俊编著《阿庐文化系列丛书·古村神韵》，北京：中国文化出版社，2013年，第53页。

方建成名动四方的土司府——永安府。[1]

但是即便有"固若金汤"的白芍城池,也不可能改变广西土司制度终结的历史命运。这在很多朝廷命官的文书中也有显示:

> 滇省汉土交错,最称难治。治滇省者,先治土人,土人安而滇人不足治矣。然非姑结之恩而能安,亦非聚加以威之所得治也。查土人种类不一,大都喜剽劫,尚格斗,习与性成。其土目擅土自雄,争为黠悍,急之则易于走险,宽之则适以生骄。故从来以夷治夷,不惜予之职,使各假朝廷之名器,以慑部落而长子孙。然武不过宣抚、宣慰司,文不过同知、知府,悉听流官节制,无敢抗衡,故安于并生而不为大患。[2]

在此,将土著少数民族称为"土人",而将来自内地的汉族移民称为"滇人",并在文化上进行分类;并说"以夷治夷"的原因,是对其"急之则易于走险,宽之则适以生骄",因而采取流官节制土官的统治方式,目的在于"安于并生"。但昂贵却不是安生之徒,因而因"肆虐不法"而被下狱;出狱降职迁到白芍后,更加变本加厉,最终走向灭亡。可见,地方文化精英重构的城子与昂贵"历史"中屡屡出现的"白发仙翁",实际上是与"肆虐不法"相反的天道、人道之象征,昂贵就是违反了此"道"而走下历史舞台。那么,白芍城子风水所隐喻的就不仅仅是自然风水,而是决定昂贵命运的"天道""人道"。因此,即便昂贵远离日渐汉化的老城子,而且修筑自认为牢固之至的白芍城堡——后称"飞凤城堡",也改变不了其被革土归流的历史命运。所以说,真正的坚固城堡不在于天堑,也不在于风水,而在于道义人心。这样,对白芍村天堑城堡的巍峨、坚固描述得越多,越反衬出昂贵灭亡背后的"天道"所在。故所谓成亦"仙翁",败亦"仙翁"——实际上成亦"天道",败亦"天道"。

---

1 段立青主编,杨俊编著:《阿庐文化系列丛书·古村神韵》,北京:中国文化出版社,2013年,第63—64页。
2 (清)蔡毓荣撰《筹滇十疏》,方国瑜主编:《云南史料丛刊》第八卷,昆明:云南大学出版社,2001年,第425页。

中篇　百年昂氏土司：汉彝文化交融的多重历史叙事主角

总之，当明代中央王朝暂时需要少数民族土官"以夷治夷"之时，顺应历史潮流的普氏（昂氏）土酋家族就走上了历史舞台，并在"控制诸蛮，藩篱交广"的泸西老城子实施统治权力达4代之久（包括昂贵土司前期）。但是到了昂贵，经过设治、教化与发展80多年的广西府署附近的政治、经济与文化，逐渐与内地一体化了，改土设流的外因条件也就成熟了。加之昂贵"肆虐不法"的内因，就更加速了土司制度的终结。可见，普氏（昂氏）家族从盘踞矣邦、生纳村的土酋到朝廷任命、驻守广西府署的土官（土司），历经四代之后的第五代昂贵手里再搬迁到偏居白苎——飞凤城堡不久走下历史舞台，其统治中心一迁再迁。正所谓"风流总被雨打风吹去"，只留下一座从"爨夷"村落到"白苎城堡"再到"飞凤城子"的断壁残垣，由着一代又一代地方文化精英不断想象、重构，其背后是对土司府署位移及其动因的多重视角交织的文化解释。

（三）官方史志对昂贵"肆虐不法"形象的历时性重构

据《康熙广西府志》记载，有明一代，先后到广西境任知府者42人，同知3人，通判31人，经历司经历33人，儒学训导42人；所辖师宗州、弥勒州、维摩州知州、吏目、在城驿驿丞、儒学无数。[1]换言之，自普氏（昂氏）家族的广西府知府职务被革之后，如此多的流官蜂拥而来，其目的就是从土酋豪强林立、强者为王的"不法"时代走向纳入明代中央王朝政治、经济与文化体系的新时代。在这个过渡时期，扶持一些地方土豪酋敕封为土官，其衙门称"土司"，后来也就约定俗成将土官称为土司，代理中央王朝实施管辖地方之权力。因此，广西府境普氏（昂氏）土司官职的获得，首先是因为明朝大军平云南之举：

　　（洪武）十四年（1381），命颍川侯傅友德为征南将军，永昌侯蓝玉、西平侯沐英为副将军，帅师征云南，平之。[2]

1　（清）蒋敷锡修纂：《康熙广西府志》，段锦良主编，刘群点校，昆明：云南人民出版社，2016年，第135—154页。
2　（明）刘文征《天启滇志·羁縻志》，方国瑜主编：《云南史料丛刊》第七卷，昆明：云南大学出版社，2001年，第13页。

华夷互融：飞凤古城民族志

正如前文所言，云南既已平定，接下来考虑的就是如何坐稳江山。面对"爨夷""沙蛮"等部落豪强林立，同时地理位置又极为重要的广西境，在明代中央王朝势力鞭长莫及的情况下，不得不暂时扶持、利用"爨夷"土酋豪强作为代理。而从这些土酋豪强的角度而言，公然与明朝大军对抗，无异于以卵击石，还不如审时度势，来个识时务者为俊杰而"率众向化"：

> 弥勒州土官昂氏（普氏），初[1]有普德者，率众向化，授土知州，寻升知府。[2]

可见，广西府首任土司其职位先是"（弥勒）土知州"，后由于如上文所述以朝贡尽君臣之礼与服从征调、平定反叛、管理地方等方面的良好表现，而从弥勒土知州升职为广西府土知府。与其大致同时被敕封的师宗州、维摩州土知州就位于其下，受其管理。再从保留弥勒土知州的记载看，要么是普氏（昂氏）土司直辖，要么是从其家族中另立土知州。于是，广西府土知府普氏（昂氏）就成了管控广西府境，并有坚实的社会资源的最高权力掌握者。具体从洪武十四年（1381）—建文—永乐—洪熙—宣德—正统—景泰—成化十七年（1481），昂氏"故"，前后沿袭整99年。普氏（昂氏）最后一任土官昂贵袭职时是成化九年（1473），革职下狱是成化十一年（1475），出狱搬迁到飞凤城是成化十五年（1479），加上盘踞古城两年多，而从出狱到"故"仅仅6年（1481）就走下历史舞台：

> 成化中，昂贵以不法事，革知府，以冠带置弥勒州，佥州治东食地，事在有司。征调之众，卤掠无纪律，故近不用。其在部龙乡土舍曰昂尚才，子钦在永安寨，孙世英在日者乡，尚有部束乡之普世隆，石硐寨之李世华，俱以土舍称；禄庆里寨之竜得升，阿营里寨之普承宗、

---

[1] 洪武十四年，即1381年。
[2] （明）刘文征《天启滇志·羁縻志》，方国瑜主编：《云南史料丛刊》第七卷，昆明：云南大学出版社，2001年，第57页。

中篇　百年昂氏土司：汉彝文化交融的多重历史叙事主角

米车寨之凤鸣山，俱以营长称。[1]

该段文字表明，一是普氏（昂氏）土司传袭时间不长，仅99年而已。二是昂贵在位时间短暂，以土知府职在位时间从成化九年（1473）到成化十一年（1475），仅仅两年而已；其后入狱、出狱、降职，土照磨职位在职时间也只是到成化十七年（1481），即六年。前后共计在位八年。三是与此同时，还有同为普氏子孙与其他姓氏贵族多人分别以"土舍""营长"职位管辖一方，可供朝廷征调，因而对昂氏土司兵却"征调之众，掳掠无纪律，故近不用"。早就被冷落不用，其职权也应该是有名无实了。这固然与明代内地移民实边政策也有关，但早在元代的大德年间就开户移民屯田了。例：

（明洪武）十九年（1386）……九月，允西平侯沐英奏，屯田云南。[2]

据悉，明代以来延续到清代，内地汉人移民滇云的高潮迭起，移民类型也越来越多：

滇本夷地，并无汉人。历代以来，征伐戍守、迁徙贸易之人，或不得已而居此，或以为乐土而安之。降至近世，官裔幕客流落兹土，遂成家室。盖缘道途绵远，盘费难支，日积一日，年复一年，无复归期，永为客户。大抵江、浙之人居多，既好体面，又难吃苦，手乏身疲，不能行动。至今城市中皆汉人，山谷荒野中皆夷人，反客为主，竟成乐国。至于歇店饭铺，估客厂民，以及夷寨中客商铺户，皆江西、楚南两省之人。只身至滇，经营欺骗，夷人愚蠢受其笼络，以至积趱成家，娶妻置产，虽穷村僻壤，无不有此两省人混迹其间。即碧髓宝石之物，越在夷地，亦惟江、楚人冒险违禁，越界兴贩，舍性命以博财货。其

---

[1] （明）刘文征《天启滇志·羁縻志》，方国瑜主编：《云南史料丛刊》第七卷，昆明：云南大学出版社，2001年，第57页。

[2] （明）刘文征《天启滇志·羁縻志》，方国瑜主编：《云南史料丛刊》第七卷，昆明：云南大学出版社，2001年，第14页。

狡也，乃其妄也。[1]

一拨又一拨内地汉族移民的到来，也将内地的生计方式、汉文化带到云南，并一直延续到清代，道光《云南通志·食货志》"广西直隶州"条就有乾隆七年到道光十年（1742—1830）"新增民户、人丁"的记载[2]。

表3 清代乾隆、嘉庆与道光年间广西人口统计

年份	土著民户（户）	土著人丁（人）	新增民户（户）	新增人丁
乾隆七年（1742）	9839	34524		
乾隆六十年（1795）	14930	81609	169/148	1229/648
嘉庆元年（1796）	15140	82391	194/159	1299/684
嘉庆二十五年（1820）	18125	13050	55/29	910/632
道光元年（1821）	18168	13610	43/22	853/610
道光十年（1830）	18495	19929	16/29	1325/1140

可见到清代吴大勋撰《滇南闻见录》时，"汉人"已经"反客为主"，说明其数量已经达到了更大规模，因而也就有可能使"夷"与"汉"更多地接触交往，从而形塑更多的对"爨蛮""他者"文化形象。如《寰宇通志·云南等处承宣布政使司》"广西府"条就仍引用唐代樊绰《云南志》说：

---

1 （清）吴大勋《滇南闻见录》，方国瑜主编：《云南史料丛刊》第十二卷，昆明：云南大学出版社，2001年，第17—18页。
2 （清）阮元等修《道光云南通志·食货志》，方国瑜主编：《云南史料丛刊》第十二卷，昆明：云南大学出版社，2001年，第309—311页。

中篇　百年昂氏土司：汉彝文化交融的多重历史叙事主角

地陋险巇，山谷幽阻。……其俗质野，民强家富。[1]

《明一统志·云南布政司》"广西府"条也曰：[2]

……其俗质野，民强家富。[3]

说明广西府夷人从唐代伊始就给予"汉人"的"其俗质野"刻板印象，到明清也并没有得到改变。

阿卢山……在府城西三里，延亘四十余里，南接弥勒州，北跨师宗州，旧有阿卢部。[4]

一句"旧有"表明原住民"阿卢部"至此已迁往他方。其原因，是因为汉人大量迁徙于此，原住民"阿卢部"的生存空间受到挤压。这与普氏（昂氏）土司家族从今泸西县中枢镇"古城子"再迁往白芍（后来称"飞凤古城"）如出一辙。汉进夷退，终于从"以夷变华"到"以华变夷"，就贯穿了明清时期的整个西南历史。如此，无论是夷人、汉人，其家族历史便是一部迁徙史。普氏（昂氏）土司家族也概莫能外。

清代王崧《道光云南志钞·地理志》"土司志"条说：

广西直隶州，元之广西路，明洪武初改为广西府，土官普德归附，使署府事。传至昂贵，肆恶不法，成化十一年（1475）革职，安置弥勒州，

---

[1]（明）彭时等纂修《寰宇通志·云南等处承宣布政使司》，方国瑜主编：《云南史料丛刊》第七卷，昆明：云南大学出版社，2001年，第155页。
[2]（明）李贤等《明一统志·云南布政司》，方国瑜主编：《云南史料丛刊》第七卷，昆明：云南大学出版社，2001年，第195页。
[3]（明）李贤等《明一统志·云南布政司》，方国瑜主编：《云南史料丛刊》第七卷，昆明：云南大学出版社，2001年，第195页。
[4]（明）李贤等《明一统志·云南布政司》，方国瑜主编：《云南史料丛刊》第七卷，昆明：云南大学出版社，2001年，第195页。

改设流官。[1]

从洪武初（1382）弥勒土官普德内附到成化十七年（1481）昂贵被改土归流，仅仅传承五代，计99年。不但这个土司政权短命，末代土司昂贵拥有土司权力时间也短暂。而且命运坎坷，经历了革职入狱（1475）、出狱降职（1478）与被迫远迁衙门（1479）到"故"（1481）。或许昂贵"肆恶不法"是原因之一，但更主要的原因还是在于中央王朝政治体系在西南推进的过程中，"以夷治夷"的土司制不过是个过渡性质的权宜之计，最终还是要镶嵌到中央王朝体系的历史巨轮里。因此，政治上的"以夷治夷"，文化上的"以华化夷"，都是其时西南边疆民族地区历史发展的必然。

（永乐）十年（1412），设武定、寻甸、广西三府儒学。[2]

以儒释道与汉族民间信仰为核心的汉文化在广西境正式开始普及后过了近百年，其间有本土头人"向慕华风"而被封为土司，这或许是从心底里对"华风"的仰慕、认同，也或许是为谋取地方政权的适应性选择，因而其功利性很强。而大多数"爨蛮"仍然保持与"华风"差异甚大的"爨习"。这种状况一直到明朝开始大规模移民实边之后才得以改变。

给土司家族及其族人不断带来内地汉文化的，除了历任流官之外，还有同样来自内地的汉族村民。他们在长期与土著"爨夷"的生产生活接触交往中，成为"民""土民"的主要组成部分。同时也是应和推进流官带来的汉文化传播的群众基础。在《乾隆广西府志》卷十七"名宦"条里就反复说到"民""土民"二词：

贺勋……莅任一十二年，风俗为之丕变，民释涂炭、登春台者，

---

[1] （清）王崧《道光云南志钞》，方国瑜主编：《云南史料丛刊》第十一卷，昆明：云南大学出版社，2001年，第629页。

[2] （明）刘文征《天启滇志·地理志（大事考）》，方国瑜主编：《云南史料丛刊》第七卷，昆明：云南大学出版社，2011年，第15页。

中篇　百年昂氏土司：汉彝文化交融的多重历史叙事主角

自公始也。[1]

知府李浑……一时土司凛凛，民至今叹服。[2]

郭集礼，……民间由是争尚学焉。[3]

知府解一经……始终一节，士民传颂。[4]

许名，……实心实政，剔蠹去奸，民称为"许父"。[5]

辜用琥……以严戢吏，以宽和民，以教化息讼，民不忍以无情之辞欺之。在任四年，未尝轻谒一监司，曰："宁上罪我，毋我扰民。"[6]

戴时雍，……士民怀思，立生祠。[7]

邵鸣岐，……平易近民……比归，士民立石思之。[8]

陈忠，……冰清玉洁，一意为民。……九年考满，士民立生祠，肖像尸祝。[9]

---

[1]（清）周采:《乾隆广西府志》，泸西县地方志编委会整理，芒市：德宏民族出版社，2010年，第126页。

[2]（清）蒋敷锡修纂:《康熙广西府志》，段锦良主编，刘群点校，昆明：云南人民出版社，2016年，第164页。

[3]（清）周采:《乾隆广西府志》，泸西县地方志编委会整理，芒市：德宏民族出版社，2010年，第126页。

[4]（清）蒋敷锡修纂:《康熙广西府志》，段锦良主编，刘群点校，昆明：云南人民出版社，2016年，第165页。

[5]（清）周采:《乾隆广西府志》，泸西县地方志编委会整理，芒市：德宏民族出版社，2010年，第127页。

[6]（清）周采:《乾隆广西府志》，泸西县地方志编委会整理，芒市：德宏民族出版社，2010年，第127页。

[7]（清）周采:《乾隆广西府志》，泸西县地方志编委会整理，芒市：德宏民族出版社，2010年，第127页。

[8]（清）周采:《乾隆广西府志》，泸西县地方志编委会整理，芒市：德宏民族出版社，2010年，第127—128页。又见（清）蒋敷锡修纂:《康熙广西府志》，段锦良主编，刘群点校，昆明：云南人民出版社，2016年，第166页："知府邵鸣岐……既行，士民卧辙留靴，泣不忍离。"

[9]（清）周采:《乾隆广西府志》，泸西县地方志编委会整理，芒市：德宏民族出版社，2010年，第128页。又见（清）蒋敷锡修纂:《康熙广西府志》，段锦良主编，刘群点校，昆明：云南人民出版社，2016年，第166—167页："陈忠……九年考满离任，士民攀留不能得，多置像尸祝，后又立生祠，今每事辄称陈太爷不绝口。其德民如此。"

蔡应科……崇儒爱士，莅事无停狱，民鲜宿冤。[1]

钱秉元，……省事爱民，买弥勒州古城田入学，充师生公费，置漏泽园，士民怀之。[2]

萧以裕，……诸夷畏服，百姓以宁。[3]

张继孟，……士民安生，人文蔚起。……郡人立祠，肖像以祀。[4]

高梁楷，……爱民礼士，安夏攘夷。……民谓："前有陈父，后有高母。"郡专祠肖像以祀之。[5]

包嘉胤……惟廉以养民，明以处事。事既不烦，民自不扰。[6]

可见，"民""士民"诉求总是与这些官员的善举相伴相随。因此，与其说这些官员如此的"道德垂范"，不如说是民众需要才用民之口"重塑"了这些清官良吏。但另一方面则是为反衬昂贵之"恶"服务的，从明代广西府设立到清乾隆年间300多年口耳相传、不断重构基础上的这些历史人物、事件，都有层垒的"群众基础"，很大程度上表达的是民众的心声。因而重要的不在于其是否真实，而在于传承者、撰写者需要什么样的历史人物与历史事件。所以说，借用"民口"标榜，借用"民行"宣扬，实际上就是内地汉族移民及与此相邻，并接受其文化较早、较多的那部分"爨蛮"的共同愿望。这说明到清代，已经有部分"爨蛮"打破了华夷边界而融入

---

[1] （清）蒋敷锡修纂：《康熙广西府志》，段锦良主编，刘群点校，昆明：云南人民出版社，2016年，第167页。

[2] （清）周采：《乾隆广西府志》，泸西县地方志编委会整理，芒市：德宏民族出版社，2010年，第128页。

[3] （清）周采：《乾隆广西府志》，泸西县地方志编委会整理，芒市：德宏民族出版社，2010年，第129页。又见（清）蒋敷锡修纂：《康熙广西府志》，段锦良主编，刘群点校，昆明：云南人民出版社，2016年，第168页："知府萧以裕……升任，民立碑思之。"

[4] （清）周采：《乾隆广西府志》，泸西县地方志编委会整理，芒市：德宏民族出版社，2010年，第129页。

[5] （清）周采：《乾隆广西府志》，泸西县地方志编委会整理，芒市：德宏民族出版社，2010年，第129—130页。

[6] （清）周采：《乾隆广西府志》，泸西县地方志编委会整理，芒市：德宏民族出版社，2010年，第130页。

中篇 百年昂氏土司：汉彝文化交融的多重历史叙事主角

了汉文化体系之中。他们是与内地一致性进行流官统治的部分"爨蛮"群体，是因分布府署周围而被历任官员努力"教化"的结果，同时也是与内地汉族移民接触、交往较多而被习染了汉文化所导致的。

总之，明清时期在云南全省范围内，既有"向慕华风，敬礼儒释者"，也有"不可以教化怀服"者。前者是类似如广西府署所在地的今泸西"老城子"一带的"土民"与部分"土民"，后者则如远离原土司府署的僻境（的）古城一带的"爨蛮"；前者也是历朝历代历任官员苦心教化、经营的群众基础，后者则是其继续保留汉文化中心主义者眼里的"犬羊之性"，而且昂贵之所以成为"恶性"昂贵的文化土壤，其文化土壤则是经历上述历任流官们不遗余力的文韬教化而形成的"向慕华风，敬礼儒释"文化。彼此接触才有对比，有对比才显差异。分析明清官方史志可以发现，与那些被立传、立祠、神化的流官不同，昂贵在其死后却经历了一个不断被妖魔化的过程。因此，尽管昂贵在明清史志记载中不过寥寥数语，而且是完全的"反面"形象。但是整合所有相关文献记载却可以看出，昂贵只不过是众多曾经在明清中央王朝"以夷治夷"社会背景下推上政治舞台，又在"改土归流"社会背景下退出政治舞台的"土司"之一罢了。清代蔡毓荣所撰《筹滇十疏·筹滇第二疏》"制土人"条就说出了其实质所在：

> 滇省汉土交错，最难称治。治滇省者，先治土人，土人安而滇人不足治矣；然非姑结之以恩而能安，亦非聚加之以威之所得治也。查土人种类不一，大都喜剽劫，尚格斗，习与性成。其土目擅土自雄，争位黠悍，急之则易于走险，宽之乃适以生骄。故从来以夷治夷，不惜予之职，使各假朝廷之名器，以慴部落而长子孙。然武不过宣抚、宣慰司，文不过同知、知府，悉听流官节制，无敢抗衡，故安于并生而不为大患。[1]

那么，"以夷治夷"的土司制度也好，"肆虐不法"的昂贵土司也好，皆不过是边疆与内地政治、经济与文化一体化历史长河中的权宜之计及其

---

[1] （清）蔡毓荣《筹滇十疏》，方国瑜主编：《云南史料丛刊》第八卷，昆明：云南大学出版社，2001年，第425页。

产物。因此，无论昂贵是善是恶，都不可能改变其最终走下广西府历史舞台的命运；普氏（昂氏）土司家族也不过是明代西南众多土司群体由盛而衰共性的一个土司家族；昂贵也不过是明代众多土司中从在位到失位的区区一员。这些土司个人、土司家族，都时长不同地经历了从"归附—敕封等级不同的土官职务—衰败—失位"的历史过程。所以，并没有什么值得大书特书的，因而在明清官方史志中有关昂贵家族及其个人的记载，不过寥寥几句。但其用词却颇有深意，是要明确表达他们是因"有罪"而成"不法"之徒。言下之意——其人罪该万死，其土司家族被改土归流势不可挡。摘录如下：

表4 明清史志有关昂贵记载辑录

朝代	史志	内容	关键词
明	《明史有关云南事迹辑录》	成化中，土知府昂贵有罪，革其职，安置弥勒州，乃置流官，始筑土城。[1]	有罪
明	《明史稿有关云南事迹》	成化中，土知府昂贵有罪，革知府，以冠带安置弥勒州，以贺勋为知府，始筑土城。[2]	罪
明	《土官底簿·云南土官》	成化十七年（1481）五月，知府昂贵故。本年七月，改除流官知府贺勋。[3]	故

---

[1] （清）张廷玉等《明史有关云南事迹辑录》，方国瑜主编：《云南史料丛刊》第三卷，昆明：云南大学出版社，1998年，第444页。
[2] （清）王鸿绪《明史稿有关云南事迹》，方国瑜主编：《云南史料丛刊》第三卷，昆明：云南大学出版社，1998年，第619页。
[3] 《土官底簿·云南土官》，方国瑜主编：《云南史料丛刊》第五卷，昆明：云南大学出版社，1998年，第403页。

中篇　百年昂氏土司：汉彝文化交融的多重历史叙事主角

续表

朝代	史志	内容	关键词
明	《天启滇志·羁縻志》	成化中，昂贵以不法事，革知府，以冠带置弥勒州，位州治东其食地，事在有司。征调之众，卤[1]掠无纪律，故近不用。[2]	不法事
明末清初	顾炎武《天下郡国利病书》	成化中，（昂贵）以不法事，革知府，以冠带署弥勒州，往州治东，食其地。[3]	不法事
清	《康熙广西府志》	传至昂贵，肆虐不法。成化十一年（1475），土官照磨赵通奏闻，下其议，巡抚御史林符核实，逮贵下狱，革职。[4]	肆虐不法
清	《乾隆广西府志》	传至昂贵，肆虐不法。成化十一年（1475），土官照磨赵通奏闻，下其议，巡抚御史林符核实，逮贵下狱，革职。[5]	肆虐不法
清	《道光云南志钞》	……传至昂贵，肆恶不法，成化十一年（1475）革职，安置弥勒，设流官。[6]	肆恶不法

1　"卤"通"掳"。

2　（明）刘文征《天启滇志·羁縻志》"土司官氏"条，方国瑜主编：《云南史料丛刊》第七卷，昆明：云南大学出版社，2001年，第57页。

3　（明末清初）顾炎武撰：《天下郡国利病书》，上海：上海古籍出版社，2012年，第3495页。

4　（清）蒋敷锡修纂：《康熙广西府志》，段锦良主编，刘群点校，昆明：云南人民出版社，2016年，第11页。

5　（清）周采：《乾隆广西府志》，泸西县地方志编委会整理，芒市：德宏民族出版社，2010年，第9—10页。

6　（清）王崧《道光云南志钞》，方国瑜主编《云南史料丛刊》第十一卷，昆明：云南大学出版社，2001年，第629页。

梳理上述从明代天启年间（1621—1627）到清乾隆年间（1736—1796）一百多年官方史志有关昂贵的记载，可谓惜墨如金。更表明广西府从"土"到"流"的历史变迁，昂贵及其普氏（昂氏）家族从崛起到衰败，不过是浩瀚历史中的沧海一粟而已。而"改土归流"之举，从中央王朝势力日渐深入西南的国家化角度而言，则是大势所趋，必然顺之者昌，逆之者亡。

但要注意的是，上述记载，除了最早的《土官底簿》只有"昂贵故"三字之外，以后的每一条都有其"不法"之定性，即"不法事""肆恶不法""肆虐不法"等。而其"不法"程度如何，却只在两个地方有具体描述。

一是《明实录云南事迹纂要》所载的"负固不服""毒杀伯母"：

> 成化十四年（1478）冬十月壬辰，云南总兵官黔国公沐琮等奏：广西府土官知府昂贵与弥勒州千夫长龙判等互相仇杀，屡遣官抚捕，负固不服。

> 成化十七年（1481）夏四月壬申，都察院臣言："巡按云南监察御史樊莹奏：广西府土官知府昂贵袭职后，为家人告发毒杀伯母等情，究问是实……"[1]

二是在土照磨赵通男赵琼的奏疏中也书写了昂贵累累罪状：

> 土照磨赵通男赵琼奏称：

> "本府土官知府昂贵，先因谋袭毒死伯母山弥、兄嫂海黑，递卖兄自蓬，各已奏告，将昂贵监禁六年。适阴幸得生，袭任知府，不改贪害，将伊婶母适嬽并男番赛、孙竜达、家人阿怪、义兄昂全等毒杀，斩草除根。又擅调强兵，将赵山等杀死，佐使将琼家见丁坐罪，乘机主令赵成等抄掳家财人口，寸丝不留。放虎归山，一方人民俱被遭殃"等情。

> 按：查成化十二年（1476）以来，日月不等。据弥勒州土官舍人

---

[1] 《明实录云南事迹纂要》，方国瑜主编：《云南史料丛刊》第四卷，昆明：云南大学出版社，1998年，第229页。

中篇　百年昂氏土司：汉彝文化交融的多重历史叙事主角

番普妻适轻诉称："贵嘱令家人何仕成等，将夫用药酒毒死；将轻奸占，立为第十二房妾。"又据吉双乡女千夫长适那诉称："贵屡科本乡金银马匹，激变，人民逃散。主使强贼将阿于陪村人民掳去，勒要牛马银两赎命。"又据千夫长王志铎诉称："贵将所管人户三十余寨占夺。将父王庆、母张氏困住，追要银马二百余两，仍将父并者坡等四人，绑缚斩首，剥皮破腹，取心分尸，枭令。母张氏监禁。"又据火头阿克首称："贵擅造军器，抢杀百夫长竜义。年长者斩首，妻子变卖，姿色者任从奸占。劫抢羊罗缺六村，杀死人民八十余人；凌迟支解阿咒、支广等五名，剖腹去心；阿陀等一十三人烧死；阿正等六名，木棍打死；阿真察等四名，丢下深坑；并毒死普佑、适嫚各七名；淹死水内者那一名；斩首者曰等五十九名。家财抄掳，房室令强贼阿你等占住。"又据王志铎告称："贵将父王庆、叔者坡等斩首剥皮。"又据赵人美妻杨氏告称："昂贵将男赵通庄村不时抢掳，人民杀死，田地占夺。"等情。

　　参照土官知府昂贵，先因争夺官职，故将宗族谋死。事发，拿解按察司监禁六年。侥幸脱免，仍保袭职。自合感恩图报，改过迁善，保守身家。乃敢稔恶不悛，愈加凶暴，往往报复私仇，杀害人民。再访得贵自得官之后，蓄养精壮人马，置造锋利器械，出入随从，以张己威。遇有上司差去官员体勘，公然据险不出。故将紧关人犯占吝不发，只是捏词申呈，遮饰己罪。却乃对人大自矜夸，反有轻视镇守、总兵、三司官之意。及照，本府只离云南三日之程。本官未袭之先，有流官同知等官在府管事，地方宁靖，人民安乐。自本官袭职以来，概府人民，俱遭毒害，地方反为不宁。以致被害之人聚讼连群，遮诉盈路，痛愤切于骨髓，冤叫彻于苍天。所以众人心怀不愤，至今称为"放虎归山"。似此土官，情犯重大，法所难容。若不预为处治，不惟纵恶长奸，亦是养虎遗害。抑恐各属土官闻风效尤，地方愈坏。未便。乞照鹤庆、楚雄二府事例。[1]

---

[1]（清）周采：《乾隆广西府志》，泸西县地方志编委会整理，芒市：德宏民族出版社，2010年，第222—225页。

从上述昂贵令人发指的恶性来看，的确是"肆虐不法"之徒。而且并非赵琼一人所言，而是群情激愤了。这样看来，昂贵走下历史舞台，一方面是大势所趋，另一方面是因其罄竹难书的倒行逆施"恶性"。但需要注意的是，这些奏告者的身份，既有彝族，也有汉族，而且多为地方官员及其妻子。如弥勒州土舍番普妻适轻、吉双乡女千夫长妻适那、千夫长王志铎、火头阿克、赵通妻杨氏等。概括他们所诉的昂贵"不法"事宜：一是篡权谋位；二是杀人如麻；三是奸淫他人妻子；四是抢占他人家产。"以致被害之人聚讼连群，遮诉盈路，痛愤切于骨髓，冤叫彻于苍天。"说明昂贵因其不法暴行，不但成为汉族官员们的眼中钉，而且也成为本族官民的公敌。这样，中央王朝对昂贵的两次革职，都成为为官民伸张正义之举。具体而言，昂贵先是因"争夺官职，故将宗族谋死。事发，拿解按察司监禁六年"，即成化五年（1469）至成化十一年（1475）。但侥幸出狱后，"乃敢稔恶不悛，愈加凶暴，往往报复私仇，杀害人民"。终于在成化十七年（1481）五月，以其"故"而将沿袭了五代计99年的普氏（昂氏）土司家族历史终结了。

至于上述众多官员对昂贵的控诉，我们难以核实其真实性。但大概与昂贵同时的另一个"爨蛮"土司的不法暴行来看，则表明昂贵并非特例。如与广西府邻近的罗雄，即今罗平"爨蛮"土司者继荣与必六，也皆是因其恶行而走下历史舞台的，或者说由此给了朝廷革土归流以口实。

者继荣，罗雄土官也。父濬为知州，见营长妻美，夺之，生继荣。十四岁即持刃逐杀濬，濬大惊，欲置继荣死。终以其母故，不忍，假为就学，锢他室，实囚禁之。隆庆中，濬老无子，乃释继荣出，使替职继荣据州。遂逐父，父诉之镇抚，镇抚敕继荣迎濬。濬归，继荣阳事之，实则囚禁，如他日囚己状。且别囚其嫡母隆氏，而遍烝父妾，有沙氏者，不肯从，经死。濬密遣土目者希诉镇抚，继荣觉，杀者希。会万历九年，大调罗雄兵征缅，继荣将行，恐留濬为难，遂弑濬。时沾益土知州安世鼎，世绝，其妻安素仪典州事，亦提兵赴调，继荣见素仪大悦，遂请合兵，宿其营，奸之；且阴倚沾益兵力得自助。而越州土舍海现，其寡嫂资氏有殊色，继荣凤与通，至是出师，即屯兵其

中篇 百年昂氏土司：汉彝文化交融的多重历史叙事主角

家，纵淫至数夕方去。知州越应奎愤甚，白兵备谋，匿兵资氏壁，推继荣，继荣脱走。继荣自以为不容于众，且阴恃兵力，遂聚党占邻，不输站马，强淫诸夷妇，无道。……十三年，巡抚刘世曾遣副使程正谊、佥事郑璧为将军，调诸土兵，……并驰普鲱营，自撒马发兵，攻赤龙寨，斩阿姑，捕卤隆氏、资氏、海氏，贼渠杨达孝、妖道杨五郎等，进攻普得龙及陀木、舌星诸寨，斩王道、张道，俘获男女及降贼一万七千四百人，器械什物无算。追奔至阿拜江，隆有义所将卒斩继荣……调曲靖卫中左所军罗雄，改名定雄。建城，设流官知州，敕者继仁续者氏后，给以庄田，一切簿书狱讼尽属流官，而是后有必六。[1]

者继荣也跟昂贵一样弑父奸淫，聚兵称雄，最终身首异处而被改土革职。但跟昂贵不同的是，明中央王朝并未将其家族斩尽杀绝，而是让其后人继承其职位。这不得不让人想到云南历史上诸葛亮"七擒孟获"的传说。"七擒七纵"的最早由来是《华阳国志》卷四《南中志》，另外在《三国志·诸葛亮传》注引《汉晋春秋》中也有简要的记载。不过《三国志·蜀书·诸葛亮传》《出师表》及当时率军首领《三国志·蜀书》卷十三《李恢吕凯传》中均没有直接记载，但是到宋代的《资治通鉴》就开始故事化了：

> 七擒七纵，而亮犹遣获，获止不去，曰："公，天威也，南人不复反矣。"

到元代，诸葛亮"七擒孟获"故事就重构得更为生动了：

> 三国蜀汉丞相诸葛亮南征，自越巂，乃建兴三年（315）春至南中，所在战捷，由是斩雍闿等。雍闿者乃益州郡之耆帅，阻拒汉兵，亮斩之，遂平。时孟获僭为蛮王诱扇诸夷，牂牁、越巂皆应孟获。其人素为夷、汉所服，占据昆明、东川、武定以及乌撒、沾蒙数千里地，其众数万。亮经会川（今四川会理西），历三绛（武定）、弄栋（姚安），而抵

---

[1] （清）毛奇龄《云南蛮司志》，方国瑜主编：《云南史料丛刊》第五卷，昆明：云南大学出版社，1998年，第451页。

永昌，断九隆山脉以歇王气，遂将孟获生擒于营，使观营垒，七纵七擒，以知亮有天威也。[1]

看来，对于诸葛亮"七擒孟获"也具有后来者重构的特点。因而对其真实性，历来多有争论。1983年4月，四川大学历史系教授缪钺在全国首届《三国演义》学术讨论会上指出，诸葛亮哪有那样大的本事，把孟获当小孩一样随便放了又捉？云南大学历史系教授方国瑜先生在《诸葛亮南征路线考记》[2]一文中也说，七擒七纵孟获之事不过是民间传说，载于志书者更多附会，不值辩论。方先生还在其所著《彝族史稿》[3]一书中对此问题进行了深入考证，认定关于诸葛亮"七擒孟获"之说"像煞有其事，完全是虚构的"。当代著名三国史研究专家、成都武侯祠博物馆馆长谭良啸也在《诸葛亮"七擒孟获"质疑》一文中说，七擒一事，实近乎离奇，诸葛亮俘孟获不杀当是有的，但"七擒七纵"则令人难以置信。[4]由此也说明，此类历史事件被记录、重构的意义，不在于事件是否真假，而在于给读者什么样的信息、思想。很显然，对于代表刘汉王朝的诸葛亮的"七擒七纵"的故事化重构，旨在标榜其政权的正统性，以及渲染其"攻心为上"的政治智慧。那么，到明代，中央王朝对于"不法"土官本人及其后裔，仍然还是先给其类似"七擒孟获"的降职任用的机会。究其根源，一方面是因为仍然需要他们管理本土本族，而暂且采取"以夷治夷"的政治策略；另一方面则是以其"攻心为上"的政治策略，为的是俘获更多土官、土民之心。因此，除了让昂贵入狱又出狱，而且继续给以官职管理地方之外，对于罗平（罗雄）彝族土司也同样采取了任用其子的怀柔政策。[5]在前文则说过，还有废除其

---

1 （元）张道宗《纪古滇说集》，方国瑜主编：《云南史料丛刊》第二卷，昆明：云南大学出版社，1998年，第657页。
2 参见方国瑜《诸葛亮南征路线考记》，林超民编：《方国瑜文集》第一辑，昆明：云南教育出版社，2001年，第409—418页。
3 方国瑜：《彝族史稿》，成都：四川民族出版社，1984年。
4 谭良啸《诸葛亮"七擒孟获"质疑》，载谭良啸著：《八阵图与木牛流马 诸葛亮与三国研究文集》，成都：巴蜀书社，1996年，第101页。
5 （清）毛奇龄《云南蛮司志》，方国瑜主编：《云南史料丛刊》第五卷，昆明：云南大学出版社，1998年，第451—453页。

中篇 百年昂氏土司：汉彝文化交融的多重历史叙事主角

反叛朝廷的老土司，却"教化"小土司的案例，目的在于培养符合其统治的地方政治精英。如若不行，则完全废除。

总之，基于其传统社会文化土壤而类似昂贵这样"肆虐不法"的土官并不少。那就不得不深究是什么样的文化土壤培育出来的呢？如果看看汉文化中心主义下对"爨蛮风俗"的描写，那就会明白，一方面固然是其有别于汉文化的"爨蛮风俗"所致；另一方面是因为书写者的汉文化中心主义立场，而将此异文化放大甚至妖魔化。这样，就将昂贵所代表的土司势力与流官们所代表的国家力量并置于"法"与"不法"的二元对立中，进而言之是放在"罪"与"功"的天平上。这样，就为中央王朝在边疆民族地区的统治，以及待时机成熟就实施革土设流政策的合法性提供了现实案例。就此意义而言，昂贵的命运，固然是因其"肆虐不法"而成了短命土司，但更是因为昂贵迟早也将裹挟进大一统历史车轮而气数已定。如此内外动因、条件的交互作用，某一个、某一代土司不过是此历史车轮下的一粒沙子而已，终究挡不住大一统历史车轮的滚滚向前。

与昂贵"肆虐不法"相对应的，是一群守"法"有"功"的循官良吏。他们因镇压"不法"之徒而获得民心，从而二者在无形中形成民心所向的政治博弈。这除了上述大量内地汉族移民实边至此，带来的定居农业精耕细作所需的安定环境诉求之外，还有历任广西府知府在安定、教化、发展地方诸方面所俘获的民心：

> 李浑，……时，土舍昂继先骄悍不法，亲督府州民兵围其寨，缚至庭下朴死。取其子云，教之读书，使续其后。一时土司凛凛，民至今叹服。[1]

到广西府第十三任知府李浑时代，仍然有土舍昂继先骄悍不法，就可知首任知府贺勋之前的土官昂贵时代的"不法"及其普遍性到何程度。因此，剿灭"不法"土司，仍然是广西府境革土设流后的重要任务。李浑之所以在42名知府流官中名列"宦迹传"的15人之一，一方面是剿灭不法土司，

---

[1] （清）蒋敷锡修纂：《康熙广西府志》，段锦良主编，刘群点校，昆明：云南人民出版社，2016年，第164页。

另一方面仍然以教化、攻心为上之举使土司后代成为守法之人。

> 辜用琥……麾土司常例，捶死贼盗于市，中节省里甲夫马。以严戢吏，以宽和民，以教化息讼。民不忍以无情之辞欺之。[1]

从同样名列"宦迹传"的第七任知府辜用琥的"宦迹"之一，仍然是针对土司、贼盗、污吏，并对不同的人群有不同的态度与手段，而满足民心所求。

> 戴时雍……肃清衙门，剔除奸蠹，遇事精明果决，庭讼一空，……群下凛然敛戢。于是政通人和。……士民怀思，为立生祠。[2]

第八任知府戴时雍在肃清衙门方面，与辜用琥相同。说明在流官群体中也不乏贪赃枉法之徒，就如普氏（昂氏）土知府从普德到昂贵，从归附者变成掘墓人一样。因此，只有严厉肃清，才能获得民心，中央王朝的统治也才能长治久安，也才会被"士民怀思"。

> 陈忠……冰清玉洁，一意为民。首兴水利，建筑永惠坝，日立水浒，省工砌石，闸开东西两河，灌溉近城田地，胥成膏腴。闻沙夷寇掠东山，即投袂而起，领乡长统兵立营江边，出奇兵剿平匪徒、歹马、齿龙诸寨，东山安枕。三出水下，剪剧寇，修筑三乡城。请官署，管捕务，立乡长，分管各地方，彝自是向化输粮。沿江各渡口设哨兵，拨附近空闲田地给予牛种，且耕且守。诸所经略，皆万世之功，古今之所难及也。[3]

第十任同样位列"宦迹传"的陈忠，在安定地方与发展经济方面同样

1　（清）蒋敷锡修纂：《康熙广西府志》，段锦良主编，刘群点校，昆明：云南人民出版社，2016年，第165页。
2　（清）蒋敷锡修纂：《康熙广西府志》，段锦良主编，刘群点校，昆明：云南人民出版社，2016年，第166页。
3　（清）蒋敷锡修纂：《康熙广西府志》，段锦良主编，刘群点校，昆明：云南人民出版社，2016年，第166—167页。

中篇　百年昂氏土司：汉彝文化交融的多重历史叙事主角

功勋卓著。而且将流官政治体系深入基层乡级，使士民深受其惠，以致九年期满，士民不舍其离任。此外，还有"兴学校，捐资奖励；四时履亩劝农，增修陈公东西二坝，量田编甲，因甲程工，为后修葺计"的张光宇；有"会诸生，讲论无倦。迁建学宫，建鹤麓书院。事关学校，靡不殚心。省刑薄敛，善政不可胪举。……土酋普者轹扰江外，公帅师擒之，诸夷畏服，百姓以宁"的萧以裕；还有"正直光明，兴文讲武。厘剔之治不一，士民安生；人文蔚起。会院司进剿普名声，未克，委员抚，悉被害。公挺身至息宰河，贼扬兵恐之。公单骑入陈利害，大骂。贼服其能，遂伏降，滇祸得宁"的张继孟，等等，[1] 无不是在兴学教化、扶助农桑、平定叛乱多个方面有功于国、有恩于民。

与此同时，还有师宗州、弥勒州知州等流官中的不少人在基层努力稳定地方，仅仅在剿灭叛乱立功者就有：

（师宗州）知州周晓……即调师宗，一介不取，严以驭下，彝汉怀其惠，胥吏畏其神，至今颂为良牧守云。

（师宗州）吏目陆凤翔……守长缺，能抚彝驭众……

（弥勒州）知州孙久……控制土酋，抚安反侧，民赖以安。

（弥勒州）知州华刚……明察强毅，有为有守。十八寨贼首何（阿）匆等闻名丧胆，输纳逋税，期月之间，法令大行。

（弥勒州）知州张佐……征十八寨，运筹有方，不妨民业。[2]

将上述同列"宦迹传"的各级流官的善政良举，与昂贵等土司的"肆虐不法"一比较，民心所向一目了然。"水能载舟，亦能覆舟"，那么，即便不是从中央王朝的层面将其镇压、革职，迟早也要被"士民""土民"所抛弃。既包括来自内地的汉族官民，也包括本土头人、平民。后者在长期的教化与安生之后，不愿再回到之前"爨夷"土酋豪强统治之下。于是，

---

1 （清）周采：《乾隆广西府志》，泸西县地方志编委会整理，芒市：德宏民族出版社，2010年，第128—129页。
2 （清）蒋敷锡修纂：《康熙广西府志》，段锦良主编，刘群点校，昆明：云南人民出版社，2016年，第171—172页。

不管是汉族移民，或是土著"爨夷"，其民心逐渐形成合力，共同向往安居乐业的生活。因此，也就不奇怪昂贵"肆虐不法"形象伴随历史变迁而重构得越来越丰富、生动了。一代又一代的"恶"性叠加，不过是在为"民心"之永恒诉求书写"宦迹传"的同时，也重构刻画一个个"肆恶不法"之徒加以突出其反差。说明改土归流多年以后倒行逆施者仍然存在，因而需要通过这样一正一反的"历史事件"与"历史人物"用以警示后人。正如同列"宦迹传"的循官良吏是否果真如史志所载般完美很值得推敲一样，昂贵之流是否果然如史志所载"肆恶不法"也同样值得考证。换言之，从本书开篇所写的五月十三"祭大山"仪式将其神化为护佑一方的土主神来看，很显然有着与官方史志相悖的民间视角、态度。

《康熙广西府志》与《乾隆广西府志》所载明代万历之前事迹，多来自明嘉靖十九年（1540）纂修的《广西府志略》与万历四十年（1612）组织萧裕城纂修的《广西府志》（皆佚），就可以推断对于昂贵最早的详细记载，为载于后两本史志的《本府改土设流奏疏》与《土照磨赵通奏疏》。《本府改土设流奏疏》全文如下：

> 巡按云南监察御史林符，题为土官仇杀，贻害地方等事。先据广西府土官赵通男赵琼奏称："本府土官知府昂贵，先因谋袭毒死伯母山弥、兄嫂海黑，递卖兄自蓬，各已奏告，将昂贵监禁六年。适阴幸得生，袭任知府，不改贪害，将伊婶母适媛并男番赛、孙竜达、家人阿怪、义兄昂全等毒杀，斩草除根。又擅调强兵，将赵山等杀死。佐使将琼家见丁坐罪，乘机主令赵成等抄掳家财人口，寸丝不留。放虎归山，一方人民俱被遭殃"等情。[1]

此奏疏题为《土官仇杀，贻害地方》，这也是昂贵"肆虐不法"之主要表现或证据。其依据，第一是广西府土官赵通之子赵琼的奏疏，讲述昂贵为谋袭而毒死伯母、兄嫂与递卖亲兄而获罪，被监禁六年。却可能因为类似诸葛亮"七擒孟获"的攻心为上策略，也可能因当时的广西府境仍然

---

[1] （清）蒋敷锡修纂：《康熙广西府志》，段锦良主编，刘群点校，昆明：云南人民出版社，2016年，第220页。

中篇 百年昂氏土司：汉彝文化交融的多重历史叙事主角

需要其"以夷治夷"，而得"阴幸"生还出狱，并继续袭任——实际上是降为弥勒州土照磨。但非但不改贪害，对内，为了斩草除根而更加变本加厉地毒杀多人；对外，则擅调强兵，将赵山等杀死。因此说，昂贵能够"阴幸"生还出狱，实际上无异于放虎归山，继续祸国殃民。因此也与《土照磨赵通奏疏》一样，有其下土官更详细的"案"呈，而且所诉之人就不仅仅是赵琼一人：

> 案：查成化十二年（1476）以来，月日不等。
>
> 据弥勒州土官舍人番普妻适轻诉称："贵嘱令家人阿怪成等，将夫用药酒毒死，将轻奸占，立为第二十妾。"
>
> 又据吉双乡女千夫长适那诉称："贵累科本乡金银马匹，激变，人民逃散。主使强贼将阿于陪村人民掳去，勒要银马等物两赎命。"
>
> 又据千夫长王志铎诉称："贵将所管人户三十余寨占夺。将父王庆、同母张氏困住，追要银马二百余，仍将父并者坡等四人，绑缚斩首剥皮，破腹取心，分尸枭令，母张氏监禁。"
>
> 又据火头阿克首称："贵擅造军器，抢杀百夫长竜义，年长者斩首，妻子变卖，姿色者任从奸占。劫抢羊罗缺六村，杀死小民八十余人，凌迟肢解阿咒、支广等五名，破腹取心阿蛇等一十三人，烧死阿正等六名，木棍打死阿真察等四名，丢下深坑，并毒死普佑、适嫚各七名，淹死水内者那一名，斩杀者曰等五十九名，家财抄抢，房屋令强贼阿你等占住。"
>
> 又据王志铎告称："贵将父王庆、叔者坡等斩首剥皮。"
>
> 又据赵人美妻杨氏告称："昂贵将男赵通庄村不时抢掳，人民杀死，田地占夺"等情。[1]

可见昂贵从被"放虎归山"的成化十二年（1476）到其灭亡的成化十七年（1481）的五年时间，就先后有弥勒州土官舍人番普之妻适轻、吉双乡女千夫长适那、千夫长王志铎、火头阿克首、赵人之美妻杨氏等状诉

---

[1] （清）蒋敷锡修纂：《康熙广西府志》，段锦良主编，刘群点校，昆明：云南人民出版社，2016年，第220—221页。

昂贵的"肆虐不法"。其中，王志铎就有前后两次告称。这皆是昂贵"阴幸"出狱后的所作所为。因此巡按云南监察御史林符就呈"参照"曰：

> 土官知府昂贵，先因争夺官职，故将宗族谋死。事发，拿解按察司监禁六年之上。侥幸脱免，仍保袭职。自合感恩图报，改过迁善，保守身家。乃敢稔恶不悛，愈加凶暴，往往报复私仇，杀害人民。再访得贵自得官之后，蓄养精壮人马，置造锋利器械，出入随从，以张己威。遇有上司差去官员体勘，公然据险不出。故将紧关人犯占吝不发，止是捏词申呈，遮饰己罪。却乃对人大自矜夸，反有轻视镇守、总兵、三司官之意。及照，本府止离云南三日之程。本官未袭之先，有流官同知等官在府管事，地方宁靖，人民安乐。自本官袭职以来，概府人民，俱遭毒害，地方反为不宁。以致被害之人聚讼连群，遮诉盈路，痛愤切于骨髓，冤叫彻于苍天。所以众人心怀不忿，至今称为"放虎归山"。似此土官，情犯重大，法所难容。[1]

这应该是奏疏书写者对昂贵"肆虐不法"恶行的再调查，结论是"情犯重大，法所难容"。而且也看到昂贵的危害不仅仅在广西府境一隅，也不仅仅是以令人发指手段残害官民。更让朝廷不能容忍的是，他轻视朝廷命官，实质上也是轻视朝廷。假如其恶行被其他土官闻风效尤，那明代中央王朝在西南地区的政治统治将从根本上被动摇。

> 若不预为处治，不无纵恶长奸，是亦养虎遗害。抑恐各属土官闻风效尤，地方愈坏。未便乞照鹤庆、楚雄事例，改土设流。[2]

可见，从中央王朝的角度，昂贵是非亡不可。但可以肯定的是，载于《乾

---

[1] （清）蒋敷锡修纂：《康熙广西府志》，段锦良主编，刘群点校，昆明：云南人民出版社，2016年，第221—222页。
[2] （清）蒋敷锡修纂：《康熙广西府志》，段锦良主编，刘群点校，昆明：云南人民出版社，2016年，第222页。

中篇 百年昂氏土司：汉彝文化交融的多重历史叙事主角

隆广西府志》的《土照磨赵通奏疏》[1]，显然源于《康熙广西府志》的《本府改土设流奏疏》。那么，有明一代，其略者，不过明清两代史志所载"故""不法"与"肆虐不法"；其详者，不过是《明实录云南事迹纂要》所载的"负固不服""毒杀伯母"[2]的简略记载。但到昂贵死（1481）后的明嘉靖十九年（1540）的59年，再到万历四十年（1612）的171年，其"肆虐不法"事例已重构层垒至此。却不知最早引自何处——是尚未发现的其他史志？或是民间传闻？甚至也不知是否果真辗转抄袭自明嘉靖、万历年间的两旧志，或者不过仅仅根据民间传闻而在《康熙广西府志》里首次出现？这还需有更多的可信度高的文献资料支撑，而不是人云亦云断定清代两本府志所载皆为史实。但不可否认的是，因为有此两本史志中的两本奏疏的存在，昂贵在官方史志或当时主流意识里的"不法"与"肆虐不法"已经坐实。

普氏（昂氏）家族在归附后所获得的土官（土司）封号，其责任方面，一是以朝贡行君臣之礼；二是服从征调；三是为明代中央王朝管理地方。其权力方面，则先是从其故居地弥勒众多土酋豪强中脱颖而出，进而在广西全境的师宗、弥勒、维摩与十八寨林立土酋豪强中脱颖而出，成为广西府境政治权力最大者。朝廷赋予的社会资源让人垂涎，以至于在昂贵被镇压、普氏（昂氏）家族被灭亡的多年以后，仍有冒充昂氏承袭布韶地方事例发生。[3]一个小小的土舍，都值得不顾"严厉戒饬"而冒险请封，那可以想见，在普氏（昂氏）作为广西府土知府时是何等的威武、辉煌，俨然就是不可一世的一方土皇帝。由此也可能导致忤逆于朝廷、危害于地方，而走下历史舞台。总之，或是归附早期的弥勒土知州也好，或辉煌时期的广西府土知府也好，或后来降职为弥勒土照磨也好，其权势总是令人垂羡，

---

[1] （清）周采：《乾隆广西府志》，泸西县地方志编委会整理，芒市：德宏民族出版社，2010年，第222—225页。

[2] 《明实录云南事迹纂要》："成化十四年（1478）冬十月壬辰，云南总兵官黔国公沐琮等奏：广西府土官知府昂贵与弥勒州千夫长龙判等互相仇杀，屡遣官抚捕，负固不服。成化十七年夏四月壬申，都察院臣言：巡按云南监察御史樊莹奏：广西府土官知府昂贵袭职后，为家人告发毒杀伯母等情，究问是实……"见方国瑜主编：《云南史料丛刊》第四卷，昆明：云南大学出版社，1998年，第229页。

[3] （清）蒋敷锡修纂：《康熙广西府志》，段锦良主编，刘群点校，昆明：云南人民出版社，2016年，第223—224页。

因此就有昂姓后裔在土舍死后六年的所谓遗腹子昂复祖来冒充昂万祥后裔，呈请沿袭土舍之职。朝廷对此必然要"严厉戒饬"，并勒石垂示，以绝后患。

>李跃柱以临安住民，改姓昂裔，希图冒袭，鱼肉布韶，殊为痛恶。仰该道重责三十板，押发原籍，编氓当差缴。……王令，宪批：已洞悉边关要隘，非种必锄矣。然复祖既冒于前，跃柱又踵其后，受地方之责者断不敢为之默默也。今将始末备陈，仰祈鉴察，批行勒石，以杜将来，令奸宄不致觊觎，疆宇得以宁谧矣。[1]

为何在两本奏疏里皆反复强调"勒石"？其目的，一是在于"永久以杜诈冒"；二是在于"永为垂须至牌久"。由此可知，从朝廷的角度，一旦时机、条件成熟，无论是否有地方人士奏疏，也将终结作为中央王朝势力全面深入统治之前的权宜之计的土司制度；而从土司家族而言，自然不甘心走下历史舞台，或者有旁支乃至不相干者觊觎土司权势，而必然做最后的挣扎，于是就成为"肆虐不法"之徒。那么，作为边疆少数民族官民纳入明代中央王朝政治体系重要象征的朝贡体系的终结，也便是土司制度的终结先兆。任由末代土司垂死挣扎，也任由他姓假冒，也改变不了末世土司走下历史舞台的命运，改变不了觊觎假冒者狼狈收场的命运。而此过程，实际上就是在政治、经济与文化诸方面全方位"以华变夷"的过程。因此，与以"宦迹传"对循官良吏加以歌功颂德相反，要对有违于朝廷利益，有违于民心的昂贵之流的"肆虐不法"形象不断被加以重构，是后世官方史家的立场使命。既然死有余辜，那么昂贵的宿命已定。因此在泸西，"改土归流"几乎就是昂贵下台的代名词。由此，我们才在昂贵死后时间越长越能够"看"到其"肆虐不法"恶行。至于其中有多少事件是后人的以讹传讹，则很难考证求实。

总而言之，昂贵走向广西政治历史舞台，是否果真完全是"民心所向"？从上述《本府改土设流奏疏》与《土照磨赵通奏疏》所见，"诉称""告称"

---

[1]《布韶地方入流记》，载（清）蒋敷锡修纂：《康熙广西府志》，段锦良主编，刘群点校，昆明：云南人民出版社，2016年，第226页。

之民非底层社会民众，而是与昂贵家族一样曾被封为一方的土官——尽管权势小于昂贵的小土司们——的诉状。那么，是否也可以推测昂贵的"肆虐不法"，或者至少部分"肆虐不法"，或许是土官家族之间的一种权力博弈？换言之，在"爨夷"内部仍然沿袭着强者为王的传统，而使得弱于昂贵的其他土官被昂贵鱼肉？再进而言之，更多的"肆虐不法"恶行是发生在其"阴幸"出狱，并仍然给其土照磨官职之后，那是否也有可能是想要以此疯狂举动表明其存在，并表达对朝廷的不满？即对朝廷，要显示其实力不可轻视；对族人，则要显示我昂贵仍然是地方权势最大者。但其这些"恶行"，必然使其得道者多助、失道者寡助，因而不过就是为官方史家的"以史为鉴可以知兴替"提供了史实案例罢了。

三、地方文化精英对昂贵的神化及其文化隐喻

对同样的历史人物，同样的历史事件，往往存在着多套话语体系。具体对昂贵而言，既有其"肆虐不法"的官方话语体系，也有底层民众以祭拜仪式、历史记忆等形式保留着对其的价值判断，还有"地方文化精英"以神话重构、文化隐喻等方式在神化历史人物与事件的同时，表达其汉文化的地方性中心主义立场。昂贵在成化九年（1473）篡广西府土知府位，成化十二年（1476）因弥勒土照磨赵通奏疏而获罪下狱。史志载他入狱六年，但实际上不几年就得"阴幸"出狱，并降为弥勒州土照磨。到其灭亡的成化十七年（1481），仅仅五年时间，就成为白芍（布韶）飞凤古城，乃至整个泸西、弥勒一带赫赫有名的传奇人物。这除了上述官方史志的"肆虐不法"记载之外，还有其后地方文化精英在此记载基础上的不断重构、神化。从目前所见文献看，时间从20世纪80年代延续至今，因而也是满脑子汉文化中心主义的地方文化精英在改革开放以来对背离朝廷所求、背离民众所望的昂贵及其所代表的"爨夷"文化的文化偏见。

（一）乌蟒在世——乱世枭雄

虽说"英雄不问出处"，但是不管是英雄或是枭雄，只要是历史名人，

多被后人将其出身神圣化。对昂贵也如此,被神化为乌蟒再世。下面依据各文本成书时间顺序,分析昂贵是如何重构成为"传奇"人物的。

> 明朝时候,广西府有个村子名叫布龙。村中有家姓昂的小两口,相亲相爱,生活了十多年,却还没有一个孩子。小夫妻俩常常为这件事发愁叹气。有天晚上,丈夫做了个梦,梦见一条大黑蟒从他家房顶上飞梭过去了。他很奇怪,就告诉了妻子。十个月后,妻子生下了一个肥头大耳,脸圆口方的男孩。夫妻俩十分疼他,给他取名叫昂贵。[1]

在20世纪80年代由"陈天一搜集"的《彝族民间故事》中,昂贵出身就非同凡响,是在其父夜梦大黑蟒后,其母才怀孕并生下昂贵的。在民间认知中,大蟒并非一般俗物,而是有灵性的。加上"黑"字后的"大黑蟒",那昂贵后来那些令人恐怖的"肆虐不法"行径就如在眼前了。故事题为《飞刀龙马》,可见改革开放之初的地方文化精英关注的重点是"物",而非"人"。那关注点从"物"到"人",或者说从"物"的神化到"人"的神化,还需进一步的再加工。需要注意的是,陈天一为飞凤城子古村人,其家族历来是城子精神文化的生产者。书里注明故事为其搜集,很可能搜集自城子民间,也就说明昂贵故事在城子流传已久。或者说,作为土知府、土照磨的昂贵已经死去(1481)500多年,但是在城子人心目中一直生生不息。导致其"生生不息"的,不是昂贵本人,而是城子村民——包括彝族、汉族村民。于是,汉(彝)合谋共同生产"城子文化""昂贵传奇"的历史剧,就不断在古城上演。

从笔者多年跟踪调查来看,能够将古城、昂贵"历史"讲述得如说书般流利、生动的只有陈氏家族男性。这就从一个侧面反映了来自内地的汉族移民陈氏是如何在古城成为其精神文化的主要生产者的;而且也表明其祖先以私塾先生身份来到古城的陈氏家族,是如何将内地汉文化附会、交融于古城历史文化体系中的。又因后来的古城历史文化研究成果多来源于陈天一,这个目前所见到的第一个将古城民间传说以文字书写、传播的城

---

[1] 陈天一:《飞刀龙马》,载泸西县民委、文化局、文化馆编:《飞鹤集》(内刊),红河州印刷厂、个旧市印刷厂,1984年,第57页。

中篇 百年昂氏土司：汉彝文化交融的多重历史叙事主角

子地方文化精英就成为"昂贵传奇"的始作俑者。因其所生存的古城汉彝交融的文化土壤，其笔端就流淌着汉彝两个民族的精神诉求。那么，从汉文化的角度，"大黑蟒""乌蟒"是令人发怵的；但是对于以黑为贵的"爨夷"则未必。这种巧妙的文化隐喻，当然只有回归到各自的文化视角才可以理解。

到 2005 年编纂《广西府漫话》时，就有《昂贵传奇》专篇，也完成了从"物"到"人"的神化：

明洪武十五年（1382），广西改路为府。初设土司府时，广西府（泸西）还是一片人烟稀少的辽阔蛮荒之地。土知府衙就设在矣邦村（属师宗州）、生纳村（属弥勒州）这两村之间的一片平地上。有十多幢平瓦房，分大理、中堂、后衙。矣邦、生纳两村也只是草瓦房相间，不过两三百户人家。

坐镇土司府署的几代土司官都出生在距府署 50 里外巍巍的金顶山脚下的一个村子——布笼（今属弥勒）。这里的贵族就住在村前旱地中横起的小山上（土官山）。土官山前有池塘，背靠金顶山，周围茂林修竹环抱，山上中间的十多幢平瓦房就是各代土司的住宅。小山后有一片农奴住的茅草房，约数十户。

那年头，在贵族宅区里，有一家小两口，田地不少，除自己耕种外还有大片土地供农民耕种，按年收租，生活倒也过得丰衣足食。但遗憾的是年近半百还没有一个娃儿，却也让人愁苦。

然而，山到尽头路自转，上天不使断香火。有一夜，夫妻正酣睡时，同时做了一个相同的噩梦，只见一条乌蟒横空翻滚，祥云四起，只见那乌蟒忽地裹在一团彩云中冲进门来，直扑妇人身上，吓得夫妻俩各出一身大汗，从睡梦中惊醒。夫妻俩惊魂不定，再也睡不着了。双双盘腿坐于床上，各道其噩梦情景，不知是祸是福。说也奇怪，没过几天，妇人觉得腹中滚动，竟生下一个肥头大耳、脸圆口方、天庭饱满的男娃，夫妻俩爱的不得了。亲朋小家（农奴）纷纷前来祝"弥月（初生婴儿满月）"。宾客看到孩子大为惊奇，老一辈在宴席中互唱酒歌，年长的外祖父为他起了一个名字叫昂贵。昂贵在父母的疼爱中渐渐长大，在不知不觉中从会爬到会走，从会走到会玩，一天天地长大。他天资聪明，性格豪爽，喜好舞刀弄棍，孩子在一起玩耍时都尊他为"王"。[1]

这是《昂贵传奇》中第一章节"浑囵哇的一破，黑蟒翻身出世"，很有英雄史诗开天辟地的恢宏开场气势，暗示昂贵出身不同凡响。其后如章节的标题下，有"诗曰"：

世事沧桑逐浪波，蛮荒突变惊山河。
牧童吹笛摇天下，百世犹传戏宝戈。[2]

这种书写方式在明清小说里并不少见，很显然这篇不署名的《昂贵传奇》就来源于陈天一的《飞刀龙马》，或就是陈天一本人所为，或是参考了陈天一的《飞刀龙马》。但是文体从故事体到说书体的改变，则表明汉文化是如何从内容到形式不断浸透到边疆少数民族地区中的，并通过对"爨夷"历史人物的重构，而不断实现地方历史文化知识的再生产。

当然，无论是故事，或是说书，无不关注如何吸引听者、读者的注意力。那就必然在其故事性重构方面殚精竭虑，因而在细节上就要更加生动。如前文中只是丈夫（昂贵父亲）一人梦见乌蟒，此文中则说是夫妻二人皆做同样的乌蟒噩梦；前文曰"梦见一条大黑蟒从他家房顶上飞梭过去"，此文则说"只见一条乌蟒横空翻滚，祥云四起，只见那乌蟒忽地裹着一团彩云冲进门来，直扑妇人身上"。总之，越来越故事化，也越来越神化了。而到了2006年出版的《阿庐传说·龙马飞刀》里，其故事化、神化就更进一步了：

明朝景泰年间（1450—1457），距广西府南部五六十里的崇山峻岭中，有一个名不见经传的小山村，名叫布笼。

---

[1] 泸西县老年人诗书画协会、泸西县政协文史委编：《广西府漫话》（内刊），昆明：滇黔桂石油勘探局昆明印刷厂，2005年，第123—124页。
[2] 泸西县老年人诗书画协会、泸西县政协文史委编：《广西府漫话》（内刊），昆明：滇黔桂石油勘探局昆明印刷厂，2005年，第123页。

中篇　百年昂氏土司：汉彝文化交融的多重历史叙事主角

布笼村边一间破旧的茅草房中，居住着一对年近四十的彝族夫妇。夫妇俩耕耘劳作一生辛苦，仍然过着半年粗粮、半年糠菜的贫穷日子。更遗憾的是，人到中年，一直没有生养一男半女。

一天夜里，风雨交加、电闪雷鸣，仿佛要把世界夷为平地，炸为焦土。小茅屋飘荡摇晃，随时有被狂风吹扬飘散的可能。夫妇俩被这强烈的狂风暴雨、电闪雷鸣惊呆了，两双手紧紧地互相拉着。妇人嘴里不住地祷告着："老天，老天，您忍忍性子，我们小百姓受不了。"

直到天将黎明，雨才渐渐沥沥渐渐小了，一夜惊恐不安的两夫妇疲惫地合上眼睛睡去。睡梦中，只见一条水桶般粗的乌黑巨蟒，驾着腥风，撞开柴扉，张开血盆大口，獠牙森森扑面而来。妇人大叫一声："活不成了。"惊醒而起，遍身冷汗。原来是做了一个噩梦。

从这天起，妇人觉得腹中有物，常感蠕动。也许是苍天有眼，送子娘娘青眼有加，妇人怀孕了。

夫妇俩有说不出的高兴，尽管生活艰难，但也充满希望和幸福。

不觉十月胎满，妇人产下一个胖嘟嘟、肉乎乎的男婴来。

夫妇俩笑得合不拢嘴，中年得子，老天怜人。细看这婴儿，额头开阔饱满，眼圆睛亮，哭声有力，手长腿粗。两人仔细思量，怀孕时刮风下雨，打雷扯闪，加之夜梦乌蟒进屋扑人，此子可能有些金贵，就起名叫昂贵。[1]

此文字一字不变地被2013年的《古村神韵》转引[2]，但搜集者不再是城子人陈天一，而是杨庆福。如果杨庆福是亲自去城子搜集而得，那说明口耳相传的"昂贵传奇"在其故事化、神圣化方面又比以往更进了一步了：时间——明代景泰年间一个电闪雷鸣、风雨交加的夜晚；地点——布笼村破旧的茅草屋；人物——一对年近半百（四十多岁）的贫穷彝族夫妇；过程——"睡梦中，只见一条水桶般粗的乌黑巨蟒，驾着腥风，撞开柴扉，张开血盆大口，

1　杨庆福搜集整理《飞刀龙马》，载段锦良主编，杨庆福编著：《阿庐文化系列丛书·阿庐传说》，昆明：云南人民出版社，2006年，第123—124页。
2　段立青主编，杨俊编著：《阿庐文化系列丛书·古村神韵》，北京：中国文化出版社，2013年，第41—42页。

獠牙森森扑面而来";结果——"十月胎满,妇人产下一个胖嘟嘟、肉乎乎的男婴"。这样的开场,可以将读者带入此恐怖场景,暗喻昂贵带来的将不是祥和,而是与乌黑、腥风、血牙、森森相吻合的苦难时代。

而且,从1980年到2013年前后三个版本的昂贵"传奇"中,对其外貌的描写也用心之至:

1984年——肥头大耳,脸圆口方。[1]

2005年——肥头大耳,脸圆口方,天庭饱满。[2]

2006(2013)年——额头开阔饱满,眼圆睛亮,哭声有力,手长腿粗。[3]

可见,在地方文化精英们二三十年的"昂贵传奇"知识的再生产中,刚出生的昂贵就越来越有了天赋异禀的特性。而从2005、2006到2013年的"昂贵传奇"重构、叠加,都可以看出是源自城子出生的陈天一于1984年所撰母版。有意思的是,笔者在城子跟踪调查多年,能够将昂贵故事完整讲述的只有陈天一的侄子陈清华老先生。他多次跟笔者讲道,在所有有关昂贵口传与文本历史记忆中,生是乌蟒降世,死是乌蟒离世:

> 昂土司此时已是英雄末路,又不甘束手被擒,一头撞在柱子上,头破脑迸死了。只见一股青烟腾空而起,一条黑龙驾着雾气向西飞去。[4]

这是1984年陈天一所述《飞刀龙马》中的昂贵兵败自杀,化黑龙驾青烟而去的文本。但到了2006年的文本则更加回应了前文的"仙翁"告诫:

> 因追兵紧紧追赶,只好绕道阿矣坎爬上发龙坡。昂贵忽然想起赐刀仙翁告诉的"谨记涨水日子",自己却多年来没有理解其中含义,

---

[1] 陈天一:《飞刀龙马》,泸西县民委、文化局、文化馆编:《飞鹤集》(内刊),红河州印刷厂、个旧市印刷厂,1984年,第57页。

[2] 泸西县老年人诗书画协会、泸西县政协文史委编:《广西府漫话》(内刊),昆明:滇黔桂石油勘探局昆明印刷厂,2005年,第124页。

[3] 杨庆福搜集整理《飞刀龙马》,载段锦良主编,杨庆福编著:《阿庐文化系列丛书·阿庐传说》,昆明:云南人民出版社,2006年,第124页。

[4] 陈天一:《飞刀龙马》,载泸西县民委、文化局、文化馆编:《飞鹤集》(内刊),红河州印刷厂、个旧市印刷厂,1984年,第61页。

中篇　百年昂氏土司：汉彝文化交融的多重历史叙事主角

这时醒悟，今天是五月十三（成化十七年），关老爷磨大刀，想必是我大蟒在这涨水的日子该入深渊啦！一声长叹："天意啊！"见追兵迫近，而普亚和兵卒尚在左右，仰天一笑，向各位拱手，"别了！望众兄弟速逃。"便跃身从悬崖上跳下，突然一阵狂风暴雨袭来，一条巨蟒裹着乌云腾空飞去。[1]

五月十三关公磨刀日，大蟒入渊，活脱脱就是内地汉文化在"爨夷"地区的位移与重构。而且，同样又给昂贵另一种死法，或者说是黑蟒的另一种离世方式——跳崖。这就跟撞柱而亡是一样的，其身份又完成了"人—乌蟒（黑龙）"的转型。并且都是以兵败后壮烈或惨烈自杀的方式，给其保全了最后的尊严。但是到了2006与2012年传抄的版本里，则再无化身乌蟒细节了：

　　昂贵见追兵滚滚而至，前面是悬崖峭壁，进退无路，仰天长叹一声，英雄末路，高叫一声："老天误我！"一咬钢牙，将心一横，挥鞭抽马，跃下万丈深渊。[2]
　　昂贵见追兵滚滚而来，前面是悬崖峭壁，长叹一声，英雄末路，一咬钢牙，将心一横，挥鞭抽马，跃下万丈深渊。他连人带马，被摔得粉身碎骨。[3]

乌蟒在不同版本里的有与无，或者有时是黑龙，有时是乌蟒，正好说明并非真实的存在，而是后人的想象、附会。故而需要其有时则有，需要其无时则无，甚至都不顾文本的前后呼应。因此，昂贵为乌蟒（黑龙）出世，不过是为了吻合其"肆虐不法"形象而想象出来的，同时也是为了吻合汉文化中心主义下的"爨夷"之"犷悍"习性而建构出来的。

1　泸西县老年人诗书画协会、泸西县政协文史委编：《广西府漫话》（内刊），昆明：滇黔桂石油勘探局昆明印刷厂，2005年，第161页。
2　段锦良主编，杨庆福编著：《阿庐文化系列丛书·阿庐传说》，昆明：云南人民出版社，2006年，第139页。
3　段立青主编，杨俊编著：《阿庐文化系列丛书·古村神韵》，北京：中国文化出版社，2013年，第61页。

需要注意的是，上述泸西地方文化精英对枭雄出世的想象，可以在早期汉族与其他民间传说里找到线索。在汉文化里有吞玄鸟蛋而生商的始祖契的传说[1]，古哀牢也有九隆神话[2]，彝族的"勒俄特依"传说[3]等等，无非都是要表明主人公的不同凡响。再进一步讲，或许正如"玄鸟堕其卵，简狄取吞之"传说、"九隆神话"与"勒俄特依"等"感生神话"一样，无非是以赋予主人公神性的方式遮盖其无清晰血缘之父时代婚姻伦理的合法性。因昂贵之父母，尤其是其父，老年得子，因而需要以一套神圣性的说辞掩盖其母可能非婚后受孕的真实历史。总之，这些地方文化精英表面书写的是昂贵——彝族昂贵，但却是在一套汉文化的认知体系里"传奇"故事重构昂贵的。因此说，仍然不过是借用昂贵这个历史人物，表达其"以史为鉴可以知兴替"的历史观罢了。

但是，在上述呈现汉族民间信仰与"爨夷"自然崇拜的众多崇拜物中，为何独独选择蟒，而非其他？这则与广西府境自然环境有关。从普氏（昂氏）家族作为一方"爨夷"土酋时的统治中心与被敕封为广西府土知府后——矣邦、生纳之间，即今泸西县城中枢镇"老城子"，再到昂贵出狱、降职

---

1 （汉）司马迁：《史记·殷本纪》，北京：中华书局，1963年，第91页载："殷契，母曰简狄，有娀氏之女。……三人行浴，见玄鸟堕其卵，简狄取吞之，因孕生契。"

2 （元）张道宗：《纪古滇说集》：哀牢国，永昌郡一也。其先有郡人蒙迦独，妻摩梨羌，名沙一（壹），居于牢山。蒙迦独尝捕鱼为生，后死牢山水中，不获其尸。妻沙一往哭于此，忽见一木浮触而来，旁边漂沉，离水而少许。妇坐其上，平稳不动。明日视之，见水（木）沉触如旧。遂尝洗絮其上，若有感。因怀妊，十月孕，生九子。复产一子，共男十人。同母一日行往池边，询问其父，母指曰："死此池中矣！"语未毕，见沉木化为龙出水上，沙一与子忽闻龙语曰："若为我生子，今俱何在？"九子见龙惊走，独一小子不能去，母固留之。此子背龙而坐，龙因舐之，就唤其名曰习农乐。母因见子背龙而坐，乃鸟语（本地少数民族）谓背为九，谓坐为隆，因其名池曰九隆。习农乐后长成，有神异，每有天乐奏于其家，凤凰栖于树。有五色花开，四时常有神人卫护相随。诸兄见有此异，又能为父所舐而与名，遂共推以为王，主哀牢山下。方国瑜主编：《云南史料丛刊》，昆明：云南大学出版社，1998年，第655—656页。

3 左玉堂主编：《彝族文学史》，昆明：云南民族出版社，2006年，第112页中说："雁乡这地方，蒲家生三女，大女、二女已出嫁，三女蒲莫列衣（又写作：勒俄特依）还未出嫁。一天，她坐在屋檐下织布，四只神龙鹰从大杉林飞来。蒲莫列衣仰头看神龙鹰，龙鹰掉下三滴血，滴在她身上：一滴中头上，发辫穿九层；一滴中腰间，毡衣穿九叠；一滴中尾部，裙褶穿九层。蒲莫列衣以为是恶兆，急忙派差使请毕摩大师占卜。毕摩学徒呷呷翻经书后说是大吉兆，'要生个大神人'，后来，蒲莫列衣果真生了个儿子，起名叫阿龙（支格阿龙）。"

中篇　百年昂氏土司：汉彝文化交融的多重历史叙事主角

后曾经的盘踞地弥勒以及最后的盘踞地——飞凤古城，皆是后有大山，前有湖泊江河，是大蟒出没之地。在泸西境众多传说中也可以看到蛇蟒众多，如在《灵龟山广福寺大蟒的传说》中就讲述了一个大蟒贪婪肆虐，先是被雷音寺"降龙罗汉"所收，后被南海护法神所灭的过程：

　　当时的灵龟山林深树密，山花野草丛生，到处乱窜着大小动物，最多的要数蛇了，各种各样的大麻蛇，有红的、黑的、花的、青的、白的，有带毒的、无毒的，遍布山间。人在草丛里走着，一转眼，就见满地蛇窜，胆小的人被吓得冷汗直流，魂飞魄散。

　　……灵龟山内部几乎都是空的，大小洞穴甚多，蛇都躲在洞中，有的不知历经多少年代，已长出红色冠子，身长数十公尺，直径有碗口粗细，有的甚至长成了巨蟒，捕吃各类大小动物。最初有的人家把猪、鸭放牧在山前山后、山左山右，早上放出来，晚上去赶时就不见了。主人认为是跑丢了，找不着也就算了。过几天放出来又照样丢失了。这不只是一家，凡是在此放猪、鸭的人家都是如此。此后多数人家就不敢再来东寺山放猪、鸭了，认为山上是有怪物。猪、鸭不敢放了，养着牛马的人家却把牛马放到后山来，因这里草好草肥，小牛小马在草丛里直接不见影子。初时主人也不在意，由它们自己去吃草，到傍晚来找小牛小马时却找不到了，只好愁眉苦脸地回家。这事经常发生，且不只一家，这些人家纷纷议论东寺山出妖怪了。这样一传十，十传百，凡是放牧的都不敢再上东寺山了，山上有怪物的传闻弄得人心惶惶。

　　从前山上林中各种鸟都有，成群结队飞翔在林间，大雁在空中鸣叫，黄莺、喜鹊、乌鸦、麻雀遮天蔽日，可后来慢慢地少了，人们在不断寻思这是为什么？

　　大的动物少了，连雀鸟也少了，放牲口的都不敢来了，灵龟山上一时显得很寂静。然而四周的菜地、稻田、豆地又出怪事了，好好的一片菜地第二天就变成了一片平地，菜倒伏在地上；秋天，稻田里水稻长势喜人，可一夜之间就被全部扫平；春天，蚕豆、油菜等作物都是如此，受害人家怨声载道。

　　……那天恰好是农历十五，月明风清，四野一片静寂。青蛙叫，老鼠窜，野猫蹲在田埂上，不时以迅雷不及掩耳之势捕个猎物，自然极了。然而，不自然的东西出现了，众人只听得东寺山边哗啦啦一阵乱响，紧接着眼前两道白光闪亮，定睛一看，头大如磨盘、顶着大扇子似的红冠、喷着一对长须、张着血盆大口的怪物从山边窜了出来。所有的人都吓呆了。只见大蟒一伸舌头，肚子一吸，周围的青蛙、老鼠、野猫等一齐飞向大蟒的嘴里去了。然后，它头一转，尾巴从山洞中唰地一声抽了出来，一大片田地就全被扫成平地。这个方向的小动物被吃光后，转头又向另一边爬去，一会儿功夫吸食了无数小动物，扫平了更大一片的田地。大约一个时辰左右，估计吃饱了，大蟒这才哗啦啦地钻进洞里去了。[1]

可见，有什么样的自然环境，就有什么样的自然崇拜。该神话故事反复讲述大蟒形象与本性，表达的是大蟒在泸西人的心目中是恐怖与神秘相交织，因而被神化，并加以崇拜就不足为奇了。特别有意思的是，巨蟒被大和尚锁在广福寺的传说，显然是普氏（昂氏）家族被羁縻，使其不得"肆虐不法"历史的神话表达：

  被镇在山洞中的大蟒，全身被三座山压住，不能动弹。
  经过多少年后，洞中的大小动物全被大蟒吸食一空，它又困又饿，又挣不开和尚捆它的金链金锁。听得洞外有人行动，观音阁中有人敲钟击磬，便把血盆大口一张，肚子一吸，舌头一伸，洞口的人就被吸进肚子里去了，算是得了点垫肚肠的东西了。[2]

正如昂贵因"肆虐不法"被入狱、被降职，但不甘心退出历史舞台一样，大蟒被"大和尚"用金链金锁锁住，并压在三座大山之下，也仍然吃人如麻。于是又出现从南大山来的"勇士"身绑尖刀、手持宝剑钻进蟒肚，终于将

---

[1] 泸西县老年人诗书画协会、泸西县政协文史委编：《广西府漫话》（内刊），昆明：滇黔桂石油勘探局昆明印刷厂，2005年，第50—52页。
[2] 泸西县老年人诗书画协会、泸西县政协文史委编：《广西府漫话》（内刊），昆明：滇黔桂石油勘探局昆明印刷厂，2005年，第54页。

中篇　百年昂氏土司：汉彝文化交融的多重历史叙事主角

蟒杀死。并留下话：

> "我不是为钱、礼物而来的，我是为救一方生灵免遭涂炭，……告辞！后会有期！"……只见困蟒身前身后有几堆大小不一的人骨兽骨、各种衣裤。最为惊奇的是发现了一堆闪闪发亮的金银首饰、珍珠宝石、簪环耳坠等，令人触目惊心。联想到来敬香求渡的那些老妇人哪里是成仙去了，都是被大蟒吸食到肚里……众人请广福寺的住持把金锁金链收去。因为当年那位从西山来的穿黄袍、背布袋的大和尚是向他们寺中拿去的。当年还留下话说："这孽畜暂不处死，日后自有人来收拾的。"此话如今也应验了。……不知隔了多少年以后，有人传说那个从大西山来，穿黄袍的和尚是雷音寺的"降龙罗汉"，是来收大蟒的。而那个从南山来的青年勇士是南海普陀山的护法神，是来帮助收妖降怪的。[1]

对此类的神话故事，读者都会有似曾相识的感觉，可见是内地汉族有关蟒怪传说位移于广西府境，实际上也是以儒释道与民间信仰为核心的汉文化在广西府境的传播与在地化。但在传说中，将"降龙罗汉""护法神"与大蟒加以对立刻画，所对应的是来自内地的汉文化及其负有传播使命的良官循吏；而大蟒所对应的，显然是类似昂贵这样的"肆虐不法"者。再进而言之，为何将该寺建于灵龟山上？龟蛇相生，在汉文化里是吉祥之意。最早见于《周礼·春官·司常》："龟蛇为旐。"郑玄注曰："龟蛇象其扞难辟害也。"贾公彦疏也说："龟有甲能扞难，蛇无甲，见人避之，是避害也。"可见，一个篇幅并不长的神话，既暗喻了通过神化的方式与内地汉文化的嫁接，以及对内地中央王朝的攀附，同时也表明了泸西一带的蟒崇拜。并将"肆虐不法"之徒比附为黑蟒，偶尔也比附为龙，龙主降雨，龙崇拜便是水崇拜，在依赖风调雨顺的农业生产民族中龙为常见。所以，将昂贵比附为黑蛮乌龙，有其特殊的自然环境因素与历史文化根基。

---

[1] 泸西县老年人诗书画协会、泸西县政协文史委编：《广西府漫话》（内刊），昆明：滇黔桂石油勘探局昆明印刷厂，2005年，第56—57页。

（二）飞刀龙马——来自俗世舅家与仙界的双重神力

如果说其父母梦见黑蟒天降而生昂贵的传说，是看不见、摸不着的口传历史，那么地方文化精英就不得不赋予其更多的神性的承载物，便是"飞刀龙马"。它同样也是经历了从口传到文本，从简单到丰富的历史知识再生产过程：

> 不久，一场瘟疫之后，小昂贵失去了双亲，只好投亲舅舅。舅舅家田多地广，却不把他当人看待，每天都让他上山砍柴放羊，昂贵就和几个小伙伴偷偷把羊杀了烤熟来吃。
>
> 有一天，昂贵正在山上放羊，忽见一只马屎叮当的乌马向他跑来。这乌马鼻孔里长着两股龙须，欢蹦活跳地嘶鸣着。昂贵纵身一跳，跳上了马背。乌龙马长鸣一声，腾空而起，向一座白云缭绕的山头飞去。
>
> ……昂贵朦胧之间记住了这话，他猛然醒来，把金光闪闪的宝刀一挥，只见山中百兽头颅纷纷坠地。他急忙把刀插入鞘中，骑上乌龙马向一个莽莽苍苍的地方飞去。[1]

昂贵父母是否死于瘟疫，难知真假。但从云南历史看，瘟疫时发，死于瘟疫者不少，所以也是符合历史事实的。而且从小孤苦伶仃，更容易激起读者的共鸣。但重要的，也不是其父母是否果真死于瘟疫，而是由父母之死可以将从舅舅处得到的龙马关联起来。乌蛮族群民族传统文化中舅权为大，有谚语称"山上最大的是栗树，天下最大的是舅舅"，而且也非常看重与舅家的姻亲关系，并有"娶妻先问舅"的习俗。即姑妈的儿子长大娶妻，首选对象是舅舅的女儿，由此巩固与舅家的姻亲关系。那么，昂贵从舅舅家得到龙马，也不过是彝族社会资源——世俗权威来源于舅家的神圣性表述罢了。这匹神马的来源在其后几个版本里也有大同小异的传说，而在此前，先以昂贵自小喜欢舞刀弄棍为其后来的喜斗、好掠埋下伏笔：

---

[1] 陈天一：《飞刀龙马》，载泸西县民委、文化局、文化馆编：《飞鹤集》（内刊），红河州印刷厂、个旧市印刷厂，1984年，第57—58页。

中篇　百年昂氏土司：汉彝文化交融的多重历史叙事主角

小昂贵天资聪颖，爱好舞刀弄棍的。[1]

到 2005 年，陈天一就以说书的方式立题"龙马腾空出世，飞刀斩禽惊人"，并仍然以"诗曰"开篇：

自古其人多异梦，天翻地覆跨乌龙；
星移斗转呼风云，一棒敲通万岁钟。

话说昂贵整日放牧，在放牧中把荒野山坡牧场变成了他的练武场。一会把木棒削成枪矛与他的伙伴们相互拼刺；一会用石头垒墙，表示外攻内守；一会扎草人为靶，以小弓箭射的。即便是看着蚂蚁出阵，也要用食饵引别群来同这群拼搏。玩到傍晚，肚子饿了，就动真格的，同伙伴们抓来一只羔羊一刀杀死，剖开肚子，抠去肠肓肚杂，用泥巴糊在羊羔身上，弄个大柴火堆，把羊羔放在火里烧，待泥巴烧焦，肉也熟了，剥去泥巴，羊羔的表皮和毛也跟着脱落。几个伙伴便每人一块撕下来吃，个个吃得顶着肚皮，连打饱嗝。小昂贵学着军爷的口气说："不准告诉大人，谁说就把谁杀来烧吃。"[2]

昂贵在舅父家"整日放牧"，显然也是作者所编撰，不过倒也符合明代"罗罗"的经济生活，而且也把昂贵从小就既狡猾（聪颖）又凶残的一面展示了出来。到了 2006 年其他地方文化精英撰写的《阿庐传说》里，有关龙马得来就更加神乎其神了：

就在这样的闹剧中，奇异怪事在昂贵身边出现了。一天，他与伙伴冲杀的闹剧正玩得兴起时，当他从山上拿着长矛向山下跑去时，牧群中那匹马屎叮当的乌马鼻孔中突然露出两股龙须，欢蹦乱跳地朝他跑来，他感到很惊奇，待小乌马来到身边时，一时心痒，一纵跳上马背，

---

[1] 陈天一：《飞刀龙马》，载泸西县民委、文化局、文化馆编：《飞鹤集》（内刊），红河州印刷厂、个旧市印刷厂，1984 年，第 57 页。
[2] 泸西县老年人诗书画协会、泸西县政协文史委编：《广西府漫话》（内刊），红新出（2005）准印字第 098 号，滇黔桂石油勘探局昆明印刷厂印制，2005 年，第 125—126 页。

说也奇怪,那马长啸一声,腾空直上金鼎,向一座白云缭绕的山上飞去。

……把牛马赶回家后,吃过晚饭,昂贵大着胆子,试探着向舅父要马。舅父说:"要哪只,随你挑。"昂贵说:"大马我不敢要,给那匹瘦小的马屎叮当的小乌马吧!"舅父说:"给你一匹好马吧!"昂贵说:"好马我不敢要,应该留给舅父。""你是我的外甥,也帮我放了几年牲口,我怎能不给你匹好马呢?"昂贵坚持要小乌马,舅父道了一句:"小憨包",倒也答应了他的要求。

昂贵自得到小乌马后,视如珍宝,自不待言。[1]

昂贵之所以有"传奇",是因为有一系列"奇异怪事"充斥其一身。所谓的"龙马"主动来到昂贵身边,愿意成为其坐骑便是其中之一。到2016年版本,昂贵意外获得"龙马"的传说就更富有戏剧性了:

可是天有不测风云,人有旦夕祸福,在昂贵十二岁那年,正逢天旱,田地龟裂,草木枯焦,庄稼颗粒无收。紧接着又是一场罕见的瘟疫席卷而来,布笼一带地方,饿死、病死者不计其数,四野饿殍,尸骨成堆,人烟萧疏,鬼哭狼嚎。昂贵的父母也没有躲过这场灾难,双双撒手人寰,魂归冥府,丢下昂贵无依无靠,在死亡的边缘线上苦苦挣命。

父母死后不久,万般无奈之下,昂贵的舅舅收养了他,从此,他便帮助舅舅家放牛放羊。

冬去春来,花开柳绿,不觉一晃就是三四年,昂贵已是十五六岁的小伙子,长得浓眉大眼,身材魁梧,胳膊上肌肉道健,腿肚上虬筋暴起,一副气死牛的模样。

随着年龄的增长,昂贵越来越心事重重。每天,他把牛羊放到山坡上,在草坡上躺下,双手枕着后脑壳,眼睛望着高远的蓝天白云和山上自由自在吃草的牛羊,嘴里咬着根草,一动不动地发呆。

他在默默地想:我昂贵也是男子汉,难道就这样放牛放羊,没枝没处地终老一生不成?不,我也要过得光光冕冕,活个人模人样。

---

[1] 泸西县老年人诗书画协会、泸西县政协文史委编:《广西府漫话》(内刊),昆明:滇黔桂石油勘探局昆明印刷厂,2005年,第126—127页。

中篇　百年昂氏土司：汉彝文化交融的多重历史叙事主角

  朦胧中他仿佛自己正骑在高头大马上，带着前呼后拥的人众，威威风风走向一座大寨子；一会儿他又觉得他坐在金碧辉煌的大厅里，左右依偎着成群的漂亮女子，座下许多山官、土司、头人纷纷向自己敬献美酒，嘴里说着些奉承的话。他高兴得哈哈大笑，仰起脖子，猛灌了一口随身带的葫芦装的水，呛得他连声咳嗽。

  睁开眼，只见远处山峰高耸，白云缭绕，原来刚才是做了一个梦。他叹息一声，又闭眼睡下，忽然他觉得脸上痒痒的，睁开眼一看，不知哪点跑来的一匹瘦骨嶙峋、病病歪歪的黑马，正在用嘴舔自己的脸。

  昂贵气不打一处来，这野杂种，要不是你搅散，我说不定还可以接着做好梦。想到这里，他一翻身跳起来，飞脚踢向这匹瘦马，马儿机灵地一闪，昂贵踢了个空，差点崴着脚跟。

  他更是鬼火直冒，捡起一块石头狠狠地朝马打去，想出出心中这口恶气。[1]

  所谓人不可貌相，马也不可貌相。上述对这匹神马的描写，有"马屎叮当"，也有"瘦骨嶙峋、病病歪歪"，就更加反证此马所拥有的神性非同凡响。再联系对昂贵"富贵相"的描写，仍然是汉文化里对著名历史人物的主人公光环刻画模式。

  谁知这马儿不退反进，避开石头，冲到昂贵面前，用嘴一个劲地拱他。

  俗话说：马嘴亲热狗嘴凶，昂贵见马对自己如此亲热，也不再气恼。这匹马的鼻孔里伸出两根触须，像蛇的信子一样忽伸忽缩，撩人脸庞，麻痒酥酥，舒舒服服。昂贵也亲热地用手摸摸马头，顺顺马鬃。

  马儿欢叫几声，刨了几下后蹄，然后用嘴咬住昂贵的衣襟，四腿爬在地下，直摇尾巴。

  昂贵再笨也知道这是马示意他骑上去，于是他想了想，不管三七二十一，抬腿跨上马背，小黑马四蹄一收，站起身子，嘶鸣一声，

---

[1] 段立青主编，杨俊编著：《阿庐文化系列丛书·古村神韵》，北京：中国文化出版社，2013年，第43—44页。

放开四蹄，驮着昂贵奔驰而去。

黑马越跑越急，越奔越快，后来竟腾云驾雾，飞了起来。昂贵吓得闭紧双眼，两只手死死地抱住马脖子，不敢动弹分毫，两耳只听得风声呼呼，山峰树木在下面飞闪而过。[1]

无想象，不成书。有翅膀的飞马在现实生活里任何人也没有见过，但是在神话故事里听过的，则并非仅仅发生在昂贵身上。中国古代"飞马"指的是善跑、速度极快之马，用祥云、扬尘显示其快速。如"马踏飞燕"[2] "一骑红尘"[3] 等等，因而不需要以翅膀来显示。但在西方文化里的飞马（希腊文：Πήγασος，英文：pegasus），又译作珀伽索斯、佩加速斯、佩加索斯等，是希腊神话中最著名的奇幻生物之一，长有双翼，通常为白色。改革开放以来，中西方文化交流频繁，而且有电影、电视可以将以前口传的、文本的神话传说影像化。于是，地方文化精英就有可能给传说中的龙马长上翅膀。以一对物化的翅膀，显示其马的神性。在此过程中，不但使汉夷（彝）的飞马文化相交融，而且还借用了西方文化元素。

为何要称为"龙马"呢？也是后人创构？或是昂贵的坐骑本身就叫"龙马"？对此，不能不想起《西游记》里的"白龙马"——本是西海龙王三太子，《西游记》原著称其为"玉龙三太子"，电视剧《西游记后传》将其取名为敖烈。因纵火烧了殿上明珠，而被西海龙王表奏天庭，告其忤逆。玉帝将其吊在空中，打了三百，不日遭诛。后因南海观世音菩萨出面才免于死罪，被贬到蛇盘山鹰愁涧等待唐僧取经。之后又误吃唐僧所骑的白马，而被菩萨点化，变身为白龙马，皈依佛门，载乘唐僧去西天取经，最终修成正果，被升为"南无八部天龙广力菩萨（又称八部天龙马）"。后在化龙池得复原身，盘绕在大雷音寺的擎天华表柱上。那么，很显然，作者陈天一在重

---

[1] 段立青主编，杨俊编著：《阿庐文化系列丛书·古村神韵》，北京：中国文化出版社，2013年，第44—45页。

[2] 马超龙雀身高34.5厘米，身长45厘米，宽13厘米，重7.15千克。马昂首嘶鸣，躯干壮实而四肢修长，腿蹄轻捷，三足腾空、飞驰向前，一足踏飞燕。一匹躯体庞大的马踏在一只正疾驰的龙雀背上，小龙雀吃惊地回过头来观望，表现了骏马凌空飞腾、奔跑疾速的雄姿。

[3] （唐）杜牧：《过华清宫绝句》："长安回望绣成堆，山顶千门次第开。一骑红尘妃子笑，无人知是荔枝来。"

中篇　百年昂氏土司：汉彝文化交融的多重历史叙事主角

构昂贵形象时，也受到了类似《西游记》这样的汉文化古籍及其改革开放以后出现的影视作品的影响，用此来显示昂贵及其坐骑的神性。

在中外乃至中国边疆滇云大地的古代文化里，将两种动物结合，张扬其神性的文化重构物并不少见。如古埃及的狮身人面像（Sphinx，又译"斯芬克斯"）是一头狮身与第四王朝法老（即国王）哈夫拉面结合的石刻雕像。在古埃及，狮子是力量的象征，狮身人面像实际上是古埃及法老的写照，意为法老具有狮子一样的力量。又如中国《山海经》[1]《淮南子》[2]《史记》[3]《天中记》[4]《玄中记》[5]《神异经》[6]等文献中所记述创世时代的烛龙、共工、神农、黄帝、炎帝、颛顼、大禹等形象，无一例外均为人面蛇身，故蛇身形象是他们的共性特征。此乃人祖的神化，也是中国古代神话的重要内容。这类神化物，常常是以半人半兽的创意设计来完成神化后的艺术形象。中国上古神话传说中的蛇，同样被赋予了生殖力和吉祥如意的象征意义。如果关注人面蛇身女娲神话，即不难联想到蛇是卵生动物，其生育力极强。因此女娲在神话中作蛇身的形象，应当主要是出于这样的寄托。[7] 那么，善养马，在唐代就"牛马被野"，到明代仍然以马作为"贡马"的广西境"爨蛮"，马在其生产生活中作用重大，在战争中更是必不可少。因而昂贵作为一方霸主，有不同寻常的良驹是可以肯定的。而且，也是其地位、身份的象征。那么通过书刊、影视接受了中西方多元文化的陈天一，将古今中外文化杂糅在昂贵的"神马"上，也就不足为奇了，不过是要由此进一步烘托昂贵的神性罢了。

值得注意的是，正如以蟒比喻昂贵，但其色为"黑""乌"；以龙马作其坐骑而称"龙马"，但其色依然是"乌"。如果我们不仅仅考虑乌蛮族群以黑为贵，而是也关注到在汉文化里的黑色是与白色相对应的，同时也分别和黑夜与白天、黑暗与光明相勾连。那么，无论是"乌蟒"，或是"乌

---

[1]《山海经》，方韬译注，北京：中华书局，2011年。
[2]（汉）刘安：《淮南子》，陈广忠译注，北京：中华书局，2011年。
[3]（汉）司马迁：《史记》，北京：中华书局，1963年。
[4]（明）陈耀文：《天中记》，扬州：广陵书社，2007年。
[5]（东晋）郭璞：《玄中记》，哈尔滨：北方文艺出版社，2021年。
[6]《穆天子传 神异经 十洲记 博物志》，上海：上海古籍出版社，1990年。
[7] 张碧波、庄鸿雁：《中国文化考古学》，哈尔滨：黑龙江人民出版社，2012年，第5—8页。

马"，都是汉夷文化在昂贵"肆虐不法"形象塑造中的结合。这样，到底昂贵是否果真是乌蟒在世，是否其果真是骑乌马，也就不重要了。重要的是，乌蟒、乌马共同烘托了昂贵的"肆虐不法"。

接下来就是得到飞刀的"奇异怪事"了，仍然是从1984年的陈天一一直重构"传奇"至今：

> 一位白发老翁冲他嘀嘀一笑，赐给他一把宝刀，叮嘱道："小伙子，你将成为一方之王。一定要施仁政，爱士民啊！去吧！"说完化道青烟不见了。
>
> 昂贵朦胧之间记住了这话，他猛然醒来，把金光闪闪的宝刀一挥，只见山中百兽头颅纷纷坠地。他急忙把刀插入鞘中，骑上乌龙马向一个莽莽苍苍的地方飞去。[1]

如果说神马主动跟随昂贵，然后昂贵从舅父那里获得作为舅家力量象征的神马，那么到白发老翁主动前来赐予宝刀，则是使昂贵拥有了来自"仙界"的神力意义。

> （昂贵）到达山顶乌马落下，忽见一位白发老者冲他哈哈一笑，说："小伙子，你将成为一方之王，一定要施仁政，爱老百姓啊！否则，涨水那天……"随即赠宝刀一把，老者忽然化一道青烟而去。昂贵望空一拜，以示感谢，并牢牢记住白发老者的话，抖擞精神，把宝刀一挥，就见满山禽兽头颅纷纷坠地。他急忙把宝刀插进鞘里，跨上乌龙马转回牧场。[2]

这里很含混的"涨水那天……"一句，体现的是汉文化里的天人感应论。到2006、2013年的《昂贵传奇》版本中，更是融入了《西游记》这

---

[1] 陈天一：《飞刀龙马》，载泸西县民委、文化局、文化馆编：《飞鹤集》（内刊），红河州印刷厂、个旧市印刷厂，1984年，第57—58页。

[2] 泸西县老年人诗书画协会、泸西县政协文史委编：《广西府漫话》（内刊），昆明：滇黔桂石油勘探局昆明印刷厂，2005年，第126页。

中篇 百年昂氏土司：汉彝文化交融的多重历史叙事主角

类神话剧的意境。而且又说，龙马、飞刀皆由玉屏、飞凤大仙所赐：

> 正当昂贵陶醉于这世外桃源中，忽听耳边一声清亮的童音："昂贵，请随我来！"
>
> 昂贵转过头一看，只见一个眉清目秀，头挽双髻，年约十二三岁的童子，正笑吟吟地向他连连招手。昂贵连忙下马，右手牵马，尾随着童子朝前走去。
>
> 走过幽幽小径，又转绕几重山岩，眼前豁然开朗。一株高大雄劲的古松，伸枝展叶，似虬龙舞爪，又像白鹤亮翅。古松旁几间小土掌房散落其间，房前一条溪流潺潺流过，屋后几蓬翠竹蓬蓬勃勃，随风摇曳，一切显得那么的淡雅清宁。
>
> 树荫下站立着两个老翁。一位童颜鹤发，红光满面，白眉弯垂，银髯飘飘，他左手捋须，慈眉善目，笑眯眯地看着昂贵微微点头。
>
> 另一位身材修长，略显清瘦，脸上棱角分明，目光如炬，令人望而生畏，但脸上仍露出一种期盼心仪的神色。
>
> 眼前景致，是一幅优美的松鹤延年图。"快来见过二位仙翁。"小童子稚嫩的声音再次把昂贵从惊讶中唤醒。"这位是玉屏大仙。"昂贵急忙上前跪拜参见。小童又指着长眉仙翁道："这位是飞凤大仙。"昂贵又跪在地上转身拜了几拜。
>
> "哈哈哈，快起来！"二位仙翁爽朗地大笑，伸手拉起了昂贵。
>
> "今遣龙马驮汝来，皆因汝日后将成一方土主，故吾二人赐龙马飞刀与你，助汝成功，万不可骄横自大，滥杀无辜，不然，你将功败垂成，自取灭亡。"玉屏大仙威严地说。
>
> 飞凤大仙也对昂贵谆谆教诲道："龙马日行千里，翻山越岭如履平地，他日驰骋疆场，迅猛如龙，实为一良骥美驹；只是这飞刀乃上古仙兵，锋利非常，出鞘则风云变色，意念所至，当者立斩，杀戮生灵，戒之慎之。汝为土主之后，当爱护百姓，善待兵卒，多行义举，远离谗言。否则，吾定不饶你。"[1]

---

[1] 段立青主编，杨俊编著：《阿庐文化系列丛书·古村神韵》，北京：中国文化出版社，2013年，第45—47页。

玉屏与飞凤大仙赐龙马飞刀的情节，先是出现在2006年的《飞刀龙马》中：

> "汝为土主之后，当爱护百姓，善待兵卒，多行义举，远离谗言。否则，吾定不饶你。"昂贵连连点头，谨遵教诲。飞凤大仙递过宝刀，洒泪拜别二位大仙，跨上龙马回到布笼。[1]

果真是"在什么山上唱什么歌"，来自飞凤城子古村的陈天一与搜集于此的所有有关龙马飞刀故事，先是与城子最早的统治者昂贵土司关联，而今就进一步与城子周围的自然环境相勾连，其中首选的便是两座大山。至今，城子村民也津津乐道于这两位"神仙"：一为玉屏大仙，一为飞凤大仙。并认为是由此两位大仙神灵在保佑着村民平安、丰收，其彝汉两族村民共享的自然崇拜就由此可见。更为重要的是，村民将昂贵，乃至其后每一个、每一户村民的福气灾祸都以两座大山的大仙的教诲作为标准。久而久之，就将佛道善有善报、恶有恶报的因果观念，在地化于此，并内化为村民的伦理道德，外化为其行动准则，成为城子沿袭已久的文化传统。那么，在此观念下就变成了昂贵"天赋异禀——天赐神力——肆虐不法——天亡昂贵"的文化逻辑。但如果联系明代云南社会历史变迁，在此逻辑中的动因有二：一是明代中央王朝改土归流之大势所趋下的忤逆之徒昂贵必然灭亡的史实；二是天人感应，得道者多助、失道者寡助与善有善报、恶有恶报一整套汉文化为核心的主流意识下昂贵必然灭亡"传奇"的历史重构。如1984年陈天一的《飞刀龙马》中就说：

> 飞刀龙马的故事像长了翅膀一样传开了，一些不满朝政的人们统统逃到这白云深处，恳请昂贵竖起大旗，占山称王。昂贵十分感激，对天盟誓之后，就带领着这些人占据了一个进可取、退可守的山岭，

---

[1] 杨庆福搜集整理《飞刀龙马》，载段锦良主编，杨庆福编著：《阿庐文化系列丛书·阿庐传说》，昆明：云南人民出版社，2006年，第129页。

中篇 百年昂氏土司：汉彝文化交融的多重历史叙事主角

> 筑起墙垣，盖起衙门，耕耘练武，准备随时抵抗官军的侵扰。[1]

"盟誓"是"爨蛮"，乃至西南少数民族传承已久的结盟文化[2]。想要得到多方力量的支持，就不得不沿袭此传统。这也是昂贵政治智慧的一个侧面。而从有人投奔昂贵来看，可以看出在明代中央王朝越来越将广西府境的各少数民族纳入与内地在政治、经济与文化多维一体化体系中之时，难免也有"不满朝政"者有着反叛朝廷的诉求及行动。其中，有可能是类似昂贵这样的地方土酋豪强"乱贼"的结盟，也有可能是不堪贪官污吏的汉族"士民"与少数民族"土民"的结盟。这在《康熙广西府志》的"宦迹传"里对整顿吏治的宦迹记载中可以看出来。如"清廉励操"的郭集礼，"始终一节"的解一经，"剔蠹去奸"的许佲，"以严戢吏"的辜用琮，"肃清衙门"的戴时雍，"绝苞苴、严关键、省刑罚"的邵鸣岐，"冰清玉洁"的陈忠……[3] 说明早期昂贵也曾得到民心，因而被"大仙"赐予龙马与飞刀，希望其为民施仁政。但正如在这些地方文化精英日渐层垒的昂贵从兴到亡的宿命一样，始终有两只看不见的手在主宰着其命运。一只手是中央王朝将内地与边疆一体化的历史趋势；另一只手是渴望安居乐业的民心向背。所以，多代地方文化精英孜孜以求重构昂贵从天降大任到天绝其命，旨在告诫后人"水能载舟，亦能覆舟"的历史规律。因此，无论如何"对天盟誓"，或笼络更多力量，最终还是无济于事。

总之，给昂贵配了神性龙马，还得配上飞刀这神性武器。这个场面就特别具有道教的特点，童颜白发、来去无踪是中国道教里上通天文、下知地理的道者的标配。因此白发老者的预言、嘱托，正好是"民能载舟，亦能覆舟"的隐喻，也是昂贵从兴到亡历史命运的隐喻。

昂贵自得小乌马后，视如珍宝，自不待言。次日放牧，他悄悄离

---

1 陈天一：《飞刀龙马》，载泸西县民委、文化局、文化馆编：《飞鹤集》（内刊），红河州印刷厂、个旧市印刷厂，1984年，第58页。
2 陈斌、张跃：《云南少数民族盟誓文化》，北京：民族出版社，2012年，第70—75页。
3 （清）蒋敷锡修纂：《康熙广西府志》，段锦良主编，刘群点校，昆明：云南人民出版社，2016年，第164—167页。

华夷互融：飞凤古城民族志

开伙伴们到另外的山坡，一会儿跨上龙马，腾空飞驰，打扰朵朵白云；一会儿拔出飞刀舞上一番，葬送无数无辜的禽兽性命。傍晚，昂贵牵着乌龙马到金顶山不远的玉泉山龙马泉边，让它饱饮狂啸后，骑上马片刻间就降于牧场背后的山林。下马入牧场，同小伙伴一道把牲口赶回家。他闷着心事不敢声张。当然，知心伙伴杨喜除外。

数月后，伯父圆通在广西府署去世，来信要其家人及族人到广西土知府署奔丧。昂贵野心突发，心想，敢莫是白发仙翁告诉的"你将成为一方之王"就要实现了吗？[1]

昂贵得"舅舅"赐龙马，得"白发仙翁"赐飞刀，都很明显看得出来给予昂贵非凡能力的，并不是本土血缘家族，而是来自外界、异族。这对昂贵而言，是一个能够给予他神奇力量的陌生世界。因此，所谓"仙翁"与"舅舅"，不过是成就其大业的"陌生人"的象征。这就暗示着拥有了"陌生人"赐予的神奇力量的昂贵当在此为王。那么，昂贵发迹故事也不过是人类学众多田野个案中"陌生人－王"故事之一而已。[2] 有意思的是，昂贵的"陌生人"，一是有姻缘兼血缘者，即其母舅；二是颇具来自内地道教形象的仙翁。二者分别赋予其龙马与飞刀，就隐喻着"昂贵"不再是彝族普通人昂贵，而是具有本土文化与汉文化双重文化、力量属性的"昂贵"。很显然，这与作为中央王朝统治地方的代理者昂贵土司的身份，是极为相符的。

为了进一步突出龙马飞刀的神性，地方文化精英们又重构了一个昂贵"千里驮盐"的故事情节：

> 成化十三年（1477）某日，昂贵和杨喜、曾兵头商议，拟邀三州及府署全体士卒于玉屏山狩猎，杀牛为宴，两人赞许。届时，三州及府署士卒于凌晨到达指定地点，先是自由活动，或打猎或歌舞，但大部分还是拥挤在狮子岩顶看厨师支锅、烧水，准备宰牛。当十头壮牛

---

1 泸西县老年人诗书画协会、泸西县政协文史委编：《广西府漫话》（内刊），昆明：滇黔桂石油勘探局昆明印刷厂，2005年，第127页。
2 参见萨林斯：《历史之岛》，蓝达居译，上海：上海人民出版社，2003年。

中篇　百年昂氏土司：汉彝文化交融的多重历史叙事主角

拉到时，昂贵到场，他一时兴起，宝刀出鞘一举，就见牛头唰地落地，十头牛躺在血泊之中。又一举，皮唰地剥下。再一举，十头牛的骨肉分开，大小切好。官吏们吓得直伸舌头，大呼神奇。那些平时对昂贵不满者，更是脸色发白，冷汗直冒，想平时对飞刀的威力不相信，现在见到方信以为神。厨师把肉清洗后放进锅里，水未开时，忽发现没有盐，昂贵没有发怒，叫把马牵来，向厨师说："我去省城买盐。"只见他大步跨上马背，一声"起！"马即腾空而起，一团乌云缥缈在马蹄下，瞬间，就落于昆明城外，牵马而入。到了一家盐号，买了两丫盐，卖主大惊，说："这样的瘦马能驮两丫？"昂贵答："一锅（四丫）也不嫌多。"卖主说："能驮一锅不要钱。"昂贵同意。双方定下赌注后，昂贵把盐往马架上捆绑好，跨上乌马，在摇晃片刻后就直冲云霄，飞驰而去。卖主大惊，认为碰上了神仙。昂贵从昆明买盐返回到达猎场时，肉还未熟。士卒甚为惊讶，省城内外对这事四处传扬，直传得让人以为滇南出了神仙了。[1]

成化十三年（1477），是昂贵由广西府土知府被降职为弥勒州土照磨的时间。可见，地方文化精英对昂贵的编年史还是很下了功夫的。此"千里买盐"的"传奇"，与其说是"昂贵传奇"，还不如说是"飞刀龙马传奇"。换言之，如果没有飞刀龙马，昂贵就是普通人一个。而飞刀、龙马的隐喻在前文中就论述过，是世俗的舅家的社会网络，以及神化了的中央王朝力量的物化象征。那么，也就不惜以此"千里买盐"的故事情节进一步凸显飞刀与龙马的"神乎其神"。

实际上，这个"千里买盐"的故事背后，还有着以"夸富宴"彰显其神性——中央与地方社会双重资源的功能。早在20世纪50年代，经济人类学家科迪尔（Helen　Codere）就对印第安人当中流行的"夸富宴"（Potlatch）提出了自己的看法。即交换的意义不是物品交流本身，而在于物品与威望的互通性。[2] 在美拉尼西亚的一些社会，"大人物"通常会力图利用其猪宴

---

[1] 泸西县老年人诗书画协会、泸西县政协文史委编：《广西府漫话》（内刊），昆明：滇黔桂石油勘探局昆明印刷厂，2005年，第136—137页。
[2] 王铭铭：《社会人类学与中国研究》，北京：三联书店，1997年，第144页。

的宏大规模（"豪猪宴"）来显示自己的地位和声望。其促进竞争的因素不是保存财富，而是散发财富。[1]因此说，礼物是获取声望、地位的途径。如夸扣特印第安人的"夸富宴"，不仅是显露财富的竞争，而且是竞争社会地位的方式。竞争的双方有一方社会地位较高，另一方社会地位较低。社会地位较高的一方为了保护自己的地位，尽量把宴席摆得很大、送出许多礼品；而社会地位较低的一方，为了挑战前一方以获得较高的社会地位，也倾其所有、尽其所能地设宴送礼。[2]同样，为了建构社会网络与声望的竞争，昂贵就举办了杀牛宰羊宴请，因而也具有"夸富宴"的意义。其中，飞刀与龙马也成为其建构社会网络与声望竞争的重要工具，因而在同年（2006）的《飞刀龙马》故事里，就对此给予更加生动的渲染：

> 一日，昂贵召集周边各地土司山官会盟，叫部下牵来数头壮牛，昂贵高声对大家说："今天没有什么好吃的款待诸位，只有一锅牛肉，一坛水酒，俗话说：'酒醉英雄汉，饭撑日脓包。'大家定要吃个酒醉肉饱，方称我心，现在你们看我亲自宰牛。"
>
> 只见昂贵双手把宝刀平端胸前，双目微闭，两唇稍动，然后圆睁虎眼，口中大喝一声"宰牛来！"瞬间，宝刀出鞘，只见一道金光飞出，在几头牛胫中绕过，金光飞回，刀锋入鞘，众人还没有回过意来，这时只听得"扑通、扑通"几声，定睛一看，刚才还活蹦乱跳的犊牛，早已身首分离，血流草坡，尸陈眼前。观看之人无不惊叹咋舌，心泛寒意。
>
> 厨师剥牛割肉，架起熊熊柴火，开始熬肉。这时大厨师忽然跑到昂贵面前禀报："土司在上，小人罪该万死，今早来得匆忙，忘记带盐巴。"
>
> 说完冷汗涔涔，浑身颤抖不已，众人一听，此事非同小可，事关昂贵脸面，按照昂贵以往行事，大厨师必死无疑，无不为大厨师捏了一把冷汗。

---

1 ［美］C.恩伯、M.恩伯：《文化的变异》，杜杉杉译，沈阳：辽宁人民出版社，1988年，第210页。
2 王铭铭：《社会人类学与中国研究》，北京：三联书店，1997年，第143页。

中篇　百年昂氏土司：汉彝文化交融的多重历史叙事主角

昂贵听了微微一笑说："我当是什么屁事，把你吓成这熊样，看我骑马而去，一会就驮回盐来。"

他跨上龙马，腾云驾雾而去，不过半个时辰，就到了昆明盐店，张口就说要买两丫盐。店主见他人黑马瘦的，就讥讽说："你这瘦马能驮两丫？把马压死掉可别怪我。"

昂贵答道："别说两丫，一锅（四丫）都不嫌多。"

卖主不信，赌气说："你的马如果驮得动四丫盐，我不要钱。"

"好，一言为定！我输了，盐钱十倍奉还，快给我装上驮子。"昂贵兴冲冲地说。

看着装上四丫盐，马压得东倒西歪的，店主幸灾乐祸地笑了。谁知昂贵飞身上马，一拍马鬃，龙马"呼"的一下腾空而起，凌空飞去，霎时不见踪影。店主惊得目瞪口呆，连呼"神马！神马！"

昂贵骑着龙马，驮着一锅四丫盐不一会儿飞回会盟的地方，锅中的牛肉尚未煮熟。众人见龙马飞刀如此神奇厉害，从此对昂贵崇拜有加，服服帖帖，唯命是从。昂贵自然而然成了呼风唤雨的土司霸主。[1]

可见，表面看是彰显飞刀、龙马的不同凡响，实际上其用意有二：一是借此揭示昂贵举办"夸富宴"与"爨夷"盟誓文化的真正用意与功能；二是渲染使昂贵"神奇厉害"的背后支撑力量——中央王朝与地方社会关系。但是，无论昂贵及其飞刀、龙马如何"神奇厉害"，最终还是得回到"仙翁"的有言在先："小伙子，你将成为一方之王，一定要施仁政，爱老百姓啊！否则，涨水那天……"而且，其后也被故事化地应验。这与贯穿整个中国封建社会的"仁政"理念是一致的——"水能载舟，亦能覆舟"。这就为昂贵"肆虐不法"而走下历史舞台埋下了伏笔。这也便是地方文化精英创构"昂贵"的用意之一，即"以史为鉴，可以知兴替；以人为鉴，可以明得失"[2]。从此意义来看，边地文化精英本身就是内地主流文化的主

1　杨庆福搜集整理《飞刀龙马》，段锦良主编，杨庆福编著：《阿庐文化系列丛书·阿庐传说》，昆明：云南人民出版社，2006年，第130—132页。
2　（后晋）刘昫等撰《旧唐书·魏徵传》：太宗谓梁公曰："以铜为镜，可以正衣冠；以古为镜，可以知兴替；以人为镜，可以明得失。"北京：中华书局，第2561页。

要传承者与传播者,由此内地"大传统"与边疆"小传统"不断处于水乳交融中。[1]

关于昂贵土司去昆明驮盐煮肉的故事,在城子村里长期还传承着这样一首顺口溜:

城子大路石街头,五月十三自来古传牛;
黄牛来到大山头,全村人民去拉牛;
五月十三正消闲,牛肉熬好还无盐;
问声土司给得闲,土司起来在床前;
骑着骡马去驮盐,卖盐老板说:你要多少盐?
土司说:我要一锅盐(大马只能驮半锅)。
卖盐老板说:一只小瘦马,驮得了这锅盐就不要你的钱!
小龙马驮了一锅盐,土司骑上去,走路歪偏偏;
抖抖缰绳飞回去,卖盐老板就心奇。
说驮回来盐,牛肉都还没熟。食盐驮回来后,出名了,泸西城子村出土司了。24间房子高不过二尺,以前是一个营,用于养马,叫玉河营。[2]

在城子古村,访谈一百个村民就可以得到一百个大同小异的"昂贵传奇"。千里驮盐的"传奇"故事,表明当时"爨夷"与外界也存在着经济互补性交换关系。而且,用于享众的牛,也非人工饲养,"自古传说"它是自己来的"天牛""神牛",这就使这个"夸富宴"也具有了神圣性。但是"神牛"需远在昆明的汉族盐商卖的盐烹饪才可食用,又隐喻着彝汉文化交融的普遍性与不可或缺性。

当时昂贵土司就有一个营兵,还娶了大兴普赵家姑娘。舅子骂他"死罗罗",就杀了他舅子,在他舅子的皮里包了一些草,挂在一棵

---

[1] [美]罗伯特·雷德菲尔德(Robert Redfield):《农民社会与文化——人类学对文明的一种诠释》,王莹译,北京:中国社会科学出版社,2013年。
[2] 2018年10月27日,笔者在城子其宅对陈清华的访谈。

中篇　百年昂氏土司：汉彝文化交融的多重历史叙事主角

树上，这棵树就叫作"羊披树"。（赵家姑娘）让马夫把马关着，不给它吃水，让筛子隔着水，龙马就用龙须饮水，赵家姑娘就把龙须剪了，不能吃水。只要刀一刷，人头家掉，神刀啊。赵家姑娘就拿来刷刷鸡头，果然够神奇，鸡头就掉了。于是想了个办法，把那个飞刀插入尿灰里，然后在胯下绕了三下，倒转三圈、正转三圈，这把刀的神力就被这个女人破了——要女人才可以破。等昂贵起来，龙马和飞刀的神性完全丧失了。昂贵就被追杀逃跑了。被别处搬来的汉族追跑了。现在真正的彝族只有一家了。[1]

这类传说在城子古村信手拈来，其用意不外乎都在渲染龙马飞刀之"神"，但也在昂贵的"肆虐不法"，而其神性却被破。言下之意是，昂贵之所以登上广西土知府政治舞台，在于有来自外界神力加持的龙马飞刀。其"舅舅"——世俗姻缘兼血缘的世俗社会资源以及"白发大仙——神圣社会资源的获得，是为了昂贵能够为官一任，为民一方。那么，龙马飞刀后来被"破"，也就意味着其倒行逆施，必然就再无这些资源支持，迟早走向灭亡就是必然的了。

（三）"四大金刚"——联通上下、内外的政治利益集团的联结与分化

在对白苟（白韶、飞凤）古城村民的访谈中，不断说到"四大金刚"，并说其后裔是谁谁谁……整合村民的口传历史便发现，他们也对昂贵篡权当政到兵败灭亡的历史过程都有诸多传说：这是一个汉彝文臣武将共同辅佐彝族昂贵登上广西府政治舞台，最后又因其众叛亲离而走下历史舞台的过程。首先出台的是"谋士"杨喜，而且也如上文的乌蟒与龙马飞刀的"出场"一样，越是近年的文本就越生动，而越来越接近说书版：

> 军师杨喜出谋说："古来大将登台，不杀不足以服众。现在有个叫王允的钦差大臣正在巡察州县。这人是个赃官，平日对百姓敲骨吸髓，贪残无比。须将他抓起来杀了，才能上告天地，下安黎民。土司

---

[1] 2006年6月16日，笔者在土司庙对村民陈清华的访谈。

以为如何？"昂贵大喜，命令探马立刻进府把钦差抓了来。

　　钦差大臣一见昂贵，咆哮如雷，大叫大骂："咄！你是何方盗贼，竟敢凌辱钦差？不怕杀头问斩吗？"昂贵大怒，指着钦差大臣的鼻子，历数了他的十条大罪，拔出宝刀一挥，钦差大臣立即身首分家，命归九泉。

　　万民三呼"万岁"，欢声如雷。[1]

时间、空间的错位，是重构"历史"的一大特点；将朝廷规制、礼仪加以地方化，也是重构地方"历史"的特色之一。上文才介绍昂贵得龙马飞刀，并有不满朝政者投奔而结盟、建寨、练兵，此处就已经是"土司"了！而且也塑造出一个"敲骨吸髓，贪残无比"的王允来试其飞刀，名曰"上告天地，下安黎民"，实际上是在宣告其崛起。而在此过程中，"军师"杨喜果真发挥了军师的作用，也给读者、听众（听书者）仿佛在看一场宫廷政治剧之感。

如果说杀"贪官"王允是昂贵对外而宣扬其威、表明其登台，那在2006年出版的《广西府漫话》里，杨喜之谋毒就是针对族人中助昂贵篡权的势力代表：

绑卖自蓬异地　胁迫山弥签袭
诗曰：
蛮邑硝烟平地起，操戈室内刮腥风。
虽然夺得金舆座，仍只当年一绿红。
话说伯父圆通在广西土知府署去世的消息如晴空霹雳，震惊了家族中人，可昂贵一时野心勃发，莫不是上天要把伯父这个大权授予我？可回头一想，哥哥自蓬、伯母山弥、嫂嫂海黑等威权显赫，自己是一个放牛娃出身，就懊恼不已。可总也控制不了内心的骚动，还把自己弄得像个热锅上的蚂蚁翻秋打滚，连眼都难以合上。一晚，精明能干的好友杨喜来访，他看穿了昂贵的心事，并一语道破，随即献上"玄

1　陈天一：《飞刀龙马》，载泸西县民委、文化局、文化馆编：《飞鹤集》（内刊），红河州印刷厂、个旧市印刷厂，1984年，第58页。

中篇　百年昂氏土司：汉彝文化交融的多重历史叙事主角

武门之变"的计谋。

由杨喜约几个伙伴蒙面把伯父家亲堂哥哥自蓬绑架出去，口称绑"金娃娃"，实则卖到异地。随后，由昂贵在伯母山弥身边痛哭流涕，伯母举止无措时，趁夜间族人离开后，逼其签署伪造的伯父"由昂贵接袭土知府"的遗嘱。伯母、嫂嫂在强迫无奈之下，只得画押。次早，昂贵拿着遗书，奔赴府署准备举行丧礼，并接管府印和呈报云南承宣布政使司转报朝廷的奏折。经朝廷核实宗枝图章，准以承袭。昂贵即登上广西府土知府的宝座，成为广西府第五代土知府。[1]

此说书版，显然是对史志所载广西府土知府职位旁落昂贵史实的解读。在看到杨喜之歹毒、狡诈的同时，不得不联想到每当某一皇帝罪恶累累，就多以其文官、太监做替罪羊的中国历史书写模式。由此，从昂贵与杨喜的关系上，仍然可以看到中国内地传统政治文化的影子。

数月之后，昂贵接到时任广西（今泸西）土知府的伯父去世的消息，一时触动心事：莫非玉屏、飞凤二仙说的我将来是一方土主，就是指此事。回心想想，自己虽势力强大，但名不正言不顺，怎能同堂哥自蓬嫡传正嗣相比。伯母山弥、嫂嫂海黑历来看不起我这无爹无娘的放牛娃，要担任伯父的知府一职，真是癞蛤蟆想吃天鹅肉。

再一想，机不再来，时不我待，过了此山无鸟叫，若不想方设法，错失良机，自己这一辈子终究是个山大王，哪能跟堂堂正正的朝廷命官相比。

想到这里，昂贵愁眉不展，急得跟热锅上的蚂蚁似的，坐卧不安，烦躁恼火。

谋士杨喜一眼就看穿了昂贵的心事，并一语道破天机："土司想的可是知府宝座？"

"想又有哪样办法，还不是岸上的鱼虾——干晒。"昂贵故意做出无可奈何的样子。

---

[1] 泸西县老年人诗书画协会、泸西县政协文史委编：《广西府漫话》（内刊），昆明：滇黔桂石油勘探局昆明印刷厂，2005年，第127—128页。

华夷互融：飞凤古城民族志

"我有一计，保管你知府的位子小马拴在大树上——稳稳当当，只怕你下不了手。"杨喜使用了激将法。

"无毒不丈夫，只要能当知府就行，你先说说你的主意。"昂贵迫不及待地说。

于是杨喜把计谋向昂贵全盘道出，听得昂贵连连点头，喜上眉梢。接着昂贵又把曾沛文、阿堵、赵通等召集一起，仔细合计一番。[1]

可见，昂贵的发迹与其"四大金刚"密切相关。杨喜——从姓名看，应该是汉人。如何揣摩昂贵心思具体情形不得而知，甚至当时昂贵与杨喜是用汉语或彝语交流也不得而知。昂贵已将土司府搬到白芍之时，只有曾沛文一家是汉族，说明当时昂贵及其族人会讲汉语的应该不是很多。而被地方文化精英创构的"昂贵"，连当地汉族的俗语、谚语都信手拈来，从而体现了此"昂贵"的文化交融性与被重构性。但是，"四大金刚"之所以能够成为昂贵的心腹，说明在昂贵心目中能够"为我所用"是先，是否是同族为次。因此，无论"四大金刚"是彝族，或是汉人，都不重要，关键是：文，要能够出谋划策；武，要能够冲锋陷阵。所以，当下地方文化精英循着这个文化逻辑而加工、塑造的杨喜，放在当时社会场景下，就很可信确有其人了。而不在乎是"杨喜"，或是"赵喜""陈喜"。

再而需要注意的是，汉文化里天子如果不能够"替天行道"而引起天怒人怨，就总是归结到天子周围的佞臣上。按此文化逻辑，汉文化熏陶下的地方文化精英笔下的杨喜的出场，俨然就是昂贵这个"肆虐不法"土司的"佞臣"的出场。

第二天，他的堂哥自蓬突然失踪，有风声传出是被绿林强盗绑了"金娃娃"，已被杀死。昂贵带领手下四大金刚及一干兵勇，以奔丧为名赶赴广西府城，欺侮伯母寡妇势单，忽而甜言蜜语，忽而危言耸听。吓哄诈骗，威胁利诱，逼着伯母立下了一份伪托的伯父遗嘱，由侄子昂贵承袭广西府土知府。昂贵立即接管信印府署，同时自己呈文报云

---

[1] 段立青主编，杨俊编著：《阿庐文化系列丛书·古村神韵》，北京：中国文化出版社，2013年，第49页。

中篇　百年昂氏土司：汉彝文化交融的多重历史叙事主角

南巡抚衙门审核，转报朝廷核实宗枝图序，正式批准承袭。[1]

总之，昂贵篡权，登上广西府最高政治权力顶峰过程中，杨喜功不可没。在昂贵其后的政治生涯中，杨喜仍然忠心耿耿：

昂贵（官复原职）在歌舞正酣时，把杨喜悄悄叫到宅里，首先询问的是："飞刀龙马管好了吗？"杨喜道："我为知府负责秘藏宝刀，小心翼翼地豢养龙马，没有其他一人知道。"昂贵这才放下心来，随后又邀杨喜过后择时交心。[2]

由此可见，是杨喜将昂贵扶上土司宝座，并忠心维护昂贵统治。即便在昂贵入狱之后，也仍然小心翼翼秘藏宝刀、豢养龙马，俨然是一副忠臣模样。而另一位"同伴"——阿堵则是以昂贵"肆虐不法"的帮凶的身份出场、立足：

丧事完后，伯父家人及族人回转家中之时，批准昂贵接袭土知府的圣旨也到了。昂贵正式袭任土知府以后，心仍不能平静，虽说在府里一手专权，可一想到绑架哥哥（堂哥）、胁迫伯母的毒计，不由一阵心惊胆战。与此同时，伯母、婶母因其毒杀哥哥袭位的怨言更是纷纷进入耳朵，这无疑是对昂贵火上加油。这时，恰遇同伴阿堵来到，便叫阿堵约人把伯母、嫂嫂都杀死。一毒再毒，又将婶母适嫚、其男番赛及其孙龙达等一同毒死，以断绝争位之患。天下事只愁人不做，哪有人不知！因为害怕昂贵的飞刀龙马，族人敢怒而不敢言。昂贵的不法行为只有下属土照磨（土知府里管钱粮的官吏）赵通察悉奏告，经巡按云南监察御史林符核实，随即把昂贵拿解按察司监禁六年。[3]

---

[1] 段立青主编，杨俊编著：《阿庐文化系列丛书·古村神韵》，北京：中国文化出版社，2013年，第50页。
[2] 泸西县老年人诗书画协会、泸西县政协文史委编：《广西府漫话》（内刊），昆明：滇黔桂石油勘探局昆明印刷厂，2005年，第130页。
[3] 泸西县老年人诗书画协会、泸西县政协文史委编：《广西府漫话》（内刊），昆明：滇黔桂石油勘探局昆明印刷厂，2005年，第129页。

在地方文化精英眼中,跟随昂贵"肆虐不法"的阿堵,其名字也是很有"爨夷"特点的。因此,从其名字到行径,皆非常符合汉文化中心主义视角下对"爨夷"的"非我族类"形象描述:

> 黑爨、僰彝、土獠、沙蛮、猓猡,五种杂居,习性犷悍,据险负固。……黑猓猡,自恃其贵而强好争斗,剽掠其间。[1]

除了犷悍凶残之外,"好淫"也是昂贵"肆虐不法"的另一个侧面。这时,"同伴"阿堵依然是以献计,并亲力亲为的身份出现并烘托昂贵:

> 一次酒宴中,昂贵听总管阿堵说弥勒土官番普的妻子适轻,年轻貌美,倾国倾城,有沉鱼落雁之貌,闭月羞花之色。有这样一位大美人,令昂贵心痒难耐,恨不得立马搂到怀中,一亲芳泽。阿堵一见昂贵神色,马上献上一计,借故召番普与其夫人适轻前来欢宴,趁机用毒酒毒死番普,将适轻霸占为第十二房小妾。
> 后来他又不断听信阿堵谗言,四处掠夺其他土司部落的田产山林、牛马粮食,任意搜刮掠抢金银财宝。[2]

前述两位大仙在赐予龙马飞刀之后,有"当爱护百姓,善待兵卒,多行义举,远离谗言"的告诫,[3]但昂贵在奸佞小人阿堵的投其所好中,反其道而行之。其中的偏信谗言,主要是对阿堵的偏信,也就预示着其统治将不长久。而官方史志中不曾出现的阿堵其人,在地方文化精英笔下却是以昂贵"肆虐不法"帮凶的身份出现。而且其毒,比起杨喜有过之而无不及。因而其形象很吻合汉文化中心主义者眼里的"爨蛮"习性:

---

1 (清)蒋敷锡修纂:《康熙广西府志》,段锦良主编,刘群点校,昆明:云南人民出版社,2016年,第217页。
2 段立青主编,杨俊编著:《阿庐文化系列丛书·古村神韵》,北京:中国文化出版社,2013年,第51页。
3 段立青主编,杨俊编著:《阿庐文化系列丛书·古村神韵》,北京:中国文化出版社,2013年,第47页。

中篇　百年昂氏土司：汉彝文化交融的多重历史叙事主角

> 人类甚夥，夷不习诗书，不明礼让，故多顽。然秉夷之好，皆所自有。其奸贪诈伪，劫掳仇杀，习使之也。[1]

接下来，就是杨喜、曾沛文、阿堵与赵通"四大金刚"的同时登场亮相。这时，也是昂贵政治权力的最高峰。文臣为其出谋划策，武将为其征伐杀戮。因此，大有成亦"四大金刚"，败亦"四大金刚"的文化逻辑可循：

> 离开舅舅家后，昂贵凭借龙马飞刀，广交朋友，四处联络，与绿林豪杰称兄道弟，和土司头人认宗攀亲，不断收集党羽，培植亲信，路见不平，扶弱惩强，对族人乡党怜老惜贫，逢外族进犯则登高直呼，勇往直前。才不过一两年，布笼地方四十八寨，只要一提起昂贵，无人不翘起大拇指，连声夸赞：好一条彝家汉子。杨喜、曾沛文、阿堵、赵通为其手下四大金刚，文有杨喜、阿堵出谋划策，武有曾沛文、赵通冲锋陷阵。在家族部族之间形成了一股强大的势力，省城督府布政亦有耳闻，府州县官刮目相看。[2]

可知在地方文化精英心目中，独木不成林，一个好汉三个帮，四大金刚一台戏，才可以把昂贵从崛起到灭亡的历史过程生动、形象地呈现出来。因而，对于"四大金刚"的故事性重创，乃至虚构也是不遗余力的。如果说昂贵是广西府历史上沿袭土司制度的主角，那么"四大金刚"就是其中不可或缺的配角。

> 昂贵用非常手段谋得广西府知府位子后，为感谢四大金刚的鼎力相助，提拔杨喜为谋士，曾沛文为兵头（后人称曾兵头），阿堵为总管，赵通为土照磨。并将二女儿阿彩许给赵通之子赵琮，结下儿女亲家。

---

[1] 泸西县地方志编委会整理，（清）周采撰写：《乾隆广西府志》，芒市：德宏民族出版社，2010年，第212页。

[2] 杨庆福搜集整理《飞刀龙马》，载段锦良主编，杨庆福编著：《阿庐文化系列丛书·阿庐传说》，昆明：云南人民出版社，2006年，第130页。

同时又暗将伯母、婶母、嫂嫂和侄儿番赛、孙子龙达等一并毒死，斩草除根，以绝后患。[1]

在云南历史上，内地汉族移民"变服从其俗以长之"[2]者早已有之，长期以来与"土民"之间都是一种相互依存的关系。昂贵与所谓彝族、汉族的"四大金刚"之间亦然，完全是一幅合作共谋篡夺泸西境最高政治权力之位的历史画卷。但是，本"故事"也暴露了地方知识精英们的一个常识性错误，即土司昂贵任命谋士、总管、兵头，是为可能，所以可信。但土照磨一职，虽级别不高，却也是朝廷命官，由不得土司自行任命。所以，土照磨赵通在所有有关昂贵的文献记载与口传历史中始终是一个神秘的存在，因而常常是以"土照磨"、"四大金刚"之一、昂贵亲家等多重身份出现。这从一个侧面显示出，昂贵土司政权在民族结构与文化上的二元性。这也正是西南各少数民族土司文化的重要特征——从中央王朝的角度，他们是夷人，是夷文化的持有者，因而需要借此"以夷治夷"；从本土少数民族而言，他们是朝廷命官，是中央王朝在地方的代理者，因而也是汉文化的传播者。总之，各地少数民族土司是中央王朝势力在地方的延伸，同时与"天子"作为天之子的文化逻辑一致，因而又被赋予其神性、神权。在此过程中，每一个少数民族土司兴衰史，便是一部世俗与神圣相结合、汉文化与地方少数民族文化相交融的生动历史剧。

中国汉族戏剧中以红脸、白脸代表忠义、奸佞者，而且都是不可或缺的角色。所以，这"四大金刚"与其说是辅佐昂贵土司，而且是他必不可少的文臣武将，不如说是以此四人在这场历史剧中分别扮演文韬与武略的重要角色。由此，才能够将淹没于漫漫历史中甚至是虚构出来的"四大金刚"刻画得如此细致、生动。而在昂贵走下历史舞台过程中，赵通、赵琼父子及赵人美妻杨氏也扮演了极为重要的角色，并在地方文化精英笔下是最为

---

[1] 段立青主编，杨俊编著：《阿庐文化系列丛书·古村神韵》，北京：中国文化出版社，2013年，第50页。

[2] （汉）司马迁《史记·西南夷列传》："至滇池，方三百里，旁平地，肥饶数千里，以兵威定属楚。欲归报，会秦击夺楚巴、黔中郡，道塞不通，因还，以其众王滇，变服从其俗以长之。"北京：中华书局，1963年，第2993页。

中篇　百年昂氏土司：汉彝文化交融的多重历史叙事主角

浓墨重彩的：

> 风声传来，昂贵狡兔欲逃，他下令收拾广西府城知府衙门中的金银细软，携家带口逃往白勺的土司府，妄图凭借白勺村险峻扼要的地势，土掌房上下相通，左右互连，可攻可守的优势，和周围族人顾本排外的反抗心理，加上他多年招降纳叛的武装势力，企图负隅顽抗，逃脱朝廷对他的惩治及赵通的报复。[1]

将土司衙门从广西土知府署所在地泸西"老城子"搬迁到泸西边远地白勺一事，再一次表明地方文化精英对于昂贵"能动性"的夸大。实际上，作为朝廷命官，没有得到朝廷允准，擅自悄悄搬走并另建衙门是不可能的事。但所谓的赵通报复是有文字依据的，前文就已多次呈现过赵通之子的奏疏：

> 先据广西府土官赵通男赵琼奏称：本府土官知府昂贵……又据赵人美妻杨氏告称：昂贵将男赵通庄村不时强掳，人民杀死，田地占夺……[2]

> 照磨赵通男赵琼奏称：本府土官知府昂贵……又据赵人美妻杨氏告称：昂贵将男赵通庄村不时强掳，人民杀死，田地占夺……[3]

上述文字可以肯定的是，赵琼为赵通之子，杨氏可能是为赵通或赵琼妻妾。称其为"美妻"，则为后来地方文化精英所极力渲染的"美人计"提供了线索。在赵通之子赵琼的奏闻、杨氏奏称中也如此，目的在于"证实"亲家反目。在清代地方史志，对赵通也是有简略介绍的：

---

[1] 段立青主编，李俊编者：《阿庐文化系列丛书·古村神韵》，北京：中国文化出版社，2013年，第53页。

[2] （清）蒋敷锡修纂：《康熙广西府志》，段锦良主编，刘群点校，昆明：云南人民出版社，2016年，第220—221页。

[3] （清）周采：《乾隆广西府志》，泸西县地方志编委会整理，芒市：德宏民族出版社，2010年，第222—224页。

成化十一年（1475），土官照磨赵通奏闻，下其议，巡抚御史林符核实逮贵下狱，革职。改土设流，领师宗、弥勒、维摩三州。[1]

成化十一年，土官照磨赵通奏闻，下其议，巡抚御史林符核实，逮贵下狱，革职。改土设流，领师宗、弥勒、维摩三州、十八寨所。[2]

可见，土照磨赵通是昂贵革职、入狱的"奏称"者，历史上确有其人。因此，昂贵被"放虎归山"之后，首先要报复的应该就是赵通，也就有可能确有其事。那么，在此再次出现了土照磨赵通及其子赵琼事件的时间错位，并通过移花接木将赵琼的"奏称"演绎为赵通的"报复"。但从赵通"奏闻"而使昂贵入狱，赵琼与杨氏的"奏称"使昂贵统治彻底结束，可以想见"亲家"彼此间的矛盾、仇恨极深。从史志看，虽然也有私人恩怨，但更多的是赵通、赵琼父子为国申义、为民鸣冤。但有意思的是，在地方文化精英笔下，则演绎为儿女亲家反目成仇后的"美人计"。不过在1984年的《飞刀龙马》里，后面跟赵通形象叠合的却是一个无名无姓的"云贵总督"，而且也同样是昂贵的亲家。以下以1984年与2012年两个版本加以比较分析：

昂贵（杀钦差）的举动，震惊了大小官吏。他们的奏章像雪片一般飞奏朝廷。皇帝十分震怒，下诏严令云贵总督限期剿平，并赐下尚方宝剑，如到期未克，就令自裁。总督急得像热锅上的蚂蚁一般，没日没夜地督促官军八面合围，但一次又一次地败退了。只见永宁坝子血流成河，南盘江中浮尸滚滚。总督日日苦思诡计，愁得日夜不宁。夫人问明原委，眉头一皱，计上心来。她搂过总督的脑袋，如此这般地密语了一通，喜得总督像吊死鬼找到替身一样，手舞足蹈起来。[3]

明代，并无"总督"官职。清朝时对统辖一省或数省行政、经济及军

---

[1] （清）蒋敷锡修纂：《康熙广西府志》，段锦良主编，刘群点校，昆明：云南人民出版社，2016年，第11页。

[2] （清）周采：《乾隆广西府志》，泸西县地方志编委会整理，芒市：德宏民族出版社，2010年，第9—10页。

[3] 陈天一《飞刀龙马》，载泸西县民委、文化局、文化馆编：《飞鹤集》（内刊），红河州印刷厂、个旧市印刷厂，1984年，第58页。

中篇　百年昂氏土司：汉彝文化交融的多重历史叙事主角

事的长官称为"总督"，尊称为"督宪""制台"与"制军"等，官阶为正二品，但也可通过兼兵部尚书衔高配至从一品。与只掌握一省行政事务的巡抚不同，总督兼管数省，同时在政务之外也兼掌军务与经济，有直隶总督、两江总督、四川总督、闽浙总督、云贵总督、湖广总督、两广总督、东三省总督和陕甘总督等。据查，在有清一代 77 任云贵总督中，却无一人名赵通，因此"赵通"总督不过是地方文化精英将土照磨赵通的官衔拔高了，可能意在突出其代表明代中央王朝的身份。[1]

> 第二天，总督亲自带着百匹绵缎、千颗珍珠、万两白银赶到广西府，请知府为媒，到昂土司衙门求和提亲。昂土司见知府满脸诚恳的样子，又听说总督公子长得英俊潇洒、一表人才，就打消了疑虑。答应将小姐许配总督公子。
>
> 婚后，昂土司派出三百匹红马、三百匹黄马，带上无数的土特产护送公子和小姐回到省府昆明。[2]

史志也并无昂贵与赵通为儿女亲家的记载，故在此赵通求婚于昂贵，显示的是昂贵土知府权贵位重，地方官员趋之若鹜。通过家族联姻方式结成政治联盟，便是政客们惯用的常法。

> 三个月后，公子和小姐回门省亲，土司和夫人欣喜若狂，备下盛宴款待佳婿爱女。第二天，土司夫人悄悄问女儿："儿呀！你这一去，爹爹和娘真想死你了！不知我儿在总督府受不受气？"小姐答道："公子待我倒是情深恩重，只是婆婆常骂我是蟒蛇生的蛮子姑娘。"
>
> 昂土司一听，气得怒发冲冠，喝令刀斧手立刻把公子抓到堂前活剥了皮。可怜公子横遭惨祸，哀声恳求；小姐不防一句淡话就送了丈夫的命。立刻跪地哀求父亲可怜自己，饶了公子的命。昂土司全然不顾，大吼道："他家敢随意侮辱我的女儿，我就要杀了这小畜生泄泄心头之恨。滚开，

---

[1] 参见赵尔巽等：《清史稿》，北京：中华书局，1977 年，第 7055—7480 页。
[2] 陈天一《飞刀龙马》，载泸西县民委、文化局、文化馆编：《飞鹤集》（内刊），红河州印刷厂、个旧市印刷厂，1984 年，第 59 页。

你们谁也不许来劝！"公子被剥下了皮后，昂土司又让人用稻草填满这个空皮囊，命府兵把它塞进轿子，送回昆明总督府中。[1]

在以往的云南民间，一村"笑"一村，一族"笑"一族是很普遍的，实际上是对异文化的一种偏见认知与排斥态度。多数时候说说他者，笑笑异文化，甚至由此自谑一下也就过了。但偶尔也会激化民族矛盾，甚至引起民族冲突。如赵通夫人一句"蛮子姑娘"就强烈触碰了昂贵敏感的神经，其姑爷就被剥皮惨死。这样一个史志无载，却在地方文化精英笔下活灵活现的细节描述，所呈现的是当时"爨夷"文化与汉文化之间仍然存在着误读、隔阂现象，甚至矛盾、冲突。而从故事性的"昂贵传奇"而言，将姑爷活活剥皮杀死正是其"蛮"性的生动体现，就为他后来在内外交困中的"内因"埋下了伏笔。再则，或许"蟒"与"蛮"在地方文化精英心里有暗通意义？才说昂贵为"乌蟒再世"，而非其他凶猛动物再世？这也是值得进一步琢磨的。

> 总督这天正和夫人在花厅中饮酒，忽报公子回府。总督夫人高兴万分，说道："我的宝贝儿子，快来喝杯皇上赐的御酒，歇息歇息。"
> 轿帘一掀，公子"叭"的一声跌了下来。总督和夫人定睛一看，哀叫两声，昏死过去了。
> 过了半个时辰，才喘着气悠悠苏醒过来。总督哭道："都是你的锦囊妙计呀，赔了儿子又折兵。如何是好！"夫人也哭道："我有什么法子，快想办法报仇哇！"
> 总督眼睛眨了几眨，咬着牙根冷笑道："哼哼！此仇不报，此恨不雪，我誓不为人。看老夫的！"
> 半个月后，总督亲自巡视到土司府。昂土司杀了总督公子之后，也预感到大祸将临，就加紧训练府兵，加固城堡，准备应战。突报总督大人到府，不觉心中一惊，赶紧穿上战袍，拿着宝刀，骑上乌龙马走出衙门。

---

1 陈天一《飞刀龙马》，载泸西县民委、文化局、文化馆编：《飞鹤集》（内刊），红河州印刷厂、个旧市印刷厂，1984年，第59页。

中篇　百年昂氏土司：汉彝文化交融的多重历史叙事主角

总督一见，满面笑容地说道："土司公，亲家翁，就如此迎候本官吗？"

昂土司一愣，反倒不知如何对付了，红着脸答道："哪里哪里，不知大人驾临，刚要出去打猎。啊，请请请！"

总督在大厅里坐定，说道："犬子福薄，不得所终。本官不愿这门亲戚断了，还想跟亲家攀攀高亲，鄙侄女生得丑陋，意下想把她许配土司，不知尊意如何！"

昂土司谢罪道："大人不记前仇，可昂贵怎么担得起呀？"

总督笑笑："不必介意，犬子正该死，杀得好！"说完挥手，"请小姐来见土司。"

小姐袅袅娜娜地走上前来道一个万福，做出一副羞涩的样子，就要退下。

昂土司一见这如花似玉的小姐，乐得魂不守舍，连忙上前一步，磕了几个响头："叔岳父大人在上，受小婿一拜。"

总督哈哈一笑："今日正是吉辰，不妨就拜堂吧。老夫这里还有皇上钦赐的一对玉璧，就聊作嫁妆吧！哈哈……"[1]

在地方文化精英先后撰写的不同版本里，从赵通娶昂贵女儿到昂贵娶赵通"侄女"，这样的身份转变也太具戏剧性。但这些地方文化精英重在将赵通最终把昂贵赶下历史舞台的故事编圆，因而不在乎是否确有其人、真有其事。所以姑爷死了，就又来了一个"侄女"，让读者不断回到中国"史话"里乐此不疲实施、演绎的"美人计"。赵通之所以能够暂时将儿子被活剥而死的深仇大恨放下，在于双方力量悬殊——昂贵还拥有龙马、飞刀两件宝贝之"神力"，所以必须得先破之。而如上文所述，飞刀为"仙翁"所赐，此乃来自"陌生人"的神奇力量，实际上象征的是来自内地中央王朝的力量；龙马则既是来自内地中央王朝力量的象征物，同时也是来自世俗性的"舅家"社会关系的象征物。那么，此"侄女"就背负着破龙马、飞刀"神力"的使命而嫁给了昂贵。

---

[1]　陈天一《飞刀龙马》，载泸西县民委、文化局、文化馆编：《飞鹤集》（内刊），红河州印刷厂、个旧市印刷厂，1984年，第59—60页。

从此，昂土司再也不理衙政，放松了一切戒备，军师杨喜等一再劝告都当成耳边风。他每天只和小姐饮酒欢乐，出外打猎，渐渐失去了良心。小姐一看为堂兄报仇的机会来了，就更加迷惑昂贵，把管宝刀的金钥匙骗到手中。

一天夜里，她见土司已经沉沉入睡，就悄悄地溜出房来，走进后庭，把宝刀从墙上摘下来按入尿灰里污染了一遍。用小鸡的头一试，安然无恙。她又溜进了马棚，用筛子漏水饮马。乌龙马一伸龙须，她赶紧"咔嚓"一声，用剪子剪了去。

"哈哈！昂贵老贼，看你能活几时？"她刻毒地一笑，命令一个随嫁的心腹丫鬟女扮男装，带着密信飞马省府报告去了。

又过了几天，昂土司正和小姐举杯欢饮，突然，外面杀声如雷，军鼓震天。一个军官跌跌撞撞地跑来报告："大事不好，大事不好，几万官军杀进城来了呀！快跑，快跑！"

小姐大怒，拍桌喝道："什么事大惊小怪的，土司勇猛无敌，何足道哉！来人，给我把这胆小鬼拉下去砍了！"

昂土司顾不得多想，急急忙忙走进后庭，一试宝刀——不灵了；一看龙马——不飞了。他见大势已去，又急忙转进大厅——小姐也不知了去向。这时，无数官军簇拥着总督和小姐走了进来。总督手握宝剑，脸色铁青，用剑指着昂土司说："左右，快快给我把这万恶不赦的贼汉绑起来，我要奏明皇上，碎碎地剐他五千刀！儿呀，为父给你报仇了，你瞑目了吧！"

昂土司此时已是英雄末路，又不甘束手被擒，一头撞在柱子上，头破脑迸死了。只见一股青烟腾空而起，一条黑龙驾着雾气向西飞去。[1]

在地方文化精英看来，或者他们可以想象得到的是，对"三十六计"稔熟于心的汉族官员，在与地方"爨夷"土司博弈中总是技高一筹，就以

---

[1] 陈天一《飞刀龙马》，载泸西县民委、文化局、文化馆编：《飞鹤集》（内刊），红河州印刷厂、个旧市印刷厂，1984年，第60—61页。

中篇　百年昂氏土司：汉彝文化交融的多重历史叙事主角

看官、听众喜闻乐见的"美人计"终于"破"了昂贵的"神力"。而女人尿破飞刀，以尖刀剪龙须等"传奇"，也非地方文化精英的首创，而是在中国汉文化里传扬已久。对于内地汉族移民后裔的泸西地方文化精英们而言，也是烂熟于心，而可信手拈来的。所以，他们自己又说：

> 这个故事是人们为了纪念昂贵这个在历史上有功又有过的少数民族人物而编的，诸位读者，请勿乱猜。[1]

可见，行文到结尾，地方文化精英自己也不得不说是"编"的。那么"编"了些什么？历史的真实又有多少？难以说清道白，所以才说"请勿乱猜"。言下之意是其巧妙寓意，在于"仁者见仁，智者见智"。

到了2006年，同样出于陈天一之手的《昂贵传奇》中，昂贵骄淫而败亡的过程，首先用"听谗昧心霸妻　谏败入山学佛"章回写其骄奢淫逸，同时也进一步刻画了阿堵这个反派角色形象：

> 随着时间的推移，昂贵慢慢地在三州百姓神般崇拜中变得闲逸、狂傲，整日饮酒玩乐，听信谗言，一步步走向深渊。一日宴间，阿睹向昂贵提起弥勒土官番普之妻适轻的天姿丽色，直称其为红粉佳人，千里难寻。昂贵被他讲得心痒不已，恨不得立即把其拥抱在怀中。阿堵见此情景，赶忙献计道："土司若真想得到适轻，可召番普和其夫人前来赴宴，在饮宴中毒死番普，适轻便可到手。"
>
> 昂贵依计，命侍吏通知番普和其夫人前来赴宴。番普和夫人临行前夜，番普突然梦见一蟒龇牙咬身，闷闷不乐，遂请毕摩解梦。毕摩认为此去定是凶多吉少，可慑于昂贵权威感到进退两难。夫人更是惊恐不已，死活不肯前往。但静心一想，不去不行，是祸也躲不过，最终只有颤颤栗栗，跨马前往。到时，见无其他宾客，只有昂贵、阿堵两人，更是惊恐不安。可宴间谈笑风生，又使两人轻松不少，慢慢放松了戒备。酒宴正酣，阿堵向番普敬酒，约莫半个时辰，番普倒地，

---

[1] 陈天一《飞刀龙马》，载泸西县民委、文化局、文化馆编：《飞鹤集》（内刊），红河州印刷厂、个旧市印刷厂，1984年，第61页。

口吐鲜血，不足半炷香的时间就一命呜呼了。夫人适轻痛哭倒地，昂贵好言劝慰道："番普是突发疾病。"

遂召医生来抢救，医生明知是中毒而亡，也只能说是突发绝症。

阿堵急派专人送番普遗体回弥勒安葬，以免被人怀疑导致阴谋败露。适轻趁乱间急欲逃走，可没走几步就被昂贵派侍从堵了回来。昂贵来到其房间假装安慰，适轻在痛哭中慢慢失去了知觉，昂贵趁机奸污了她。三天后，在昂贵的轻抚中，适轻慢慢醒过来，已后悔不及。过了一月，昂贵同意其回州守丧，守丧毕由阿堵监督返府。

昂贵从此更沉溺于酒色之中，不亲府政。阿堵同时也得宠幸，天不怕，地不怕，瞒着昂贵胡作非为，到阿于陪村绑架田干，勒索金银；抢劫村中牛羊骡马，杀死多人；陷害千夫长王志铎之父王庆，并把其斩首剥皮等等。而这时的昂贵已成了一个十足的酒色之徒，杨喜、曾兵头屡谏不听，二夫人田佳劝谏反遭呵斥。[1]

正如前文所言，在"四大金刚"中也有"正派"与"反派"之别，其中对应的是汉文化与"爨夷"文化。阿堵及其主子昂贵就是后者的代表。而另一个反衬昂贵"肆虐不法"的适轻，在历史上确有其人，因为在赵通子赵琼奏疏中就曾出现过这个名字：

> 据弥勒州土官舍人番普妻适轻诉称："贵嘱令家人阿怪成等，将夫用药酒毒死，将轻奸占，立为第二十妾。"[2]

将适轻其人真事镶嵌于真真假假、虚虚实实的"昂贵传奇"中，透视的是昂贵由盛到衰的真实历史，烘托的是昂贵的"肆虐不法"。

关于昂贵其他方面的强抢杀戮"肆虐不法"，也在赵通子赵琼奏疏中列举过。在这些地方文化精英游曳于史实与想象间的"传奇"历史叙事中，

---

[1] 泸西县老年人诗书画协会、泸西县政协文史委编：《广西府漫话》（内刊），昆明：滇黔桂石油勘探局昆明印刷厂，2005年，第139—140页。
[2] （清）蒋敷锡修纂：《康熙广西府志》，段锦良主编，刘群点校，昆明：云南人民出版社，2016年，第220页。

中篇 百年昂氏土司：汉彝文化交融的多重历史叙事主角

则将阿堵刻画成一个佞臣，专门投昂贵所好行"肆虐不法"。这也同样符合中国历史演绎的传统——罪不在天子，而在其下的佞臣。但无论这些"肆虐不法"之行为是昂贵所为，或者是阿堵欺上瞒下擅自作恶，在其本质上，昂贵与阿堵都是一样有悖于儒家仁政爱民理念者，因而最终将走下历史舞台。那么，不管是从受害者变为加速昂贵失败的适轻，或是赵琼奏疏中被昂贵霸占的多名女子，或者近年重构出来的赵通"侄女"，皆不过是地方文化精英们的传统汉文化"红颜祸水"思想的产物。这些"美人"与阿堵一样，也与历史上众多祸水红颜一样，分担或反衬了昂贵的"肆虐不法"。因此说，刻画"阿堵"，虚构"美女"，都是地方文化精英脑子里的汉文化"红颜祸水"思想烙印的呈现。

接下来用"阿彩姻缘惊梦 兵头飞刀入冥""赵琼惨死刀下 杨喜隐讳逃生"与"兵败昂贵刀下 堪舆计毁昂府"三个章回不厌其烦地讲述"传奇"，进一步把昂贵与赵通、杨喜、曾兵头、阿堵"四大金刚"如一串蚂蚱一样串在一起了。而且，同样是以封建史家的惯性思维让赵通"侄女"来承担"红颜祸水"之责：

> 昂贵有三个女儿，都为大夫人所生；两个男孩是二夫人田佳所生。大公主已出嫁，二公主待字闺中，赵通的三子赵琼（赵皮三）请媒来说亲，婚事究竟如何，且看下回分解。[1]……话说昂二公主（阿彩）的喜事到来，是因为赵通到府署时，偶见阿彩生得眉清目秀，典雅非凡，再加上那美丽的鸡冠帽，更把其衬托得如仙女一般，不禁惊呆了。一打听才知是昂二公主，再听说二公主好读诗书，不由心中羡慕。当天晚上于府署就寝时，反复考虑，昂贵目前声威愈炽，若能与之结亲，当会一解旧恨，和睦相处，唯恐昂贵念昔日被禁之仇，只好向杨喜试探。

赵通形象超越于史实的生动、丰满，本为地方文化精英的重构贡献。在这英雄佳人、儿女情长的背后，建构的是一个政治婚姻联盟史实。因此，

---

[1] 泸西县老年人诗书画协会、泸西县政协文史委编：《广西府漫话》（内刊），昆明：滇黔桂石油勘探局昆明印刷厂，2005年，第141页："诗曰：人际沧桑惊破胆，炎凉世态有何情。姻缘竟是干戈梦，畏粥终为剑下魂。"

无论是史志中仅仅是弥勒州土照磨的赵通，或是被无中生有拔高的"总督"赵通，所代表的皆是中央王朝势力，因而昂、赵两姓的通婚，便是"爨夷"与内地中央王朝在地方更亲近者之间的"联姻"。深谙政治谋略的谋士杨喜，不可能不知其意义，因而也就成为双方联姻的媒人，同时也是消弭之前二者冲突、隔阂的和事佬。

翌日早起赶到杨喜府上拜访，茶间提起昂二公主，杨喜就赞不绝口。赵通乘机向杨喜说："杨大人身为知府辅弼，一言千金，小弟今有一事不知能托否？"杨喜道："我俩知心多年，有何要事尽管直说无妨。"赵通说："犬子皮三，尚未娶亲，欲请大人为媒，向知府大人求婚，不知杨公意下如何？"杨喜道："愿效犬马之劳，天地良缘就看知府意见了，但愿他们能喜结良缘。"

次日，赵通就到市场买了糕点和一坛酒，在酒坛上拴一支红线，请杨喜拿到土司家去说亲。昂贵诘问杨喜："你难道忘了赵通告我，使我遭受牢狱之灾？"杨喜答："我哪能忘！但知府大人胸怀如沧海那样广阔，且大人威如泰山，德被三州，赵通已俯首供职，且前来求亲，难道他不痛悔过去得罪之处？不如解此冤仇，就此结为秦晋之好，使其忠于职守，又何乐而不为呢？"昂贵沉思良久说："待我再认真考虑一下。"当赵家按规矩就双月双日说亲三回后，终于得到了昂贵的同意。

赵通大喜，随与杨喜确定吃喜酒的日子。昂贵系阿务族，按阿务族的习俗：定亲需吃两回酒。择双日举行吃"小酒"时，一般礼物不多，但双方都是官宦人家，这次礼物仍比一般平民礼物贵重好多。由杨喜带去一双金环、十丈锦缎、一百六十斤肉。由女方邀亲朋小宴。第二次吃"大酒"时赵通派专人和媒人携去一双玉镯、十六丈绫罗、两个糯米粑粑、两筛豆腐块、酒两百斤、两对公母鸡、六百斤肉、银锭三百六十两、金银饰三斤六两。双方在这次确定了结婚的日子。

喜期到时，男方送的礼物大多与吃"大酒"时的相同，多着的仅是装有五谷、筷子、酒药和用红帛封起的两个喜罐（这两个喜罐要等到女方生娃娃做"祝弥"即小孩满月时，才由女方带回男方家）。头

中篇 百年昂氏土司：汉彝文化交融的多重历史叙事主角

天晚上，双方张灯结彩，举行欢宴，宾客送礼，在此不多赘言。

二公主出嫁前一天晚上，由嫂子端一盆用房子四周的草浸泡的水给阿彩洗脚，里面放着一对镯子。洗后将水倒在原地，随即把盆翻过来盖在上面，然后，嫂嫂和长辈们也在这时一边哭一边唱，教导阿彩怎样成为一个好媳妇，这叫"哭嫁"。

次日公主出嫁，脱去少女戴的鸡冠帽，戴上出嫁的以金银饰品点缀盘于发顶的"勒勒帽"，并换上彩绣的绫罗绸缎嫁妆，上臂袖管、领口边镶异色布、绣花边。左右两侧饰以银器及玉制的狮头小鱼排扣，还有金链条及加坠银响铃、芝麻吊，下穿裤管较小、上绣两条花边的绿色裤子，脚踏一双鼻形翘尖的绣花鞋，显得非常漂亮。上轿前，还得穿上新郎拿来的红色喜衣，并盖上丁香红的盖头。

新郎赵琮到了。下轿后，由昂贵领着磕天地头，再到家院堂内叩拜祖宗。早宴后，长辈再挂一匹红于新郎左臂，新郎向长辈拜别。把嫁妆先抬出门，再由新娘弟兄把二公主背上轿，接着新娘的女伴向新郎赵琮索取"眼泪钱"（意为新娘离别时哭泣的补偿）之后，昂府去二三十位女儿的小伴和长辈陪阿彩到赵府送亲、装枕头。

出嫁期间，很是热闹，张灯结彩，穿红戴绿，烹羊宰牛，三州及府署官吏都在宴中唱酒歌。而大夫人当女儿上轿后转回家，想到三个女儿都走了，自己又失宠，不由得潸然泪下，心中感到空荡荡的。自此终日以泪洗面，不久就变得苍老、痴呆。[1]

如此细致地描述昂、赵联姻过程，貌似作者是在描述"爨夷"的婚俗，实际上是汉化了的"爨夷"婚俗或在地化了的汉族婚俗，应该是民国时期泸西一带汉族移民后裔普遍流行的婚俗。从中也可以看出，汉文化到了泸西境就发生了"在地化"变迁。已经在地化的汉族与逐渐汉化的彝族共享的婚俗，被当下地方文化精英搬到书本里，并时空错位地安放给远在明代的昂氏土司与赵通身上。正好折射这场政治联姻，也是"爨夷"文化与汉文化的接触、碰撞与交融的场域，彼此的文化差异结果是可想而知的。但是，

---

[1] 泸西县老年人诗书画协会、泸西县政协文史委编：《广西府漫话》（内刊），昆明：滇黔桂石油勘探局昆明印刷厂，2005年，第141—144页。

地方文化精英们首先不是忙于揭示结果，而是让"四大金刚"里的"曾兵头"出场：

> 光银似箭，日月如梭，阿彩出嫁转眼就满月了。满月这天，按习俗要由娘家的亲人（兄或弟）去姑爷家把姑娘接回来过满月。因此，昂贵命其子和侍卒专门去接阿彩回府。对于阿彩的这桩婚事，昂贵虽然是同意，但有时心中也怏怏不乐，闷在心里。就在这段时间里，阿堵常来献媚进谗，说曾兵头的坏话，他对昂贵说道：
> "曾兵头是前辈圆通土知府留下来的屯守官，莫看他老实，在处理王庆问题上他不满意，王庆和他都是汉族，所以他不满意。"
> 弄得昂贵火冒三丈，当即吼道："才一个小小兵头，好大的胆子，竟敢这么无法无天，阿堵你从现在起就给我好好跟踪监视他，若有越轨行动，就地斩首。"
> 可曾兵头（名沛文）一生无愧天地，对昂贵忠心耿耿，却被阿堵这一卑鄙小人的进谗而遭跟踪监视，不由闷闷不乐。一日，曾兵头于今永宁小学一带（当时还是荒野）闲逛散心，被阿堵察悉，报与昂贵。昂贵同阿堵两人暗暗追随，见曾兵头站于草丛间。昂贵上前问他："曾兵头，你干什么？"曾兵头一听是呵斥的口气，又见阿堵随同，心中多日的怨气憋不住直往上冒，心一横，说道："我摘猓猓毛（斑蝥草）。"（"猓猓"在彝语里本是龙虎的意思，但因受历代统治者的歧视，把二字加上犬旁，变为贬义词。）昂贵连问三声，曾连说三次。昂贵一听，不由大发雷霆，拔出飞刀把曾兵头杀了，命阿堵就地埋葬。其后人追思，把曾兵头的坟建成有石台阶五层的"大转五"碑墓，甚是壮观。[1]

王庆何许人也？如果回看《奏疏记》，就有记载："又据王志铎告称：'贵将父王庆、叔者坡等斩首剥皮'。"[2]应该是确有其人，而且也或是被

---

[1] 泸西县老年人诗书画协会、泸西县政协文史委编：《广西府漫话》（内刊），昆明：滇黔桂石油勘探局昆明印刷厂，2005年，第144—145页。
[2] （清）蒋敷锡修纂：《康熙广西府志》，段锦良主编，刘群点校，昆明：云南人民出版社，2016年，第221页。

中篇 百年昂氏土司：汉彝文化交融的多重历史叙事主角

昂贵"斩首剥皮"。地方文化精英也点明王庆与曾兵头同为汉族，因佞臣阿堵平日里看似挑拨昂贵与曾兵头的关系，实为挑拨汉彝矛盾，已经在昂贵心里埋下棘刺。这样一句"摘倮倮毛"就火上浇油，最终导致其命断永宁，身首异处。说明当时民族矛盾、文化偏见仍然是比较普遍的，也是尖锐的。那么，昂贵与赵通之间的汉彝政治权力竞争与文化冲突，显然不会因儿女联姻就得以化解，反而是稍有触碰就完全有可能燃起大火。

这个"摘倮倮毛"的故事城子古村村民大都会讲述：

我家这家人自古以来都是武将出身，从来没有文化精英，（如果是现在）这会怕要当武状元了。我家这家人因为第一代老祖公就是带兵的，具体我说不清，我只知道他挨（帮）昂贵土司带兵。接下来的那些人的名字，一个都认不得。给昂贵土司带兵的这一个，老实详细的，我还是（不会）讲，他是个武将，昂贵土司有"四大金刚"，因为赵通是文呢，曾培德是武的……具体叫什么名字都是陈清华他们弄出来，我也不知道，只知道叫曾兵头，挨昂贵土司带兵时是叫"曾兵头"，当时听他们讲还是从南京来的，当时充军来的，当然是他一个人来，帮昂贵土司带兵。因为他是个武将，勇猛，所以称他是昂贵土司的"四大金刚"之一，因为要出兵打仗都是他出兵。昂贵土司他还是要带着些兵，也不是说他把飞刀掏出来甩甩就死人。飞刀是传说啦，主要还是要下面的人得力。曾兵头在带兵里面是比较厉害的曾兵头主要是勇猛点，用现在的话讲会点武功。赵通是文将军师，像诸葛亮一样帮他筹划，曾兵头就像关公、张飞这类冲锋在前。

后来的故事都是大家传来传去。那时候当兵的穿的也只是草鞋，有一天曾兵头闲着没事干，就跑到现在大永宁背后割山草。割山草回来搓了做草鞋，他的兵要穿草鞋。割山草的时候，昂贵土司骑着马从永宁过，就问他说：

"曾兵头，你在干什么？"

曾兵头就说："拔倮倮毛。"

昂贵再问说："曾兵头，你在这里整什么？"

他又说："摘倮倮毛。"

这会儿昂贵土司说:"你再讲一遍!"

他说:"摘倮倮毛!"

就被昂贵一刀杀死在那里,杀死以后就把尸体弄到现在永宁小学那里埋掉。那时候永宁的街就在那里,曾兵头尸体就埋在那条街上,天天多少人去踏在上面,但坟土从来不会缩,只会涨起来。曾兵头的故事到这里就讲不下去了,就完了。我觉得我家老祖公应该还是比较刚的一个人,他看不惯(昂贵)就这样子说了,就把命丢掉了。但他的刚性后人就传下来了。

从曾兵头到现在第8代、第9代的族谱是写得下来的,到我可能是第11、12代,到我的娃娃就13代,中间就断了好几代。主要就是曾兵头下来这两代,找不到碑。因为年代有点长,就找不到这种线索,再往上就找不着了。[1]

从曾兵头大概12—15代后裔曾保冲的讲述来看,曾兵头及其后裔在城子古村繁衍生息约300—375年;而昂贵兵败而亡时是成化十七年,即公元1481年,至今540多年,大约21—22代。可见曾氏族谱遗失的不止两三代,而是至少有100多年、五六代先祖的历史被遗忘了。特别有意思的是,作为城子村旅游管委会的"曾兵头"后人就说:

赵通是文,曾培德是武的……具体叫什么名字?都是陈清华他们"弄"出来。

可见后裔忘记先祖名字,却被地方文化精英"弄出来"!陈清华是陈天一的孙子,是目前在世的城子的重要文化精英。不仅仅是曾兵头的传说,有关城子古村的其他的传说故事,口述最为详尽者当属陈清华。所以说,是陈清华这些地方文化精英的"弄",使得城子历史文化知识被不断再生产。

另外,曾兵头后裔也说到先祖来自南京,这跟云南汉族移民共享的历史记忆及其背后的历史背景是基本吻合的。当然,其中有不少汉族家族,乃至接受汉文化比较多的少数民族家族的南京祖居地历史记忆的真实性及

---

[1] 2017年8月21日,笔者在城子村对村民曾保冲的访谈。

中篇 百年昂氏土司：汉彝文化交融的多重历史叙事主角

其功能，则当另说。在此要注意的是，在"四大金刚"中的曾兵头与赵通一武一文两个"金刚"，代表的是汉文化与中央王朝势力，那与代表"爨夷"文化、地方土司势力的昂贵与阿堵是既合谋又隔阂的关系。二者间除了政治权力的博弈之外，还有文化差异造成的心理隔阂。而且，彼此相互交织，因此满是汉文化的优越感的曾兵头就成了昂贵的刀下鬼。

如果比较陈清华、曾保冲到其父曾国柱与其他村民关于曾姓家族、"曾兵头"的历史记忆，却有明显的代际与身份差异。从代际看，曾保冲能够讲述的要详于其父曾国柱；从身份看，旅游管理者曾保冲能够比一般村民讲述得更多一些。但比起陈清华的讲述又逊色得多。如当问80多岁的曾国柱老人是否知道昂贵土司与自家老祖宗里有一个是昂贵的"四大金刚"之一时，老人则说：

> 那个听倒是听到讲"曾兵头"，昂土司的部下嘛，不晓得是从哪里来的，只听说是土司的兵头子，喊"曾兵头"。"曾兵头"就是这种喊出来的，别样（的）又认不得。曾兵头是哪方面得（厉害）点？是昂土司的得力人嘛，第二把手，昂土司的兵头。小时候老人会给我们讲祖上有个曾兵头很厉害……曾兵头是昂土司的部下，大永宁那里杀掉了。在割山草。昂头司骑着马（经）过，昂土司问整哪（样）去，曾兵头左一个保保、右一个保保。保保毛是三截草，那哈（时候）要搓梭子、（编）大草墩。昂土司喊他改口就不杀他，三次昂土司过来问曾兵头，结果就把他的头砍掉，昂土司斩的。曾家人也要（被）全杀的，是拿他的飞龙刀杀掉。嗯，三遍不改口，还说割保保毛，就将他杀掉。杀了以后埋在大永宁那个街上，那时候还是山林，后来才改为盖房子，那砖坟也没动着，最后被供销社来整这整那就移掉了，那个碑可能是盖大仓敲（掉）了。[1]

可见，曾兵头是"四大金刚"里唯一有后裔者，但也从其后裔历史记忆中从有名变无名，却在城子文化精英手里从无名变有名，城子古村的历史就在这样的虚虚实实的重构中得以"延续"。曾兵头的故事一代一代沿袭，

---

[1] 2017年8月16日，笔者在城子村对村民曾国柱的访谈。

昂贵与城子古村的故事也一代一代传讲，在这样的"历史"创构中不仅有历史上真实存在的人和事，也有后人重构、层垒的人和事。这些起初可能不过是茶余饭后的闲谈，后来就成为城子古村发展旅游业的历史文化资源。就如城子古村的土库房一样越建越多，最终布满整个飞凤山坡，成为一个从汉夷冲突到汉夷交融的物化象征。

无论是口述"白话"，或是文本"传奇"，昂贵因为曾兵头一句"摘倮倮毛"就杀之，不过是个当时汉夷矛盾、冲突的前序，含有昂贵因"肆虐不法"而众叛亲离的寓意。但"昂贵传奇"的高潮，是其进一步"肆虐不法"而把姑爷剥皮害死。此时正是最早陪伴昂贵，甚至可以说辅佐昂贵登上土司宝座的杨喜的立场，进一步表明昂贵的众叛亲离：

> 曾兵头死后不久，阿彩满月回家，同家人聊天时很是高兴，把昂贵多日来的怒火也稍微平息下来。可正当进入和气的氛围中，不如意的事情偏又出现。阿妈问阿彩：
>
> "赵家对你可好？"
>
> 公主回答："很好！公公夸赞我好，有才华，能诗会文。婆婆对我也很好，说我贤惠。只是家里那些小姑子看我是大脚（天足），在开玩笑中说我是倮倮养的仙女。"（赵家是汉族）
>
> 昂贵听了勃然大怒，连夫人也吓得目瞪口呆，公主赶忙站出来说好话："阿爸，你听我说吧！公公婆婆都夸我贤惠，性情温和，有本事。丈夫也很喜欢我，只是小姑们不懂事，但也还说我是仙女。阿爸有飞刀龙马，本来就是仙人，仙人才会养仙女。望阿爸息怒！"
>
> 昂贵斩了曾兵头之后性格特别暴躁。虽听公主称是仙人养的仙女，略有一些笑意，但仍怒气不止，吼道："你们娘儿做神做鬼老子不管，但老子绝不允许任何人侮辱我。"[1]

明代以来的云南历史上，大脚、小脚之别曾一度是汉族与少数民族、文明与野蛮之区分物。来自内地的汉族移民，尤其是家境稍好一些的汉族

---

[1] 泸西县老年人诗书画协会、泸西县政协文史委编：《广西府漫话》（内刊），昆明：滇黔桂石油勘探局昆明印刷厂，2005年，第145页。

中篇 百年昂氏土司：汉彝文化交融的多重历史叙事主角

女子，都沿袭了内地汉族的裹脚习俗。所以，看女人脚之大小，就可断定其是汉族或是少数民族。因此，在以汉文化为主流趋势的社会环境下，女人的大脚也便成为一种"野蛮""落后"的象征。在民族交往中，也便与"倮倮毛"一样成为一个敏感的词汇。如果说赵通与昂贵果真结为儿女亲家，那么，很显然是来自内地的汉族赵氏与土著昂氏（普氏）之间的族际通婚，彼此之间文化的差异仍然在一定时期内必然存在。

话说阿彩回娘家一月满了，赵府欢欢喜喜忙着安排佣人随赵琮骑着大骡子前来昂府接二公主回家。眼看快到昂府了，赵琮想尽快地见到妻子，一时情急，顾不上"进府门要下马"的规矩，任由大骡子冲上台阶，冲进府门。真是该着有事，昂贵这些天正想赵家的不恭之言，虽然出自小娃之口，但大人不讲，小娃怎么会说？越想越觉得窝火，但一肚子火气却无处发泄。

恰在这时，侍卫慌慌张张前来禀奏："知府大人，赵琮骑着大骡子来接二公主，冲进府门来了！"

这一报，无疑是火上加油，让昂贵暴跳起来，喊道："小杂种，竟敢如此狂傲无礼，给我抓下剥皮。"

刀斧手闻声踊出，把因看到虎神而惊恐不安的赵琮从马背上扯下来，连拖带拉地推到刑场，绑到剥皮架上。二公主闻讯吓得号啕大哭，奔向母亲处求救。大夫人一听，管不了什么失宠不失宠，急忙奔到昂贵处求情，边说边号啕不止。昂贵也暗自感到在暴怒中失误，想改口说"重责三十大板"，可为时已晚，刀斧手已把赵琮的皮剥下来，呈献上堂。昂贵无可奈何，只好将错就错，命刀斧手扎起一个草人，用赵琮的皮绷上，把他绑在骡子鞍架上，由其侍卫牵回。二公主哭得死去活来，满府官吏吓得目瞪口呆，直打哆嗦。赵琮的侍卫吓得三魂飞了二魂，狂赶着骡子奔回赵府。

赵府门外，早有众人等候，老远望见人马归来，一阵欢喜。待到门前，大骡子突然跪下，众人定睛一看，愕然大惊，刹那间，悲声四起，赵夫人一下痛绝倒地。赵通心如刀绞，大声呼叫："不杀昂贵，誓不为人！"

华夷互融：飞凤古城民族志

当下即和儿子及心腹官吏策划上京告状，并连夜把家迁回安拍咪的(今旧寨)。安拍咪的四山连接，便于进退，也便于动员家族和小家(佃农)时时备战，处处设防，以防昂贵采取杀伯婶的手段，祸及满门子孙。拂晓赶到安拍咪的，即坐下布置种种应变事宜，及时调人站岗放哨，以防不测。同时，派次子赵琼上京告状，长子赵璧留守家中。

再说昂二公主昏厥苏醒后，心如刀绞，接连几天水米不进，深悔对家人的失言。在哭诉中，又向阿妈说出了自己已身怀六甲。昂贵这时也知道自己和赵通是死对头，听说女儿有孕在身，狠狠地说了一句："生儿子杀，生姑娘留。"

昂二公主更是放心不下，每到夜半，衾冷枕寒，时坐时起，呜呜咽咽。母亲无奈，也只能常常安慰女儿："阿囡莫哭，有阿妈在……"

昂贵意识到这场冤仇结的不小，干脆一不做二不休，及时派阿堵统率兵马，于次日杀向生纳土照磨赵通府，要满门抄斩。阿堵率兵急行到赵通府，扑了一个空。向周围人家打听，却都不知道去向，便转回来报知昂贵。昂贵心事重重，只说了一句："去了算毬，待以后再说。"[1]

昂贵剥皮姑爷的细节并不陌生，在1984年版本里就描述过。但之前是有姓无名的"总督"赵通的"公子"，到2006年的版本里就变成了有名有姓的赵通二儿子"赵琼"。是历史上确有其人？或是如"曾兵头"的名字"曾培德"，是被当下地方文化精英"弄"出来的？而且赵二公子赵琼上有大哥赵璧，其下有三弟赵琼。赵琼的名字在《康熙广西府志》[2]与《乾隆广西府志》[3]中皆出现过，是"赵通男赵琼奏称"者。至此，昂贵的"肆虐不法"历史在地方文化精英真真假假的重构中越来越"传奇"。需要注意的是，在史志记载赵通子赵琼线索或基础上，地方文化精英创构了赵璧、赵琼两弟兄，是颇有深意的：一是显示出地方文化精英对于汉族取名文化

---

1 泸西县老年人诗书画协会、泸西县政协文史委编：《广西府漫话》(内刊)，昆明：滇黔桂石油勘探局昆明印刷厂，2005年，第146—147页。

2 (清)蒋敷锡修纂：《康熙广西府志》，段锦良主编，刘群点校，昆明：云南人民出版社，2016年，第220页。

3 (清)周采：《乾隆广西府志》，泸西县地方志编委会整理，芒市：德宏民族出版社，2010年，第222页。

中篇　百年昂氏土司：汉彝文化交融的多重历史叙事主角

的深悟，给赵通三个儿子皆有玉字旁的字派；二是意在汉文化对玉的"谦谦君子"之意，其寓意在于突出与"肆虐不法"之昂贵的差异反衬。所以说，在其字里行间所玩味的，都是泸西境越来越浓厚的汉文化氛围。

　　此时杨喜看在眼里，夜不能寐，想到比干被挖心而死，而昂贵的毒辣也不亚于纣王。何况这场婚事，自己又是月老，若兵戎相见，势必导致灾祸。再说阿堵又被自己骂过，愈想愈觉得身陷险境，于赵琮死后的第三天深夜与家人密商后，收拾金银和细软潜逃。三天后阿堵才发觉，急忙报知昂贵。昂贵命士卒四下追赶，意在慰勉，可阿堵在旁挑拨道："知府切莫以为杨喜是个好人，他与赵通勾结，畏罪潜逃，与其追回劝慰，不如擒拿后就地斩首。"昂贵同意，令侍卫追了三天，仍无踪影，又想杨喜昔日曾有功于自己，也就由他去了。[1]

"曾兵头"以"摘倮倮毛"顶撞昂贵而死于"昂贵刀下"，不过是杨喜看到昂贵剥皮姑爷而后"隐讳逃生"的导火索罢了。实际上，是在此前就已经颇有隔阂：

　　后来他（昂贵）又不断听信阿堵谗言，四处掠夺其他土司部落的田产山林，牛马粮食，任意搜刮掠抢金银财宝。杨喜、赵通等忠臣多次劝告提醒他不要忘记玉屏、飞凤二仙"广施仁政"的话，但他不以为然，仍我行我素。所谓忠言逆耳，好话难听，谏言过多，昂贵对杨、赵二人渐渐疏远，怨恨之心时有萌生。[2]

昂贵对赵通"怨恨"的结果，在地方文化精英笔下，是因为刀砍剥皮姑爷——赵通二子赵琮而结下不共戴天之仇。于是，赵通一方面利用明代中央王朝的政治、军事力量，另一方面利用汉文化里的堪舆之术，即挑断"山

---

[1] 泸西县老年人诗书画协会、泸西县政协文史委编：《广西府漫话》（内刊），昆明：滇黔桂石油勘探局昆明印刷厂，2005年，第147—148页。
[2] 段立青主编，杨俊编著：《阿庐文化系列丛书·古村神韵》，北京：中国文化出版社，2013年，第51页。

经"与"若要昂贵败,东寺调朝北头盖"的风水先生之言"破"了昂氏的"风水"[1]。而昂贵对曾兵头与杨喜"怨恨"的结果,前者被杀,后者被迫逃生:

> 自从与赵通从亲家变成冤家后,昂贵越来越对杨、曾二人不放心,左看右看不顺眼,心里怀疑二人暗中偷取大印,想私通赵家,于己不利。……
>
> 当年四大金刚之一的曾兵头,也因为对昂贵的不法行为常常不满,牢骚时发,被昂贵找了个借口杀了。杨喜看到赵通、曾兵头的下场,生怕自己也落得个身首异处,在一个月黑风高之夜,偷偷地跑了出去,到荒山野岭之中隐姓埋名,聊度余生。[2]

至此,1984年版本中出现于昂贵青少年获得龙马飞刀过程中,并出谋杀死钦差大臣以"服众"的杨喜[3],以及2006年另一版本中"看穿了昂贵心事"的杨喜[4],不得不"选择"以逃遁方式离场。表明昂贵的"肆虐不法",不仅得罪了汉族亲家下属,而使政治联姻亲家变成不共戴天的死对头;"四大金刚"中的"曾兵头",也被其找借口所杀;同样以正面人物出现的另一"金刚"杨喜则被迫"隐讳逃生",弃他而去。

> 昂贵身边,只剩得阿堵等奸佞鼠辈,与他沆瀣一气,惹是生非。[5]

其结果,最终陪伴昂贵的就是使其更加"肆虐不法"的阿堵,以及代表中央王朝而与其兵戎相见的赵通。这在1984年的文本里,描述得生动却

1　2016年6月16日,笔者在城子对村民陈清华的访谈。
2　段立青主编,杨俊编著:《阿庐文化系列丛书·古村神韵》,北京:中国文化出版社,2013年,第54、57页。
3　陈天一《飞刀龙马》,载泸西县民委、文化局、文化馆编:《飞鹤集》(内刊),红河州印刷厂、个旧市印刷厂,1984年,第58页。
4　段立青主编,杨俊编著:《阿庐文化系列丛书·古村神韵》,北京:中国文化出版社,2013年,第49页。
5　段立青主编,杨俊编著:《阿庐文化系列丛书·古村神韵》,北京:中国文化出版社,2013年,第57页。

中篇　百年昂氏土司：汉彝文化交融的多重历史叙事主角

又简洁：

> 昂土司顾不得多想，急急忙忙走进后庭，一试宝刀——不灵了；一看龙马——不飞了。他见大势已去，又急忙转进大厅——小姐也不知了去向。这时，无数官军拥簇着总督和小姐走了进来。总督手握宝剑，脸色铁青，用剑指着昂土司说："左右，快快给我把这万恶不赦的贼汉绑起来，我要奏明皇上，碎碎地剐他五千刀！儿呀，为父给你报仇了，你瞑目了吧！"
>
> 昂土司此时已是英雄末路，又不甘束手就擒，一头撞在柱子上，头破脑迸死了。只见一股青烟腾空而起，一条黑龙驾着雾气向西飞去。[1]

"官军拥簇"，表明了赵通身后的中央王朝力量众多；而飞刀、龙马的"不灵"，则表明神界与世俗双重力量，至此不再护佑、支持昂贵；"黑龙""青烟"，则再次显示其"肆虐不法"性质；而"向西"，则是以太阳落下，白昼结束，光明消逝的西方，隐喻昂贵在人间生命、使命的结束。同时也隐含着地方文化精英并不舍得昂贵生命的完全终结，因而让其驾雾西去。一方面回应了前文的"乌蟒再世"，另一方面也给后人留下了更多想象的空间。

但到了2006、2013年，地方文化精英创构的文本里，则通过"兵败昂贵倒下　堪舆计毁昂府""阿彩护婴心切　无奈破父神宝"与"赵通火毁永安　昂贵跃岩收场"三个章节环环相扣的"传奇"，终于使昂贵走下历史舞台[2]。在此过程中，对昂贵奏称弹劾、堪舆之计破其风水并兵戎相见的，是其亲家赵通。

但在此时，仍然在昂贵身边的，就是"四大金刚"中明显的"爨夷"身份的阿堵：

1　陈天一《飞刀龙马》，载泸西县民委、文化局、文化馆编：《飞鹤集》（内刊），红河州印刷厂、个旧市印刷厂，1984年，第61页。
2　泸西县老年人诗书画协会、泸西县政协文史委编：《广西府漫话》（内刊），昆明：滇黔桂石油勘探局昆明印刷厂，2005年，第148、155、159页。

华夷互融：飞凤古城民族志

话说昂贵横下一条心，管你圣旨不圣旨，加上阿堵在旁怂恿："知府大人神威无敌，何患他流官贺勋不贺勋。"这时的昂贵再也想不到大海里有暗礁和物极必反的道理。……

昂贵在顷刻间不知所措，猛抬头看见阿堵要逃走，顿时怒发冲冠，几步冲过去抓住阿堵不放："你这狼心狗肺的东西，竟害得我身败名裂，我叫你身首异处！" 说完，抽出宝刀砍下了阿堵的脑袋。[1]

昂贵刀砍阿堵脑袋之日，也是其跳岩化蟒之时。回顾昂贵从发迹到败亡的一生，先是与赵通亲家反目成仇，后有曾兵头被其砍头而死，继而是杨喜"隐讳逃生"，最后是昂贵手刃阿堵，一步步使昂贵土司众叛亲离、由盛而衰。总之，"四大金刚"一台戏，"四大金刚"不再在昂贵左右，也就注定昂贵走下历史舞台了。至于其中人和事的真与假，彼此关系的真与假，都难以考证。重要的是，这些被重构出的昂贵土司政权，并非全为"爨夷"，也有具有内地汉文化、中央王朝势力的汉族亲家赵通与"谋士"杨喜与兵头曾氏。这应该是其时广西府境民族关系的概貌——汉夷之间的接触交往越来越多。那么，昂贵与赵通就不仅仅是儿女亲家关系，昂贵与杨喜也不仅仅是土司与"谋士"间上下隶属关系，而是地方"爨夷"政治势力与内地中央王朝、"爨夷"文化与来自内地的汉文化之间的错综复杂关系。因此，在政治的层面，呈现出共谋又分裂的双重性；在文化方面，则表现出交融又冲突的复杂性。

在《康熙广西府志》里，将赵通列入"义士"：

赵通，本府土照磨。成化间，昂贵争袭府职，大肆凶雷。通不从逆，遣其子赵琼赴京奏闻。下议，改土设流。至今得睹汉朝威仪，皆赵通之力也。[2]

---

[1] 泸西县老年人诗书画协会、泸西县政协文史委编：《广西府漫话》（内刊），昆明：滇黔桂石油勘探局昆明印刷厂，2005年，第159—160页。

[2] （清）蒋敷锡修纂：《康熙广西府志》，段锦良主编，刘群点校，昆明：云南人民出版社，2016年，第198页。

中篇　百年昂氏土司：汉彝文化交融的多重历史叙事主角

而到《乾隆广西府志》里就直接称其为"义士"[1]。在 2006、2013 年地方文化精英创构的"昂贵传奇"文本中，还有一段文字交代赵通后来的事迹：

> 赵通打败昂贵后，又把家迁回生纳。因对广西府改土设流有功而逐步升迁蓟辽总兵，后谥兵部尚书衔，墓葬于路纳村和石洞村交界处。[2]

可见，昂贵与其"四大金刚"中，只有赵通升迁他任，并寿终正寝。也就意味着在中央王朝强大的改土归流洪流面前，顺我者昌，逆我者亡。赵通是如上文广西境众多良官循吏一样"顺我者昌"的代表。所以，昂贵所谓的"肆虐不法"的实质，一是"争袭"，二是"凶残"，三是"奸淫"。而与其反目成仇，并代替中央王朝废了昂贵土司的赵通，则为"义士"。那么，昂贵与"义士"赵通、"谋士"杨喜、"曾兵头"、奸佞小人阿堵诸人关系的变化，也便是昂贵和内地中央王朝与汉文化、本土文化与汉文化关系的变化。因此，与其说"昂贵传奇"是地方文化精英编写的一个受众喜闻乐见的"传奇"，还不如说是对于明代乃至后来，中央王朝政治与军事力量、文化和本土政治与军事力量、文化之间联合又隔阂、交融又区隔的复杂关系的故事性演绎。换言之，是借助昂贵与其"四大金刚"的复杂"传奇"故事，表达作者政治、文化上大一统，并通过被重构的口述与文本"历史"代代相传，从而使广西府境在政治、军事与文化上越来越与内地一体化的历程。因而还有一段地方文化精英颇切合中国"大历史"的评价：

> 实际上，明王朝从洪武十五年（1382）在云南建立政权，在泸西设置广西府，采取"以夷制夷"政策，从普德至昂贵，历经五任，历时 99 年（1382—1481），此时明朝的各项政令已趋完善，生产发展，边疆巩固，中原的先进文化和生产方式在云南得到推广运用，大批移

---

[1] （清）周采：《乾隆广西府志》，泸西县地方志编委会整理，芒市：德宏民族出版社，2010 年，第 169 页。
[2] 泸西县老年人诗书画协会、泸西县政协文史委编：《广西府漫话》（内刊），昆明：滇黔桂石油勘探局昆明印刷厂，2005 年，第 164 页。

民迁入云南,在一定程度上促进了云南经济和文化的发展。

广西府政治上土官执政的封闭政策,已不适应政令的推行,朝廷下令进行民主改革——"改土归流"。昂贵又是"肆虐不法"之人,被人奏告而罢免了土知府之职,降为弥勒州土照磨。后昂贵据险为乱,最终招致官府围剿,明成化十七年(1481)七月被杀(一说自杀),土司府衙及大部房屋被烧,家人遭到驱遣。[1]

至此,昂贵终于走下历史舞台,"昂贵传奇"也就此告终。而且从表面看,昂贵后人与其"四大金刚"中的三大金刚后人一样不知所终,但实际上因从明代以来云南汉族人口首次超过少数民族人口,各少数民族的"汉化"趋势越来越凸显。与此同时,伴随内地汉族移民而来的汉文化则发生了在地化变迁,再要去考证其后人是汉族或是少数民族,就已经没有必要了。因为已经形成了你中有我、我中有你的水乳交融之态,很难再分彼此了。所以,访谈飞凤古城,传扬祖上为彝族的几户人家,就不再有明晰的族谱记忆,只说"现在是跟汉族一样了"。

(四)土司大印——明代中央王朝敕封权力由得到失的寓意

在对"四大金刚"中的白脸、黑脸、红脸的形象刻画中,还创构了一个"义犬护印"的故事,隐喻着昂贵集团依据"爨夷"传统文化的"义"而积聚的政治联盟,将伴随忠犬之死而消逝,其分崩离析的一天迟早要到来。其中,很显然的是"大印"之寓意为赐予大印的明代中央王朝。对此,不同时代、不同版本的文本叙事有越来越详细、越来越生动的描述:

> 回到白勺土司府的第五天早上,昂贵惊魂未定地坐在大堂上,召集阿堵等心腹商议对策。最后商定由昂土司发令召集其他小部落,一致联合对外。书办拟好诏令,请昂贵用印,昂贵打开印匣,发现空空如也,大印不翼而飞,顿时惊得目瞪口呆。这事非同小可,在这要命的时刻,没有了大印,就像老鹰折了翅膀,豹子断了利爪,如何号令民众,只有任人宰割的份了。真是屋漏偏遭连夜雨,行船又遇顶头风,

---

[1] 段立青主编,杨俊编著:《阿庐文化系列丛书·古村神韵》,北京:中国文化出版社,2013年,第93—94页。

中篇　百年昂氏土司：汉彝文化交融的多重历史叙事主角

人到背时盐罐都会生蛆，喝口凉水也会塞牙。昂贵咬牙切齿地问道："大印呢？大印呢？"[1]

但在1984年陈天一的《昂贵传奇》文本里，却无大印失而复得的情节。而且，在2006年杨庆福搜集整理的《飞刀龙马》里也无此情节，但却出现在同年陈天一撰写的《昂贵传奇》与2013年杨俊编著的《古村神韵》里。可见，在20世纪80年代，"义犬护印"传说尚未出现，最起码尚不普遍，以至于来自城子古村的陈天一也未将此写入《昂贵传奇》中。但为了"四大金刚"一台戏的生动性，"义犬护印"在后来就成为需之即来、挥之即去的"传奇"。文本中当时昂贵对于大印丢失的强烈反应，显示的是他一方面是"肆虐不法"，而对手下苛责之致；另一方面也非常看重朝廷赐予的大印，即重视朝廷赐予的权力。并说丢失了大印，就不能再"号令"民众，就把昂贵依靠中央王朝"号令"各族民众的史实以巧妙的方式呈现出来了。

对比2006年与2013年的两个文本，可以清楚地看到，地方文化精英是如何利用"义犬护印"的故事来反衬昂贵及其心腹阿堵的"不义"，使得"义字当先"的曾兵头与杨喜落得一人被杀，一人被迫逃生。而此前的"义犬护印"，则暗喻朝廷赐予政治权力的失而复得——入狱、出狱、降职、迁衙门：

在府署门前响得惊天动地，昂贵和前来的三州知州及府署官吏步至前厅门外(今威灵寺)。一排排站定俯视前方之际，众官吏万万也想不到昂贵会仰天高歌："祥云缭绕南天上，龙马飞刀日月寒。赫赫虎神登宝殿，一条巨蟒起狂澜。"众皆倾服。最后他说："永安府署只是初建，望同僚同心协力，再造辉煌。"

时隔一旬，杨喜忽然发现大印不在，速报昂贵，昂贵闻报发怒道："谁人收拾文房，该斩。"

……话说昂贵听说大印失掉，大发雷霆，但看在杨喜的面子上也就暂压下怒火，发话道："大印不在非同小可，杨喜、曾兵头速速带领家人去寻找，大印找不回来，罪责难逃。"

---

[1] 段立青主编，杨俊编著：《阿庐文化系列丛书·古村神韵》，北京：中国文化出版社，2013年，第53页。

二人得令，知道责任非轻，即率数十吏卒返回旧府署寻找。二人心急如焚，快马加鞭，大约一个多时辰就赶到旧府衙门，立即分头寻找，不见踪影，只是蜘蛛网挂满墙壁。在失望中，忽听一小卒大叫："在后院找到大印了，是黄狗护于身下，可黄狗已经死了。"

众人大惊，直呼义犬。杨喜、曾兵头等欣喜若狂，即取出大印包好，立马回转，把大印交付昂贵案前。昂贵哈哈大笑，命找到大印的小卒速策马返回，将狗葬于旧府门外，面朝新府，以彰其忠。遂将小卒提升为侍卫吏，改原府署一带为护印村。[1]

在这个 2006 年的版本里，尚未看出昂贵与杨喜、曾兵头的心理隔阂。而昂贵对于义犬的厚葬，以及坟头朝向的选择，正好说明昂贵之所以是昂贵，普氏（昂氏）土司之所以是一方土司，是因为有此"大印"护身。对此，昂贵怎能不看重呢？而大印的失而复得，正好对应了昂贵因"肆虐不法"谋篡土司权位而被捕入狱后，"阴幸"出狱，还被降职任用。但朝廷还是对这类土司恩威并重给其"阴幸出狱"，并降职为弥勒土照磨，而给其改过自新、继续代理朝廷治理地方的机会。但从赵通儿子赵琼与其他官民的"奏告"来看，其非但没有改过自新，反而更加变本加厉。这在地方文化精英笔下就是重用佞臣、滥杀忠臣、逼走"谋士"。所以，在 2013 年的文本里就要将此过程大书特书：

他一边说，一边用凶狠、毒辣的目光向众人脸上一一扫过，堂上诸人连大气都不敢出，个个毛骨悚然，胆战心惊，唯恐稍有不慎，惹怒这个煞神，遭到杀身之祸。昂贵见没有一个人吭声，又连连大吼："老子查出来，剥皮、剜心、点天灯。"

说完眼光有意在杨喜、曾兵头二人身上盯了片刻。自从与赵通从亲家变成冤家后，昂贵越来越对杨、曾二人不放心，左看右看不顺眼，心里怀疑二人暗中偷取大印，想私通赵家，于己不利。令人窒息的场

---

[1] 泸西县老年人诗书画协会、泸西县政协文史委编：《广西府漫话》（内刊），昆明：滇黔桂石油勘探局昆明印刷厂，2005 年，第 134—135 页："黄犬丹心护印 龙马乘风驮盐。诗曰：天开美景柳花明，飞凤唧唧紫气生。护印丹心忠畜烈，载盐龙犇媲九星。"

中篇 百年昂氏土司：汉彝文化交融的多重历史叙事主角

面持续着，众人僵直地站着，仿佛在阴曹地府中，谁也不知自己命运到底如何。

"知府大人，依小人看，搬家之时，大家匆忙紧张，说不定大印仍在府城知府衙门的公案上，赶紧派人回去找一找，我想我们都是大人多年的忠实奴才，谁也没有那个狗胆私藏大印。"阿堵鼓足勇气战战兢兢地说。

对阿堵的一番话，昂贵听着顺耳，他总觉得阿堵才是自己信得过的人。于是他问道："哪个到城里衙门去找大印？"

"小人愿为大人分忧。"阿堵不忘献媚。

"我也去！"

"我和阿堵、老曾一同去！"曾兵头、杨喜也急忙表示。

昂贵见杨、曾二人也争着要去，怎能放心得下，万一他们找到大印，联手据此一致反叛我，那时我就玩完了。他眼珠一转，打定主意，假意大声说："好好好，难得你们如此忠心，我同你们一起去。"

……昂贵等人自然顾不得领略这凄清冷落的景象，忙着四下分头寻找大印。众人屋里屋外，房前屋后，大堂内院，厨房柴棚，马厩茅厕，旮旮旯旯，里里外外，翻了个底朝天，哪里有大印的丝毫踪影？众人偷看昂贵，只见他喘着粗气，握紧拳头，脸都气绿了，知道这是他怒火中烧大发雷霆的前兆，很快就要大祸临头了。

忽然杨喜大声喊道："快来瞧，大黄饿死在大门背后了。"

大黄是昂贵家看家护院的一条黄狗。大家过去一看，狗趴在地下，头朝下勾着，两只前爪紧紧抱在胸前，早已死去多时。曾兵头小心翼翼地拉开黄狗的尸体。

"啊！"只见黄狗的两只前爪紧紧地抱着金晃晃的大印。

原来昂贵匆忙逃跑之时，慌乱之中大印掉在大堂公案下，一直无人发现，直到人马走尽，无人照管的看家大黄狗，才发现主人把至关重要的东西遗忘了。于是这只聪明伶俐、忠心护主的大黄狗，把大印抱住，压在身下，躲在大门背后，宁愿饿死也不肯移动一步，为主人保存了大印。

昂贵见大印失而复得，心喜之余，也为忠心的大黄狗深深感动，于是命手下人把黄狗的尸体认真埋葬，并称之为"义犬"。[1]

中外历史上"义犬救主"的传说故事比比皆是，可能是因为人类早期皆经历过狩猎与游牧经济时代，因而作为放牧、狩猎工具的狗在六畜中对于人类早期生产生活意义特别重大。在与彝族同源近亲的纳西[2]、傈僳[3]、景颇[4]等民族中，还有过年先喂狗的习俗。源于传说人类种植的五谷是狗从天庭藏在其尾巴里偷来的，人类才得以繁衍生息。那么，游猎、游牧兼半定居、定居农业的广西府境"爨夷"对狗的崇拜，也类似于上述同源民族的神犬偷谷种一样，应是不难理解的。2013年的《古村神韵》里，还将"义犬"护印传说落地于具体的村落，使其传说更具"真实性"：

> 泸西县城西门外，今中枢镇中学操场西北角（胜利小学后）一带，过去称为护印村。据说，明朝成化年间，这里曾是广西府土知府昂贵的土府衙门所在地，直至民国初年，还留有衙门石基遗址。明成化年间，广西府改土归流后，随着流官势力的渗入和逐渐强大，昂贵感到在此难于立足，于是举家搬到白勺（今永宁城子）另建土司府衙，并改白勺为永安府（意为永久安宁）。
>
> 搬迁的时候，忙忙碌碌，待到安下家后几天，才发觉土知府大印丢失了，昂贵立即派人原路返回，一路寻找大印至老衙门。此时衙门早已空空荡荡，十分冷落荒凉。找到后衙，只见昂贵家原来的看家黄狗还睡在地上，众人都很奇怪，搬家时怎么把黄狗丢在这里？仔细一看，黄狗已经死了，把黄狗拖开，才发现黄狗身子的下面紧紧地护着知府大印。原来为了保护这颗大印，黄狗直至饿死都不肯离去。于是，

---

[1] 段立青主编，杨俊编著：《阿庐文化系列丛书·古村神韵》，北京：中国文化出版社，2013年，第53—55页。

[2] 参见云南省民族民间文学丽江调查队搜集翻译整理：《创世纪——纳西族民间史诗》，昆明：云南人民出版社，1960年。

[3] 参见吕大吉、何耀华：《中国各民族原始宗教资料集成 傈僳族卷》，北京：社会科学出版社，1999年，第748页。

[4] 参见吕大吉、何耀华：《中国各民族原始宗教资料集成 景颇族卷》，北京：社会科学出版社，1999年，第400页。

中篇 百年昂氏土司：汉彝文化交融的多重历史叙事主角

为了追念黄狗护印的义绩，人们就把这个地方叫作"护印村"。[1]

大印失而复得，但是否还有"义犬"这样义薄云天的义士跟随昂贵护主？在阿堵挑拨离间下，被昂贵不再信任的"曾兵头"与杨喜两人，死的死，逃的逃，从此再无人忠心护印，大印迟早再次丢失——隐喻昂贵也迟早要走下广西府境的政治历史舞台。可见，地方文化精英们对于历史的兴替更迭，不像正史般用于"资治通鉴"，而是以故事性的"传奇"演绎历史兴衰的真谛——一个官员、一个朝代的兴衰更替，其上（中央王朝）下（民众）、里（本族、本土世界）外（外部世界）力量的整合、拥护是至关重要的。昂贵失去了"四大金刚"，也便失去了所有的社会资源，更逆中央王朝大一统趋势、进程而行。可见，此"大印"之文化、政治意涵之深厚。这样的地方历史叙事重构，不可谓不智慧。言下之意，大印的得失，在于中央王朝是否需要地方代理人。而拥有大印的时间长短，也同样在于其顺应历史发展规律的程度。因此，大印，便是中央王朝力量的象征，而且也是其土司权力的合法性象征。大印的失而复得，得而又失，皆与普氏（昂氏）土司家族从崛起、入狱、降职、革土设流历史命运相始终。

（五）昂二、昂三公主——昂氏家族的离心与汉化隐喻

在史志里对于昂贵后代延续并无记载，甚至上述"昂贵传奇"中所出现的"家人"也没有任何记载。对此，是否同样为地方文化精英们重构？笔者不敢妄自断定。其口述与文本说，父母因瘟疫早逝，而其舅舅、大夫人、二夫人、大公主都是一群召之即来、挥之即去的"群演"，因此在昂贵兵败"化蟒"西去之后就再无交代。但是嫁给赵通子赵琮（赵皮三）的二公主阿彩与出家修行的三公主阿善，却有不少记述，而且各有其寓意。

上文陈述二公主是昂贵与赵通政治联姻的牺牲品，因为父亲昂贵杀夫剥皮而走上了破父亲飞刀、龙马的道路，从而取代了一些版本里赵通所施的美人计里的其他"祸水红颜"。对其而言，一方是生养自己的父亲，另一方是痛失儿子赵琮的公公，所以她用计破飞刀、龙马之前也多有犹豫：

---

[1] 段立青主编，杨俊编著：《阿庐文化系列丛书·古村神韵》，北京：中国文化出版社，2013年，第62页。

华夷互融：飞凤古城民族志

阿彩在破与不破飞刀龙马上思虑了良久，实难决断——不破龙马飞刀难保众生灵及小兴（赵兴）性命，若破龙马飞刀将有害阿爸。在经过一番痛苦的抉择后，为不让更多的生灵涂炭，也为保护小兴，终于下决心还是"破"。破了飞刀龙马可免除阿爸淫威，一可保民救子，二能促使阿爸悔改。主意已定，遂趁夜间马夫酣睡之际去喂马水，在水盆里放上一把筛子，趁马因吸不到水由鼻孔伸出龙须时，一剪刀把龙须剪断。随后又趁阿爸与适轻酣睡中，悄悄把宝刀抽出插入尿灰中使其失去灵气，又放回鞘中。[1]

至此，作为昂贵与赵通政治联姻牺牲品的昂二公主却成了昂贵的掘墓人——"破"了龙马、飞刀，意味着昂贵不再"神奇厉害"。实际上不但失去了具有神界——中央王朝威力象征的飞刀，也失去了兼有神界与人间（舅家）双重社会资源的龙马。这样，在昂贵的政治联姻中扮演重要角色的昂二公主的背叛，说明昂贵已经真正走上了众叛亲离的末路。而昂二公主对公爹赵通一家的信任、依赖，并敢于担当"破"父亲龙马飞刀之责，也就意味着其毅然决然走上了与昂贵相反的道路，同时也与中央王朝重新扶持的赵通同心同德的道路，因而也是一条爨蛮在政治、文化上的"汉化"之路。

走上与昂贵分化离心道路的还有昂三公主。而且，是以虔诚的儒释道信徒的身份出现于昂贵的生前与死后：

> 昂贵从此更沉溺于酒色之中，不亲府政。……三公主阿善跪谏道："阿爸如不听忠言，只信谗言，必遭三州百姓怨恨，若长此以往，必将大祸临头。"
>
> 昂贵恼羞成怒，重罚三公主三十大板，直把三公主打得皮开肉绽。三公主下定决心脱离府署，到寺上修行。先到玉屏山大佛寺做尼姑，[2]扫地抹桌。昂贵得知，严加痛骂，命其驻守金库（藏金银的洞穴）。

---

[1] 泸西县老年人诗书画协会、泸西县政协文史委编：《广西府漫话》（内刊），昆明：滇黔桂石油勘探局昆明印刷厂，2005年，第158页。
[2] 即今飞凤城子东山——玉屏山上的玉皇阁。

中篇　百年昂氏土司：汉彝文化交融的多重历史叙事主角

三公主不从，仍到寺里念佛。数月，她学会不少佛经，庙里师父见其具有大悲愿、菩提果之智慧，就为她受戒，取法名为"慧明"。慧明在玉屏山一段时间后，恐其父追回毒打，遂转到陀峨山寺学佛。自此，避开府署烦恼，虔守佛规。在诵经拜禅之余，也常到金库拿取金银，救济贫困及受灾的难民。到永安府署灾焰祸炽、土崩瓦解时，昂三公主已修得正果，能在陀峨山和玉屏山作法。天若晴久了，干旱严重，擎起花伞，即降甘霖。淫雨多了，擎起红伞，即云开日现。世代相传陀峨山或玉屏山戴帽（山顶起云雾）就是昂三公主打伞（在陀峨山一带传说较多）。后人为了纪念她，曾塑像于寺中。[1]

作为汉文化核心的儒释道与汉族民间信仰在历史长河中水乳交融，不分彼此。前文写昂贵得龙马、飞刀时出现的是颇有道教特点的"白发仙翁"，在此昂三公主出家的是佛寺。实际上所指的皆是作为"爨夷"土司昂贵的女儿三公主对于汉族宗教信仰的皈依、对汉文化的尊崇。该传说还表明，昂三公主生前背叛父亲救济难民、出家修法，修得正果后护佑本土风调雨顺。到2013年的版本里，还被赋予了治人疾病的本领：

> 昂贵的三女儿阿善，人称昂三公主，看到父亲出狱后，毫无悔改之心，反而变本加厉，为祸一方，后果不堪设想，曾多次跪到父亲面前，奉劝他多行善事，不要再与朝廷作对，引起战乱，给老百姓带来灾难。但昂贵不但不听，反而鞭笞女儿。阿善万般无奈，狠心离开昂府，出家在玉屏山玉皇阁，修行避祸，并时常下山，以山中白沙山泉仙水，救人病疾。[2]

昂三公主学佛，表面看是为逃离恶行父亲，为"肆虐不法"的昂贵赎罪，这也符合昂贵开始众叛亲离的文化逻辑，但其背后却是佛教在泸西兴

---

[1] 泸西县老年人诗书画协会、泸西县政协文史委编：《广西府漫话》（内刊），昆明：滇黔桂石油勘探局昆明印刷厂，2005年，第140—141页。
[2] 段立青主编，杨俊编著：《阿庐文化系列丛书·古村神韵》，北京：中国文化出版社，2013年，第57页。

盛的社会现实使然。在此之前，支撑、护佑昂贵的是"仙翁"，属于道教；而今昂三公主学的是佛经，是佛教。又说昂贵还请私塾先生，办教育，所学不外乎"四书五经"这些儒家传统启蒙读物。这就呈现出，早在昂贵时代，城子古村就已经有道教、佛教与儒学并存了。而儒释道是伴随汉族移民而传播至此的，说明明代以来中央王朝的移民实边政策，同时也将内地汉族宗教文化也带到了云南边陲，从而大大丰富了云南文化的内容与形式。

有意思的是，在城子古村地方文化精英的笔下，昂贵化蟒而去，昂三公主也修成正果，并且父女二人皆成了"五月十三祭大山"的主神：

> 昂家父女，传说有很多灵验。玉屏山顶有时会出现彩云，昂家父女会在云端出现。昂贵身骑龙马，手挥宝刀；三女儿霓裳羽衣，手打花伞。如看到如此幻象，那一年便五谷丰收，人畜平安。[1]

山顶出现彩云，山下便会有雨，为云南山地民族在长期的生产生活实践中积累的地方性知识。对于泸西这样干旱少雨之地，盼雨、求雨便是村民的重要精神诉求。于是，就将生前已反目的父女二人皆加以神化，相会于云端，共同成为主宰风调雨顺的神灵。可见，并非昂贵与昂三公主果真神化为神灵，而是民众需要有超自然力量来保佑其风调雨顺。对此，来自内地的汉族移民如此，本土"爨夷"民众也如此。因为他们生活在同一区域，面对相同的自然环境。特别是干旱少雨的气候长期而深刻地影响着其生产生活，因此，才能够使生前分别作恶与为善的代表的父女俩，在飞凤城子古村民众心目中被神化，而且多在汉文化的五月十三关公磨刀日与古城下雨插秧日驾彩云降甘露，呈现出汉族移民与本土彝族的共同祈求，以及汉文化与边疆少数民族文化的共通性与交融性。

总的来看，昂二、昂三公主，比起"四大金刚"，算不上主角，其一是昂贵与汉族官员建构姻亲关系，后又站在夫家一边破父亲飞刀、龙马者；其二是为父亲赎罪求雨，而融入汉文化系统里。表明伴随中央王朝势力与汉文化的日渐深入，在"爨夷"内部也发生了分化，其中一部分被"汉化"。

---

[1] 段立青主编，杨俊编著：《阿庐文化系列丛书·古村神韵》，北京：中国文化出版社，2013年，第110页。

这吻合明清云南历史、文化变迁的大趋势。由此可见，表面看，"昂贵传奇"人物众多，但每一个都有其功能，代表的是"华夷互融"历史潮流中的某一类人物。因此，对昂二、昂三公主，特别是昂三公主用墨不多，却颇有深意。

下篇　六百年飞凤古城：汉彝交往交流交融的展演剧场

上述可见，村民与地方文化精英对昂贵土司走下历史舞台，自有一部比史实，也比官方史志记载更为生动的地方"历史"叙事。如果拨开后人撒下的"传奇"迷雾，便可发现，"夷地"白芍古村是如何被逐代重构、叠加成一个兼世俗与神圣、"爨夷"神灵和汉族儒释道与民间信仰崇拜对象的"飞凤古城"。自明代成化（1479）至今，历经500多年时间，从昂贵时代的军事堡垒逐渐演变为一个兼具汉彝村民生产与生活功能的村落，也是汉彝500多年经济、文化交往交流交融的历史剧展演场。

一、城子与城子人：汉彝建筑文化交融实践与古城村落共同体的形成

（一）从"爨夷"到汉族：古城居民的置换与汉彝文化交融

对于城子古村来源与民族结构，在城子导游词里是如此介绍的：

我们城子古城整个村落坐落在一个两百多米高的山坡上，全部是在山坡上的，这个山坡在我们叫飞凤坡，这里原是彝族先民白勺部的聚居区。到明朝成化年间广西府的第五任知府昂贵土司在飞凤坡的凤头上修建了他的土司衙门。土司衙门落成之后，就慢慢形成了一个城池的格局。当时起名叫永安城，永安城寓意为永远安宁，所以我们这

个地方叫城子，还有它所属的乡镇叫永宁乡，就是从永远安宁这个意义一直延续过来的。……现在村里住的主要是汉族，开始的时候是完全彝族化的村子，但是后来由于朝廷的"改土归流"政策，派流官进驻到永安城，所以从北方迁过来很多的汉族，现在就形成了彝汉共居的局面，现在是汉族占80%左右，其他的人口就是彝族、苗族、壮族。[1]

很显然，这些导游词与文献记载是基本相对应的。即因为昂贵选址于白芍部所在的飞凤坡的"凤头"，城子的历史便由此开启。由此也可见，城子古村最早的居民是昂贵的族人——当时史志所称的"爨夷"，民间所称"猓猓"，即今天泸西境内的彝族。导游还介绍了城子当下的村民以汉族为主体，其来源的确是成化间（1481）的"改土归流"前后的内地汉族移民。只不过是在"改土归流"时就已迁入，或是之后才逐渐迁入，从村民口述历史记忆与纸质族谱来看，应该是后者更多一些。而且，导游所言的"从北方迁过来很多的汉族"，也需要更进一步斟酌。此并非一般意义上的北方，因为在本土人认知中，只要非西南地区就认为是北方，所以应该是包括所有来自内地的汉族移民。其中应该有真正意义上的甘陕晋一带的北方汉族，也可能有江浙、湖广，乃至江西、四川等地区的汉族。而少量的彝族，则是昂贵时代"白芍"部落后裔。但历经与汉族移民长期的共同生产生活后，其文化与汉族基本无异，甚至其族谱历史记忆也是模糊的，故只能从五月十三"祭大山"中寻觅其历史痕迹。至于人数更少的苗族、壮族村民，则是娶妻而来的苗族、壮族女子。但无论各民族人口比例大小，目前的城子古村，的确是一个在彝族古城堡基础上发展而来的多民族混居村落。对各族村民而言，其民族认同远远淡于城子共同体认同——是一群居住在保障其安全、满足其生产生活所需的"城子人"的共性认同。他们所共享的"土掌房"的特殊结构，更使得彼此的关系更为密切，因而对其土掌房文化的认同感也更为强烈。

这些房顶全部都是土的，都是土房顶，看上去非常平整。而且这种房顶不仅是房顶，还有一个晒场的作用，每年庄稼收上来之后就在

---

[1] 2012年7月26日下午，在城子"土司家宴"，导游张女士的介绍。

下篇 六百年飞凤古城：汉彝交往交流交融的展演剧场

上面晒粮食。……房屋主要有两种结构，一种是用泥巴直接夯实的，还有一种是用土坯砌起来的，也叫作土基。城子的土掌房大多都有三百年以上的历史，山上的年代更久远一些，靠近山下的年代近一些，因为这种房是从上面往下建的，不同于（其他村落）一般房屋从下往上建。[1]

正如导游所言，在更多受到交通条件限制的古代，云南很多定居农业民族顺山而建的房子多数是从邻近田地、水沟的坡脚先盖起，待人口增加之后不得已才逐渐往山腰、山顶上盖。但是起初为游牧与游耕生计的"白芍"部所在地，首先选择的是靠近山坡地，以便放牧狩猎与刀耕火种。而当昂贵土司入住，首先考虑的是居高临下、易守难攻的军事功能，所以就将衙门建于"凤头"之上。这样就可以远望与向下阻击来犯敌人，向后则可退入山林。而且也可估计当时随其而来的"爨夷"家户并不多，又需要围住拱卫于衙门旁，以便时时守卫衙门与随时待命调遣，因而其建筑群主要在"凤头"附近，即今天所说衙门（即今灵威寺）及其下的大营——龙树，以及衙门后的山梁子"江西街"所在地。但在"改土归流"之后，逐渐有大量内地汉族人口迁入，即民间传说所谓的1200户，就只好从"凤头"向四周发展。又因地势所限，加之这些汉族移民以农业生产为主，飞凤坡下的小坝子是其主要的生产空间，为便利劳作而逐渐将房屋往坡脚建盖。可见，城子建筑从上而下的拓展过程，实际上是其村民从彝族到汉族，从军事到生产，从游牧到农业的一部变迁史。

古村大多数的民居建筑，都是汉式建造技术与彝族传统土筑民居技术相结合的产物。在外墙及屋顶的建造技术上，采用的是彝族土筑民居的传统技术，但在建筑平面布局及内院隔墙、开窗及防雨披檐和门头等的建造上，都是汉式建筑的典型做法。聪明的城子先民在建造自己的住所过程中，不断地吸收外来文化和技术，将它们去芜存菁，融会贯通，又将它们运用到住房的建造技术中，以进一步完善民居的使用功能与建造技术，使住所的安全性、舒适性及采光、通风等住房

---

[1] 2012年7月27日晚，在城子"土司家宴"，张女士的介绍。

条件得到了进一步的改善。[1]

依据山势就地取材，是西南彝族的典型建筑特色，所以城子也被当作彝族传统建筑保留完好的古村落。但是从导游的介绍里也可以看出，城子的"彝族土掌房"实际上是汉彝建筑文化的有机交融。或者说，是后来的汉族移民在继承土著彝族传统建筑智慧基础上，融进了汉族民居建筑文化元素，使其成为汉彝文化交融的物化标识。

联系前文也可知，城子之所以成为"城子"，是源于名闻遐迩的昂贵土司。可以说是昂贵将以前名不见经传的一个"爨夷"聚居地——"白芍"（"白韶"）变成为土司衙门所在地，实际上是土照磨的衙门而被外界所知。昂贵虽被明代中央王朝降职，但仍然是其地方政治体系中的一颗棋子。为了与中央王朝势力、与汉族移民聚居地的广西知府所在地的中枢"老城子"保持一定的空间距离，才将土司衙门从已经成为首任流官贺勋所在地，并成为中央王朝在广西府境的政治、经济与文化中心的中枢一带迁到地处泸西、弥勒与维摩三州交界地的"白勺"（白芍）部所在地。而且，当时的普氏（昂氏）土司一脉，也跟众多西南土司家族一样，伴随中央王朝政治统治的深入、经济与文化和内地的一体化而日落西山。因此，利用地势之利，建一个以军事功能为主的城堡是其苟延残喘的首要。加之当时"白芍"为彝族（"爨夷"）聚居地，追随其而来的更多的也是彝族贵族与平民。那么可以想见，起初修建的城堡格局，其建筑形制，虽然可能有部分汉文化特色，但更多的应该还是彝族特色。

实际上，从明代以来，不仅仅是"白芍"，乃至整个广西府，整个云南都经历了汉族人口由少到多，少数民族人口比例从大到小的变迁历程。据记载，明代昂贵土司时代（1473—1481），直到撰写《广西府志》的清代康熙、乾隆年间，广西府境还有大量的"爨夷"人口。而且，其支系众多，文化各异。摘录如下：

  黑猓猡，挽髻，插骨簪，耳着环，出门则包黑帕，佩刀披毡。性

---

[1] 段立青主编，杨俊编著：《阿庐文化系列丛书·古村神韵》，北京：中国文化出版社，2013年，第7页。

下篇 六百年飞凤古城：汉彝交往交流交融的展演剧场

强猂。妇人首戴长布一条，绕头三匝，余者垂后身。穿布袍，前及膝，后曳地，无开襟，服之自首笼下，不穿裤。男女俱赤足。

阿者猓猡，衣袍亦同，但耳环甚大，类西番僧戴者。

葛猓猡，此类性犷悍，以死为勇。好猎，亦戴耳环、骨簪，如黑猓猡。但男子着麻衣，妇人袍裙稍短。

鲁屋猓猡，各土官土舍之官奴寨民。不戴耳环，性狡猾，通汉语。男人亦戴帽、着靴鞋者，穿青衣，佩刀。妇女衣袍类黑猓猡，但首包青绫帕，俗甚淫。

白猓猡，俗呼为所完猓猡。性柔弱，善耕种，髻插骨簪，戴耳环，包黑帕，佩小刀，穿麻织衣，披羊皮，以布裹腿，赤足。其妇人衣袍同黑猓猡，但裙稍短，首用青布为囊状，类包巾，以之束发。

阿嘻猓猡，其俗及衣袍等俱同白猓猡，但语言少异。

乌蛮，唐时乌蛮别种。蓬头披毡衣，脚穿鞋。性犷悍，熟者牵牛戴皮赴市交易。

黑爨、僰彝、土獠、沙蛮、猓猡，五种杂居，习性犷悍，据险负固。……猓猡妇以布为袍，圆领大袖，前及膝，后曳地。有争辩，诣鬼神言誓，直者敢去，曲者退缩。黑猓猡，自恃其贵而强好争斗，剽掠甚间。[1]

上述显示广西府境内直至清代"猓猡"甚多，因而"猓猡"文化氛围浓郁。虽然史志更多关注的是其服饰文化，而无建筑文化的只言片语记录。但民族文化是一个整体，从"佩刀""披毡""衣着麻布""好猎"等零星记载来看，是典型的山地民族文化特征。那么，其建筑也应该是与此相吻合的山地民族建筑文化。又从其各支系众多看，应该分布甚广，导致其内部区域文化差异甚大，并有了"善耕种"、牵牛戴皮赴市交易的"熟猓猡"；那必然也有其保留民族传统文化，被汉族史家描述为"性强悍""性狡猾""性犷悍"的"生猓猡"。生、熟"猓猡"的分化，其动因之一，主要是明代以来大量汉族人口迁徙广西府境，因而其中一部分"猓猡"与汉族移民交往交流交融，而导致其文化变迁。而且，这种趋势一直延续至今。

---

[1] （清）蒋敷锡修纂：《康熙广西府志》，段锦良主编，刘群点校，昆明：云南人民出版社，2016年，第216—217页。

城子由夷（彝）到汉，就是广西府境、云南，乃至整个西南汉彝文化交融、"爨夷"内部文化分化的一个窗口。

需要注意的是，在外界史家看来，无论是"熟猡猡"（猓猓）或"生猡猡"（猓猓），所有的"黑爨、僰彝、土獠、沙蛮、猓猡五种杂居，习性犷悍，据险负固"[1]。那么，城子就是其"据险负固"的典型，在此空间演绎的是其"犷悍"习性。至此可见，这跟城子城堡的开创者昂贵"肆虐不法"形象非常对应。但在昂贵将土司衙门搬迁至此之前，"白芍"就已有"爨夷"中的"白芍"部居住。传说其男祖女祖皆由天神所造，兄妹成婚养育的第九对子女居住此地而称为"白芍"。当地彝族村民中长期流传着这样一个神话故事：

> 在洪水滔天泛滥之后，世上只留下了兄妹二人。如果此时二人不结为夫妻生儿育女，繁衍后代，那么人类就将在世上灭绝。但如果结为夫妻，又于伦理不合。怎么办呢？就用磨盘来滚吧！如果两扇磨盘相合就可成婚，两扇磨盘不相合就不能成婚。连发三局，两扇磨俱合。这是天意，于是兄妹二人便结成夫妻，婚后生下一个怪葫芦，剖开后里面有九男九女，散居九方。最小的一男叫白索（白彝支，现叫城子人为"白索咪"），最小的一女叫白芍（阿务支，现叫城子人为"白芍嵯"）。这对小男小女就留下来继续繁衍后代，其他八对分别迁徙八方去繁衍生息。两老舍不得离开小男小女，便同他们住在一起，各活了1800岁而终。两老归西后不久，一天，他们的坟在一声霹雳声中变成两座山，男坟变成太阳山，女坟变成太阴山（又叫月牙山），永远屹立于村前东西两侧，守住小儿小女繁衍人类后代的这块宝地。所以，这两座山又叫作"情人山"。[2]

这类将人类的诞生地附会于某一具体空间，在西南地区的彝族或者说在白芍部，都不是先例；洪荒过后，通过滚磨盘等求天意而兄妹成婚，也

---

[1] 泸西县老年人诗书画协会、泸西县政协文史委编：《广西府漫话》（内刊），昆明：滇黔桂石油勘探局昆明印刷厂，第108—109页。

[2] 段立青主编，杨俊编著：《阿庐文化系列丛书·古村神韵》，北京：中国文化出版社，2013年，第28页。

下篇 六百年飞凤古城：汉彝交往交流交融的展演剧场

不是彝族支系"白芍"独有。有意思的是，众多氐羌系统民族的兄妹成婚、四境迁徙，往往多是最小的一对留在父母身边。这就跟氐羌系统民族小儿继承祖业，并为父母养老的幼子继承制是一致的。至今仍然可以在氐羌系统其他支系与纳西族、白族、傈僳族、怒族、独龙族、拉祜族等民族中看到幼子继承制的传统习俗。[1] 当然，磨盘由上、下相合的两扇组成，一般称上扇为公，下扇为母。其寓意不言自明，显然又有着生殖崇拜意义。[2]

另外，以人名作为地名，或者以地名作为氏族、家族或族群名称，在氐羌系统民族中也比较常见。如在同为氐羌系统的独龙族中，至今还保留着以地名作为氏族、家族名称的习俗。[3] 那么，因为白芍部落女性先祖名称"白勺"，而将部落名称为"白芍"，这在早期"爨夷"母系氏族社会完全是有可能的。而且，从地方文化精英搜集、重构的这个白芍古城神话传说中，已经显示男性祖先与女性祖先既为兄妹，却分属于不同的支系（部落）。这就说明在古代"爨夷"各支系、部落间的通婚、交流，是较为常见的。再联系上述《康熙广西府志》中对彝族各支系的文化描述，可以得知当时主要以游猎经济为主，并兼有刀耕火种的游耕经济。那么其建筑文化，就可能是为适应不断迁徙的生计方式而具有因陋就简的特点。

在杨庆福搜集、整理的《阿庐的传说》中就写道：

> 传说在很古很古以前，在今天的泸西境内，居住着彝族的先民——东爨乌蛮。在那些参天蔽日的原始森林和光怪陆离的山隙岩穴之中，大大小小的部落星罗棋布。[4]

传说显然不足为信，但人类早期只能利用森林、洞穴栖息是基本常识。另外，也可以以广西府署所在地今泸西县中枢"老城子"地区的阿庐古洞

---

[1] 潘志成、吴大华：《简论南方少数民族继承习惯法的几个原则》，《黔南民族师范学院学报》2014年第1期。

[2] 陶红、张诗亚：《西南少数民族生殖崇拜研究述评》，《民族研究》2008年第2期。

[3] 云南省编委会：《独龙族社会历史调查（一）》，昆明：云南民族出版社，1981年，第8—9页。

[4] 段锦良主编，杨庆福编著：《阿庐文化系列丛书·阿庐传说》，北京：中国文化出版社，2013年，第1页。

发掘的人类遗迹作为佐证：

> 在阿庐古洞内多处发现大量的牛、马、羊等动物牙齿化石。在洞内沙胶结中，发现有大型动物化石。……在洞内的"天窗"部位，有大量泥土夹杂碎石、陶片从天窗涌入，经清理，有数量可观的夹砂黑陶片，可惜均不得复原。从残片看，多为釜、盆一类生活用品，器型都比较大。夹砂印纹陶烧制技术很高，厚实坚硬，工艺娴熟，装饰线条流畅。灰陶多为瓶、钵、罐一类，也多破碎太甚不能复原。这些器物早已在近代生活中绝迹。[1]

上述将阿庐古洞考古文化遗存的主体直接对应于当下彝族，对此还需要形成更完整的证据链。但阿庐古洞内及其周围早期有人类生存，是不争的事实。当然，笔者在此也无意分析其陶文化（文明）的高低，但从这些器物在近代生活中绝迹，是否就意味着到伴随内地汉族人口的迁入，来自内地的汉文化就逐渐取代了早期土著的文化？或者说，因为承载着内地汉文化的汉族移民的纷纷到来，原居于此的土著不得不迁走他方，其文化也随之消失？这正好就与昂贵入狱、出狱、降职、迁居白苟有了较为明显的关联。但我们所要关注的却是，在很久以前，阿庐古洞及其周围森林茂密地带就已经作为土著"爨夷"中的"阿庐"（阿卢）部居住地。那么，同为"爨夷"的其他部落、支系也可能曾栖居山林、石洞。因此，可以肯定《阿庐的传说》中的"东爨乌蛮"早期居处森林洞穴并非空穴来风，而是包括"东爨乌蛮"在内的所有"爨夷"共有的居住文化。到后来，伴随社会发展，"爨夷"就从窝棚过渡到建房定居。此过程在地方文化精英的文本《阿嘎建房歌》中就有想象性的描述：

> 窝棚不好住，野兽多可恶。风雨来侵袭，洪水淹大路。
> 阿嘎小伙子，教人盖土房。男人扛栗树，女人挑泥土。
> 柱子怎么砍？留到丫杈处。柱子怎样支？篱笆来围固。

---

[1] 段锦良主编，师培砚等编著：《阿庐文化系列丛书·阿庐文物》，昆明：云南人民出版社，2013年，第2页。

下篇　六百年飞凤古城：汉彝交往交流交融的展演剧场

柱脚怎么支？石头来垫住。柱摇怎么办？篱笆掼泥土。
柱子竖好后，众人紧扶住。丫杈搭承重，藤捆丫杈处。
楞子怎么铺？间隔有五寸。木棒破成片，顺着楞子铺。
木片铺好后，松毛再盖土。接着铺稀泥，再把边栏糊。
怎样加土层？土要蜂窝土。铺上五寸厚，洒水湿漉漉。
稍干再夯实，留口雨水出。有时会通洞，一把土塞住。
房内怎么隔？一间人睡处。一间装食物，一间关牲畜。
前边安道门，方便人出入。野兽进不来，风雨门外阻。
过上好日子，彝人少辛苦。[1]

当人类生产工具尚原始、简陋，而且又以游猎、游牧、采集生计方式为主的时代，必然就只能以随迁随弃的简陋窝棚遮风避雨。伴随游猎游牧生计向半定居、定居农业转型，需要更为坚固的建筑以满足多样化需求。而且与此同时，也有了更为先进的生产工具与计算能力用于起房盖屋，于是就出现了延续至今的土掌房。在这个《啊嘎建房》中，不但在就地取材、建房过程、技术、男女分工合作等方面一一加以呈现，而且还介绍了三间住房的住人、关牲畜与装食物功能。至此，不但有功能兼备的房子，还有了将野兽、风雨阻隔在外的房门，终于"过上了好日子"。也可以想象，当明代成化十二年（1476）昂贵尚未进驻白苧之前，"白苧"部落居住的就有可能是这种土掌房。

从史志记载，昂贵因为"肆虐不法"而下狱，又"阴幸出狱"，但仍然降职为弥勒土照磨之时，并没有安然于祖先故里——弥勒生纳、矣邦二村一带。或许是"无颜见江东父老"心理使然，也或许是忌惮参奏其"肆虐不法"者就是弥勒前土照磨赵通的儿子赵琼，还或许是广西府首任流官贺勋命其迁到白苧……总之，从中枢"老城子"将其衙门迁到白苧，对其"据险负固"是兼具有地利、人和的不二选择。

众所周知，土掌房也不是泸西彝族所特有，在金沙江流域的大姚、姚安、武定、禄劝与滇南彝族村落也普遍存在。综合起来，形成彝族土掌房

---

[1] 段立青主编，杨俊编著：《阿庐文化系列丛书·古村神韵》，北京：中国文化出版社，2013年，第32—33页。

建筑文化需要具备如下条件：一是村落坐落于山坡，依山而建，居高临下，有易守难攻的军事堡垒功能；二是少雨多旱，不会有大量的雨水与潮气对其土质平顶与墙壁造成浸害；三是本地木材资源丰富，可以砍伐到垫土层的细木杆，也找得到较为粗壮的梁柱；四是本土有不易被雨水浸蚀的蜂窝土可以夯土为顶、为墙。之所以选址"飞凤"山坡建房，在于前有下望视野开阔的平地，可以开垦发展农业，后有大山，是可以放牧的白芍地，昂贵才或者主动，或者被动地将其衙门搬迁至此。但是在成化十二年（1476）迁到白芍，仅到成化十七年（1481）就已经走下历史舞台，不过短短5年时间。因此，可以估计，当时白芍人口应该以"爨夷"为主，并兼有对于其土司政权有用的汉族特殊人才。如"四大金刚"里代表与内地中央王朝关系的赵通者，可以为昂贵出谋划策的"军师"杨喜者，类似可以为昂贵冲锋陷阵的"曾兵头"者。总之，当时昂贵政权里尽管有汉族，但应该不会很多。不过到今天，城子古村土掌房里所住的绝大多数都是内地汉族移民后裔。历经五百多年历史的这种从"爨夷"到汉族的人口置换，必然经历过两个民族之间长期的交往、交流与交融。来自内地的汉族移民后裔世世代代居住于彝族土掌房内，并与彝族村民共享传统的土掌房建筑文化，就是真实案例。

进而言之，从白芍到彝族土司城堡，再进而到后来汉彝村民共享的军事堡垒，其后至今的村民生产生活村落，一是与其社会历史变迁有关，即因战争越来越少到最终消失，而使其军事堡垒功能淡化；二是城子汉族人口越来越多，农业生产越来越占主导地位，而使其生产生活功能强化。可见，城子建筑文化功能的演变，与其居民族别变化相关联，因此飞凤古城与云南众多山区、半山区村落一样，汉族人口越来越占主导地位后，有的少数民族就逐渐被汉化而融入汉族中，只留下碎片化的历史记忆或仪式庆典中；有的则迁往更偏僻山区，跟先期居住于此的同胞共同延续其传统生计方式。地方史志就说：

> 据《泸西县志》载，现今居住在永宁乡一带的彝族多是从金沙江流域迁徙而来。而城子村古时正是彝族白芍部的聚居区，建筑外观上彝族风格就说明这一点。所以，城子最早的土掌房无疑是彝族先民所

下篇 六百年飞凤古城：汉彝交往交流交融的展演剧场

建。只不过后来，特别是明、清两代，北方的汉民族或逃避战祸，或"改土归流"政令迁移，或军屯制度，以至大批涌入。彝、汉民族的大融合，这样，就形成了城子土掌房珠联璧合的彝汉风格。[1]

从白芍以彝族为主到飞凤古城的汉族为主的民族人口置换，其原因首先是昂贵兵败：

> 昂贵死了，永安城里大遭殃。赵通兵入城中，满城哭声四起，火焰冲天。知府衙门起火了！兵头衙门起火了！江西街起火了！哭声不绝，杀声震耳。赵通宣布："凡是昂贵九族和阿堵家属作恶者尽斩，是纯善者不管男娃女娃免死。"……入城官兵谁也不顾将令，烧杀抢掳，老百姓死的死，逃的逃，躲的躲，一千二百户人家只剩几百间土库房尚存，其余瓦木结构的所剩无几；府署只是前厅在，草房全部烧光。全城几乎变成了废墟。待稍微平静后，就把死尸拖到万人坑里，一并埋葬。一入夜，整个永安城阴风惨惨，家家关门闭户，烧一个大柴火，陪伴着熬到天明。
>
> 不几月，流官贺勋到广西原府署就职，把中原来的移民逐渐迁入，有的土著又迁出。人家少了，就把永安城改名为城子村，集市依然赶着。从此，周边老百姓把原来的永安叫"上城"或"到府上"改口叫到"城子上"或"赶城子街"。[2]

"万人坑"在城子土司衙门——今灵威寺往土官山方向的大沟箐里。据说当年成堆的死尸抛进沟箐草草掩埋，过了很长时间还有野兽、野狗拖吃死尸。因此，别说经过其前，甚至往此一望都害怕。由此也可得知为何其前山坡被称为"土官山"，而且"土官山"上还有"土官庙"（土主庙）。很显然，是为了安慰跟随昂贵命丧战乱的彝族兵丁与村民的"怨魂"。因

---

[1] 段立青主编，杨俊编著：《阿庐文化系列丛书·古村神韵》，北京：中国文化出版社，2013年，第16页。

[2] 泸西县老年人诗书画协会、泸西县政协文史委编：《广西府漫话》（内刊），昆明：滇黔桂石油勘探局昆明印刷厂，2005年，第162—163页。

为这些死亡者是凶死，村民对凶死者的"孤魂野鬼"，更有一种会作祟于人的恐惧[1]。而且还认为，村子举凡有任何天灾人祸，这一群战乱凶死者的亡魂都可以拿出来做"替罪羊"[2]，因而城子人口从彝族到汉族的基本被置换之后，五月十三"祭大山"就成为全体村民共享的集体性节日仪式。尤其是当下占绝大多数的汉族村民，在一定意义上是被地方文化精英们演绎的赵通攻城与贺勋"改土归流"的受益者，那就更需要对之前的白苎地永安城堡的主人昂贵及其族人表示祭奠、安抚。因此，当下五月十三"祭大山"的文化主体就主要是内地汉族移民后裔，其历史背景便是明代成化十七年（1481）广西府境改土归流，之后永安城人口就发生了从彝族为主到汉族为主的置换。

当然，其间也一直不可避免地发生着汉彝村民之间的经济交流交往，及其文化的互动交融。而且，即便城子彝族人口越来越少，城子的汉族与搬迁到山区的彝族之间仍然发生经济互补互惠关系基础上的文化交流。所以，至今无论是城子古村为数不多的彝族村民，或者是占绝大多数的汉族村民，都共同认同飞凤古城乃"地地道道"的彝族村落。或者说，就是这些历史事件、过程，成了城子为彝族村的集体性的历史根基。

回到《阿嘎建房》史诗，在"昂贵传奇"中随时神出鬼没的"白发仙人"又出现了：这个从昂贵获得龙马、飞刀到选址白苎延续其统治，以及更早期的"爨夷"建房，就正如护送唐僧西天取经的孙悟空，只要其面临解不开的难题，神灵佛仙就出现，并轻而易举帮其解决一样。这位"白发仙人"在"爨夷"从山林洞穴到建房居住过程中就曾现身，教阿嘎建盖土掌房。实际上隐喻的是来自外界的先进技术，使得"爨夷"从被动转型为主动性起房盖房。那么可见，这个所谓的"白发仙人"，不是来自仙界（天界、神圣），而是来自在建房技术上更先进于边疆少数民族的内地汉族。在此，只不过是用"陌生人-王"式的神话解读了边疆与内地、"爨夷"与汉族之间的经济文化交流交融。具体而言，就是伴随明代中央王朝势力深入边疆，特别是"改土归流"之后大量内地汉族移民边疆，也把内地建筑文化带到边疆。所以说，并非果真有什么"仙界""仙人"与"仙翁"，而是

---

[1] 2015年6月10日，笔者在古城对村民陈清华、曾国柱等人的访谈。
[2] 参见王明珂：《毒药猫理论：恐惧与暴力的社会根源》，台北：允晨文化，2021年。

下篇　六百年飞凤古城：汉彝交往交流交融的展演剧场

当地各族民众的生产生活发展不断需要来自外界力量的作用、影响。总之，宗教的根源不是在天上，而是在人间，是人们在现实生产生活中的需求不能在现实社会得到满足，就想象一些超自然力量加以弥补而已。[1] 具体到泸西各族，就是将改善现实生产生活条件寄希望于外界，并以一个先知先觉、无所不能的"仙人"——"陌生人－王"来隐喻来自内地的汉文化。其背后就是明代以来内地汉族人口大量迁徙泸西，并使城子古村出现了从"爨夷"为主到汉族为主的人口置换。

（二）从"白芍"部落聚居地、永安土司城堡到汉彝共居的飞凤古城

深入考察五月十三"祭大山"仪式便会发现，该节日的主要诉求，不是狩猎民族的猎物丰收，也不是游牧民族的牲畜兴旺，而是农业民族的基本诉求——风调雨顺、消灾避难、庄稼丰收、六畜兴旺与求财得财。这正好是跟当下城子古村村民的主要生计方式是相对应的。

对城子老者们的访谈也得知，在1949年以前他们尚是孩子的时代，主要祈求就是这几项。[2] 另外还有一项当下仍有的祈求，便是挑担子走个旧平安得财。源于当时中越边境相邻的个旧，已经是繁华的商业中心，男性村民季节性挑担到个旧售卖，又挑现代工业、手工业产品回来城子山顶的"江西街"与"永宁街"销售，以贴补家用。因来回路途漫长，土匪出没，很是艰辛而危险，因而其得财、平安也便成为村民的精神诉求之一。

1950年以后，供销社、商店、小卖铺、超市随时代发展而出现，不再有村民作为贩夫走卒，一度繁华的"江西街"也已不复存在，那些与小生意有关的精神诉求就不再存在。改革开放以后，也有村民外出打工、做生意的，求财心愿又被部分村民诉诸昂贵这个"土主神"。因此，长期以来，城子村的农业——主要是以种植、养殖业为主，那么人的平安无病，五谷与牲畜的无灾丰收，自然就成为村民的主要精神诉求。于是，在村民的传统宗教观念里，不仅仅是各家族的祖先神灵、周围山川的自然神灵作用于其生产生活，还有曾经是城子"开拓者"的昂贵及其战乱中凶死的族人死魂，也主宰其身体的吉祥安康与五谷六畜的丰登歉收，因而还需要用村落集体

1　参见［法］埃米尔·涂尔干：《宗教生活的基本形式》，上海：上海人民出版社，2006年。
2　2014年6月9日，笔者在飞凤古城对村民陈清华、曾国柱的访谈。

性节日——五月十三"祭大山"祭拜昂贵及其族人。

依上所述，在彝族村民游猎（包括采集）生计的前土司时代，到彝族半定居半狩猎与半游牧生计、汉族移民定居农业生计的昂氏（普氏）土司时代，及其之后的汉彝村民定居农业时代，村民的精神诉求必然与其狩猎游牧、采集与农业生产诉求有关。这也是从作为"白芍"部落聚居地的白芍古村到昂贵土司时代的"永安府"（永安城堡），再到汉族移民越来越多的"飞凤古城"的历史演变过程。

> 昂贵被依法监禁了六年，刑满出狱后回到白芍土司府，对赵通和流官知府恨之入骨，恨不得将他们大卸八块，食其肉，寝其皮。因此，他更加肆无忌惮地招纳亡命之徒，私造军器，囤积粮草，扩充武力。沿飞凤坡筑起一道坚固城墙，城墙上垛口排列，碉楼雄峙；城墙下挖掘一条深一丈、宽二丈有余的护城河。寨门口设立吊桥，由心腹兵勇昼夜守护，戒备森严。寨内利用土库房上下相通，左右皆连，进退自如，如同铁通一般，水泼不进、或火烧难侵的特点，人人皆兵，处处能战。[1]

此文所言昂贵被监禁六年有误，因为从其袭职的成化九年（1473）到其兵败而死的成化十七年（1481），不过八年。据史志所载，其间在成化十一年（1475）昂贵被赵通奏闻入狱，由其推测入狱时间不过两年左右，否则就无两三年时间来搬迁、经营白芍了。而且说出狱后回到白芍土司府，似乎昂贵入狱前就已经将其弥勒、土照磨衙门搬迁到了白芍。这在其广西土知府位上要风得风，要雨得雨时，是不可能未雨绸缪的。因此，本段文字明显的时间、空间错位，显然与史实不符。但反而正好说明"戒备森严"的城子，不仅是在昂贵盘踞的两三年时间内建成的，也不是昂贵一人所为。昂贵所做的，充其量就是选址与城子雏形的完成，实际上是后人的不断完善使其军事功能更加完备。甚至是城子文化精英的昂贵历史重构，而使城子功能越来越完备。

前文所书昂贵被降职为弥勒州土照磨，其家族本来也是弥勒"爨夷"，

---

[1] 段锦良主编，杨庆福编著：《阿庐文化系列丛书·阿庐传说》，昆明：云南人民出版社，2006年，第132—133页。

下篇 六百年飞凤古城：汉彝交往交流交融的展演剧场

但却没有回弥勒祖居地，而是新开辟了白艿作为其衙门。这除了"白艿"部落可能与其同族同源，在此修建衙门有群众基础之外，还有在泸西、弥勒与丘北（维摩）交界三不管地带立足，便于远离在今泸西县中枢镇"老城子"的汉族流官控制的原因。再进而言之，在昂贵土司时代生计方式是半游猎游牧、半游耕，故或许"白艿"部与普氏（昂氏）土司家族为游猎、游牧至此的同一族源，则难以断定。因目前史料阙如，白艿古村原"爨夷"居民死的死，迁的迁，剩下不多的则因汉化趋势越来越明显而融入汉族中，所遗留的口述历史记忆也只是碎片化的。那么，"白艿"（韶）部或许与昂氏（普氏）土司不是同一支系，但可以确定是相邻不远的同源民族。当时彼此间的族群边界，相比起汉族要小得多。因此，昂贵就综合这三个因素而将其衙门搬迁于此。可见，昂贵选择盘踞白艿，的确兼顾了对其统治有利的天时、地利与人和。其中的"人和"因素就极为重要，昂贵就寻找了一个四周皆以族人为主的白艿部所在地：

> （路南[1]）其境：在府东一百三十里……黑爨蛮居之，又名落蒙部。[2]
>
> 弥勒县……北至本（广西直隶州）州二十里，东南至广南府界二百六十里……东北至本州界三十里。……夷人则葛保倮、伯彝、阿者倮倮、鲁屋倮倮四种。[3]
>
> 丘北县，旧为维摩地，元初立维摩千户，属阿迷万户。至元中，属广西路，后改维摩州，明属广西府。……所属夷人详《州志》。[4] 民俗华朴不一，汉人气习多同弥勒，土夷则鄙野，犹未尽变云。[5]

---

[1] 元至清为澄江府路南州，1954年始称曲靖地区路南彝族自治县，1984年改为昆明市石林县。

[2] （清）刘慰三《滇南志略》，方国瑜主编：《云南史料丛刊》第十三卷，昆明：云南大学出版社，2020年，第278页。

[3] （清）刘慰三《滇南志略》，方国瑜主编：《云南史料丛刊》第十三卷，昆明：云南大学出版社，2001年，第306页。

[4] （清）蒋敷锡修纂《康熙广西府志》载有朴喇、土獠、侬人、沙人、鲁兀、阿者倮保、阿晒、阿者倮保、普拉倮保、黑倮保诸种。段锦良主编，刘群点校，昆明：云南人民出版社，2016年，第216—217页。

[5] （清）刘慰三《滇南志略》卷六，方国瑜主编：《云南史料丛刊》第十三卷，昆明：云南大学出版社，2020年，第309页。

因此，曾经是"地处偏隅，大小维摩、土酋所为营窟"的广西[1]，因时过境迁而难以为其"营窟"之时，必然就要寻找另一个"营窟"。而且，必须是夷多汉少，有其群众、经济与文化基础之地。那么，地处背后与左右都有彝族聚居，又属于"三管（泸西、维摩、弥勒）三不管"的白芍，自然就是首选。如果从中央王朝基层政治中心的视角，昂贵从中枢到白芍，从中心到边缘，既是被迫逃离，同时也是主动选择。其主要动因，仍然是明代中央王朝大一统之浩荡洪流。

> 明洪武十五年（1382），广西改路为府，委以弥勒土官普德到府署理府事。……洪武二十一年（1388），因者满作乱，杀死普德。云南总兵委昂觉署理府事。永乐五年（1407），昂觉故后，昂保接任。正统六年（1441）昂保故后男圆通继任。成化九年（1473），圆通故后，因无嗣，由族中人昂贵篡夺接任，成为第五任土知府，也是最后一任土知府。成化十七年（1481），昂贵败，改土设流，结束土司制。[2]

可见，是在普德手里被敕封广西府土司，而在祖居地泸西中枢"老城子"所建土司衙门。经过近百年与内地政治、经济与文化一体化发展外因，加之昂贵"肆虐不法"而使普氏（昂氏）家族走向没落内因，不得已将土司府搬迁到城子古村，并在此结束了延续五代近百年（99年）的普氏（昂氏）土司历史。那么可以断定，明朝取代元代在该区域的统治之后，就将"广西路"改为了"广西府"，并扶持一"爨夷"头领作为土官（土司）。这对于明代中央王朝而言，不过是不得不面对"彝猡四面杂处"的广西地的权宜之计。这就使得该区域土官从"弥勒土官"转型为"广西土官"，辖境则从生纳、矣邦二村的师宗州、弥勒州交界地扩大到了更为宽泛、族群更多的广西辖境。但从历史发展趋势而言，一旦时机成熟，就开始改土设流，

---

1 （清）刘慰三《滇南志略》卷六，方国瑜主编：《云南史料丛刊》第十三卷，昆明：云南大学出版社，2020年，第304页。
2 泸西县老年人诗书画协会、泸西县政协文史委编：《广西府漫话》（内刊），昆明：滇黔桂石油勘探局昆明印刷厂，第122页。

下篇 六百年飞凤古城：汉彝交往交流交融的展演剧场

此乃历史发展的必然。所以到了昂贵时代，只得将衙门从今泸西老县城中枢"老城子"搬迁到远离内地的白芍古村，但也不过是日落西山中的苟延残喘罢了。那么，就更有必要选择一个可作最后垂死挣扎之地。

> 城子古村，位于泸西县城南部永宁乡境内，属大永宁行政村。地处两州（红河州、文山州）三县（泸西县、弥勒县、邱北县）交界处，距泸西县城 25 公里，距州府蒙自近 200 公里，距省城昆明 197 公里，是泸西县连通州内各县（市）及文山州的南大门，泸中（泸西县城至开远中和营）公路穿境而过。……城子村地处泸西、弥勒、邱北三县乡地带，飞凤坡地势险峻，土掌房建筑攻守自如，坚若磐石，历来受到有志之士的慧眼青睐。[1]

将昂贵称为"枭雄"应该不为过，那么这个离广西府不远不近，左、右、后三面又皆是族人同胞的白芍便被昂贵看重，也是其一生中雄才大略的表现。口传历史中对昂贵降职后将"土司"衙门迁到白芍及其建盖"土司衙门"的历史过程，也有不同版本的描述：

> 昂贵出狱后，云南三司会同于按察司大堂宣读圣旨。……这时昂贵多日深藏在心里的想法又涌上心头：为什么会被监禁？大部分原因是因为广西府署地势不险。住在矣邦，虽属食地，而是（且）民族杂居。生纳是赵通（众称赵半府）庄子，四周无援，以致被捕之时，自己不得动手脚，飞刀龙马也用不上。考虑再三，应把府署迁移到本民族聚居区或食地之内。他把杨喜叫来密议。杨喜赞同说：
>
> "飞刀龙马是天时，迁府署于食地据险是地利，食地内都是拥护自己的本民族是人和，三者俱全，可保永安。"[2]

---

[1] 段立青主编，杨俊编著：《阿庐文化系列丛书·古村神韵》，北京：中国文化出版社，2013 年，第 3、24 页。
[2] 泸西县老年人诗书画协会、泸西县政协文史委编：《广西府漫话》（内刊），昆明：滇黔桂石油勘探局昆明印刷厂，第 130—131 页。

可见在地方文化精英心中，昂贵不但不吸取教训痛改前非，相反却要据地自雄，暗中称霸。而且，借谋士杨喜之口概括了其所拥有的天时、地利与人和。其中特别有意思的是，将龙马、飞刀当作"天时"，寓意深刻：一为"爨夷"所崇拜的自然界之天、天神所赐予的神力；二为作为内地中央王朝最高掌权者的"天子"所赐予的土司政治权威。所以说，龙马、飞刀既是俗世具象的政治权威象征，同时也是神圣世界的抽象的神圣权威象征。

  主意确定后，昂贵召集相关人员策划迁府事宜后，亲自率领杨喜等人一道前往食地察看地形。一行人马首先到了熊山（今弥勒东山乡旧城），看其地势险峻，山势巍峨。昂贵亲自察看，指定建城位置。即时派工数百名，连夜动工。不多日，地已推平。但在伐木动工起基之时，忽有拉土的大黄牛失踪，派人四处寻找。找到密西坡顶老远就见大黄牛在白芍坡顶（今泸西城子村）拱土。跑到牛拱土处把它拉住，只见一大团铁线草绕在角上，拉开一根，竟有36丈长。把草拿回上报昂贵，杨喜在旁大喜道："太好了，此乃宝地也，象征脉远流长，安稳久固，不如弃熊山而就白芍建府。"
  昂贵遂率士卒到白芍察看。登凤凰山顶举目四望，只见山环水绕、生机盎然。杨喜道："真是用武之地，得黄牛引路，土司之福，上天所赐呀！"昂贵也在想："真乃天赐宝地。"[1]

关于黄牛引路而找到生存之地的传说，在西南傈僳族、景颇族等民族中也多有流传。这些民族也跟泸西彝族一样曾经历了从山地狩猎、采集到定居农业的演变。不同区域、不同民族却有相同的传说，很显然皆意在赋予此居住地以神圣性。[2] 因此，就不在乎此传说的真假，甚至不在乎此究竟是城子民间流传，还是地方文化精英创构，无外乎是要强调昂贵迁居白芍乃天意。这正好掩盖了昂贵出狱后不得不重新寻找衙门地的实质：一方面

---

[1] 泸西县老年人诗书画协会、泸西县政协文史委编：《广西府漫话》（内刊），昆明：滇黔桂石油勘探局昆明印刷厂，第130—131页。
[2] 高志英、张琳：《茶山人婚丧礼物的文化意涵解读》，《西南边疆民族研究》2015年第1期。

下篇 六百年飞凤古城：汉彝交往交流交融的展演剧场

不再方便回去已经被赵通所经营稳扎的矣邦一带；另一方面在流官贺勋眼皮底下日子难过，那还不如重新寻找一个"山高皇帝远"之地。因此，虽然这些传说一再赋予其神意，但实际上却是一个狼狈逃窜的过程。所以无论如何赋予其神圣性，其狼狈仍然在"义犬护印"章节就透露出来了，在此不再赘述。

（昂贵）当下就同众随吏把建府方案定了下来。遂又在山上指点建府怎么建，兵营建在哪里，街子设在何处，城墙围到哪里等等。规划已定，一声令下，将熊山筑城的工匠限时到白苓动工。看到工程浩大，不仅从食地追加工匠，又从三州调派泥、石、木工计数千人，一时人欢马叫，该平地挖基的平地挖基，该伐木动工的伐木动工，该精雕细刻的精雕细刻，该筑城墙的筑城墙，该挖护城河的挖护城河。与此同时，昂贵在杨喜的建议下，即时下令从四乡三州的阿务支系和部分白彝支系中搬迁1200户来充实白苓。其他从事商贩者，无论外省、外州，何种氏族，有喜欢来者均可迁来。来农耕者，指定地点，划地自建房子，划荒自开土地，租赋全免。是商贩者，屋舍划地自建，免收十年任何摊税。一时间，人如潮涌，人欢马叫，直把白苓闹得个山欢水笑。[1]

在此不得不佩服地方文化精英丰富的想象力，让读者仿佛走进"大跃进"时期轰轰烈烈的修梯田场景。如果依据当时的城池、人口、建房技术及其时间的仓促，以及不几年昂贵就兵败而亡，那这样的热闹场面的真实性是值得怀疑的。但从地方文化精英重构地方历史人物的情感角度，那无论怎么想象、怎么重构，则又不为过了。

不到半年，一座设有大堂、中堂、前厅、后衙，两厢处处都是雕龙刻凤、油漆彩画，大门两旁安放石狮，大堂前塑有石雕虎神的府署就建成了。府署的建筑规划是按严格的等级制建造的。设有石狮、犀弥座，门窗全部精雕细刻，院心用铁水浇嵌石板的一合五天井是一级

---

[1] 泸西县老年人诗书画协会、泸西县政协文史委编：《广西府漫话》（内刊），昆明：滇黔桂石油勘探局昆明印刷厂，第131—132页。

土司住宅；二级官吏设有犀弥座，门窗也是雕刻彩画的四合院住宅；三级官吏无其他摆设和彩画的四合院；一般官吏是较为简陋的三间和一耳的住宅。

兵头衙门设有大堂、前厅、后院、两厢。大堂前摆有一对石狮子，有供驻扎兵马的瓦木结构的大营盘，小营盘、监狱等是土木结构的土库房。供管监狱的官吏住的是瓦平房。四周用土石垒砌结实的大围墙，转墙上设有绞索、绑人桩、砍头木、剥皮架等刑具。为江西人提供的瓦木结构的住宅和卖针织布足的铺面，用于卖土产品的街道是石板铺地。农奴农佃住的土库平房、平瓦房、草房。东西南北四条又宽又深的护城河，依山蜿蜒、龙蛇起伏的土城墙，木石结构瓦屋面的层式城门一座，具有土司气派的集府署、兵营、监狱、民宅为一体的山城展现在人们面前，它成了广西府署所辖区的大城。[1]

拨开飞凤古城历史文化层的迷雾还发现，地方文化精英所描述的"昂贵衙门"及其配套建筑，实际上是后土司时代汉彝村民为自保而建的有兼具军事与生产生活功能的古城规制，因而显然是将此时间错位地嫁接给昂贵及其时代，使得生产力水平还较为低下，人口也较少的昂贵时代的白苎提前"进入"后土司时代了。如果细想昂贵盘踞于此不过短短两三年时间，就可以明白，甚至以"江西"泛称，由来自内地的汉族商人所经营的"江西街"，都不可能存在。因为包括江西人在内的内地汉族移民迁移到"爨夷"聚居区并开街商贸，也不是短期内的事。但这样将历史时间错位、将世俗事件神圣化，并非城子个别地方文化精英的特例。还有其他地方文化精英也写道：

> 上任年余，昂贵嫌土府衙门地势不好，规模太小，想重选地点，兴建一所自己满意的土司衙门。他派出风水先生到处寻找风水宝地，最后选中了白苎村飞凤坡顶。然后，不惜耗费大量的人力、物力、财力，大兴土木，营建了彝汉合璧，规模宏伟，富丽堂皇的土司府。并

---

[1] 泸西县老年人诗书画协会、泸西县政协文史委编：《广西府漫话》（内刊），昆明：滇黔桂石油勘探局昆明印刷厂，第132—133页。

下篇 六百年飞凤古城：汉彝交往交流交融的展演剧场

从府城南门修筑了一条宽一丈二尺、铺满石板的通驿大道，直达白芍。真个是逢山开路，遇水搭桥，人们把这条路称为土官路，路中的石桥称为土官桥。[1]

总之，这些地方文化精英之所以不顾昂贵土司——实际上是土照磨衙门搬迁非昂贵自己意愿即可，而是必须得到上峰同意的基本常识，在于他们对于城子古村历史文化知识再生产的热衷。实际上，不唯昂贵土司，而且云南诸多土司都有从原来的统治中心搬迁到更偏僻之地的经历。这就不能不联系明代以来云南夷汉人口与分布格局的变化。土司职务，本来就是朝廷为"以夷治夷"而特设。也就是说，如果辖境子民不再以"夷"为主，或者经济上定居农业取代了山地游牧、游耕经济，文化上逐渐"以华变夷"，那么，土司统治的经济、文化根基就已经动摇，甚至不复存在。土司们的命运也就可以想见——要么被融入当地越来越呈主流之势的汉文化里，要么离开此地到仍然可以保留其民族政治、经济、文化的偏远之地。

从整个广西府的交通与地形、地貌来看，到明代成化年间日渐汉盛夷衰的背景下，昂贵选择将其统治中心位移到白芍，从其角度而言应该是不得已而为之。因为当地仍然是以彝族为主，而且其所邻近的维摩（丘北）弥勒与石林东山一带有大量彝族分布。而从中央王朝角度看，也是需要有土官为其在夷多汉少之地继续"以夷治夷"。总而言之，昂贵将土司衙门搬迁到白芍，既是不得已而为之，同时也是明智之举。

就是因为昂贵及其下属"四大金刚"能够审时度势，并明白难以在日渐汉化了的泸西中枢"老城子"与弥勒故地立足，只有搬迁到"三管三不管"的白芍，才能够苟延残喘一些时日。但是，正如飞凤古城村民至今还是对昂贵保存了一份敬意而神化之，并作为一方"土主"加以敬拜一样，地方文化精英们有意忽略或淡化昂贵土司府位移的实质，而是以赋予其风水文化的方式重新创构其选址智慧，为的是烘托出昂贵的神性。

城子飞凤山顶所谓凤头上，相传在明成化年间，时任广西府土知

---

[1] 段立青主编，杨俊编著：《阿庐文化系列丛书·古村神韵》，北京：中国文化出版社，2013年，第51页。

府的昂贵曾建土司府在此。据说，昂贵当上广西府土知府后，派人四处勘查建造土司府的地方，他的心腹风水先生最后相中了城子这块宝地。风水先生对昂贵大言道："别小看这山坡，它如一凤凰高踞，蓄势待发。左有太阳山，红日映照，右前有月亮山，宁静安详，一阳一阴，五行调合。用之，进则出将入相，退亦占山为王，成为一方霸主。"

昂贵听后大喜，动用数不清的人力、物力、财力，历经数年光景，方建成名动四方的土司府——永安府。[1]

不得不注意的是，在此所言筑城时间是成化十七年（1481），而昂贵兵败革职是在成化十二年（1476）。若说入狱六年后"阴幸"出狱，降职为弥勒土照磨[2]，那就应该是到1483年了，已超出改土归流后两年。所以估计入狱也不过是两三年，故大约在成化十五年（1479）左右出狱了，然后又用两三年时间在白苎修建土照磨衙门。尽管从明洪武十五年（1382）就在泸西中枢"老城子"一带修建了广西府衙门，土司官职从第五代普德嫡系子孙传到昂贵——成化九年（1473）袭职，计91年，前后四代人。但历经四代并未改土归流，即便昂贵"肆虐不法"，也仍然网开一面让其"阴幸"出狱，并给其土照磨职务，赐其祖居地弥勒食地。后又将土照磨衙门搬到白苎，最终在成化十七年（1481）土司制告终之前，广西府一带的政治、经济、文化发展与内地越来越呈一体化趋势，但尚有差距，因而仍然不得不采取土流并治的政治策略。

从《康熙广西府志》与《乾隆广西府志》都可以看出，广西府真正的"汉化"进程，主要是改土设流之后历任流官们不断努力的结果，同时也是大量汉族移居于此所致。在广西府署所在地的中枢都尚且如此，[3]那么可以推断广西府署所在地之外的"爨夷"分布地的汉文化就更弱了。作为传

---

1 段立青主编，杨俊编著：《阿庐文化系列丛书·古村神韵》，北京：中国文化出版社，2013年，第63—64页。

2 （清）王崧《道光云南志钞》载："广西直隶州，元之广西路，明洪武初改为广西府，土官普德归附，使掌府事，传至昂贵，肆恶不法，成化十一年革职，安置弥勒州，改设流官。"方国瑜主编：《云南史料丛刊》第十一卷，昆明：云南大学出版社，2001年，第629页。

3 （清）周采撰写：《乾隆广西府志》，泸西县地方志编委会整理，芒市：德宏民族出版社，2010年。

下篇　六百年飞凤古城：汉彝交往交流交融的展演剧场

统汉文化重要内容的风水学，在当时当然也不可能那么盛行。由此可见，连彝族土官昂贵都笃信之，并还在风水学指导下搬迁衙门于"风水宝地"的白苎古村，显然是后人的附会之说。进而言之，无论所谓的城子古村风水，还是对于昂贵命运轨迹而言，貌似兴亦"仙翁"，亡亦"仙翁"，在当时的现实生活里并不存在，是后来的地方文化精英借用神仙意志表达"得道多助、失道寡助"的历史规律而已。因此说，昂贵从泸西中枢搬到白苎的所谓"风水"，并非是风水学意义上的风水，而是作为军事城堡与村民生产生活村寨二重功能的共性区位、地势、地形选择，以及改土归流由靠近内地地区到边缘地区、由坝区到山区的推进史实。这从白苎——永安最早的布局里也可以看得出来：

> 土司府占地广阔，位居至高，有威慑全村、吞吐四野之势。整个建筑巍峨雄峙，红楼碧瓦，富丽堂皇。门柱窗棂，精雕细镂，涂丹镏金。前厅、中堂、大堂、后衙，层层递进，高深莫测。大院前有石雕神虎一座，人形兽身，戴虎头帽，披虎斑衣甲，张弓执斧，虎视眈眈，威风凛凛。座前石香炉，终日香烟袅袅，给土司府平添几分威严。
>
> 府衙左侧住兵头侍卫，右侧居差官下役，府衙前，立大、中、小兵营护卫，形成掎角之势。现城子仍称大营、中营、小营，皆由此来。寨前四周城墙高耸，十分坚固。箭垛、鼓楼比比皆是，护城河沟深面阔，水流湍急。木板吊桥昂首悬提，地处要道。四周碉楼林立，暗堡重重。可以说一夫当关，万夫莫开，算得上壁垒森严，固若金汤。[1]

上述土司府实际上是早期的昂贵土司衙门，与后来昂贵兵败后村民不断修建的关圣宫的结合体，也即是大量汉族人口融入白苎，永安府随昂贵兵败而成为汉族、彝族定居农业村民共处的"飞凤古城"。可见，从游牧、游猎、游耕为主的"白苎"部居住的白苎村寨，到了昂贵手里建成了"碉楼林立，暗堡重重"的永安城。但永安城也跟昂贵土司命运一样并未"永安"，其功能也就从土司时代的"爨夷"生产生活与军事守卫兼备，到了后土司

---

[1] 段立青主编，杨俊编著：《阿庐文化系列丛书·古村神韵》，北京：中国文化出版社，2013年，第64页。

时代汉族为主的村民生产生活与军事守卫兼备的城子古村。此"飞凤古城"之城，仍然具有城堡之城意义。因此，无论是昂贵时代及其以前的"白芍"部落头人，以及昂贵之后的汉族村落首领，都不得不以易守难攻的军事城堡建筑作为地利。

很显然，能够篡夺土司之位，进监狱又出狱，并且仍然拥有土照磨之职的昂贵也非等闲之辈。面对日益深入的内地中央王朝势力，昂贵除了空间上保持距离，同时又与其部众更为接近之外，寻找一个易守难攻之地也是必然的选择。那么，海拔高于河流环绕山脚小坝子的飞凤山，其后与左侧为高峻的玉屏山，其右侧为绵延不绝的笔架山。山下前、左、右又有护城河环绕。在冷兵器时代，木头吊桥一收，便是"一夫当关万夫莫开"。通过护城河及其之外的城子下小坝子尽头，"左有太阳山，红日映照；右前有月亮山，宁静安详"形成另一道屏障，使从泸西坝子而来的入侵者难以攻入。在城子与太阳山、太阴山东西两侧及背后，玉屏山巍峨绵阳，又形成另一道屏障。而且，这些小山、大山上的居民多数是昂贵同根同源的彝族，从魏晋南北朝时候起就已经习惯于爨蛮（后来的东爨乌蛮、卢鹿蛮）"大姓""鬼主"的统治之下，有"憨而恋主"的忠心。所以，将土司衙门从泸西中枢"老城子"搬迁至此，对昂贵而言，是既有天时，又有地利，还有人和。

还需要注意的是，对于城子土司衙门的描写，地方文化精英的不同版本里出现了两个神兽：

> 大门两旁安放石狮，大堂前塑有石雕虎神的府署就建成了。……次日，（昂贵）率众官吏于大堂虎神位前肃立，眼见虎神腹腔内的万年灯光辉闪烁，光芒四射，昂贵和众官吏一时精神振奋，向虎神座前石香炉内焚香叩拜，后到大堂整整齐齐、严肃恭敬地站着，昂贵大声宣布改白芍为永安（今城子村），以示永远安如磐石，并择定成化十一年（1475）某月某日黄道吉日把府署迁来此地。[1]

> 大院前有石雕神虎一座，人形兽身，戴虎头帽，披虎斑衣甲，张

---

[1] 泸西县老年人诗书画协会、泸西县政协文史委编：《广西府漫话》（内刊），昆明：滇黔桂石油勘探局昆明印刷厂，第132—133页。

下篇 六百年飞凤古城：汉彝交往交流交融的展演剧场

弓执斧，虎视眈眈，威风凛凛。[1]

将狮称为"神狮"，将老虎称为"神虎"，显然是"爨夷"原生宗教与汉族佛教、民间信仰的共性。因而2006年与2013年两个版本里皆有石雕神狮与神虎。狮，乃伴随佛教从古印度传播到中原，进而传播到边疆的神兽；虎，则是彝族原生图腾崇拜物。那么，二者居于一堂，便是汉彝文化在"爨夷"土司衙门空间的相遇、并存，很符合昂贵作为"爨夷"头人，同时又是中央王朝任命的地方土官的双重身份。而且，两个版本中对"神虎"的细致描写，则突出了"爨夷"文化元素，也吻合昂贵虽为中央王朝在地方的代理者，但却仍然保留着明显的"爨夷"文化烙印的特点。总之，地方文化精英意在用神狮与神虎凸显昂贵的"神性"与合法性，但是即便有"固若金汤"的白芍城池，也难以改变广西土司制度终结的历史命运。这在很多朝廷命官的文书中也多有显示：

> 滇省汉土交错，最称难治。治滇省者，先治土人，土人安而滇人不足治矣。然非姑结之恩而能安，亦非聚加以威之所得治也。查土人种类不一，大都喜剽劫，尚格斗，习与性成。其土目擅土自雄，争为黠悍，急之则易于走险，宽之则适以生骄。故从来以夷治夷，不惜予之职，使各假朝廷之名器，以慑部落而长子孙。然武不过宣府、宣慰司，文不过同知、知府，悉听流官节制，无敢抗衡，故安于并生而不为大患。[2]

再从土司府名称看，又称"永安府"，究竟是昂贵自己所为？还是中央王朝派遣的流官赐名？则难以根究。但是，以赐名方式建构边疆与内地的亲近关系，在云南历史上并非特例。有的是地名，如晋宁、安宁、临安、永昌、凤庆、祥云、姚安、彝良等，不过是求一个安宁、稳定的彩头罢了；

---

[1] 段立青主编，杨俊编著：《阿庐文化系列丛书·古村神韵》，北京：中国文化出版社，2013年，第64页。

[2] （清）蔡毓荣《筹滇十疏》，方国瑜主编：《云南史料丛刊》第八卷，昆明：云南大学出版社，2000年，第425页。

华夷互融：飞凤古城民族志

有的是赐予姓氏，如丽江纳西族木氏土司[1]、云龙阿昌族左氏土司等[2]，显示的是土司家族对中央王朝的攀附心理与中央王朝由此笼络人心之举。因此，颇有汉文化意味的地名，意味着昂贵将衙门搬迁到白芍，也仍然摆脱不了汉文化的影子。在这样的历史背景下，"永安城堡"不再对昂贵一方"永安"，便是历史的必然。而昂贵的"肆虐不法"就更加剧了其灭亡，作为土司衙门所在地的城堡也便过渡到了汉彝村民一边生产生活，一边防范四境"爨夷"抢掠的村落兼军事城堡。

昂贵败亡的原因，在1984年城子人陈天一版本里，昂贵的历史舞台就在城子，在此杀死、剥皮"总督"公子女婿，得罪了总督，被总督以其"侄女"使美人计而破了龙马飞刀，不得已撞柱子死后化黑龙而去。[3] 如果说"1984年版"昂贵得罪的是总督个人——实际上也是得罪了其背后的中央王朝，但相对而言，地方文化精英想要演绎的是一个"红颜祸水"的西南版本，所以关于朝廷、其他地方官员与民众就涉及不多。但是到"2006年版本"，特别是到"2013年版本"，昂贵就成为一个得罪了上下与左右，因而是在内忧与外患中终结历史命运的"肆虐不法"之徒。

> 随着时间的推移，昂贵慢慢地在三州[4]百姓神般崇拜中变得闲逸、狂傲，整日饮酒作乐，听信谗言，一步步走向深渊。[5]

可见，在"2006年版本"与"2013年版本"重构的历史中，城子便成了昂贵"肆虐不法"历史剧的展演台。

> 昂贵后来穷凶极恶，横征暴敛，大肆搜刮民脂民膏，并惨无人道地卖兄毒嫂，霸人妻女，活剥女婿，侵人田产，种种肆虐行为，让老

---

[1] （清）《木氏官谱》，昆明：云南人民出版社，2001年。
[2] （清）王凤文撰：《云龙记往》，载《云南备德志》。
[3] 陈天一《飞刀龙马》，载泸西县民委、文化局、文化馆编：《飞鹤集》（内刊），红河州印刷厂、个旧市印刷厂，1984年，第59—61页。
[4] 弥勒州、师宗州与维摩州。
[5] 泸西县老年人诗书画协会、泸西县政协文史委编：《广西府漫话》（内刊），昆明：滇黔桂石油勘探局昆明印刷厂，第139页。

下篇　六百年飞凤古城：汉彝交往交流交融的展演剧场

百姓怨声载道。下属土照磨赵通忍无可忍，暗派儿子赵琼赴京城奏告皇帝。明宪宗闻奏，龙颜大怒，下旨着巡抚御史林符调查核实后，将昂贵逮捕入狱，革职法办。昂贵伪装自己，后免罪出狱，并受族人担保，仍担任广西府土知府之职。但他不仅不思悔改，还变本加厉，继续荼毒人民，报复抢劫赵通家，为害一方。气焰愈发嚣张，公然凭借永安府城的险要地势及凶悍兵威，藐视国家法度，与朝廷分庭抗礼，不买上司的账，并口出狂言："天是王大，我是王二，山高皇帝远，谁能奈我何？"

随着明政府改土归流政策的深入，昂贵感到自己要独霸一方，必须扩大势力。于是，他便广积钱粮，夜造军械，招兵买马，收集亡命之徒。出入时前呼后拥，大张旗鼓，威仪显赫，超过了朝中一品文武大臣的封疆大吏的声势。朝廷几次派员到城子警告规劝，但昂贵拥兵自重，拒不出迎，而且大肆诽谤朝廷，辱骂文武官员，为自己的恶行进行狡辩，无丝毫悔改之意。终于惹怒宪宗皇帝，朝廷派将军胡宗贵剿灭了昂贵，并将其族人强行迁出城子村。

昂贵败亡后，土司府大部分房屋被大火焚毁，只剩下前厅。到明嘉靖年间，当地人把它改成关圣宫。经过数百年不断地修葺改造，昂贵土司府早已面目全非，如今只留下前厅遗址，就是现在的灵威寺。[1]

综上可知，城子古村土司衙门在昂贵兵败后，经历了从衙门到关圣宫，再到灵威寺的变迁。此过程，便是该建筑从"飞凤古城"政治中心到道教文化中心，再到佛教文化中心的转变。其背后，就是城子人口从"爨夷"到汉族，其文化从"爨夷"文化——多处强调的衙门里的老虎雕像便是一斑——到汉彝文化的变迁。与此同时，也是从游猎游牧生计为主向定居农业生计为主的转变。当下我们所看到的灵威寺与听到的众多口传的"飞凤古城"故事传奇，不过是村民与地方文化精英对昂贵及其衙门不断加以文化重构的结果。有村民就详细介绍了民国时期"城子"的布局、功能，一定程度上印证了地方文化精英所描述的"飞凤古城"样态：

---

[1] 段立青主编，杨俊编著：《阿庐文化系列丛书·古村神韵》，北京：中国文化出版社，2013年，第65—66页。

华夷互融：飞凤古城民族志

城子村的房屋，本身已建成一个方便军事备战的堡垒。而在房屋之外，还有三个寨门。寨门以前是个吊桥山，为了护城河的吊桥，那一道门以前是一道石拱。……城墙是在这里，护城河以前是在现在老年协会前面，就是这样的一条河，这里有一个寨门，是拱形的。这里下来这点还有一个（寨门），桥的上面、城门的上边还有一个。

这个（寨门）上面有一台尊炮在上面支着，土炮，单个（村民）自制的，为了保护城子山。它的那个土炮是用一筒钢管在那里，然后把火药放进去，旁边燃着一个火，都有一个炉子燃着火。它是烧我们现在犁地、抬石头的链子。如果哪个要来打城子么，就把链子塞到那个炮管里，燃着火药，就打出去了。炮眼很大，把铁链子打出去把公里这个远呢。土炮还得是什么样子的，因为这个土炮还是有点仿电视里面那种。但是我们村用的那种比那个长，距离要长一点。还有战服。[1]

口述资料表明，直至民国时期，城子守卫其村民平安的功能仍然很突出。或者说，是从昂贵时期的明代成化间到民国 500 多年漫长历史，城子仍然需要防范四周匪患。那么可以想见，城子古村绝对不是昂贵手里短短几年就一蹴而就的，而是明清至民国不断修建、完善而成的。因此说，城子古村也不是昂贵一人的功劳，而是从 15 至 20 世纪 500 多年间城子彝汉村民共同修建的。英雄主义史观习惯将城子古村追溯于，乃至归功于昂贵，但就在这些历史叙事中又时不时加以"群雕"，即重构不同时代的官与民共同作用于城子古村历史中的时间折叠。

这五个哨么，是从李大少爷，就是李德奎的大孙子，么（或）是大儿子开始做的。因为他在城子当时是相当有威望了，（大家）喊（他）李大、李大少爷嘛。他每天晚上都不睡，到处走。每个哨棚都有人站岗，只要他发觉哪个哨棚有人睡觉，他就乱打。他年纪又大点，脾气也大，他主要就是说，万一有人来抢城子，那你们咋整，（他是）为民防。这个吊桥白天是开着，它随时都有人守着。因为白天村民要进城是开

---

[1] 2016 年 7 月 19 日，笔者在城子其宅对曾保冲的访谈。

下篇 六百年飞凤古城：汉彝交往交流交融的展演剧场

着呢，到晚上就收起来。背后都是城墙全部打起来，以前又没有什么路，城墙全部打起来，为哪样会有这些哨棚，这些哨棚就是监视着后面有没有人来。实际上城墙就像护城河，但这个桥，可能是在解放期间就拆掉了。解放后，就把这些河改朝外面来，以前么全部是木头搭的，这么大的木头，搭着进去。后来慢慢就把这些（寨）门也拆掉，那个门上面写着个"城子"，那个石头都还在呢。寨门才拆掉几年，这些地方就是水田，桥是座木桥，可以升起来的吊桥。以前没有什么钢索，是拿绳子吊，用麻绳，山上的火麻搓成的。其他地方也可以进去寨子，其他地方还有五个哨棚，东、南、西、北各有一个哨棚，在西边小龙树这里有一个，也就是在小营的边缘上。东南西北有五个哨棚，还有一个是在西边呢，现在是移来西边有一个，小龙树这点有一个，这个位置就是在小营的边缘上，小营的最边边上。[1]

调查发现，城子古村还是个长寿村，走到城子村口，鹤发童颜的一大群男女老人们连排坐此聊天。一旦有游客跟他们打招呼，就当起了义务导游。而且，很热情地带进去村子或其家里参观，随即一句"回家里来"，人与人之间的亲近感马上从心里涌出。就是笔者在连续多年的跟踪调查中，几乎跟所有七八十岁，乃至九十多岁老人的"回家"参与观察与深度访谈中，不断得到老人们讲述清末至民国时期城子的情况。这位老人所介绍的城子四周的哨棚与吊桥，就是保障城子汉彝村民安全的军事设施：

> 我们村分作三个片区，这片喊小营；我们对着的喊中营，是寨子中心；大营就在小龙树下来这里。从大营发展到中营，发展到小营，土掌房就是从大营发展过去的，所以越往小营那边，它的年代就越短一点，土掌房就是（从东）往西边发展。……将军第是（年代）中间点建呢，这个地方也是小营的最边缘，写个"小石桥"也行。这里下来这点还有一个，就是这四个了，这边四个，那边桥一个。桥上面一个，门上面了嘛，就在桥的上面，城门（寨门）的上边。[2]

---

[1] 2016年7月19日，笔者在城子其宅对曾保冲的访谈。
[2] 2016年7月19日，笔者在城子其宅对曾保冲的访谈。

华夷互融：飞凤古城民族志

"大营"又称"小龙树"，也是土司衙门之下的曾家大院那一片区。"营"之称谓，显然来源于军队驻地。在云南，至今有众多营盘、营、屯、哨、堡、旗、卫、所、关之类源于驻军的村落地名。其形成时间前后不一，一直从明代延续到清代，[1]是明清时期内地汉族移民以军事编制加以管理的历史遗迹。

清代用的那个刀，还有一把搁（放）在庙里面，应该是还在呢。我爹他们哈哈（经常）拿了推（退）法咒了，是否落到苗用庭（音）手里，是否收管好了，也应该在。你像那些弓呀，弓是只有我们这家有。有一次我回来去拿来玩，我听我爹说那个弓比较硬，而且它是弯朝外面。弓本来是像这种拉着射，但那个（弓背）弯朝外面，拉了翻回来又弹出去。被我们拿来玩了裂掉，是今年还是前年？搬家的时候我就去和他说，这个东西还放在您家这里，并且我还拿过瞧着，么给（是不是）还在，他说没在了。也许是拦（碍）着他么就被他丢掉。这个弓到底是用哪一种骨头与木头两种组合呢？还有那些石锁，以前练武用的那些。还有那些箭头，这些都还有呢，在老杨家，现在都还找得到呢，也是属于文物。杨勇俊家那把大刀给（是否）还在？那把大刀被我父亲他们拿去卖掉了，拿去卖废铁了没有多少年，解放后才卖掉呢。那把刀还是重呢，有120斤。还有个炮台，土炮，自己自制的，为了保护城子山，为什么党代会会来这里开？就是这个（原因）了嘛。土炮是用一截钢管，然后把火药放进去，旁边燃着火，有一个炉子燃着火，还要专门有火燃着，烧我们现在犁地、抬石头用的铁链子。烧着链子，如果哪个要来打城子，就把链子塞到那个炮管里，燃着火药，就把链子打出去。炮眼应该是很大呢，就把铁链子打出去，打得把公里（一公里左右）这么远呢。[2]

---

1 参见方国瑜：《中国西南历史地理考释》，北京：中华书局，1987年；吴光范：《云南地名探源》，昆明：云南人民出版社，1988年。
2 2016年7月19日晚，笔者在城子其宅对曾保冲的访谈。

下篇　六百年飞凤古城：汉彝交往交流交融的展演剧场

上述可见，远从昂贵时代明代成化年间（1465—1487），近到清末、民国，城子古村一直延续着防范土匪入城抢掠与提供村民日常生产生活空间的多重功能。所以，从城子古村的空间布局，到战服、刀、弓、炮台都一应俱全，而且别有特色。或许是长期的战备与军事活动，或许是或多或少有山地彝族血统之故，城子古村男子个子大多高大威武。特别是曾氏、张氏与李氏尤其明显，俨然是古代武将雄兵在世。

长期以来，城子古村村民平时为民、战时为兵，这是由其周围的民族分布格局决定的，也是历代史志中所描述的"爨夷"社会文化传统所决定的。但就城子古村居民而言，综合官方史志、地方文化精英撰写文本与村民口述历史来看，昂贵时代的彝族居民并不是全部搬出城子古村，其中也有相当多的人被杀：

> 那个时候，杀死的人太多了，血流成河，从这里（城子西侧）一直流到坝子里，坝子都被血染红了。尸体一个压着一个，死呢死，跑呢跑，尸体都没有人埋。[1]

据此，城子古村居民从昂贵时代的族人"1200户"（显然有夸张成分）到几乎杀死、跑光，所以才导致后来大量的汉族进入城子，填补了空城。因此，有村民依据其家族谱系，说其祖上原来是彝族，后来才变成了汉族。[2] 可见，从明代以来，特别是成化年间（1481）广西府境改土归流以来的"汉进夷退""彝迁汉进"是主要的趋势。这与整个云南，从明代以来汉族人口越来越多、本土少数民族日渐汉化与远迁山区的主流趋势相吻合。但又因为与广西府政治、经济与文化中心的泸西中枢"老城子"尚有一定的空间距离，并处于泸西、弥勒与丘北三县的交界、边缘，也与石林彝族分布区相邻，即便在后土司时代，其兼军事堡垒与定居农民生产生活空间的多重功能仍然一直延续下来。

　　明成化十七年（1481），朝廷以兵加罪，遭至灭顶之灾，兵败自杀，

---

[1] 2018年10月7日下午，笔者在城子其宅对陈清华的访谈。
[2] 2018年10月9日晚，笔者在城子其宅对村民G的访谈。

家属被遣。……很多土著彝族远逃他乡，永安城一时几为空城。……昂贵死后，在明政府的安置下，迁入大批移民，形成汉多彝少彝汉共处的格局。汉兵进驻，实行军屯，设立哨卡，经多次修建，最终形成了一座有"一宫（关圣宫）、二台（炮台）、三营、四桥、六门、八碉"的"城子哨"。……在兵荒马乱的年代，保卫寨子的安全成为村子头领的当务之急，而土掌房建筑正适应这一需要而被广为建盖。300多年来，城子村曾多次发生外敌入侵的战事，但寨子却从未被攻破或烧毁。如清同治、光绪年间红白旗闹事、民国赵光廷造反及邱北土匪罗四、罗五率众来犯等事件。城子村虽然遭到连续几天的攻打，但全村居民没伤一人，而来犯之敌却伤亡惨重，最终溃败而去。难怪今天的游人和专家，看到古村土掌房群落建构后，仍不禁感叹："如果遇到外敌入侵，村中人可攻可守，可进可退，左右逢源，如鱼得水！"[1]

可见，为了在多事之秋艰难生存，就要求城子古村既要有易守难攻、保护城子官民安全的军事功能，又要有满足村民农业生产生活需要的功能，还要有以土司衙门——灵威寺后的"江西街"满足村民与山区彝族、外界（坝区）汉族进行经济互补交换的功能。这应该是只想占山为王、延续自己家族统治的昂贵所没有想到的。但昂贵可知、可想的是，每个村民都可战时为兵、平日为农（早期则是为猎人、为牧人）。这传统一直延续到清末、民国，所以每一院土掌房也都俨然是一个小城堡。

　　大门两侧是猪圈、牛圈和堆放杂物的小房（厢房），从中间的石阶而上，进入正房（从厢房与正房间的楼梯）再至楼上，然后通过楼上的小门到屋顶。由于不少人家的屋顶就是上面一户人家门前的平台（场院），因而可轻而易举地进入另一户人家。加之左右屋顶常常相连或有楼梯相接，又可以从场院平台进入另一户人家，直至串完全村。真是曲径通幽，宛若迷宫。若不深入进去，难知其中奥妙。[2]

---

[1] 段立青主编，杨俊编著：《阿庐文化系列丛书·古村神韵》，北京：中国文化出版社，2013年，第20—21页。

[2] 2018年10月7日下午，笔者在城子其宅对陈清华的访谈。

下篇 六百年飞凤古城：汉彝交往交流交融的展演剧场

进入飞凤古城可以发现，每一个院落皆高墙团围，墙高难攀；门窄窗小，难以闯门钻窗。但爬上二楼或楼顶后，则可居高临下观察外面、射击入侵者。而且每一院土掌房都不是孤立的"小堡垒"，而是整个城子村落的土掌房都有通道相连，故不出家门就可以从这一家到那一家，神出鬼没、相互应和地阻击来敌。所以，从明代到清代，而至民国，一直护佑着城子村民平安地生产生活，从而也吸引更多的汉族人口入住，逐渐完成了以汉族村民对彝族村民的人口置换与文化涵化。这在本土文化精英的飞凤古城历史叙事中有生动描述。与此同时，地方文化精英们还不断在探寻城子历史及其形成原因：

> 建盖这种奇特的民居群落，首先是地势使然。飞凤山高度仅200余米，面积约0.5平方公里。在这样狭窄的地方，蜗居几百户人家，当然只能依山就势，充分利用并创造空间。……实际上，土掌房建筑群落是历史变迁进攻和防御所选择的最终结果。明朝成化年间广西（今泸西）土知府[1]昂贵在这里建造自己的土司衙门，改白芍（城子旧名）为永安府，住户由原来的百十户陡升到1200余户，使这里的建筑突飞猛进，发展到鼎盛时期，形成府城的格局。府城四周依山筑土城墙，北临护城河，城鼓楼建于河上。东、西、南面各有城门，楼堡高耸，巍峨庄严，成为广西府一座有名的大城。土司衙门建于飞凤山顶，有后衙、大堂、中堂、前厅……府衙右侧是官府住户，左侧有宣慰使军辖（实为土知府昂贵兵头衙门[2]）。府衙前左、右两边有大、小营盘（昂贵兵营），形成犄角之势。在衙门西侧山腰还设置著名的"江西街"（传说江西人到这里卖布匹、针织品的街道）。街道两侧兴建的房屋，大都是土木结构的瓦楼建筑和少数两层的土掌房。百姓多数住土掌房和少数埋一层的土楼房……也有少数用竹子铺盖的竹楼及木板铺盖的木板楼。部分富户盖的是四合院，主房、耳房、厅房俱全，有一定规模。

---

1 实际上已经降职为弥勒土照磨。
2 即"曾兵头"。

……在昂贵的经营下,成为滇南政治、经济、文化中心之一,盛极一时。[1]

如此,城子村寨共同体的形成,不仅仅是地缘、族源、姻缘与经济(业缘)关系,还有共同抵御周围土匪兵痞的共同诉求。无论是以游猎游牧兼游耕的"爨夷"土司时候,或是后来以汉族村民为主的定居农业村落时代,其军事功能一直长期存在。因此说,"城子"之城,既是军事防御之城堡,也是农业生计之村寨,同时也是村民与外界进行经济交换之空间。一家之人,兼种植、养殖、商贩、守城,而将城子内外、彝汉相连,其经济、通婚网络辐射到周围十几、几十里地,远至百里之外的个旧、昆明。所以,城子古村既是封闭的,同时又是开放的。而今,城子古村的功能又发生了新的变化:

时至今日,国泰民安,城子村土掌房依然存在,这与它的防御外敌入侵的作用已无多大关系,更主要的原因在于其优胜劣汰的实用价值。[2]

其优胜劣汰,不止是城子建筑,而且也包括各朝各代达官贵人,只要逆历史发展规律而行,只要逆广大民众诉求而行,必然就会被历史所抛弃,被民众所抛弃。从此意义而言,从白苎——永安府——飞凤古堡——飞凤城子古村的历史变迁,不仅是从"爨夷"到汉彝建筑文化交融的变迁,而且也是"水能载舟,亦能覆舟"历史警示的传袭。

(三)"三十六层迷宫"土库房:汉彝文化交融互嵌的物化象征符号

除了典型的汉族道教风水文化附会外,地方文化精英也利用城子古村建筑与彝族传统文化元素的某些巧合,而进行"夷化"解读。作为氐羌系统后裔的彝族,长期以来保持山地游牧游猎经济,普遍习惯"冬入深谷,

---

[1] 段立青主编,杨俊编著:《阿庐文化系列丛书·古村神韵》,北京:中国文化出版社,2013年,第17—19页。

[2] 段立青主编,杨俊编著:《阿庐文化系列丛书·古村神韵》,北京:中国文化出版社,2013年,第21—22页。

下篇 六百年飞凤古城：汉彝交往交流交融的展演剧场

夏居高山"之节律，山地是彝人的衣胞之地，也是其衣食父母。久而久之，就形成了一套适应山地生存环境的文化体系。其建筑文化亦然，以山地便于获取的木材作为其主要的建筑材料，并各依石头、土壤多寡，以及海拔、温度、降雨量与其空气湿度等因素综合形成其建筑文化，而使各地彝族建筑文化呈现出建筑材料与形制的区域性差异。从"白芍"部落所在地的自然环境而言，地处山区半山区，容易获得建筑木材；地势陡峭，需要依山势布局；少雨干燥，夯土墙壁与屋顶皆不易受雨水、潮气浸湿；山多平地少，需要将有限的土地留出来种植庄稼；有蜂窝状土壤，是夯土为墙、为顶的主要材料。故房子的建筑面积不可能太大，而且家与家之间的空地、村落街道都得控制在最小的范围之内。其结构就成为村民所津津乐道的"三十六层迷宫房"：

> 城子的老房子都是依山而建，顺山势而行，层层而上，远远看上去就像一个大台阶一样，一层一层的往上。顺着木梯子顺着平台一直往上爬，可以一直爬到山顶。"三十六层迷宫房"指的是城子里所有的房子都是户户相通的，所有的房子都是上下相通，左右相连。只要进入任何一家他都可以在整个村寨里穿行。
>
> 这里说的三十六层，并不是说它真的有三十六层，实际是只有十七层，三十六是彝族的太阳历的说法，每年有十个月，一个月有三十六天，所以三十六对彝族来说是一个非常吉祥的数字，所以我们这个地方就叫作"三十六层迷宫房"。[1]

城子古村一带彝族是否使用过其传统历法——太阳历，目前难下结论。所以，将城子递进而上的建筑格局与太阳历牵强而称为"三十六层迷宫房"，或许只是在当下旅游经济背景下，民族文化越来越同质化，而将楚雄、大理一带彝族的"十月太阳历"移植于此，并再加以文化重构。但综合城子自然环境与社会环境诸因素，一个靠山面坝，建筑错落有致的城子就在古城堡的基础上逐渐形成了。因此，依山势而建的土掌房是一种因地制宜的建筑特色，可谓是彝族等云南山地民族传统的一种发明。但一旦有"飞凤

---

[1] 2017年6月24日下午，笔者在城子旅游接待室对张保忠的访谈。

大仙""降临",就意味着汉文化元素的融入。因为"仙"乃中国本土宗教道教神祇的称谓,应该是伴随明代汉族移民到云南之后,道教文化也才在此得到普遍传播。而从泸西的飞凤古城而言,应该是明代成化年间(1481)实施改土归流及其之后。因此可以肯定,在昂贵迁入城子之前的彝族"白芍"部,是不会有太多的道教文化因素的,所谓"飞凤大仙"教阿嘎建房,也是后人的时间错位虚构。但正是这种重构,表明了汉文化是如何附会于之前就已经存在的本土文化,并重构出一套新的地方文化体系。

只要说到飞凤古城,就不能不提到土库房。村民也将城子夯土而筑的土掌房称为"土库房"。问其缘由,则说是一直以来都是如此称呼的。上述也可见,基于城子历史变迁、民族人口变化而增建、重修的城子,实际上是在原来彝族土掌房(土库房)基础上的汉彝建筑文化的珠联璧合。远望飞凤古城,依山而建、鳞次栉比的土掌房,组成了西南山区定居农业彝族的传统村落;走进飞凤古城,每一栋土掌房的石脚、土墙、土顶,也是西南山区定居农业彝族就地取材的传统建筑。如果深入研究却发现,"飞凤古城"的形成与变迁,实际上是一部泸西汉彝文化交融的历史:

> 明朝成化年间广西(今泸西)土知府[1]昂贵在这里建造自己的土司衙门,改白芍(城子旧名)为永安府……土司衙门建于飞凤山顶,有后衙、大堂、中堂、前厅,红楼碧瓦,宏伟壮丽,雕梁画栋。……此时的住楼已有石基和柱脚,上面雕龙刻凤,图案有八仙、二十四孝、大禹耕田等及雕镂精细的各种奇花异草。昂贵土司毕竟有钱有势,又见过世面,他的到来使城子村建筑在彝族土筑房的基础上,融入了汉民族的风格。永安府,就这样在昂贵的经营下,成为滇南政治、经济、文化中心之一,盛极一时。[2]

暂且不论作为此汉族建筑文化典型建材的盖瓦,在昂贵时代是否普及,单是从昂贵盘踞城子时间之短(1479—1481,成化九年—成化十七年,成

---

[1] 实际上已经降职为弥勒土照磨。
[2] 段立青主编,杨俊编著:《阿庐文化系列丛书·古村神韵》,北京:中国文化出版社,2013年,第17—19页。

下篇 六百年飞凤古城：汉彝交往交流交融的展演剧场

化十一年被革职监禁六年，但脱身又袭职）来看，要建成红楼、碧瓦、雕梁画栋，是很值得怀疑的。但是依据普氏（昂氏）家族作为广西府境土司近百年历史来看，无论建筑如何简陋，也要努力完善其衙门功能，是很有可能的。而且，因为其衙门在地势上的居高临下，而别有气势也可以想见。因此，虽然地方文化精英们所描绘的土司衙门与富户建筑的雕刻修饰，或许取材于后来的关圣宫，即今天的灵威寺等宗教建筑，但从昂贵伊始就开启了城子建筑的汉彝交融是不可否认的。其一，是普氏（昂氏）土司衙门前几代在泸西中枢"老城子"时候就对汉文化已有耳濡目染；其二，类似杨喜、曾兵头这些昂贵集团里的汉人也是汉文化在此地传播的载体。如将"白芍"村名改为颇有汉文化政治意义的"永安城"，就是一个明证。不过昂贵时代城子（"白芍"）的汉彝文化交融应该不过是端倪而已。因此可以断定，上述对于昂贵土司衙门与城子古村居民建筑的汉文化元素的描绘，皆是后人以当世所见所闻加以虚构、叠加而已。

> ……历经数代，土知府时期的瓦楼建筑已然不多，反而土掌房以其建构上进退自如和防火优势，被保存并发展起来。如：土司府时期的大营盘、小龙树（传说一棵栗树建成二十四间平房）及小营盘上部的土司马厩的土掌房，共有近四十户民居，至今仍在，已有五百多年的历史。昂贵死后，在明政府的安置下，迁入大批移民，形成汉多彝少彝汉共处的格局。汉兵进驻，实行军屯，设立哨卡，经多次修建，最终形成了一座有"一宫（关圣宫）、二台（炮台）、三营、四桥、六门、八碉"的"城子哨"。进入清朝，城子建筑又大有改进。古村城子，明清建筑，留下来的较多。仅就飞凤山的层楼叠宅，约占70%，大多是四合院土掌房，至今已有三百多年的历史。最有价值的是"将军第"，为典型的四合大院，富丽堂皇，雕镂艺术让人叹为观止。[1]

这段文字就注意到了就地取材、因地制宜的土掌房的长期保留。但说具体某一栋土掌房有500年历史，很可能有夸张成分。不过在原址上依据

---

[1] 段立青主编，杨俊编著：《阿庐文化系列丛书·古村神韵》，北京：中国文化出版社，2013年，第20—21页。

华夷互融：飞凤古城民族志

地势、面积、功用而不断重建、修缮而一代一代保留"原样"，则是很有可信度的。上文还注意到基于城子长期沿袭的守卫功能，在后土司时代，即汉族村民越来越成为主体的明末清初，进而至清末、民国，逐渐成为汉彝文化"珠联璧合"的建筑群。其中，地方文化精英所特别提到的"将军第"就是典型。

  经调查发现，古村现存民居的建造年代有一条非常清晰的脉络，据记载：明成化年间，土司昂贵在飞凤山上建土司府、江西街，至今已500余年。在昂土司鼎盛的年代，江西街房屋林立，店铺相接，后毁于兵火。古村现存历史最长的房屋为小龙树山顶的二十四家人。据现居房内的一位老人说：此房建于清雍正八年（1730），至今已270余年。当时为二十四家人共同建造，旁屋顺等高线在同一水平面上，样式为最原始的土掌房民居，无院落无窗子，房屋围护结构均为泥土夯制。后随着人口的增加，村寨的发展由山顶逐渐向下及向北发展，建成中营民居群落。建筑样式也随着汉文化建造技术的进入而发生了改变，房屋逐渐变成了"一颗印"样式，即一正房、二耳房、一照壁，内院即为天井，以利于采光，靠内院一侧墙，采用木质墙且开窗。这样就极大地增加了房屋居住的舒适性。但这些房屋屋顶依旧相连成一个一体的平台，还保持着彝族土筑民居的特色。随着村落不断地发展，又建成了小营民居群落。此时的民居开始出现汉式门头及坡顶建筑，门头下方斗拱等建筑构件齐全、完整，已深得汉式建筑的精髓（如李将军第），但大多数民居在汲取了汉式建筑的精华后，在屋顶与外墙的建造上依旧保持传统彝族土掌房的特征，成为彝汉建造技术完美结合的鲜明例子。[1]

可见，每一座"土库房"无不是汉彝文化有机交融的物化象征，其中就蕴含着汉彝人民共有的生存智慧。对此，地方文化精英们分析得非常到位：

---

[1] 段立青主编，杨俊编著：《阿庐文化系列丛书·古村神韵》，北京：中国文化出版社，2013年，第7—8页。

下篇 六百年飞凤古城：汉彝交往交流交融的展演剧场

首先，建土掌房就地取材，经济实惠。树木山上有，粘土山上有。梁木朽了，换上一根，天阴漏雨，添点新土。花费不了多少资金，需要的是力气，"舀不干的井水，使不干的力气"，勤劳的城子人民，永远不会惜力！再说，城子土掌房，最能历经风雨腐蚀，随便哪一所，都能经历三五百年的历史。看，老寨西头那24间平房，据说是在此立庄科时，用一棵铁锥栗王（又叫小龙树）建盖，至今已有500多年的历史了，却风采依旧。

其次，土掌房冬暖夏凉，宜于居住。城子村属低海拔峡谷地带，进入夏季，时至中午，骄阳似火，燥热难当。当你走进土掌房，便会感到暑气全消，身心凉爽。而到冬季，民谚说"雪落高山霜落洼"，夜间或清晨，很是寒冷，住在土掌房里，毫无寒意，其暖融融。

第三，能够防火。土掌房单体房中，后墙是山，两侧是土包柱，顶上是土压木，偶有失火，也不会殃及四邻。这就是几百年来，城子村都没有大的火灾记录的原因。

第四，节约土地。身处半山区的城子农民惜地如金，土掌房依山而建，左右上下相连，合理利用并创造空间，占地不多。如今，飞凤坡60余亩土地上，竟住了400多户人家，真是奇迹！[1]

前文已述城子古堡的区位、地势与格局，是"爨夷"土司昂贵与其彝汉兼有的"四大金刚"所代表的汉彝村民的共同智慧。因此，修建此城堡，既有被中央王朝降职、边缘化而不得不另找苟延残喘之地的被动性，同时也是兼顾天时、地利、人和在白苎延续其统治的主动选择。如果从飞凤古城民居的角度看，同时也是汉彝建筑文化交流交融的结晶。这从上述就地取材、冬暖夏凉、便于防火防攻与节约土地几个方面来看，同样是汉、彝两族建筑文化的精华。

（四）飞凤古城：跨越族群文化边界的村落共同体生存空间

城子古村地方文化精英陈天一曾对城子建筑及其历史作过详细的分析：

---

[1] 段立青主编，杨俊编著：《阿庐文化系列丛书·古村神韵》，北京：中国文化出版社，2013年，第22页。

华夷互融：飞凤古城民族志

城子村土库房建筑文化，年代久远，追根溯源，已有数千年的历史。时至今日，此地的房屋建筑仍保持着传统的土库房模式。从下面这些数字中便可了解其具体情况。现在全村670多户人家，土库房仍占90%以上。南飞凤山400余户，土库房占99%，其中有700—900余年历史的约占15%；400—700年的约占35%，100—400年的约占40%，100年以下的约占10%。[1]

说城子历史悠久的依据，是城子古村一带彝族中长期流传的"白索""白勺"兄妹成婚的创世故事。故事说，洪荒过后，"白索""白勺"（白芍、白韶）兄妹以滚磨盘受天意而成婚，同时该传说又说哥哥"白索"属于白彝支系，妹妹"白勺"属于阿务支系。那么，他们显然不可能是亲兄妹，或许就是彝语支民族长期沿袭的姑舅表婚，即通过"天意"给彝族历史上的姑舅表婚穿上了神圣性的外衣，也给现实生活里的姑舅表婚一种合法性的解释。但重要的信息是，城子开创时期就不是某一个"爨夷"支系独立完成的，而是通过姻缘关系融入了多个"爨夷"支系。这是否折射的是在明代成化年间（约1479）昂贵修建土司衙门至此而带来的新鲜血液？当然，还需找到更多的证据。

但无论土库房历史是否久远到兄妹成婚传说时代，或是昂贵到来，随之汉族移民到来，才有了真正意义上的城子与土库房（土掌房）？其重要意义是传说时期的白芍文化主体就已具有多元性特征，其后越来越多元就无需多言。从城子村民的花名册与口述、文本族谱就可以明显看出，城子古村是一个跨越民族、家族及其背后的族源、地缘意识的村落共同体。因此说，就城子五百多年历史而言，本质上是一部汉彝两族共同建构村落共同体文化空间，并由此满足共同生产生活需求，并一起面对外敌（土匪、兵痞）来犯以保存生命财产安全的历史。概而言之，就是一部从"爨夷"与汉军矛盾、战争到汉彝村民和睦共处、汉彝文化从碰撞、冲突到水乳交融的历史。

---

[1] 陈天一《城子村土库房文化史传和探讨》，载泸西县老年人诗书画协会、泸西县政协文史委编：《广西府漫话》（内刊），昆明：滇黔桂石油勘探局昆明印刷厂，2005年，第108页。

下篇 六百年飞凤古城：汉彝交往交流交融的展演剧场

在漫长的历史发展进程中，经过多少风云变幻，也演绎出多少传奇故事，记录下这片土地上发生过了龙争虎斗、可歌可泣、精心动魄的激烈战争场面。……正因为这里优越的自然环境和重要的战略位置，所以自古以来就成了龙争虎斗的战场，成了兵家必争之地。[1]

陈天一就从古代开始回溯一代又一代城子人是如何齐心协力、同仇敌忾对付来犯之敌的：

古代各部落曾为自身部落的生存发展而发生过无数次侵犯与反侵犯的战争。英雄阿吾率众把火把捆于羊角上点燃，各持木棒、石块向敌冲锋厮杀，效法虎头人身的英雄阿罗打击来犯者[2]，声威远赫，保卫了家园。人们为了纪念他，在本地产生了火把节，白彝族还以此编了一个"羊角舞"。这样的传说故事至今人们还在叙述着。[3]

以羊角、牛角拴火把退敌的传说，在氐羌系统其他民族里也有。如明代嘉庆年间（1796—1820）傈僳族荞氏族首领刮木必在逃避丽江纳西族木氏土司与吐蕃战争而西迁怒江过程中，以火把拴羊角吓退了吐蕃追兵。[4] 这或许是游牧生计为主的氐羌系统民族常用的军事计略，[5]因而对羊情有独钟并灵活使用。傈僳族还有羊的舞蹈——"阿尺目刮"，彝族有"羊角舞"，无不表明在古代冷兵器时代，氐羌系统各族群在战争中"就地取材"的能力与智慧。那么，选择依山靠水、居高临下显然也是其生存智慧的一种表现。

1 　陈天一：《城子村土库房文化史传和探讨》，载泸西县老年人诗书画协会、泸西县政协文史委编：《广西府漫话》（内刊），昆明：滇黔桂石油勘探局昆明印刷厂，2005年，第108—118页。

2 　张纯德：《彝族原始宗教研究》，昆明：云南民族出版社，2008年，第41页。

3 　陈天一：《城子村土库房文化史传和探讨》，载泸西县老年人诗书画协会、泸西县政协文史委编：《广西府漫话》（内刊），昆明：滇黔桂石油勘探局昆明印刷厂，2005年，第118页。

4 　付阿伯、胡德清口述，普利颜、杨如锋整理：《怒江傈僳族荞氏族溯源》，政协怒江州文史委编：《怒江文史资料》上卷，芒市：德宏民族出版社，1995年，第57页。

5 　高志英：《藏彝走廊西部边缘民族关系与民族文化变迁研究》，北京：民族出版社，2010年，第94页。

华夷互融：飞凤古城民族志

特别是明成化年间广西府第五代土司官昂贵，为了巩固土司势力，摆脱流官府衙的监控，要搬迁土司府衙远离流官府署，就选中城子（属其食地）[1]这块四山环抱、飞凤居中、众星环拱、地势险要之地作新土司府署之地。暗征调食地及其所属各类工匠民工千余人至城子昼夜施工，依山筑城墙，开挖护城河。设城门，安碉楼垛口。气势宏伟的土知府衙门建于山之最高处，居高临下俯视全境。兵头衙门、兵营、演练场等分设于左右前后，并开挖煤窑，开渠引玉屏山之泉至城中，调迁食地本族1200户填充城子，扩充兵员。一座进可攻、退可守的城堡就雄踞于这崇山峻岭之中，处于弥、泸、邱三地交界之要冲，成了兵家必争之军事要地。昂贵正是以占有如此险要之地与官军分庭抗礼，几次大败官军的围剿。[2]

关于昂贵在白苟古堡苟延残喘、负隅顽抗的"历史"，地方文化精英们也不惜笔墨地讲述、渲染颇多，在此不再重述。但可以看出所谓的"飞凤居中、众星环拱"，在于其成为军事要地的要素——群山环抱、地势险要。但遗憾的是"永安"不安，反而成为昂贵集团内部矛盾——聚焦于昂贵与"四大金刚"隔阂、恶化，以及与外部——主要是代表明代中央王朝的汉族流官、军队冲突、战争的演绎场。

清代咸丰、同治年间，杜文秀起义军之白旗军曾一度攻城子，大肆烧杀抢掳，凶极一时。当地百姓利用土库房四通八达的优势，群起联合反击，迂回穿插，奋力拼搏，斩白旗军首级无数，白旗军终被击溃而逃。[3]

---

1 估计是因为邻近其土照磨食地弥勒，因而也是属于其食地范围。
2 陈天一《城子村土库房文化史传和探讨》，载泸西县老年人诗书画协会、泸西县政协文史委编：《广西府漫话》（内刊），昆明：滇黔桂石油勘探局昆明印刷厂，2005年，第118—119页。
3 参见林荃：《杜文秀起义研究》，昆明：云南人民出版社，2006年。

下篇 六百年飞凤古城：汉彝交往交流交融的展演剧场

云南民间将杜文秀起义称为"红白战争"，是1856年发生在云南的一次大规模回族武装反叛中央朝廷的战争，直到1872年被清军残酷镇压，前后延续16年之久，回汉人口死亡达500多万之多。[1]战事也曾波及泸西一带，作为三县要冲的城子更不能幸免。但却因为城子古村的地势与土库房建筑特色，而与回民白旗军展开了地上"地道战"，通过汉彝各家族齐心协力抗敌而保护了城子村民的生命财产安全。

到民国早期，城子又卷入了多次战争，也同样是城子汉彝村民齐心抗敌而免了战火之灾：

> 1917年赵光廷起义，曾以三千之众围城子三天，城子民众依然是据险坚守，凭借房屋通道之便利，潜出勇士百余，前后夹击敌人，致使赵部溃逃。[2]

关于赵光廷起义事件，有文史资料载，而且是在《张冲传记》里的《路见不平，拔刀相助》的记述：

> 在1915至1916年间，这时绍禹（张冲），已十五六岁。学校放假日，绍禹在从县城转回老家的路上，巧遇同族青年人赵光廷遭遇路劫。这姓赵的本是个卖扁担的小贩，进城卖得几文钱，回走在途中遇着两个土匪，强抢了他的钱。正在交手之时，绍禹走来，听到赵某呼救，他立即脱下上衣，动手相帮，打翻匪徒，夺回银两。从此，赵光廷与绍禹结下了深厚的友情，常有往来。
> 未几，这赵某被逼下海，结伙造反。据泸西县政协文史资料记载："赵光廷起事前，家居弥勒扯沙白，后移泸西县永宁区雨杂村，彝族。家境贫困，与胞弟以砍扁担卖为生，常年奔波各地，结识不少穷朋友，赵某极重义气。民国五年（1916）深秋，邻家富户杨福荣家的大小猪七头，撞入赵家熟透的庄稼地，连吃带毁，糟蹋严重，赵父气急打死

---

[1] 参见王树槐：《咸同云南回民事变》，"中央研究院"近代史研究所，1968年。
[2] 陈天一《城子村土库房文化史传和探讨》，载泸西县老年人诗书画协会、泸西县政协文史委编：《广西府漫话》（内刊），昆明：滇黔桂石油勘探局昆明印刷厂，2005年，第119页。

了母猪。杨家得知,仗势捆打赵父,并把赵妹抓去,把她上衣脱光,强迫她给小猪喂奶,极尽侮辱,并扬言:待光廷弟兄归家,将他俩杀掉。杨家见光廷不惧,并告到官府根究。"赵得悉后,受辱不过,从此,揭竿而起。旧泸西县志亦有记载:"赵光廷在大水塘聚众数千,四出抢劫。"赵光廷造反前后历时四年之久,起义者以数千计,曾显赫一时。贪官震惊,设诡计智擒了赵光廷,送往昆明。唐继尧用五牛分尸,惨杀了赵某,死时年仅三十三岁。

赵光廷在行抢时,非但不抢绍禹之家,还扬言绍禹是他的救命恩人。这话传出,对绍禹埋下了祸根。很快,绍禹受诬告,卷入是非之中了。[1]

与赵光廷同为彝族的张冲曾在城子陈家私塾读过书,而且城子与赵光廷所在村子同在永宁。那么,赵光廷造反以三千之众围攻城子也是有可能的。在永宁众多汉族、彝族或彝汉杂居村落中,最难攻占的也应该是城子。因为城子除了易守难攻的军事堡垒建筑之外,还有城子彝汉村民共同抗敌的经验与精神。曾兵头后人曾炳孝组织村民大败来犯黔军,便是一个生动案例。

1926年云南发生"二六"政变,为推翻唐继尧,准备北伐。张冲将军(当时是师长)率师部在城子驻扎月余,以扩充队伍,争取时机为龙云辅弼战败胡若愚(字子嘉)。

张冲师部移后,其所属独立三团团长曾炳孝(城子村人)又率该团团部及兵营移驻城子,扎营玉屏山玉皇阁。1927年胡若愚命部下率黔军来攻,在敌众我寡的形势下,曾部奋战三天三夜,本村民众数十人趁黑夜摸到玉屏山顶敌后,居高临下突然向黔军猛烈射击,敌军突遭袭击,摸不清虚实,一时乱了阵脚。曾团看到有援军来到,也乘势挥军往外冲,黔军在两面夹击下大败。胡若愚率败军仓皇撤退。败军撤至曲靖廖廓山又遭张冲师长大军截击,黔军最终溃不成军,退回贵州。

……钟灵毓秀,人杰地灵,这里也是人才成长的摇篮。著名的张

---

[1] 泸西县政协文史资料委员会编:《泸西县文史资料选辑》(第二辑),红河:泸西县印刷厂,1988年,第5页。

下篇　六百年飞凤古城：汉彝交往交流交融的展演剧场

冲将军曾在此就读过三年小学。[1]

可以想见，在历史长河中，汉彝全体村民面对外敌的同仇敌忾，不断积淀为"城子人"的村落共同体意识，并将城子作为全体村民共建、共守、共享的生存空间。而且，早在昂贵时代，就在"爨夷"白芍部基础上，跟随昂贵而来的，有和白芍与区域文化共性的其他"爨夷"，还有来自内地的汉族移民。其后历经明末、清代、民国，不断有来自内地不同地区的汉族移民入住城子。那么，跨越民族、区域边界的村落共同体的建构就势为必然。因此，除了共同历史命运外，城子建筑也是村落共同体形成的重要因素之一。

村人们对土掌房情有独钟的重要原因在于土掌房建筑的不设防。家家相连，户户相通，千百年来使得城子村民能很好地串连交流，互相帮助，不分彼此，和睦相处，相亲相爱，从而形成了淳朴友善的民风。难怪村中人会自豪地说："长期以来，村中门不闭户，路不拾遗；汉、彝、苗各族群众和睦相处，谁家急需某样家具、农具等，可拿来就用，用后归还，用不着跟主人打招呼。治安秩序良好，至于串门聊天、一家有难大伙相帮，已成常事……"民风淳朴如此，让人仰慕！真是民居不设防，人心不设防。在这里，没有"各人自扫门前雪，休管他人瓦上霜"的闭关自守的观念；在这里，没有"鸡犬之声相闻，老死不相往来"的狭隘行径。[2]

调查发现，这些地方文化精英所写的，并非是对家乡的溢美之词，而是实情。进村调查中，老人们一句"我呢妞（孙），回家来！"就足以让来客感觉仿佛回到自己家一样。从大门进入一土掌房院落考察，爬到楼

1　陈天一《城子村土库房文化史传和探讨》，载泸西县老年人诗书画协会、泸西县政协文史委编：《广西府漫话》（内刊），昆明：滇黔桂石油勘探局昆明印刷厂，2005年，第119—120页。

2　段立青主编，杨俊编著：《阿庐文化系列丛书·古村神韵》，北京：中国文化出版社，2013年，第22—23页。

顶之后，往往又可从另一家土掌房门出来。院里的住户也不会对此表现出诧异与排斥，相反在闲谈就给来客倒水递茶，在吃饭就盛饭端饭，好似家人回来一样的自然、亲切。如果从此家屋顶到与此相连的另一家屋顶俯视院落，院子里的人除了邀约下来坐之外，不曾遇见问过一句："你在干什么？""你看什么？！"就这样，笔者团队成员往往是从此院进入楼顶，不几分钟就有成员已经到了几个、十几个院落之外的屋顶了。如是盛夏，家家户户喜欢到屋顶吃饭、乘凉、喝茶，你家看见我家，我家相邀你家，饮食相互分享就很普遍。如果是秋冬，将屋顶作为晒场，你家的不够宽敞，就晒在隔壁家的屋顶，这也是常有的事。这种几百年来沿袭下来的村落、邻里关系，已然成为一种汉彝村民相处的"城子模式"，是全体村民无论民族，不问来源，都是作为城子村村民一员的身份共识。

调查还发现，因为入住城子时间的远近与职业身份差异，因而有其家宅朝向或开门由上而下、由东而西的局部差异。如曾氏为曾兵头后裔，故而曾家大院就离土司衙门原址上的灵威寺不远。这样，静可拱卫土司衙门，动则便于土司调遣。陈氏宗族因"先生"身份入住城子，而且是应和改土归流不久汉族人口较早进入城子者，所以其家宅也是在土司衙门，即后来的关圣宫、灵威寺之下不远处，与城子的公共神圣空间之间形成一种较为亲近的关系。其余的何氏、张氏、李氏、苗氏等，入住城子时间相对较晚，家宅的分布地相对就离昂贵土司衙门所在地远得多。尤其在城子其名气只在昂贵之下的李氏，现在很多昂贵的功绩显然是"李大将军"所为，但其宅院却在城子左侧靠近"万人坑"之地，而且地势陡峭。说明待其家族迁徙城子时，或其发达之时，靠近衙门、稍微平坦的坡地都被其他家族占完了，不得已在东坡头离"万人坑"不远处盖房子，才有了居高临下、气势巍峨的"将军第"。但无论何时入住城子，城子村民在面对四境匪患的共同命运时，与村落内部的地缘、血缘、姻缘与拟血缘关系的盘根错节中，已经交融为一个坚实的村落共同体。土生土长于城子古村的陈天一就说：

> 这种独特的土库房民居建筑，既体现了一种人与人之间团结和睦、信任友善、互助和谐发展的良好关系，又节约了占地面积，顺应了山势，

下篇 六百年飞凤古城：汉彝交往交流交融的展演剧场

保护生态环境的完整，充分表现出劳动人民的聪明才智和创造精神。[1]

从现存地方文献资料看，陈天一是当代最早，也是最完整地以文本形式向外界宣传城子历史文化的城子古村文化精英，从1984年至2006年的20多年一直孜孜不倦致力于挖掘、研究，当然也重构城子历史文化，可以说是文本里昂贵、城子神圣化的始作俑者。他一方面用大量的篇幅描述英雄史观下的城子、昂贵的"历史"，另一方面也言土库房是源自"劳动人民的聪明才智和创造精神"。一院院土库房联接成的城子，就是一部早期的"爨夷"与明代成化（1481）改土归流以后搬迁来的各姓汉族共同建构的人与自然、人与社会关系的智慧与实践。

古村现存历史最长的房屋为小龙树山顶的二十四家人。据现居房内的一位老人说：此房建于清雍正八年（1730），至今已270余年。当时为二十四家人共同建造，旁屋顺等高线在同一水平面上，样式为最原始的土掌房民居，无院落无窗子，房屋围护结构均为泥土夯制。[2]

据了解，此小龙树二十四家人并非同宗同源，而是不同姓氏的村民。其中，也有自称彝族后裔的其他姓氏。之所以能够超越姓氏、超越族群边界共同建造二十四家土掌房（土库房），在于需要共享城子不多的土地，还可以两家共享一堵墙壁，二十四家人就省下更多的墙壁（土地）。如此胸怀，仍然是基于其适应城子自然环境的生存智慧，并与各族村民经历的共同历史命运有关。

（五）江西街：边疆与内地经济文化一体化空间的时空位移

"江西街"也是村民引以为傲的历史记忆之一。但是否在昂贵时代就已经出现，也同样是值得存疑的。尽管昂贵时代或前昂贵时代，该区域"爨

---

[1] 陈天一《城子村土库房文化史传和探讨》，载泸西县老年人诗书画协会、泸西县政协文史委编：《广西府漫话》（内刊），昆明：滇黔桂石油勘探局昆明印刷厂，2005年，第107—108页。

[2] 段立青主编，杨俊编著：《阿庐文化系列丛书·古村神韵》，北京：中国文化出版社，2013年，第7—8页。

夷"内部与外部不可能不产生经济互补交换关系。因此，其他生产生活资料的互补性交换暂且不说，仅仅是人类必需品的盐的获得，就需要"爨夷"以己所有，换取己所无的盐。前文所书的昂贵骑龙马赴昆明买盐就是一个案例。该案例表面看是为了渲染龙马之神奇，但实际上也表明其时"爨夷"存在着与外界的经济交换关系。但这种交换关系是停留在以物易物的原始交换？或者是以货币为媒介的经济交换？再或是在城堡开辟集市的定期经济交换？……因为还需有更多的资料佐证，故而不能妄断结论。但"江西街"一度在城子古村存在，并成为城子村民与外界进行经济交流的重要窗口，是不争的事实。

又从"江西街"的街名来看，有数量可观的内地汉族移民离家或移居落籍于此，或在街子天定期来此贸易，从而通过各种生产生活用具、产品的交换也就将内地汉文化传播到此。不过如果从昂贵土司在城子时间的短暂来推论，在当时形成一条街的可能性不大。相反是在其死后，大量汉族人口入居城子，其生计也从以前的游猎、游牧、游耕转型为种养殖为主的农业为主。加之人口增多，社会关系复杂，致使所需的生产生活资料越来越多样化、细致化，因而就需要贩夫走卒与外界交换中获得。而且，也越来越需要时间、空间固化的街子满足村民的生产生活需求，从而建构起以"街"（集市）为平台、窗口的与外界社会关系网络[1]。不过，将其时间错位地归功于昂贵时代，应该是缺乏史实依据的。其目的不过是与那些后来的汉文化建筑元素前移到昂贵时代一样，都是为了渲染昂贵土司衙门的"宏伟壮丽"，旨在凸显昂贵土司的权威以及昂贵时代"城子"的繁华。

江西街在昂土司府下面的山腰上，现在是一条长500余米，宽2至3米的土路。据说，这就是昂土司时代城子赶街最热闹繁华的地方。传说昂土司鼎盛时期，城子村人口剧增，最多时达1200多户，5000余人口。昂土司为了突出其势力强大，故意显示繁荣景象，装点门面，开辟了城子集市，名叫"江西街"，借此集市，他私自征收捐税，中饱私囊。开市之初天天赶集，时时贸易，一时之间，"江西街"名声

1　参见[美]施坚雅：《中国农村的市场和社会结构》，史建云、徐秀丽译，北京：中国社会科学出版社，1998年。

下篇 六百年飞凤古城：汉彝交往交流交融的展演剧场

大振。附近村寨的群众，广西府城的顾客，周边师宗、邱北、弥勒等地客商纷至沓来。街道两旁瓦木结构楼房、土掌房一幢幢破土而立，各式店铺相继立店开张。一到赶集天，店铺地摊彼此相接，人声鼎沸，车水马龙，熙熙攘攘，好不热闹。[1]

以往的学者们更善于将云南各族的经济生产方式分类，以类型学框定不同纬度、不同海拔民族的经济行为[2]。这无疑是理解云南多样化民族经济的一种方式，而且，由此也可以得知就是经济生产类型的多样性，才使得云南各地区域之间、民族之间的经济互补关系成为必然也具有可行性。城子古堡亦然，因其特殊地理位置与人口规模而"衍生"出一条村民至今津津乐道的"江西街"。

"江西街"上，小到针头线脑、锅碗瓢盆等常见的日用品，大到牛马猪羊、犁耙车驮；土有麻布毡子、篾帽蓑衣，奇有岩羊麂子、锦鸡香獐；贵有金银珠宝、绫罗绸缎，以及婚丧嫁娶的必需货，贵重时髦的装饰物；还有其他土特产如糯米糍粑、燕麦炒面、橄榄芭蕉、蜂蜜荞酒、核桃板栗等等，可以说是百物杂陈，琳琅满目。土特产价格低贱，百不及一，据说一只大红公鸡只换得一颗纳鞋底的大针。外来物品以稀为贵，甚至以次充好，以假乱真，但价格都不菲，一般人买不起。[3]

计算昂贵在城子立足的时间不过两三年。而且，不是在忙于对付明代中央王朝，就是在防范属下与欺压百姓中。因此，单凭其意志与能力在如此短暂的时间内开辟一个集市，并且如此热闹繁华，是不太可能的。不过，从小范围内的以物易物到大范围的货币为媒介的商品交换，必定与其人口

---

[1] 段立青主编，杨俊编著：《阿庐文化系列丛书·古村神韵》，北京：中国文化出版社，2013年，第69—70页。
[2] 参见马丽娟：《多型论——民族经济在云南》，北京：民族出版社，2002年。
[3] 段立青主编，杨俊编著：《阿庐文化系列丛书·古村神韵》，北京：中国文化出版社，2013年，第70页。

数量与物产相关。因此,"江西街"无论是否是昂贵首创,都可以肯定其时城子的人口规模曾经要多于今日。但是否果真如城子文化精英们所言的1200户,5000多人[1],却不得而知。从一些老人口述中了解到,以前的城子规模比现在大。具体而言,城子左侧密密麻麻的民居分布格局没有大的变化;但是"曾家大院"以西一大片人口减少,土掌房坍塌,树木杂草逐渐覆盖了残垣断壁;从土司衙门,即今天的威灵寺背后一直到山脚也曾满是一栋连一栋的土掌房,就是"江西街"所在。而今也是"城春草木深",再也看不到以往土掌房的痕迹。总之,当年繁华的"江西街",而今已变成尘土飞扬的山路。

  后来随着昂土司的衰败,"江西街"逐渐萧条,开始改为逢属猴、属虎日七天一次的猴虎街,以后更加冷冷清清,但断断续续一直到1940年前后,才渐渐散了集市,销声匿迹。[2]

  可见,所谓的"江西街",不过是一个与昂贵"共荣共损"的想象空间。从昂贵在城子盘踞时间,以及当时可能的人户数量与交通、物产等因素综合考量,显然是把今在泸西县城中枢广西府改土归流前后,乃至民国署所在地的"江西街"时空位移于此了。在《民国泸西县志稿》里就写有其商贸发展情况:

  本县地处偏隅,交通不便,非如通都大邑,百货云屯,足以招四方之商旅。而地方所需用品,均由各个商人到省购买,运回销售。故无商埠之建设,亦地理之关系也。[3]

  既然到民国时期,泸西县城都商贸不兴,那远在永宁的城子古村的商

---

1 段立青主编,杨俊编著:《阿庐文化系列丛书·古村神韵》,北京:中国文化出版社,2013年,第70页。
2 段立青主编,杨俊编著:《阿庐文化系列丛书·古村神韵》,北京:中国文化出版社,2013年,第70页。
3 《民国泸西县志稿》(上),泸西县地方志办公室译注,芒市:德宏民族出版社,2016年,第195页。

下篇 六百年飞凤古城：汉彝交往交流交融的展演剧场

贸，在昂贵生活的明代成化年间（约1479—1481）的"发展"，就不可能如村落文化精英笔下那样的热闹、繁荣。不过整合历代史志，清代从广西府府署所在地到各乡镇大都有不同数量的集市存在。

> 市肆，旧《志》：辰戌丑未日集于四关外[1]。近日，人民稀少，移市府治之前。午街市，午日集；布韶市，申日集；中火市，巳日集；飞徒市，子日集。[2]

辰、戌、丑、未是十二地支中的四个地支，其代表的月份为农历三月、六月、九月与十二月，说明其赶集日自有一套计时方式，而且不是月月赶集，更不是后来的每5天一市，或西历传入后的每星期一市。众所周知，办集、赶集时间密度，同样与地方商品经济发达程度有关。那么可见在清代康熙年间（1662—1722），泸西县治所在中枢"老城子"与各乡集市从时间间隔到空间布局，都表明了其贸易发展不甚兴旺。那么昂贵时代的"江西街"的繁荣显然就无从由来。但到乾隆年间（1736—1796）泸西境的集市则比康熙年间又增多了一些：

> 街市、集场：日中为市，率名曰"街"，各以十二支所属日集场。府城，辰戌、丑未日集；午街铺，子午日集；大逸圃，卯酉日集；大水塘，巳亥日集；督捕抚，巳亥日集；鱼腊黑，午日集；者黑，卯戌日集；布韶、永宁村，寅申日集。[3]

清代泸西各地市集日以十二地支所属来规定，说明是与汉文化中的天干地支传入此境有关。与此同时，也将此文化传播到了相对偏僻的永宁、布韶（白芍）。到民国，泸西境的集市又比清代增加不少：

---

[1] 四关，即府署"拱化""献瑞""清波"与"拥祥"四个城门。
[2] （清）蒋敷锡修纂：《康熙广西府志》，段锦良主编，刘群点校，昆明：云南人民出版社，2016年，第101页。
[3] （清）周采：《乾隆广西府志》，泸西县地方志编委会整理，芒市：德宏民族出版社，2010年，第67页。

华夷互融：飞凤古城民族志

市集（附米市、杂粮市、牛马等市）

本县市集，惟治城略有商情。输之货以洋纱、食盐为大宗，其次则滇、川、广洋布疋、丝绵、杂货，皆购自省垣。洋纱除销售本境外，有时运销罗平、板桥及黔之兴义。食盐销路为本境与邻县边地。丝绵有时分销师宗、罗平、弥勒、邱北各地。绵布半系本省自织，半由通河商人运销。烟丝向系来自通海，今则本地所产差足敷用。输出之货，向以鸦片为大宗，半系本境所产，半由罗平、板桥购入，转售与广商运回销售。自民十以后，此项贸易集中省垣，遂不得不运销售，有时本邑商人亦附广商运销粤境。其次，则本邑所产药材、畜皮，亦运销省垣，然为数无多。商务情形，较前略盛。至各乡市集所交易者，不过农民日常生活所需，牲畜、粮食、布疋、薪炭、油盐、烟、肉、菜蔬、丝棉、纸张，纷然杂陈，无大宗商货可以记述。[1]

上文就清楚记述了民国时期泸西市集、商情，只是"治城略有商情"，应该指的是已经形成一定规模的商业中心。但从民国史志看，县治所在地也并非日日有市，天天赶集，不过是与县属其他地区一样逢集才赶集：

兹将县属各市分列如下：
县城市　辰戌丑未日集
午街铺市　城西南四十五里，子午卯酉日集
爵册市　城西二十五里，寅申巳亥日集
神树坡市　城南十五里，寅申巳亥日集
逸圃市　城南二十五里，子午卯酉日集
三塘市　城东四十五里，巳亥日集
旧城市　城西三十里，子午日集
得冲市　城东七十里，子午日集
黑龙潭市　城北三十里，子午日集
安迫迫市　城东三十五里，寅申日集

---

[1]《民国泸西县志稿》（上），泸西县地方志办公室译注，芒市：德宏民族出版社，2016年，第195页。

下篇 六百年飞凤古城：汉彝交往交流交融的展演剧场

大水潭市 城南六十里，寅申巳亥日集
大水井市 城东三十五里，卯酉日集
大永宁市 城外南乡五十里，寅申日集
安平街市 城外南乡八十里，子午日集
五嶙区各市：官寨街市 秧补街市 拖坎街市 石磨街市 大箐街市 猓狼街市 革勒街市 白脸山街市 石腊街市[1]

以十二地支作为轮流集市日，并以十二属相命名集市名，在云南很普遍，所以狗街、牛街、鸡街、猫街、马街等数不胜数。天干、地支、属相，来自内地，是内地汉族文化的主要内容。那么，其上述集市中的"大永宁市集"纳入泸西以十二地支作为轮流的时间轴，又以属相作为集市名称，就是其纳入内地汉文化体系的西南边疆实践。进而言之，昂贵时代有可能是以物易物的交换方式，但显然不可能纳入此体系与网络，当然也就不可能达到民国时期的发展程度。那为何将布韶集称为"江西街"呢？

> 一说是有大量江西客商到此贸易，形成江西货为主的一条街；一说是因广西府城最繁华的地段十字街西面叫江西街，昂贵为显示其土司势力，模仿府城大街命名，也暗有与府城争比之意。[2]

在上述文献里，我们还可以看到，"江西街"实际上是一个本土产品与外来产品进行交换的商业文化空间。而且，本土产品中，既有山地的，也有坝区的，是比较典型的山区与坝区互补型经济交换。但是到后来，不仅是城子人口减少，而且外来生产生活用品价钱高昂但种类丰富，而本土产品价格低廉但种类有限，使得村民购买力下降。加之交通发展外出交换也不再困难，最终致使街子衰败。

云南人的街子即是"集市"，不但需要人流的汇集，也需要物流的汇

---

1 《民国泸西县志稿》（上），泸西县地方志办公室译注，芒市：德宏民族出版社，2016年，第195—196页。
2 段立青主编，杨俊编著：《阿庐文化系列丛书·古村神韵》，北京：中国文化出版社，2013年，第70—71页。

集。随着社会的发展，从城子到泸西县城中枢"老城子"与从弥勒等地而来的外界商品最终汇聚于此。近处，既有坝子里的农副产品，也有山区、半山区的山地土特产；远处，可以向西达弥勒，再南下个旧临安（今建水），而至安南（今越南），北上经石林至昆明；向东与文山相接壤。这样，远远近近多个民族的农业、畜牧业、手工业、狩猎业、采集业各行各业的产品汇聚成物流并聚集于"江西街"，物品琳琅满目，人流熙熙攘攘。由此可以推断，实际上"江西街"真正形成规模，应该是在广西境坝区、山区形成各自独特的经济类型，近处与远方都各有不同的经济产品，才形成互通有无的经济互补、经济交换关系。具体而言，是明代以后，特别是城子土司制结束（1481），内地汉族移民大量入住城子，而原居民彝族则退居山区，并逐渐适应了山地的玉米、南瓜、洋芋（马铃薯）等高产农作物可以承载大量山区、半山区人口之后。这从《康熙广西府志》[1]《乾隆广西府志》[2]与《民国泸西县志稿》[3]物产条可看出清代广西境内物产的日渐丰富，见表5。

---

1 （清）蒋敷锡修纂：《康熙广西府志》，段锦良主编，刘群点校，昆明：云南人民出版社，2016年，第73—78页。
2 （清）周采：《乾隆广西府志》，泸西县地方志编委会整理，芒市：德宏民族出版社，2010年，第206—221页。
3 《民国泸西县志稿》（上），泸西县地方志办公室译注，芒市：德宏民族出版社，2016年，第239—245页。

表5 清代康熙年间至民国物产表

物产类别	康熙年间	乾隆年间	民国时期
草之属			濮草[1]（可以织席），稻草（可以织席、织履），扁麦草（系野生者，可筑茅屋）
稻之属	香谷、旱谷、旱秧谷、白心水谷、红心谷、旱谷、迟谷、黄皮谷、黑皮谷、老来红、三白子、稗子谷、麻绵谷、青芒谷、羊毛谷、蔓谷	飐芒谷、青芒谷(有饭、糯)、旱谷、鸦翎谷、柳条糯、猪鬃糯、麻丝谷	
糯之属	圆糯、长糯、黄糯、黑糯、吊糯、小糯、胭脂糯、虎皮糯、香糯、柳条糯		
黍稷之属	红黍、黑黍、糯黍、饭黍、糯粟、饭粟、芝麻、老来红粟、高粱（有长矮饭糯四种）	红黍、糕粮（即蜀黍）、狗尾粟、草子、老来红	
麦之属	大麦、白麦、小麦、四棱麦、米麦	大麦、小麦、燕麦、玉麦、荞麦（有苦、甜，有早、迟）	
荞之属	甜荞、苦荞（四时皆可种）		
豆之属	南豆、黄豆、赤豆、青豆、黑豆、白豆、饭豆、豌豆、绿豆、老鼠豆、架豆、豇豆、刀豆、黄花豆、白早豆、羊眼豆、靴豆、寸金豆	黄豆(有大、细)、青豆、蚕豆、豌豆、赤小豆、小黑豆、羊眼豆、扁豆、豇豆、饭豆[2]	

---

1 濮草，即蒲草。

2 原文为"菽之属"。

续表

物产类别	康熙年间	乾隆年间	民国时期
麻之属	芝麻、胡麻、火麻	芝麻、胡麻、火麻、苎麻、蓖麻子、杷子	
稗之属	铁稗、糯稗、龙爪稗、鸭爪稗、风稗、米稗	鸭爪稗	
菜茄之属	青菜、白菜、萝卜（有黄、白、红三种）、蔓青、菠菜、荠菜、苋菜（有红花、白花两种）、葱、蒜、韭、薤、紫姜、姜笋（有数种）、茄（有数种）、胡荽、茼蒿菜、麦蓝菜、蕨菜、莴苣菜、羊奶菜、小茴香、莺粟菜、茭菜、豌豆菜、树头菜、黄练头菜、黄芽菜、甜菜、建蓝菜、芹菜、生菜	青菜、白菜、萝卜（有黄、红、白三种）、蔓青、菠菜、茴香、香芹、苋菜（有红、白花二种）、茼蒿、马齿苋、麦蓝、羊奶菜、甜菜、葱、韭、蒜、芥菜、茄、薤[1]	
瓜之属	冬瓜、西瓜、王瓜、丝瓜、金瓜、银瓜（金、银、青总一种，因其变色异名耳）青瓜、小红瓜、十方瓜、苦瓜、大黄瓜	东（冬）瓜、南瓜、西瓜、金瓜、王瓜、丝瓜、苦瓜	
瓠之属	圆瓠、条瓠、苦瓠、甜瓠、凹腰瓠、长柄瓠	甜瓠、牛腿瓠、药壶瓠[2]	
薯蓣之属	红薯、云板薯、象腿薯、山薯、山药、青蓣、紫芋、白蓣、麻蓣	云板薯、象腿薯、红薯、黄薯、白芋、蒌芋、紫芋	

1 原文为"蔬之属"。
2 原文列入"瓜之属"。

下篇　六百年飞凤古城：汉彝交往交流交融的展演剧场

续表

物产类别	康熙年间	乾隆年间	民国时期
菌之属	鸡㙡、木耳、胭脂菌、青头菌、扫帚菌、香菌、松菌、白参、黄菌、白菌（单生一朵者有大毒）	香蕈、云耳、白森、菌、冻菌、马渤、荸荠、茨菰、甘露子[1]	
药之属	黄精、菖蒲、升麻、仙茅、石斛、远志、前胡、白芨、黄芩、通草、茵陈、白部、防风、白芷、蒿本、秦艽、木贼、山药、金线重楼	黄精、沙参、石菖、柴胡、前胡、升麻、黄芩、桔梗、半夏、南星、白芷、蒿本[2]、紫苏、荆芥、薄荷、茵陈、车前、旋覆、益母、远志、牵牛、菟丝、香附、牛膀、地肤、地榆、赤箭、茯苓	黄精、沙参、石菖、柴胡、前胡、升麻、黄芩、桔梗、半夏、南星、白芷、蒿本、紫苏、荆芥、薄荷、茵陈、车前、旋覆、益母、远志、牵牛、菟丝、香附、牛蒡、地肤、地榆、赤箭、茯苓
香之属	降真香、麝香、化香、野檀香、青皮香、甘胆香、紫油香、黄花香、杏叶香、小藤香	肝胆香、地盘香、清净香、白叶香、化香、黄花香、青皮香、降香	
果之属	桃、李、梅、杏、梨、柿、橙、桐子、石榴、樱桃、林檎、杨梅、核桃、花红、橄榄、栗子、松子、茶子、椎栗、葡萄、金罂子、红枣、木瓜、香圆、土荔枝、羊枣、无花果、红果、檀梨、榛子、山里红、羊桃、多衣、桑椹、棣棠果、毛栗	桃、李、梅、杏、榴、梨、柿、栗、榛、松、桃、羊枣、花红、木瓜、杨梅、橙、山楂、橘、橄榄	桃、李、梅、杏、榴、梨、柿、栗、榛、松、核桃、苹果、羊枣、花红、木瓜、杨梅、橙、山楂、橘、橄榄。按：水果中则梨、杏、梅、李、柿子、石榴、花红出产尚多；而桃多来自弥勒；梨无佳种，陆良所产时有输入

1　原文为"芝菰之属"。
2　原文"稿"通"蒿"，中国古典正名：蒿本。

续表

物产类别	康熙年间	乾隆年间	民国时期
蔬之属	菱、藕、荸荠、茨菰、葛根、甘樜、草果、芭蕉		
竹之属	大竹、金竹、刺竹、紫竹、滑竹、水竹、凤尾竹、冲天竹、观音竹、箭竹	紫竹、金竹、刺竹、凤尾竹、箭竹、苦竹、冲天竹、人面竹	
木之属	涂杉、细松、杉松、罗汉松、油松、皂角、桂、柏、樟、桑、棠、榔、楸、槐、榆、柳、椿、棕、楮腊树、和木、水冬瓜、攀枝花（十八寨朋补村有之）、山栗（有数种，唯椎栗可食）	松、杉、柏（数种）、榆、槐、桐、楸、榄、柞、樟、梓、水冬瓜、青皮、栗、夜合、棕榈、万年青、枇杷	松（可作薪）、杉、柏（数种）、榆、槐、桐、楸、榄、柞、樟、梓、水冬瓜（可作炭）、青皮、栗（可作炭）、夜合、棕榈、万年青、枇杷。按：木材中以松为多，建筑、柴薪、棺椁、器用恒取资，于是年来已渐形缺乏。方板、棺木之属，常自师宗输入。唯东山土性、气候最宜，生长极易，能认真保护，推广种植，则供求不难相应。犁耙、牛车，农民需用极多，而制作之材须用栗木，以出产不多，近亦有缺乏之虞

下篇　六百年飞凤古城：汉彝交往交流交融的展演剧场

续表

物产类别	康熙年间	乾隆年间	民国时期
花之属	报春花、迎春花、杜鹃花、杏花、李花、桃花（有数种）、梨花、樱桃花、兰花、棣棠、粉团、牡丹（少）、芍药（少）、荼蘼、海棠、茉香、剪红罗、郁李、山丹花（已上俱春日华者）、紫薇花、葵花（有红黄白三种）、石榴花（有重瓣者谓之千叶榴，不结实，其色甚丽）、萱花、玉簪花、白鹤花、扁竹、丁香、石竹、素馨、木槿、地勇连[莲]（生于旱地）、扶桑花、龙爪花、凤仙花、石斛花、刺桐花（已上俱夏日花者）。桂花（有深黄、浅白二种）、芙蓉花、水红花、菊花（谱有二十四品，此地亦多有之）、槐花、鸡冠花（有红白二色）、蓼花、苹花（已上俱秋月华者）、长春花、瑞香花、梅花（其品有白、有红、有照水有千叶，而千叶不结实）、宝珠茶、山茶、山樱桃、四季粉团、茉莉（自冬月开至春）、荀花（已上俱冬月华者）	春华：兰、报春花、迎春柳、牡丹、芍药、芙蓉桃、波斯桃、绛桃、碧桃、冲天桃、观音柳、罂粟（有五色）、凤尾、龙爪、鹭丝、茉香（有黄、白两种）、粉团（有红、黄、白三种）、绣球、铁线牡丹、郁李、素馨海棠、鸡冠（有五色）、水仙。夏华：蕙、莲、葵、萱、千叶榴、紫薇、玉簪、金钗、栀子、茶梅、茄蓝、蜀葵（五色）。秋华：芷、菊、蓼、苹、桂（丹、黄、白三色）、木芙蓉、凤仙（五彩）、海棠、白鹤、十样锦、芦荻、瑞香、西番锦、丁香（五色）。冬华：荀、茶花（有数种）、玉剪梅、照水梅、绿萼梅、朱砂梅、蜡梅、款冬、月桂、胜春（俗名月月红）	春华：兰、报春花、迎春柳、牡丹、芍药、芙蓉桃、灯笼花（新输入）、波斯桃、绛桃、碧桃、冲天桃、观音柳、罂粟（有五色）、凤尾、龙爪、鹭丝、茉香（有黄、白两种）、粉团（有红、黄、白三种）、绣球、铁线牡丹、郁李、素馨海棠、鸡冠（有五色）、水仙。夏华：蕙、莲、葵、萱、千叶榴、紫薇、玉簪、金钗、栀子、茶梅、茄蓝、蜀葵（五色）。秋华：芷、菊、蓼、苹、桂（丹、黄、白三色）、木芙蓉、凤仙（五彩）、海棠、白鹤、十样锦、芦荻、瑞香、西番锦、丁香（五色）。冬华：荀、茶花（有数种）、玉剪梅、照水梅、绿萼梅、朱砂梅、蜡梅、款冬、月桂、胜春（俗名月月红）

续表

物产类别	康熙年间	乾隆年间	民国时期
棉茶			本邑气候温和，棉、茶均所不宜，唯五嶅分县境内天气炎热，可以种棉。然山多地狭，产量无多，以供嶅民之用尚有不足。而茶则无栽植者
烟叶			本邑烟叶，向少栽植。所需烟丝，全由通海输。近年以来，烟丝之用甚广，而邑人则自行栽植，不假外求。并延聘烟工以榨叶推丝，行销各乡市场，均足敷用（唯旱烟则本产味薄，多自师宗属之六棚鲁来）
禽之属	鹳、雉、鸡、鹅、鸭、鹊、鸦、燕、莺、雀、鹰、鸽、鸠、鹦鹉、布谷、鹧鸪、白鹭、杜鹃、练雀、鹁鸰、鹌鹑、鸳鸯、画眉、白舌、啄木、青鸽、锦鸡、竹鸡、水鸭、獐鸡、蜡嘴、白头公、鹧、黑头公、水葫芦、酢油郎、拖白莲	鹦鹉、拖白莲、慈乌、鸠、野鸡、啄木冠、鸦、布谷、竹鸡、画眉、杜鹃、鹧鸪、鸽、黑头公、秧鸡、水鹜、鹭丝、青鹊、野鸭、喜鹊、鹌鹑、黄雀、瓦雀、燕、雁、鹳[1]	鹦鹉、拖白莲、慈乌、鸠、野鸡、啄木冠、鸦、布谷、竹鸡、画眉、杜鹃、鹧鸪、鸽、黑头公、秧鸡、水鹨、鹭丝、青鹊、野鸭、喜鹊、鹌鹑、黄雀、瓦雀、燕、雁、鹳、乌春、王喜鹊
兽之属	牛、马、驴、骡、犬、羊、豕、虎、豹、鹿、獐、麂、兔、狼、熊（有白面熊）、猿（有白面猿）、猴、猫、鼠、狐狸、香猫、松鼠、野猫、猪	獐、麂、兔、猿、猴、熊、银鼠、豪猪、虎、豹、兕、狼[2]	獐、麂、兔、猿、猴、熊、银鼠、豪猪、虎、豹、兕、狼、獾、狐

1 家禽不载。
2 家畜不载。

下篇　六百年飞凤古城：汉彝交往交流交融的展演剧场

续表

物产类别	康熙年间	乾隆年间	民国时期
鱼之属	鲤鱼、鲫鱼、金线鱼、油鱼、细鳞鱼、鳅、白条鱼、虾、蟹、蚬、马鱼	鲤、鲫、鲂、鱿、白条、沙鳅、糠虾、蛙、鳞鲤（即穿山甲）、螳螂、倒推车、透明鱼、蟹[1]	鲤、鲫、鲂、鳝、白条、沙鳅、糠虾、透明鱼、蟹、鳝[2]
虫之属	蜜蜂、蝉、蟋蟀、螽斯、蚯蚓、蜻蜓、蝶、蚁、蛇、蝎、萤、蚊、哇（蛙）、螳螂	蜂、蟾、蜈蚣、蝎虎、蜘蛛、蝼蛄、蟋蟀、蛇、蝉、萤、蛾、蜢、青蜓、蚯蚓、斑毛[3]	蜂、蟾、蜈蚣、蝎虎、蜘蛛、蝼蛄、蟋蟀、蛇、蝉、萤、蛾、蜢、蜻蜓、蚯蚓、斑毛[4]
货之属	纸、毡、麻、布、羊毛（作毡）、楮、皮（造纸）、白蜡（少）、黄蜡（少）、麂皮、姜黄、松明	食：蜂蜜、花椒、笋、蔫、秦椒（俗名辣子）；货：毡、蜡、构皮、麻布、煤、沥青、松明	
饮馔之类	酥蜜、乳饼、乳线、赤豆粥、糍饼、松花饼、米糕、蜜煎（蜜饯）[5]、米缆、豆粉[6]、蕨粉、茶（出师宗州，取之树叶甚粗）、酒[7]、饵、饼、沙糖[8]		

1　原文为"麟介之属"。
2　原文为"水产"。
3　原文为"蜇之属"。
4　原文为"昆虫"。
5　以瓜、茄、梅子、木瓜、杨梅、姜茅之类，蜜渍成之。
6　绿豆、南豆皆可造之。
7　用秫米造之，不多用糯米，又多用麦、荞、粱、粟及稻谷造烧酒。
8　即红糖。

华夷互融：飞凤古城民族志

上述从清代康熙年间到民国时期广西境的物产所见，"江西街"或许是如村民历史记忆所言的，自昂贵时代出现，但是真正支撑江西街繁荣的，是明代成化十七年（1481）城子改土归流，并形成汉族从事坝区农业经济，彝族从事山区经济生产之后；同时在交通方面，也是城子与外界不再是昂贵时代那样险阻、封闭，而是有了一些通道，便于坐贾行商、贩夫走卒由四向小路将城子与外界联系起来。在此意义上，江西街不仅仅是满足远远近近各族村民互通有无需要的集市，而且是城子与外界经济交往、文化互动、信息互通的一个窗口。那么很显然，"江西街"也是城子辉煌历史记忆的一个重要内容。

为什么叫"江西街"，一说是有大量江西客商到此贸易，形成江西货为主的一条街；一说是因广西府城最繁华的地段十字街西面叫江西街，昂贵为显示其土司势力，模仿府城大街命名，也暗有与府城争比之意。[1]

这就说到了"江西街"的实质——显示土司势力并与广西府城争比，但此功能却不是唯一。此其一。其二是明代以来商品经济的发展已初现端倪，摆放家户神龛的财神又是证据之二。只不过不是昂贵所为，而是昂贵之后的城子汉彝村民集体所为，更主要的是城子文化精英所为。这与将昂贵神化，尤其是将其所开创的白芍古堡神化是同一回事——旨在借古写今，以"昂贵""昂贵传奇"表明作者与城子村民的存在感。因此，包括"昂贵衙门""江西街"等在内的城子历史的辉煌，不在于昂贵时代是否果真辉煌，而是后来的城子村民精神上需要一部"辉煌"的历史。这也是不同民族、不同家族的村民凝聚成村落共同体的主要精神根基。在繁华的"江西街"创构过程中，汉文化的深入是越来越突出的，其中的财神崇拜也就成为城子文化的重要内容。

据调查，飞凤古城的堂屋正墙中央供奉财神的人家，具有从无到有的趋向。这应该与历史上城子村民中并未出现专职商人，而今其生产生活则

---

[1] 段立青主编，杨俊编著：《阿庐文化系列丛书·古村神韵》，北京：中国文化出版社，2013年，第70—71页。

下篇 六百年飞凤古城:汉彝交往交流交融的展演剧场

与商品经济息息相连有关。明清时期城子有过"江西街",贩夫走卒多数是来自江西等内地省份的汉族。城子汉彝村民不过是出售本地土特产品,以交换外界商品而已;也有人在秋冬季节当挑夫到泸西县城、弥勒,甚至远达个旧、建水、文山、昆明,但都是挑本地鸡蛋、玉米与山货,然后挑回家用的盐巴、针头线脑与铁质生产生活用具,因而并不是专业的商人。而且走一趟来回十天半月,因此村民们最看重的不是利润的多少,而是带回家用物资与平安归来。[1] 那么,可能对主生意发财的财神就不那么重视,相反还更重视能够保平安的其他神佛。但是,现在一些村民对财神却重视起来,如今何氏堂屋不但有财神画像,而且是占主位;财神两边各贴有寿星、观音、毛主席、四大元帅等画像。供桌是典型的现代供桌,也就是现在家庭多数都有的电视柜。只是原来设计摆放电视机的地方改成摆放香炉、油灯、花瓶等这些祭拜用的东西了。问其家贴财神的原因得知:

> 媳妇刚嫁过来的时候,我们家也是供奉"天地君亲师"的,后来才改成了供财神。这个房子盖了29年,供财神已经将近22年了。在刚开始搬进来的时候,还是供"天地",后来看到村里其他人只供财神,不供"天地",家里也很顺利平安,再加上当时盖房子时候欠了不少钱,还要抚养孩子,经济也很困难,因此就学着人家改供财神了。供了财神后,家里也确实是一直很顺畅,经济条件也越来越好了。另外,以前供奉"天地"的时候,每年都要请人写,很是麻烦。市场上卖的财神画像比较多,彩彩的,很喜庆,也很好看,因此,就一直只张贴财神了。[2]

看来是因为当下村民生产生活所需,而使财神也走进了城子(飞凤古城)人的精神世界。如果联系改革开放以来,城子古村村民生产中的经济活动越来越频繁的事实,再回溯清代经济交换已经成为村民生产生活中的必要,那么源自内地的财神列入村民神龛并敬拜之也就不足为怪了。其动因,在于中国农村集市体系理论和区域体系理论在内的"施坚雅模式"在

---

[1] 2015年10月26日下午,笔者在城子其宅对陈菊华女士的访谈。
[2] 2017年8月17日早上,笔者在城子其宅对何老菊女士的访谈。

西南边疆的实践。[1] 但其功能与意义，还在于通过经济交换网络，建构了与内地经济、文化的一体化。同时通过一个现当代地方史志文化精英时空位移而重构的"江西街"，在主观上表达城子及其村民的存在感、荣耀感，客观上则通过本土与外界货物交换、人际互动，呈现了一幅边疆与内地经济、文化一体化的图景。

二、外彝内汉：飞凤古城民宅建筑文化及其主体生命史

前文已述，当大量的汉族移民接踵而至来到泸西，进而来到飞凤古城之后，泸西、城子的文化主体就从彝族变为汉族，也把内地汉族的生产生活工具、作物种子、生产技术与宗教信仰带到泸西，并由中心逐渐扩散到边缘，从而传播到城子古村。从城子家族谱系及其民居建筑也可以看出，城子里的内地汉族的移民不是昂贵时代一蹴而就，建筑物也不是短期内就盖成的。而是在昂贵下台（1481）之后的"汉进夷退""汉多夷少"与"汉夷交融"漫长过程中逐渐建成的。地方文化精英也承认此动态演变过程：

> 经调查发现，古村现存民居的建造年代有一条非常清晰的脉络，据记载：明成化年间，土司昂贵在飞凤山上建土司府、江西街，至今已500余年。在昂土司鼎盛的年代，江西街房屋林立，店铺相接，后毁于兵火。古村现存历史最长的房屋为小龙树山顶的24家人。据现居房内的一位老人说：此房建于清雍正八年，至今已270余年。当时为24家人共同建造，旁屋顺等高线在同一水平面上，样式为最原始的土掌房民居，无院落无窗子，房屋围护结构均为泥土夯制。后随着人口的增加，村寨的发展由山顶逐渐向下及向北发展，建成中营民居群落。建筑样式也随着汉文化建造技术的进入而发生了改变，房屋逐渐变成了"一颗印"的样式……但这些房屋屋顶依旧相连成一个一体

---

[1] 参见［美］施坚雅：《中国农村的市场和社会结构》，史建云、徐秀丽译，北京：中国社会科学出版社，1998年。

下篇 六百年飞凤古城：汉彝交往交流交融的展演剧场

的平台，还保持着彝族土筑民居的特色。[1]

由此可见，城子的建筑文化变迁史，实际上也是一部城子汉夷文化交流、交融史。那么，解剖城子典型建筑，梳理其主体的生命史并解构其社会关系，也可以揭示出城子是如何从彝族土司城堡发展成汉彝共享村落的。

（一）曾家大院：武功立身的曾氏家族兴衰史的见证物

所谓的"曾家大院"，传说源于曾家始祖曾沛文（曾培德），是传说中昂贵土司"四大金刚"之一的"曾兵头"。因为其他三大金刚后裔不知所终，只有曾家一脉至今在城子里传承。那么，曾家住宅对于厘清城子建筑文化史，并揭示建筑史背后的城子族际关系演变历史，就有着重要的意义。

> 明朝成化年间广西（今泸西）土知府[2]昂贵在这里建造自己的土司衙门，改白勺（城子旧名）为永安府……府衙右侧是官府住户，左侧有宣慰使军辕，实为土知府昂贵兵头衙门[3]。府衙前左右两边有大、小营盘（昂贵兵营），形成掎角之势。[4]

可见，"曾家大院"由来已久，是明代成化年间（1465—1487）昂贵"四大金刚"中的武将"曾兵头"的住所。曾家大院在20世纪70年代毁于火灾，所以其建筑结构、样貌只能整合地方文化精英著文与村民的口述史加以复原：

> 城子古城分为小龙树、中营、小营三部分，小龙树为最早建盖的土筑房。而后随着人口增加，村寨依此向中营、小营发展。……[5]
> 我记得那哈（时候）房子（曾家大院）才被烧掉呢，烧房子那哈

---

[1] 段立青主编，杨俊编著：《阿庐文化系列丛书·古村神韵》，北京：中国文化出版社，2013年，第7—8页。

[2] 实际上已经降职为弥勒土照磨。

[3] 即曾兵头。

[4] 段立青主编，杨俊编著：《阿庐文化系列丛书·古村神韵》，北京：中国文化出版社，2013年，第17—18页。

[5] 2016年7月17日下午，笔者在城子其宅对曾国文的访谈。

么我有十四五岁。那一年，大概是（19）75年。我反正会做活了。那个房子是在这里，那个曾小冲他老爹（祖父）那哈（个时候），曾小冲在里面坐着，他们老曾那哈么（个时候）是贫协，分得我家这个大房子坐（住）着么，柴柴草草呢整些去堆着，在楼上笼火（烧火）么就挨（把）它烧掉。就被曾小冲他老爹烧掉，曾小冲么还少，死掉一个兄弟（在）里面，是曾小冲的兄弟。整个呢（的）房子（曾家大院）烧掉么，其他几家人就一起出来（城子）高头（外面）盖了么。（那时曾家大院）张斌哥哥坐（住）着一份，钱石家坐着一份，老侯家坐着一份，高华强家坐着一份，那哈（时候）就他们几家坐着了。[1]

这是"曾家大院"在"土改"以后多户贫下中农入住的情况，说明房子很大，容纳得下五家人。那的确就是"大院"了。遗憾的是在"文化大革命"结束之前被毁于火灾，还烧死了人。这几家人就从"曾家大院"搬出，在城子之外的太阳山、太阴山上盖房子。这也是城子人离开飞凤古城移住"城外"的开始。

讲讲土地改革时的城子村历史？土地改革时我（曾国文）就工作了，但我那时候我奶奶不给我去斗地主。本人在土改工作队，做过一年的治保主任，但我奶奶不给我当治保主任，于是我就把职位退给曾明亮。后来我在管理司抓妇女（工作），后来当过十年的生产队长，后又回来当小队长，当到包产到户的时候就没当了。后来有人当村长后，我又来管山林，我培养起来这个山林。有人偷砍山林，拿到一个人就罚款50元。我们看山的人能分到一半的罚款，但是工资不高，一天一元钱。[2]

曾经当过村领导的曾老人口述史，也相同于《林村故事》里的村领导

---

[1] 2016年7月18日下午，笔者在其宅对曾国文的访谈。
[2] 2016年7月17日晚上，笔者在其宅对曾国文的访谈。

下篇　六百年飞凤古城：汉彝交往交流交融的展演剧场

与村落社会变迁史[1]——一方面反映出城子村基层政治机构变迁，另一方面则说明因其"出身好"，使其还可以跟其他"出身好"的贫农一样打土豪、分田地、分房子，入住在"曾家大院"。这也意味着曾兵头的后人的社会地位，在1949年社会转型中发生分化。类似曾国文家就已经辉煌不再，家道中落，而获得了跟"出身好"的贫农、雇农同享"曾家大院"胜利果实的权利。

> 以前陈家是大户，地主多；姓曾的家地主也多。我奶奶不准我去斗地主，因为当时曾家、陈家也有地主，虽然我家很穷。我奶奶不准我入党，那时是国民党时代，共产党员被杀的杀、关的关，要不然我早就入党，也早就被杀死了。[2]

此口述表明城子古村社会结构——地主以陈氏、曾氏两家为多，二姓皆为内地汉族移民后裔。曾氏祖上以武功立身，陈氏则延续了塾师、宗教师的"文脉"。而且，同一姓氏内部，也产生了阶级分化，如曾国文一脉就是穷人，属于政府依靠组织、动员"斗地主"的翻身农民之列。

曾国文口中的"奶奶"现已作古，故而得不到更多信息。但从曾国文的口中可以得知，是一个懂得保护自己孙子的农村妇女。为了不被人嫉恨，而不准其参与斗地主；为了不被国民党所杀，而不准孙子加入共产党。在这样的保住孙子的生命与名声的同时，也维护了传统邻里关系。

> 当时斗地主时代，贫农是有点田，房子有点，生活上专门卖工；雇农房子是找了住，田是找了种，没有房没有地；中农够吃够用，土地够盘（耕种），有房住；富农劳动力不行还可以找长工，田地没有出租，没有放高利贷；地主专门剥削长工，放高利贷，出租土地。这些都是由土改工作组划分。以前的地主的房子还没有我现在的大。那时我家还有点土地，有点房子，是贫农。我当过生产队长，给你们讲讲那时候的事件吗？大家都信任我，五点我就放工，让他们自己回去

---

[1] 参见黄树民：《林村故事——一九四九年以后的农村改革》，素兰、纳日碧力戈译，生活·读书·新知三联书店，2002年。
[2] 2016年7月18日下午，笔者在城子其宅对曾国文、曾炳华的访谈。

挖自留地，不影响工分。所以大家觉得好。¹

曾国文是划分阶级成分的亲历者、见证者，从他口中可以得知城子的地主、富农、中农与贫农的划分标准。就是在此标准下，张斌哥哥家、钱石甲家、老侯家与高华强家就分享到了"胜利果实"，与原住户曾保冲家同住"曾家大院"。据说高家的祖先是彝族，那么同一屋檐下，不仅有不同阶级者，而且是不同民族和谐共处一院。可见，农民有农民的智慧，即便在大集体的时候，仍然有兼顾集体与个人的灵活变通性。

> 曾秉孝？他还是厉害呢，这个人还是一条汉子呢嘛。因为张冲管不住么，只有他去，他去了么就管得住，张冲家弟兄大大人、二大人本来想管那个（黔军），但管不住么，就让曾秉孝去管了。²

由此可以看出，不唯在城子内部，就是在外部带兵打仗，城子村民仍然习惯"打虎亲兄弟、上阵父子兵"。彝人张冲住汉人陈宅接受私塾教育，并从抗日到内战屡立军功，也跟城子超越族群、血缘边界的"城子兄弟"意识有关。这类似于昂贵时代"四大金刚"里的汉彝结合。其中，曾氏一脉一直延续至今，也才有了城子建筑群中赫赫有名的"曾家大院"。

遗憾的是，在特殊历史时期，"曾家大院"被五户汉彝农户入住分享，城子土库房为城子人所引以为傲的防火、御敌功能也难以发挥作用了：

> 每家房顶上都有两三个洞，除了贮存粮食方便，还有一个原因是过去是冷兵器时代，从洞里传递弓箭方便。下雨一般不盖，会漏雨下去。城子这种土掌房是冬暖夏凉的，而且防火性能非常好。因为墙壁是土的，柱子、房梁是被土包起来的，如果着火最多是把房梁木头烧断了，土会掉下来就把火扑灭了，所以城子几百年以来都没有发生过大的火灾，这种土掌房才能保留这么多年，偶尔有一家着火也不会殃及四邻。³

---

1 2016年7月18日下午，笔者在城子其宅对曾国文、曾炳华等曾氏后人的访谈。

2 2016年7月18日下午，笔者在城子其宅对曾国文、曾炳华等曾氏后人的访谈。

3 2019年10月21日下午，笔者在城子其宅对陈清华的访谈。

下篇 六百年飞凤古城：汉彝交往交流交融的展演剧场

可见，地方文化精英与导游关于城子的防火功能介绍，并非否认没有单家独院发生过火灾，而是指"曾门"失火但未殃及全村。城子巷道都有完整的排水系统，除了用于排雨水之外，据说还与以前从土司衙门与"江西街"背后森林茂密，水源丰富，一年四季山泉淙淙流淌在每条巷子石板路水沟里有关。即为了雨水与山泉水不漫延于巷道，而修了围绕房前屋后的排水沟。但后来人口增加，特别是在城子村背后开发了层层山地用来种植玉米、红薯、南瓜、四季豆与花生等山地高产农作物，树木被砍光，加上少雨多旱，水源也随之枯竭。因此，目前我们所看到的城子村，就是有水沟却没有水流淌的境况。那么，土库房（土掌房）的防火功能就尤其重要了。幸运的是，20 世纪 70 年代"曾家大院"火灾并未殃及周围，还使我们能够看到"三十六迷宫房"的基本概貌。而曾家与"曾家大院"的辉煌历史，就只能从村民的碎片化追忆中复原了，同时复原的还有曾氏一脉在飞凤城子历史上的"丰功伟绩"。之所以对丰功伟绩打了引号，是因为很多事迹源于地方文化精英与村民的虚构。孰真孰假，孰全孰偏，就只有读者、听者玩味了。

（二）将军第：忠君护民的李大将军家族兴衰史的物化标识

在昂贵"四大金刚"里并无李姓，加之当时夷（彝）多汉少，城子李姓应该是后来才入住的汉族移民。在昂贵的土司衙门在历史尘埃中灰飞烟灭的同时，在城子村西端却有一栋"将军第"至今巍然屹立，仿佛是跟已经改为灵威寺的昂贵土司衙门一同无声地呈现着历史的更替、变迁。

> 飞凤山半坡城子村腰，矗立着一栋深宅大院，土掌房屋顶，屋檐以下皆雕梁画栋，极尽天工，它有彝族土掌房粗犷朴实的特点，又具有汉族细腻剔透的雕镂风格，可谓彝汉建筑艺术风格珠联璧合，这就是城子有名的"将军第"。[1]

"将军第"，顾名思义，就是一位将军的府邸，是一位在"风水宝地"飞凤山风水尚未破坏年代就已发迹的李姓将军的宅院。而且不似"曾家大

---
[1] 段立青主编，杨俊编著：《阿庐文化系列丛书·古村神韵》，北京：中国文化出版社，2013 年，第 71 页。

院"毁于火灾，目前仍然保存完好。"将军第"的选址、建筑，以及相关的神话故事，无不透视出城子越来越浓厚的汉文化痕迹。

  李将军叫作李德魁，他是清朝同治咸丰年间人，是非常善于作战的一个勇士。将军第门楣高大，古有成语说"光耀门楣"，指的就是如果你有一定的身份地位，这个门楣是可以做得很大的，所以他这个大门像八字一样向外展开。门口还有一对门当，求的是"门当户对"。

  将军第采用的是"一颗印式"建筑，它就像一个大印一样，三间正房，旁边有对应的耳房，后面有一个照壁，中间是一个天井。将军第屋顶采用的是彝族土掌房的屋顶，完全是土制的，而且是平顶的。当时的李将军在外做官，见多识广，屋檐就采用了汉族的雕梁画栋的木质雕刻方法，所以这栋房子是彝汉结合最完美的体现。采用汉族古建筑中"五滴水"的房檐，而且房檐的流水都是流往内院的，有聚财之意。[1]

城子古村地方文化精英的这段文字介绍，最突出的是"将军第"为"彝汉结合最完美的体现"。所谓"汉"，体现在房子的建材、格局与雕饰上；那么，所谓"彝"，应该就是依山势而建，就地取材，各家屋顶晒场与储藏室相通，以及院落与房间都逼仄这些特点。就此看来，实际上，无论是彝或汉，哪怕是一个屋顶是平是斜，是否可用作晒场，皆与其降雨量有关。在此意义上可以说，民族文化首先是区域文化，是基于其自然环境而孕育、发展的区域文化。后来才因为是区域内文化主体的民族属性，才冠之以"民族文化"。那么，无论是彝是汉，只要是在相同的自然地理空间，具有相同的文化属性就是必然的。这也便是城子古村建筑文化中汉彝互融的基础与核心。

  "将军第"跟城子其他房子一样，在每家房顶上都有一个很大的洞，晒完的粮食直接从洞中放下去，下面就是粮仓，省时省力。土改

---

[1] 段立青主编，杨俊编著：《阿庐文化系列丛书·古村神韵》，北京：中国文化出版社，2013年，第72页。

下篇 六百年飞凤古城：汉彝交往交流交融的展演剧场

之后将军第分给了村民，现在将军第里住了七户人家，正房住了两家，两边耳房各一家，两边倒坐（大门两边的房子叫作倒坐）各一家，偏厅住一家，共七户人家。楼上到楼下都是一家的，正房也是，都是上下的。现在住在将军第的都不是李将军的后人，所住的七户人家也没有亲戚关系，就这样住在一起。公共活动区域就是这个院子，院子里的设施也都是公用的。[1]

在历经解放、"土改"等政治运动之后，"雕栏玉砌应犹在，只是朱颜改"。"将军第"的主人同样不再姓李，而是姓氏不同的七户人家拥挤在此，但也能够长期共享院坝、大门等公共资源。很显然，是城子坡陡地少，村民们早已习惯共享有限的公共资源，并使此传统长期延续。如今走在城子弯曲、狭窄、陡峭的巷道，可以看到各家各户都将自家的物件靠墙边角落归置得非常好，少见柴火堆、牛车之类农家必需品占用道路而影响交通。即便是家户建筑之间的寸土寸金用来码放因院子小、房间小，而难以收纳进家里的物件，也是尽量靠自己墙壁堆、挂，以免影响他人，因而邻里之间就少有田间地角、村道墙角纠纷。因此，虽然越来越多的家户拥挤在面积并不大的城子"飞凤"山麓，却一直相亲相安。这不能不说是城子人利用、共享有限地理空间的一种生存智慧。

因为"将军第"是城子保留至今最为威武、富丽堂皇的建筑，举凡有关城子古村历史文化书籍都有描述：

"将军第"坐北朝南，门楣高大，门面呈八字形展开，飞檐翘角，结构缜密。门楼中间直匾上书刻"将军第"三个行楷阴刻大字，苍劲古朴，笔透木背。整个门楼威严之中不失松弛，缜密之中尤有舒缓。里面为典型的"三间两耳一天井"式的彝汉风格两层土掌楼房。梁椽柱头，窗门壁板，或飞禽走兽，龙凤麒麟；或牡丹蜡梅，松竹虫鱼，无不精雕细镂，栩栩如生。正宅对面有花厅，花厅建筑格调与正房相比显得活泼开朗，给人的感觉是花鸟争妍如春风和煦，龙凤张彩似秋

---

[1] 2016年12月26日下午，笔者在城子其宅对曾保冲的访谈。

阳娇艳,动静相依,疏密有致。[1]

此文点明了"将军第"的汉彝文化交融特点。如果放眼云南历史,少数民族土司也不止是普氏(昂氏)一族,土司们修建的土司衙门也不止城子一处,但因城子建筑的"彝汉建筑艺术珠联璧合"而别具一格,卓尔不群。就如因为有昂贵才有了城子古堡一样,也因为有"李将军"才有了"将军第"。因此,城子的地方文化精英仍然要努力地从文献爬梳资料,对"李将军"进行再重构:

> 说起李将军,他名叫李德魁,字鼎斋,清朝咸丰、同治年间人。据民国《泸西县志稿》载:
>
> "李德魁,县南区沙人[2]寨人,有机变,能以少敌众,从张保和出师,以功保参将[3],光绪中年(叶)保副将,任营官……"[4]
>
> 李德魁长得魁梧雄奇,孔武有力,十八般武艺样样精通,性情如火且胆大心细。一日因路见不平,拔刀相助,打伤一恶痞。为逃避祸事前去投奔张保和(号张霸王)军前效力。
>
> 每逢战事,李德魁皆勇往直前,杀敌无数,逐渐成为张保和手下的得力战将。
>
> 传说在昆明的草海子战役中,敌方有勇将名叫李大辫子,武艺高强,力大刀快,连伤张保和军中数员大将。
>
> 张保和气冲牛斗,正要亲自出战厮杀。这时李德魁纵马上前说:"大哥息怒,你是一军主帅,岂可轻举妄动,万一有个闪失,怎生得了。我出战,死了,你替我报仇。"
>
> 于是李德魁纵马舞刀,直冲李大辫子砍去。
>
> 二人棋逢对手,吼声如雷,你刀来雪花盖顶,我刀去枯树盘根,

---

1 段立青主编,杨俊编著:《阿庐文化系列丛书·古村神韵》,北京:中国文化出版社,2013年,第71—72页。

2 沙人,即壮族。

3 《民国泸西县志稿》(下),泸西县地方志办公室译注,芒市:德宏民族出版社,2016年,第527页。

4 另有"讨八隘游匪,殁于营所"。

下篇 六百年飞凤古城：汉彝交往交流交融的展演剧场

都恨不得一刀劈了对方。翻翻滚滚大战数十回合不分胜负。后来二人干脆下马插刀，赤膊厮拼。你下虎绊，我缠狼腰，推裹拐扯，各显身手。忽儿躲闪侧袭，忽儿扭摔纠缠。突然李德魁瞅准破绽，一招"羚羊挂角"，紧接"霸王举鼎"，将敌人摔出一丈开外。趁他尚未爬起来，李德魁拔起大刀，"咔嚓"一声砍下李大辫子首级。

张保和见状，挥军掩杀，大获全胜。李德魁立下大功，成名大盛，张保和为酬军功，特许他游四十八牛（在四十八个村寨任意收取钱物），但李德魁本是宅心仁厚之人，见百姓贫苦，拒绝不要。后累功至副将，受朝廷封赏"锐勇巴图鲁"勇号，所建住宅称为"将军第"。[1]

上文还引用了民国《泸西县志稿》的相关记载，似乎李德魁不但确有其人，而且其事迹也有根有据。但如果与民国《泸西县志稿》中字"鼎斋"的"李崇魁"记载加以比较的话，便会发现，当下地方文化精英依据此志而将"李崇魁"与"李德魁"合二为一了：

李崇魁，字鼎斋。骁勇善战，力能扛鼎。每上阵，目眦面赤，当者披靡，提督张保和倚如股肱。十八伪大司围省，来书先以将战。双方兵各万人，排列作壁上观。崇魁入阵与贼将斗数十锋，未决胜负。后竟抛戈手搏，贼不支而颠，崇魁拔佩刀枭其首，观者股栗。事平，升副将，署广西营游击。清光绪十一年，法占越南，以统领率师出征，染瘴疠亡。时人悼之。[2]

巧合的是，李崇魁与李德魁皆从征张保和，并且皆立有军功。而且，两人都病死于沙场。只不过同一志稿里，李崇魁的记载详细，李德魁的则较为简略。李德魁有对其家乡的介绍——"县南区沙人寨人"即县府南部壮族村寨人，而李崇魁却是飞凤城子村，应该是汉人。那么，是民国《泸

---

[1] 段立青主编，杨俊编著：《阿庐文化系列丛书·古村神韵》，北京：中国文化出版社，2013年，第75—76页。
[2] 《民国泸西县志稿》（下），泸西县地方志办公室译注，芒市：德宏民族出版社，2016年，第525页。

西县志稿》编纂者将一人分二，还是当下地方文化精英合二人为一？

另外，有意思的是，当下地方精英们或许是要将志稿里的两人的嫁接做到天衣无缝，所以将李崇魁的字"鼎斋"也移植在李德魁身上，还把志稿里对于李德魁、李崇魁与其上司张保和的功绩及其"巴图鲁"称号，皆移植于"李德魁"身上。这或许是因为一个战功显赫的，并拥有"巴图鲁"称号的"李将军"，才配得上富丽堂皇的"将军第"；也或许担心染瘴疠而亡有损于"李将军"的光辉形象，于是有意在引文里将李德魁"讨八隘游匪，殁于营所"省去，并且也没有引用李崇魁"以统领率师出征而染瘴疠亡"史实。

我们说关于"李将军"的形象也是后人逐渐重构，因而应该与其本人可能相去甚远。这还可以从对于李将军武术功夫的描述中看出一些端倪。如果不是看过诸多武侠小说、影视之人，是难以描述到让读者如此有身临其境之感的。而这类描述武功作品的普遍出现，是在20世纪90年代以后。所以可以断定，这也是20世纪90年代以来从文本、影视接受武功常识的地方文化精英的再创。不过，"李将军"上司张保和，倒是确有此人：

> 张保和，师宗人，嗣入泸西籍。幼读书，喜兵家言。同治元年，以军工叙都司，官广西营守备。六年七月，随岑毓英征黔苗。……七年，杜文秀大举入寇，进围省城。岑毓英由曲靖誓师入援，保和仍率所部为前锋。攻克石虎关、邵甸等要地，并打破贼于杨林、大小板桥、金马寺、响水闸、得胜桥等处。皆身先士卒，所向无前。贼见其旗帜即反奔，无敢敌者。再攻克呈贡、晋宁、富民、嵩明各州县，身经百战，未曾败北。叙功，奉旨赏"扬勇巴图鲁"，署楚雄协副将，并免泸西军粮三百石。时逆首杨正鹏踞昆阳，保和再督师进剿，以此克杨柳铺、铁炉关等要塞，计斩杨正鹏，昆阳平。署开化镇总兵。逆目马世德率田心悍匪犯开、广，保和往征督兵。时为贼枪伤鼻准，忍痛激战，驰马挥戈，贼大溃，阵斩贼首张三、马世德，收复回寨数十。总督刘岳昭录功，请优叙，奉旨简放总兵。十年，剿竹园，连捷二十余战，叠破岳家寨碉堡百余座，歼贼首马春藻，俘斩数千。叙功，赏提督衔，

下篇 六百年飞凤古城：汉彝交往交流交融的展演剧场

并赏"刚安巴图鲁"勇号。[1]

在岑毓英主持纂写的《云南通志》[2]与黄鸿寿编纂的《清史纪事本末》[3]，以及民国《泸西县志稿》中，皆有张保和的事迹记载，从中央王朝的视角，他是镇压各地少数民族"叛乱"的有功之臣，因而两次被授予"巴图鲁"称号。不仅类似张保和这样双手沾满反明、反清少数民族义军鲜血的将帅被提拔升官，而且随其从征的"骁勇善战"者也同样升官发财。因此，无论是李德魁与李崇魁各有其人也好，或者是民国志稿记录者错讹也好，都不重要，重要的是有一位曾经从征张保和的李氏军人为维护清代中央王朝的统治而建功扬名。因此，"李将军"是城子、城子古村村民进一步融入中央王朝大一统政治体系的象征性人物，而且是伴随中央王朝势力深入泸西而来的汉族移民与土著彝族所共同认同的。所以，在地方文化精英笔下的"李将军"，就有必要成为城子古村辉煌历史中浓墨重彩的一笔。为此，不唯曾因军功授予"巴图鲁"的"李将军"，还有至今被城子古村村民所津津乐道的"李将军"的后裔"李大少爷"组织守卫城子之功，也被不断创构：

> 这五个哨么，是从李大少爷，就是李德奎的大儿子、大孙子就开始整（修建）呢。他是在哪点（里）学来呢？因为他在城子是相当有威望了，喊"李大""李大少爷"了么。每天晚上他都不睡，到处走，每个哨棚都有人站岗，只要他发觉哪个哨棚有人睡觉他就乱打。他年纪又大点，脾气也大，大家都听他的。他主要意思就是说，万一有人来抢城子，你们咋整（怎么办），所以实际上还是为民防了嘛。李大少爷在城子还是相当有威望的，因为世道不好了嘛。[4]

由此可见，"将军第"的历代主人是"虎父无犬子"，先有祖辈立战

---

[1] 《民国泸西县志稿》（下），泸西县地方志办公室译注，芒市：德宏民族出版社，2016年，第509页。

[2] 岑毓英修，陈灿纂：《光绪云南通志》，光绪二十年刻本。

[3] 黄鸿寿纂：《清史纪事本末》，北京：北京图书馆出版社，2003年。

[4] 2017年8月12日下午，笔者在城子其宅对张保忠先生的访谈。

功得中央王朝赐予"巴图鲁"荣誉,而其后人则因身体力行维护城子的安全被汉彝村民所认可拥戴。这样,李氏一脉,从贵族到平民、从外界到内部都得到认可,从而也就同时承载着汉文化与本土"爨夷"文化双重身份。至今巍然屹立于飞凤坡的"将军第",就是城子望族李氏这种复杂身份、双重文化的物化象征。

(三)陈家大院:城子精神文化生产者陈氏家族兴衰史的物化叙事

"陈家大院"在城子有两个,住的却是从事生计不同的两家。一处是曾有张冲借读私塾的城子精神文化生产者的"陈家大院",另一处是城子"大地主"家的"陈家大院"。从民国至"土改"时期,两家就有了完全不同的历史际遇。在此所重点关注的"陈家大院",即是地方文化精英所称的"张冲故校"[1],实际上应该是"张冲故塾"——彝族"虎将军"张冲在此借读私塾,接受了汉文化教育的"陈家大院"。但在飞凤山麓下的城子村口,有一栋土筑平房,从外观到内里,都是一栋普普通通的农家房屋。如果不是门上挂着的"城子村老年人协会"的牌子,谁也不会特别留意它。城子文化精英陈氏一脉的两个"陈家大院"分布在飞凤山山顶与山脚。两个"陈家大院"气势恢宏,或许不如曾家大院与"将军第",但在城子建筑中也是很典型的。

陈家是城子为数不多,且代代相传的耕读之家,其住宅也是城子比较常见的三方一照壁。但要介绍其位置与结构,就得先把城子巷道理一理(见图1)。

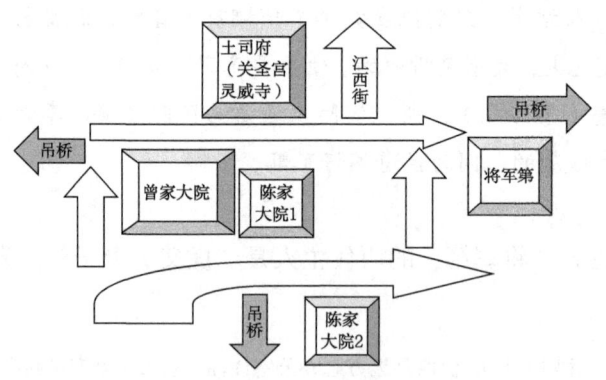

图1 城子街巷与主要建筑示意图

---

1 段立青主编,杨俊编著:《阿庐文化系列丛书·古村神韵》,北京:中国文化出版社,2013年,第76页。

下篇 六百年飞凤古城：汉彝交往交流交融的展演剧场

举凡来城子旅游者，都要被带到邻近土司府，在图右下角"陈家大院2"一游。游的目的并非是参观老年协会，而是因为有一个赫赫有名的彝族精英张冲，曾在此完成其蒙学。那么，张冲与其所就读的陈家也便成了城子辉煌历史的一页。

但是，这栋外观并不起眼的平常建筑，却是原全国政协副主席张冲启蒙就读之地——原城子村小学。据说，当时张冲的家乡小布坎一带没有学校，为了不误孩子上学，张冲父母只好就近把他送到城子村小学读书，住在陈学易家。陈家也是贫寒人家，没有铺盖，有时小张冲就裹一领蓑衣在火塘边过夜。张冲从小性格豪爽，是同学中的娃娃头，爱打抱不平。他对当时所读的《三字经》《百家姓》《千字文》等书兴趣不大，相反对《三国演义》《水浒传》等书中的人物故事却津津乐道，绘声绘色。父母亲闻听后十分不安，生怕儿子荒废学业，走上邪路，为此曾请教一位老先生，如何教育孩子。老先生说："文武之道，喜一足矣。看这孩子生相，将来必是个武砣砣。凡事不可强求，因势利导，顺其自然，可矣。"

果然，张冲18岁时，因受地方土豪劣绅的诬告，官府要抓他。万般无奈之下，他毅然上山高举义旗，走上杀富济贫、除暴安良的道路，活跃于陆良、师宗、罗平、泸西、邱北、弥勒一带，渐渐威名大振。老百姓欢欣鼓舞迎张冲，地主恶霸心惊胆战怕张冲。

后来，张冲受招安，成为滇军将领。1928年张冲已是滇军的师长，他的同学陈学易在他麾下任独立团二营一等军需官。抗日战争爆发后，在著名的台儿庄战役中，张冲率滇军一八四师奉命坚守禹王山，他果断指挥，重创日军，威震敌胆，取得了禹王山战斗的胜利，得到蒋介石的嘉奖、提升。抗战胜利后，蒋介石发动内战，引起了全国人民的反对，张冲也看清了其反动面目，决心彻底脱离国民党投奔共产党。1946年11月，张冲趁参加南京"国大"之机，携家人奔赴延安。从此，在中国共产党领导下，走上革命道路，成了无产阶级的忠诚战士。

如今，这栋平常的小平房，时时聚集着谈古论今的老年人。当然，

华夷互融：飞凤古城民族志

张冲的传奇是他们值得永久骄傲又说不完的话题。[1]

可见，是张冲使得这个城子看起来非常普通的院子变得不普通。而且使这个院子"蓬荜生辉"的不仅仅是抗日英雄、共产党领导干部张冲在此读书，城子也因为张冲或张冲引领而为中国革命做出了贡献，就使城子、城子人与"国家大事"勾连以来。因此，对于张冲这样为城子古村带来荣耀的人物，在地方文化精英的笔下就有意忽略了其籍贯，反而特别强调、放大其与城子相关联的一段历史。

但不可否认的是，张冲寄宿陈家读书这一段生平应该对其后来戎马一生是有很大影响的。其一，他不再是一个不读汉文、不识汉字的山区彝人，这为他后来在革命生涯里接受新知识、新思想奠定了文化知识基础；其二，陈氏有家学渊源，陈家私塾先生所教授的"修身齐家治国平天下""穷则独善其身，达则兼济天下"等思想，影响其一生的家国情怀；其三，张冲既有其彝族"好战善死"，又受城子人崇武好义氛围熏染，体现在其一生对自由、光明的追求。所以，在张冲身上所体现的也是汉文化与"爨夷"文化的有机交融。如同汉族"一颗印"建筑形制与雕龙画凤、顺山而建并以泥土糊平顶的"陈家大院"一样，是满满的汉、彝两种传统建筑文化的并置、交融。

更需要注意的是，"陈家大院"的主人是陈氏，是汉族；而张冲是"东山"彝族。在其少年，寄宿陈家读书；在其担任滇军师长时，"他的同学陈学易在他麾下任独立团二营一等军需官"。所以，尽管他们的族属不同，一个是城子汉族耕读之家的书生，一个是山区彝族武将，但先是共同接受四书五经启蒙教育，后又一起投笔从戎。这就使得昂贵土司时代埋下的夷（彝）汉区隔最终在近代民族危机、国已不国之际得以彻底消解，并上升到共同的中华民族认同。那么，这个"陈家大院"便是汉彝文化交融、心灵相通的一个物化见证。

再细品"陈家大院"的建筑，仍然也是典型的汉彝结合。大门面向太阳山，其前正对另一家的土掌房后墙。此家后墙上钉有一块石片，是为"石

---

[1] 段立青主编，杨俊编著：《阿庐文化系列丛书·古村神韵》，北京：中国文化出版社，2013年，第76—78页。

下篇 六百年飞凤古城：汉彝交往交流交融的展演剧场

敢当"，以防陈家大门正对带来的煞气。进陈家大门，两旁两栋厢房是纵向二层、三间的土木结构边楼，一应石脚、木柱、木梁、木板、木门、木窗、木梯，夯土墙壁与屋顶齐全。与大门正对的是高于院坝与边楼高出一米多的横向主楼，同样是土木结构，一间正房加两间厢房。主楼与两栋边楼相接处，一左一右有两架木楼梯通向边楼的二楼。尽管在房子的高度、面积以及雕饰方面远远不及"将军第"，但是其结构布局也足够满足一家人的世俗与神圣需求。特别是看到主楼正房正墙贴有陈家的"天地君亲师"牌位，以及其下已经被烟火熏黑的香案上香烟袅袅之时，就感觉到在此偏远山区，其文化脉络与内地汉族是如此的亲近。

有意思的是，正如昂贵死后被神化为"土主神"一样，陈氏家族在近年还产生了一位"土地神"：

> 陈天一的爸爸陈学书，被封为"土地神"。请神的时候，陈学书去当神的助手，代替神写字。他每次去，旁边有两个先生，有一个扮演神讲话，他就用左手写字，平时他是用右手写字。笔一放下，神就走了。在沙盘上写字，先把沙弄平后又写，神一去，就放笔，神就知道了。两个先生誊抄的要匹配才有用。这种写天书在年事乱的时候才用，饥荒、贼乱的时候，地方乱就去请天上的神——观音、玉皇大帝，谁先降下来就请谁。他（陈学书）死以后就奉为本地的"土地神"。未死之前（他）就放出话来了，他死的时候把他封为"土地神"，后来人们就认为很"神"，就封他为"土地神"。现在想想陈学书这样"神"的人没有了。陈学书吃素，教书为生。80多岁死，陈菊华就是他的孙女，陈天一是陈菊华的爹。[1]

由此看来，被村民封神者也不单是昂贵一人，还有来自内地的汉族陈氏一脉中的陈学书。这样，彝族有昂贵，汉族有陈学书；武将有昂贵，文才有陈学书。在村民想象出来的"神界"中的文武皆备，也是城子沿袭多年历史不断的精神财产。远的不说，仅仅从陈学书→陈天一→陈菊华陈氏三代人，皆是村民口中的"素人"，即吃素念佛之人就可看出佛教文化在

---

[1] 2016年8月14日下午，笔者在城子灵威寺对村民苗定柱的访谈。

城子的传承。尚在世的陈菊华居士，是村里为数不多的六个女居士之头领。她现在城子新村的家的二楼有佛堂，每日要烧香跪拜念经。其佛堂正中央供奉的是天地君亲师、灶王和祖先，但在此上方，从左到右还供奉了三圣佛、全堂佛、西方景象图。这些画像都是从灵威寺里"请"回来的。灵威寺的佛像，又多是从昆明圆通寺、弥勒大佛寺等一些大的寺院中"请"回来的。正中间挂的是送子观音，左右各是财神和寿星。问其将原本供在一楼堂屋的"天地君亲师"改供在二楼佛堂，而堂屋则又供了送子观音、财神和寿星的原因。陈居士说：

> 实际上，最早的时候，家里的堂屋里供的也是天地（君亲师）、灶王和祖先。后来老伴半边瘫，当时大小便不能自理，这些污秽的东西从卧室端出来时要经过堂屋前供奉的天地、灶王和祖先，这样是对这些神灵大不敬。因此，就把天地、灶王和祖先请到了楼上。后来，就一直供奉在楼上了。[1]

至于堂屋里的送子观音，是由家里的第五个儿媳妇"请"回来的。当时五儿媳妇和儿子结婚后，一直没有身孕，她就请了一幅送子观音回来供奉在家里。在此期间，陈居士也在自家的院子里许下誓愿，如果神灵能给她的五儿媳妇送一个孩子，那么，她就自费印刷一些佛经送人，宣传佛法。后来，五儿媳妇果然就怀孕了，陈居士全家人都很感激送子观音，陈居士就自费1000元印刷了《玉历宝钞》，遇到有缘人就会奉送。

调查发现，城子人的神龛、佛堂的内容与位置，也并非一成不变的，而是根据各家各户的具体情况而加以改变。但不变的是对于儒释道神灵的虔诚之心，因而就有将佛堂改楼上与还愿印佛经之举。因为只是家里有"佛人"——居士之家才有专门供佛像的佛堂，佛堂也便成为城子居士与非居士的文化边界。

另一位在家宅内设佛堂的村民是陈菊华的弟子，经历过从学道教到转而学佛，最终成为"佛人"：

---

[1] 2014年7月27日下午，笔者在城子其宅对村民陈菊华的访谈。

下篇　六百年飞凤古城：汉彝交往交流交融的展演剧场

现在媳妇患了风湿关节炎，在私人医院医治了几万元钱，没有补贴报账，在公立医院有一定的减免。信佛以前是学习经书，拜在大寺里的观音，现在是一名居士，初一、十五都到寺里面去烧香拜佛，但需要连吃三天的素食。觉得自己的身体素质适合吃素菜素食，吃这些饮食量大，可以使胃口好，身体素质与吃荤时候是一样的。现在在中医院医治，使用中药。以前我是信道教的，后来听人说佛教重要就学佛教了，现在念的是佛教的经书。我对自己两次相信不同教的区别没有什么看法，只是觉得信佛教能够对我的病有好处。我们村的尹菊之等人经常约着我去念佛，加上师父，我们有6个人。我是陈菊华师父介绍的，师父介绍之前学习儒教（道教）的经书《消灾经》。

村子里面念经的人分三批，佛教的、儒教的、道教的。有些人说佛教经还是好的，像《金刚经》《心经》《大悲咒》等。家务不顺的，如在外面做工作的有灾祸，生大病，被别人陷害、折磨等，请师父打符章解送后就会好了。在泸西当官的人都还是会来这个地方请我们去帮他们消灾解送，学生要考试的、忏悔的都会来请我们去念经。《药师经》是专门用于医病的，考试的金榜题名的又有专门的经书。不念经的人，即使平时很聪明，但是到了考场就会糊里糊涂的，什么也不懂。有一个例子是有一个女的说：

"我家儿子很有才能，当官的想提拔他，但是需要通过考试来选拔，我儿子就打电话回来让我给他念经。后来就被录取上了，现在儿子在矿山搞管理。"说明了念经对娃娃的前途、考试等很有帮助，证明了这个经书念经是很灵的。[1]

正如灵威寺由关圣宫改成一样，这位居士也是从道教转向佛教。其间并无什么特殊仪式，她听说念佛经更好，或者念佛经的人多，就开始念佛经，就成为"佛人"，并与陈菊华一样有了佛堂，还随同受邀念经做法。可见，城子村民中有六名中老年妇女"佛人"，家供"佛堂"，是为其自己、家人与远近村民消灾避难的精神诉求。而其组织者，便是陈氏后人陈菊华，其先祖为城子私塾老师，换言之，如果没有陈氏家族的儒释道信仰传承，

---

[1] 2017年7月9日，笔者在城子其宅对村民何韶刚夫人的访谈。

城子的儒释道文化就不会如此浓郁。与内地的文化一致性也不会如此强烈。

据说，陈家历来是女子务农，男子读书，同时也在家里开办私塾，因而其子孙历来是城子为数不多的知识分子。陈氏私塾同时也招收村子里稍有家底的异姓孩子入私塾读书，还接纳远近亲戚、朋友孩子住家就学。上述赫赫有名的彝族"黑虎将军"张冲，就是在陈家私塾读书出来的。可以想见，当孩子们"人之初、性本善……"的琅琅读书声在城子响起，昂贵土司时代遗留下来的夷汉矛盾、冲突的血腥风雨就逐渐被时光冲淡了。因此，到近代，不再看到城子有更多的彝族人口存在，可知是在这样的儒释道地方化氛围中融入汉族中了。

说儒释道在城子古村发生在地化变迁，则可从信众宗教师乃至宗教建筑都游曳于不同宗教却并行不悖中看得出来。这在陈氏一脉身上就表现得极为突出。因为发出琅琅书声的，不仅仅有城子里的汉族子弟，还有远近而来的汉族、彝族子弟。因此，当下地方文化精英们关注到了张冲曾经启蒙于此而给城子带来的荣耀，因而又将陈家大院称为"张冲旧居""张冲旧校"：

> 张冲旧居，就是陈学义家。张冲小时候家乡没有学校，他的父母为了让他上学就送来城子读书，就住在同学陈学义家中。这间院子也是彝汉结合的，但是雕刻就没有将军第的宏大和精致，这个是"三滴水"的。这三家都是当时村里的大户人家[1]，所以才可以建成这种规模。这种房子一般都是土建的，但由于年代太久远，后来用青石修整。张冲生于1900年，1980年去世，彝族。从小不喜读《三字经》，喜欢读《水浒传》，小时候就是一个打抱不平的人。18岁时由于受到当地乡绅烈豪的诬陷，被迫落草为匪，当时他就活动在泸西、弥勒、丘北一带。到1926年，也就是他26岁的时候受到招安，成为滇军的一位将领。抗日战争全面爆发之后，他已经是滇军的一位师长，他率领一八四师去参加台儿庄战役。台儿庄战役胜利之后他受到了蒋介石的嘉奖，提升为第三军的军长。抗日战争胜利后，内战爆发，张冲是非常反对内战的，一次偶然的机会他结识了中国共产党，随后奔赴延安加入了中

---

1 指"将军第"的主人李氏，"曾家大院"的主人曾氏，"陈家大院"的主人陈氏。

下篇　六百年飞凤古城：汉彝交往交流交融的展演剧场

国共产党。后来成为云南省副省长、全国政协副主席。张冲的家乡在小布坎，以前是泸西县的，后来被规划到弥勒县。由于彝族信奉老虎，因此他也被称为"黑虎将军"。张冲字云鹏，泸西的云鹏电站、云鹏图书馆都是以他的字命名的。[1]

张冲因为在城子陈家大院接受私塾启蒙而奠定了汉文化基础，"陈家大院"，乃至城子皆因为张冲而荣耀。在后来，跟城子古村所有豪宅大院一样，"陈家大院"也经历了给贫下中农"享受胜利果实"的革命运动：

> 改土（土地改革）之后这里的房子都分给村民住了，现在这里还住了三户人家。楼上还有一张张冲睡过的床，之所以现在还能保存下来，是因为床是嵌在墙里面的。[2]

如果张冲睡过的那张床不是嵌进墙壁里，可能也就经历了"破四旧"中的打砸抢命运。如今，被政府列入保护单位的"陈家大院"及那张张冲睡过的窄床，皆成为城子古村近现代历史变迁的见证了。

> 陈学艺（义）有个后人在东山乡政府当区长，管不住张冲的弟兄，我家祖去东山么又把陈学艺家后人撤掉，撤掉么他（自己）干。[3]

曾氏后人每每挂在嘴上的这句话则点明，陈氏、张氏与曾氏文韬武略，各有所长，他们之间既有相互合作、扶持，也有竞争、谋权。就是在这种与国家、民族命运紧密相连的个人、家族复杂关系变迁中，逐渐淡化了族群的边界与区隔而成为城子古村，乃至中华民族共同体的一分子。而陈氏"陈家大院"，始终是飞凤城子与内地文化一体化过程中所不可或缺的。

---

[1] 段立青主编，杨俊编著：《阿庐文化系列丛书·古村神韵》，北京：中国文化出版社，2013年，第76页。

[2] 2017年9月28日下午，笔者在城子其宅对村民曾国文的访谈。

[3] 2017年9月28日下午，笔者在城子其宅对村民曾国文的访谈。

（四）姊妹墙：城墙建筑中的女性在场与"陌生人－王"实践的铿锵物语

从上文可见，无论是"曾家大院"，或是"将军第"与"陈家大院"，都是飞凤古城有名有姓的显贵者的宅院，而且无一例外皆是男性。但正如在昂贵的"肆虐不法"生命史中安排了劝善无果而出家修行，最后与昂贵一样成为雨神的昂三公主一样，在城子"辉煌"建筑史的构建中也塑造了勤劳勇敢的两姊妹，这突出"姊妹墙"的神圣性。

> "将军第"正房后墙基，是一堵罕见的高大的石墙，村人称之为"姊妹墙"。"姊妹墙"全部由毛石叠垒支砌而成，看不到一丝一毫打磨錾凿的痕迹，更无一丁一点的灰浆粘合的影子，斜口之间，衔接十分紧密，远看挺立如陡崖。石缝呈不规则的几何图形，光洁而美观。历经百余年风雨，依然牢固如初，观赏者无不啧啧赞叹，拍手叫绝。[1]

无需粗壮的木材与砖瓦，仅仅就地取材的黏土、树枝修建土掌房并不难。难的是在这个与石山、树林有一定距离的白芍陡峭山坡上建盖一个石木结构的宏伟建筑，仅仅是将石块运到坡顶就够艰难；再将其垒成严丝合缝的高大墙壁，其难度可以想见。因而在"将军第"建盖成之后，村民们对于完全需要人背马驮的沉重石块的神奇搬运，以及匪夷所思的砌墙过程想象不已。于是，又一则"玉女赶石"建造"姊妹墙"的神话被创构出来：

> 传说李将军衣锦还乡，荣归故里，便在飞凤山半坡选中一块地建盖将军府。按照设计图，正房山墙刚好处在一斜坡上，但倾斜角度大，加之土层松软，所以一连几伙有名气的石匠看后，都摇头不已，不敢接下活计，他们一致认为这堵石墙高斜陡峭，非人力可为，因此十多天过去了，仍没人敢来应工。眼看动工的吉日一天天逼近，李将军心急如焚，只好听从管家的建议，许以重金，张榜招揽能工巧匠。
> 张榜这天，来了两位姑娘，众目睽睽之下，揭下榜文，声言她们

---

[1] 段立青主编，杨俊编著：《阿庐文化系列丛书·古村神韵》，北京：中国文化出版社，2013年，第72页。

下篇 六百年飞凤古城：汉彝交往交流交融的展演剧场

能接下这活计。众人一见，七嘴八舌，议论纷纷。姐姐约二十一二岁，银盆圆脸，宽肩劲腰，声音清脆响亮，笑靥如花；妹妹看上去二十不到，一双水灵灵的丹凤眼忽闪忽闪的，显得精明能干，两腮上一对浅浅的酒窝更添几分风韵，纤腰款款，楚楚动人。

谁都不相信这姐妹俩是做石活的角色，有的人嘴上不说，心里在议论：怕是借故来找姑爷的。谁知姐姐更是语出惊人，说：

"这堵石墙我姐妹俩三天完工！"

大家就像听到公鸡下蛋、鸭子孵儿一样的塌天笑话，一时之间，嘲笑、讥讽、起哄骤然而起，都认为是大公鸡吃水——涮嘴。李将军到底是走南闯北，见过世面的人，深知人不可貌相，海水不可斗量，既口出大言，想必有惊人才能。于是上前对姐妹俩说道："承蒙两位姑娘看得起我李某人，时间不在乎长短，完工之日，我定不失前言，必重金相酬，只是……"

妹妹打断李将军话语，接道："如三天不能完工，我姐妹俩一辈子到你家做婢为奴，绝不反悔！"

"言重了！言重了！"李将军连连摇手，众人依稀散去。

第一、二天很快过去，一不见姐妹俩开山采石，二不见她们破土挖坑，丁点动静都没有，大家都等着瞧笑话。谁知到了第三天，天刚蒙蒙亮，大家到工地一看，"天啊！"一堵齐整坚实、光洁平直的大石墙巍然矗立在眼前，人们都张大嘴巴，吃惊得不得了。

这时有人说："这哪里是人，分明是神！"

李将军惊喜之余连忙派人寻找俩姐妹，谁知杳无踪影。一古稀老人连连感叹："我们城子风水好，是仙女下凡来了。"

后人有诗，专写此事：

"纵横交错石墙壁，百年根基将军第；

鬼斧神工今朝见，测猜姐妹神仙女。"

从此城子村就称这堵石墙为"姊妹墙"。[1]

---

[1] 段立青主编，杨俊编著：《阿庐文化系列丛书·古村神韵》，北京：中国文化出版社，2013年，第72—74页。

"姊妹墙"是飞凤古城引人注目的一道石墙,进入城子之后一直沿一道石板斜径往山坡,一道全用大小不同、形状不一的青石块叠垒而成的巨大石墙突兀眼前。从其右侧十几米,进右大门便是"将军第";再经"姊妹墙"左侧盘旋而上,可达飞凤山山顶中部的灵威寺,即之前的关圣宫,再之前的昂贵土司府。这样,"将军第"实际上就是坐落在"姊妹墙"山坡上,居高临下俯视着脚下的城子坝。所以,看得出李将军之所以选址于此,并且排除万难修建高高耸立的"将军第"的用意何在。这与昂贵将土司府选址于飞凤山顶中央的原因如出一辙。因此,昂贵与李将军,族属不同,时代不同,但在其建筑中以军事守卫功能为首要,并且如此出奇的相同。这也说明,飞凤古城长期以来一直发挥着军事城堡的功能,甚至在大量汉族移民迁徙至此以后的近代也未曾改变。

而将"将军第"与灵威寺(关圣宫、土司衙门),以及沿途"陈氏大院""曾家大院"相连的关键是"姊妹墙"。所以,通过"姊妹墙",不仅将历史与现实勾连,而且也把史实与神话勾连。在此神话中,再次将汉文化里的"玉女""风水"搬出来,一方面无非要表明其搬石、砌墙难度之高,非人力可以完成:

> 我们面前的这一堵墙叫"姊妹墙",是清朝时候一位将军衣锦还乡之后在这里修建他的将军府,这里就是将军府的一面后墙。关于这面墙还有一个传说,相传这个李将军衣锦还乡之后在这里修建他的将军府,但是这一面墙的坡度非常大,而且土质松软,所以附近很多石匠都不敢接这个活,所以李将军就只好张榜。
>
> 就在张榜这天来了一对姐妹,她们就揭榜说三天就可以把这面墙垒好,并立下誓言说如果三天垒不好这面墙就终身做李将军的奴婢。第一天第二天都没什么动静,看不到她们开山采石,也看不到她们破土挖坑,第三天早晨人们正等着看笑话的时候,起来的时候这面墙就已经屹立而起了。为了纪念这两姐妹,这面墙就叫作"姊妹墙"。这面将近两百年的墙,在连接的地方没有用到任何的灰渣、水泥或者泥巴这些粘接物,它是用毛石自然堆立起来的,而且这种石头完全没有

下篇 六百年飞凤古城：汉彝交往交流交融的展演剧场

打凿过的痕迹，空隙的地方就用小石头填补。[1]

另一方面则是仍然又附会上一层汉族宗教信仰，呈现出城子越来越强烈的汉文化色彩。总之，每当叙述城子重要历史事件与人物时，仙人、风水就又浮现出来，甚至可以说是如期而至。这样，城子的历史就变成汉族宗教中的风水与神、仙、佛串联起来的历史，而使其有了不同凡俗的神圣性。全体村民就在不断重构、传承这种共同的神圣历史记忆中，完成了村落共同体的建构。无论是后来融入汉族，并变为汉族的彝族，或是前前后后、不同动因来到城子的内地汉族移民，都变成了共享相同的历史记忆、荣辱与共的"城子人"。

但特别需要注意的，城子从明代成化年间（约1479—1481）至此经五百多年，一方面因其顺飞凤山坡而屹立，加之长久以来的军事城堡功能，而更多的是阳刚之气；另一方面历经长期的军事行动，因而往往在其"历史"建构中以男性为主。但深受道教五行、阴阳观念影响的城子人，总是要在刚性十足的男性世界里增添上一抹女性的阴柔色彩。如与昂贵"肆虐不法"相对的念经学佛的"昂三公主"，又如与扶持昂贵又"废"了昂贵的"白发仙翁"相对的是，从有害于民到降雨于民的玉女赶石中的"玉女"。在此，则是似乎从天而降的两姊妹，意在表明城子一石一墙的建筑，女性并未被排除在外，相反发挥了极其重要的作用。但在男性血缘继承制度下，姓氏、宅院、土地……无不以男性姓氏命名并继承。故而就用在家宅之外，但对家宅间的勾连极为重要的高大"姊妹墙"，来表明飞凤城子历史中的女性在场。

但另一方面，城子人对于女性在历史、社会中的地位认可，则显现出一种矛盾心态。首先不得不承认的是，如果没有这一面严丝合缝的"姊妹墙"，城子诸多重要建筑是各处一隅，彼此孤立的。或者说，因为有了"姊妹墙"的存在，就如城子里因为女性通过婚姻的流动而将各个姓氏联结成一个兼地缘、姻缘关系的社会网络。与此同时，正如昂贵失败动因分析中的"红颜祸水论"一样，又将女性描述成为历史的替罪羊。所以，飞凤古城的历史，差不多就是一部男性历史。但面对男性、女性共同建设城子的

---

[1] 2013年6月24日，笔者在城子"姊妹墙"下对村民曾保冲的访谈。

史实，又不得不安排了一对具有特异功能的"仙女"，神话般完成这面男性都难以完成的"姊妹墙"。那么，在此称"仙女"也好，之前《玉女赶石》等神话里的"玉女"也好，赋予其满满的道教女性气息，因而也透视出在修建这面"姊妹墙"及其后一段时间，飞凤古城一度道教氛围更为浓厚。所以，无论是物质生产——如修建关圣宫，或是精神生产——如《玉女赶石》《姊妹墙》等神话传说，都呈现出明显的道教文化特色。这应该大概与内地儒释道在云南的传播历程是相似的。

再有一方面需要注意的是，既不像昂三公主为昂贵女儿，也不像《玉女赶石》中的玉女源自巨石，"姊妹墙"的修建者却是"杳无踪影"的两姊妹。这就跟以"百发仙翁"隐喻来自内地的中央王朝与汉文化一样，同样是"陌生人－王"的西南实践。只不过是一种地方性的"陌生女－王"实践，这与纳西族女性始祖[1]、独龙族女性始祖[2]等为天上神女的传说如出一辙，是对西南男性、女性双重继嗣制的神话表达。同时也还原了承载于来自内地的先进生产生活技术的男性、女性共同建造飞凤古城的史实。

三、飞凤坡：神、佛、仙护佑的"风水宝地"

如上所述，古有昂贵死后被神化为"土主神"，今有陈学书死后被封为城子"土地神"。实际上，二者名异实同。名异，在于彝族、汉族村民对一方保护神的称呼有异；实同，在于彝族、汉族村民都不约而同想象创构出一个护佑一方的神灵。与此同时，伴随内地汉族移民迁居于此，护佑城子的佛（佛教）、仙（道教）越来越多，加上儒家文化的浸润，以及各家族的祖先神灵（还有不能列入祖籍的孤魂野鬼），飞凤古城便俨然成为一个汉族与少数民族（彝族）民间信仰和儒释道信仰水乳交融之地。这不仅体现于地方文化精英不断重构的"历史"中，也呈现于村民的生产生活

---

1 李近春：《浅谈纳西族史诗〈创世纪〉》，《民族学研究》1985年年度期刊论文。
2 云南省编委会编：《独龙族社会历史调查》（一），昆明：云南民族出版社，1981年，第87页。

下篇 六百年飞凤古城：汉彝交往交流交融的展演剧场

实践中。

究竟是先有这些各种宗教神灵而被村民认知、描述、敬拜，还是村民需要这些神灵才臆想出这些神灵来？很显然，不同时代、不同民族的城子村民都面对自然与社会的双重压力，这使其"信神如神在"。走进城子古村就可发现，神（鬼）、佛、仙是如何济济一山，"护佑"着飞凤古城里汉彝村民的。

（一）土司府：兴亦"风水"，毁亦"风水"

要问城子古村最有历史价值、文化内涵的建筑是什么？很多村民都会说是昂贵土司衙门。这除了昂贵当初原址考虑的区位、地势、地形等颇有特点之外，还在于当下地方文化精英对城子建筑的风水解读、附会：

> 村寨选址与建设是充分体现中国传统风水学说的典型案例。中国古代风水歌吟：
> 阳宅须教择地形，背山面水称人心；
> 山有来龙昂秀发，水须围抱作环形；
> 明堂宽大斯为福，水口收藏积万金；
> 关煞二方无障碍，光明正大旺门庭。
> 古村背依高山，且山势蜿蜒曲折，是为来龙；永宁河流经村头，并在村头弯作环形；飞凤坡前地势平坦、宽阔，是为明堂宽大。永宁河进村方向地形开阔，是为天门开，财气顺水而来；而水流出村方向则两山夹一谷，地形狭窄，是为地户闭，锁紧财气流出。站在村后山向下俯视，可见村前有朝山、案山，且案山作三台之形，左右分布日、月二山，既来源于村寨古老传说，又合风水补气之说。（城子）古村位居中央为厚土，左青龙属木，右白虎属金，上朱雀属火，下玄武属水。金、木、水、火、土五行齐全，青龙、白虎、朱雀、玄武四相完整。综上所述，古村在选址与建设上多处符合中国传统风水学说，是传统风水学说指导村寨建设的一个典型案例。[1]

---

[1] 段立青主编，杨俊编著：《阿庐文化系列丛书·古村神韵》，北京：中国文化出版社，2013年，第6—7页。

如此与风水理论无一不合、无一不缺之"风水宝地",似乎难以用人为选址视角来解释。但是不是昂贵基于其政治、军事、经济与族源诸因素而选址于此在前,却不经意与后来风水文化不谋而合,才给了地方文化精英以更多的风水想象、附会空间?或是昂贵时代就依据风水理论选址于此,才使飞凤古城、昂贵土司府成为风水理论的西南实践宝地?

历史的风吹雨打后留下的灵威寺,坐落于飞凤山的"凤头"上,原为昂贵土司府旧址。昂贵土司在清朝成化年间(1481)被官府围剿而亡(或消失),之后其土司府受到战火焚烧,只剩下前厅的五分之一。灵威寺院墙所嵌的一块石碑就记载了这样一段历史:

> 明朝成化年间,广西土知府昂贵在飞凤山顶建造自己的土司衙门,改白芍(城子旧名)为永安府。土司府占地广阔位居至高,威慑全村。整个建筑巍峨雄伟,红楼碧瓦、富丽堂皇。昂土司建府后,当地人口剧增,民居建筑得到空前发展,形成府城的格局。府城四周依山建筑城墙,北临护城河,威鼓楼建于河上。东、西、南各有城门,楼堡高耸,巍峨庄严,成为广西府有名的府城。后来,昂贵因穷凶极恶,横征暴敛,老百姓怨声载道,明朝宪宗皇帝派将军胡宗贵剿灭了昂贵,昂贵败亡后,土司府大部分房屋被大火焚毁,只剩下前厅。到明朝嘉靖年间(1522—1566),当地百姓把前厅部分改建成关圣宫,其余只留下遗址。[1]

昂贵土司府的辉煌已不再,甚至其原址上修建的道教关圣宫也早已改成了佛教灵威寺。但从其所在的位置、形胜仍可以看出,依山面水(护城河与稻田),可以依山为屏、以水为池,形成天然的易守难攻军事屏障而保村寨平安;从其生产生活功能而言,村寨前的平坦田地与流水滔滔的永宁河,便于种植水稻、藕等喜水作物,村寨后的山坡、山梁、山峰可以提供山地种植庄稼、放养牲畜与找柴火、狩猎、采集山茅野菜。因此说,真正的"风水",首先是因地制宜的选址与建筑,就飞凤山势而建的飞凤古城很显然就是如此:

---

[1] 灵威寺建寺碑刻。

下篇　六百年飞凤古城：汉彝交往交流交融的展演剧场

村寨的整体布局依山就势，顺山势而行，层层叠叠。整体空间西高东低、背山面水，整个村子几百户人家依山而建、自然相连、层叠而上的土掌房形成一级级的台阶。土掌房顶连缀在一起，形成高达数十米甚至上百米的平台。全村1000多间土掌房层层相衔或左右毗连，将村中数百户人家结为一体，村中道路呈自然分布、纵横交错。村中建筑顺应自然地形，呈自然式平行等高线分布，村中以城子灵威寺（昂土司府）旧址，又名（关圣宫）为制高点，其余建筑为一二层土掌房，平顶泥墙，鳞次栉比，颇具韵味。村前山脚下，永宁河蜿蜒流淌。村前，万顷良田、绿浪翻波，农夫在田野中忙碌，牛马在河边、田埂嚼啃青草，好一派田园风光。[1]

从飞凤山顶上的土司衙门，即后来的关圣宫、灵威寺的位置、地势来看，"位居至高，有威慑全村、吞吐四野之势"。至于其建筑群落、形制与结构，完全是云南众多"汉化"趋势下修建的靠山面水、居高临下的土司衙门的翻版，也就是缩小版的、在地化的内地中央王朝都城。所发挥的是代理中央王朝在地方统治、管理所需的作用，因此其布局、建筑皆为了满足此而修建。这是毋庸置疑的。但可以肯定的是，当汉文化在弥勒、泸西一带的影响尚未全面、深入的明代成化年间（1465—1487），所谓"红楼碧瓦，富丽堂皇"的土司府，实际上是当下地方文化精英依据清末、民国时期，甚至更后来的文本与影视作品中获得灵感而想象出来的，无疑也是一种时间上的错位。

因此，今天我们所看到、所听到的是，将世俗政治空间与神圣空间合二为一的"城子导游词"：

> 坡顶就是飞凤坡的凤头，上面就是土司府的遗址。土司府在村里的最高点，居高临下有威慑全村之势，现在是灵威寺。今天是初一香火比较旺，很多人在里面烧香拜佛。昂贵土司在明朝成化年间（1481

---

[1] 段立青主编，杨俊编著：《阿庐文化系列丛书·古村神韵》，北京：中国文化出版社，2013年，第4页。

被官府围剿，围剿之后他的土司府受到战火的牵连，被烧得只剩下前厅的五分之一；到了明朝的嘉庆[1]年间被改为关圣宫，这个就是关圣宫（遗留下的）道教的一个香炉。到了1940年又被改为灵威寺。以前是道教的道观，现在是佛教寺庙，可是里面道教的、佛教的神像都有。[2]

这段文字可以看出昂贵土司选择居高临下之地建盖土司衙门的军事、政治智慧，是生活在西南山地上千年的"爨夷"及其他山地民族头人的共性与才能。但"风流总被雨打风吹去"，昂贵兵败，后人无继，土司衙门就变成了村落公共宗教空间关圣宫。如果文中所言关圣宫建盖时间为明代嘉靖年（1522—1566），那离昂贵在世的成化年间（约1479—1481），大概相隔百年。也即是城子改土设流（1481）之后，就有大量内地汉族移民移居城子，也将道教文化传播到此地。如果是清代嘉庆年间（1796—1820），则说明经过明清五百多年的移民实边措施，到清代末年城子的汉族道教信仰才兴盛起来，因而能够而且也只能在风水学说并不看好的土司衙门基础上建盖了关圣宫。所以，尽管难以确定土司衙门旧址上建盖关圣宫的确切时间，但明清之季关圣文化传播于此是可以肯定的。

关圣宫与武圣庙的主祭对象皆是关圣帝，即关羽，字云长，与刘备、张飞桃园结义，成为蜀汉大将军，信徒称其为"关圣帝君"，为人正义凛然、尽忠效主。后人称誉关羽一生行事，五德（千里寻兄之仁、华容释曹之义、秉烛达旦之礼、水淹七军之智、单刀赴会之信）兼备。在万历四十二年（1596）敕封为"三界伏魔大帝神威远镇天尊关圣帝君"，自此相沿有"关帝"之称。清顺治九年（1652），又被敕封为"忠义神武关圣大帝"，每年五月十三日遣太常致祭。除京师外，各地皆有关帝庙（关圣宫、武圣庙）。那么可以肯定，城子公共信仰空间称为"关圣宫"，不会早于被敕封"关圣帝君"之前的明代万历二十四年（1596），那很可能就是清代顺治年间以后的关帝庙（关圣宫、武圣庙）在全国都已经比较普遍的时期。此其一。

其二，关圣宫为典型道教建筑，说明道教早于佛教传入城子古村，乃至泸西全境。到20世纪40年代，关圣宫又被改为灵威寺，说明佛教在城

---

[1] 嘉庆年为清代，而非明代。
[2] 2016年10月12日下午，笔者在城子灵威寺对村民陈清华的访谈。

下篇 六百年飞凤古城：汉彝交往交流交融的展演剧场

子已经后来居上了。加上从张冲等曾在城子接受过儒家教育的可信史实，说明至迟在清代已成气候。由此可见，内地汉族的儒释道信仰，不是相依相存同步传入西南边地，而是在其传播与生根过程中，时间有前后，但最终不断交融一体。至于城子的儒学，主要由陈氏一族传承，他们历来就是城子里的私塾先生。因此，陈氏入住城子，也便是儒学传播到此地了。彝族"虎将军"张冲，就是在"陈家大院"里接受了汉族儒学教育。

其三，关羽"入驻"城子关圣宫，大概就可以理出儒—道—佛的传播历史。其中儒学中又掺杂有道、佛思想，所以，汉族移民城子古村的历史，便是儒、释、道传播城子的历史。不得不让人想起前文所述"五月十三祭大山"日期与关公耍大刀日子的关联。那么，不唯城子的信仰空间，而且是村民的仪式实践，皆是地方性知识与内地汉文化的有机交融。尤其是回溯城子重要建筑从昂贵土司衙门到关圣宫再到灵威寺的变迁过程，就会发现，地方文化精英总是要为此找到一个合理性的解释。在此，"风水"理论就充当了此角色。由此，在地方性文化底色上渲染了一层又一层汉文化色彩：

> 当时昂贵土司在这里修建他的土司衙门的时候，有人就劝告过他不要在这里修建衙门。符合（灵威寺）墙上那句诗："前有月牙（月亮山）光阴短，夕阳西下时不常"，（所以）昂贵土司在这里修建土司衙门并不是明智的选择。月亮山和太阳山是两座大山，太阳山在西边，就在夕阳落山的地方，像夕阳一样时不长。果然好景不长，昂贵土司兴旺了八年就被官府围剿。这个地方只能作为一般的住家，如果硬要建成衙门是不好的。最后又变为道场，所以后来这个地方变成了道观。[1]

在地方文化精英看来，昂贵偏居白苟的宿命早已被风水所定，所谓兴亦"风水"，亡亦"风水"。这或许是汉彝村民对昂贵矛盾心理的映射——痛恨其"肆虐不法"，又不忍其短命，所以就如赋予其"蟒"性，而且是"乌蟒"之性；但又不得不面对其死亡，就以含糊其辞"携雷而去"来淡化其兵败而死。在此，则将昂贵的短命"王朝"归咎于风水，貌似与飞凤山"凤

---

[1] 2016年10月12日下午，笔者在城子灵威寺对村民陈清华的访谈。

水宝地"的普遍说辞是明显的悖论。但其巧妙用意,却在于用以淡化昂贵的"肆虐不法",这正是同样的历史人物、同样的历史事件,官方(正统、主流)与民间道德评判的差异。而介乎二者间的地方文化精英们,就总在于此矛盾中并努力寻找平衡点,似乎只有"万能性"的风水学说才有此功能,因而就屡试不爽。

所谓"道场",就是修行学道之地。因此,作为世俗、私人(土司家族)空间的昂贵土司衙门,在历史变迁中变为村落集体性神圣空间,就非常有意思。也可看出村民潜意识里还是惧于风水理论的,同时也惧于"凶死者"的孤魂野鬼,因而不敢去占用昂贵兵败、后继无人的土司衙门,故一直就以居高临下而引人注目的残垣断壁在诉说着曾经的辉煌。但是有仙、佛"加持"的道士与僧人就不一样了,他们可以以敢于入驻"凶宅"土司衙门而显示其威力,从而也更让村民信服之,由此激发村民对宗教"道场"的敬畏感,因而能够将此宗教建筑一直保存至"文化大革命"前。

城子飞凤山顶所谓凤头上,相传在明成化年间,时任广西府土知府的昂贵曾建土司府在此。据说,昂贵当上广西府土知府后,派人四处勘查建造土司府的地方,他的心腹风水先生最后相中了城子这块宝地。风水先生对昂贵大言道:

"别小看这山坡,它如一凤凰高踞,蓄势待发。左有太阳山,红日映照,右前有月亮山,宁静安详,一阳一阴,五行调合。用之,进则出将入相,退亦占山为王,成为一方霸主。"

昂贵听后大喜,动用数不清的人力、物力、财力,历经数年光景,方建成名动四方的土司府——永安府。土司府占地广阔,位居至高,有威慑全村、吞吐四野之势。……朝廷几次派员到城子警告规劝,但昂贵拥兵自重,拒不出迎,而且大肆诽谤朝廷,辱骂文武官员,为自己的恶行进行狡辩,无丝毫悔改之意。终于惹怒宪宗皇帝,朝廷派将军胡宗贵剿灭了昂贵,并将其族人强行迁出城子村。

昂贵败亡后,土司府大部分房屋被大火焚毁,只剩下前厅,到明嘉靖年间当地人把它改成关圣宫。经过数百年不断地修葺改造,昂贵

下篇 六百年飞凤古城：汉彝交往交流交融的展演剧场

土司府早已面目全非，如今只留下前厅遗址，就是现在的灵威寺。[1]

在此，风水学说的在地化、变通性就彰显无遗了。同样对飞凤山凤顶上的昂贵土司衙门，其兴有风水诠释，其亡也有风水附会，表明了所谓"风水"的根本意涵——失道寡助。意在表明"五行调和"的风水再好，如果逆天道而行、违民心而行，那仍然会失道寡助，最终也只落得兵败而死。族人则被迫他迁，衙门被大火焚毁，取而代之的是后来的关圣宫与如今的灵威寺。至此可以明了，所谓"风水"，在地方性知识体系里，也是有着道德层面的价值与意义，并由此规范着飞凤城子古村汉彝村民的言行。

在城子村民的民间传说里，昂贵选择白芍建飞凤城堡，不仅是"飞凤大仙"所示，而且还说有"神牛"引路：

> 昂土司选择本村的风水，是因为有条黄牛，专门打架。（打架后）跑到本村山顶上来，挑了一条长八徘的铁线草回家去。（牛）回到家中，主人发现怎么会有这么长的铁线草，后来就顺着牛的足迹到这里看，说这里是块好地。（当时）大永宁大部分是沙族，这里已经有彝族了。这个铁线草的长度太特殊了，它超出了一般的藤子的长度。当时怀疑怎么会有这么长的铁线草，于是回这里看以后，觉得是一块地理风水好的地方。[2]

铁线草多生长于河边、水田边、草地与山箐等空气湿润、土地肥沃处，黄牛跑野外带回来奇长的铁线草，必然引起熟悉地方风物的村民们的好奇，并给予其寻找更适合生存的经济资源的冲动与行为。可以想见，此乃半游牧、半游耕民族寻找生存地的传统知识被移植到昂贵身上，并从奇长的铁线草表明昂贵寻找的新统治中心水草肥美、土地肥沃。这里就把汉文化里的"好风水"与"爨夷"文化里的"好地方"加以无缝对接。

昂贵（衙门）原址就在现灵威寺。昂土司出世很穷，小时帮外公

---

[1] 2016年10月12日下午，笔者在城子灵威寺对村民陈清华的访谈。
[2] 2016年10月17日下午，笔者在城子旅游接待室对村民张保忠的访谈。

放马。后来母马生了一个小马,于是向外公提出个请求,他要那只小马(一身全是马屎,很瘦),带到城子村,后来发现不是马屎是鳞壳。成了他的小龙马,骑着会飞。五月十三涨大水,要祭祀大山(神)。每年都会来一头黄牛,有一头(牛)很好,就有一位曾姓把那头黄牛换了,换了一头不好的给村里人祭祀杀吃,就再也没有黄牛来了,就改成杀猪祭大山。[1]

铁线草带昂贵找到土司衙门地址的传说,表面看同样淡化了昂贵建飞凤古城土司衙门兼军事堡垒的目的,而是将其回归到"爨夷"通过某种动物、植物寻找生存地的传统文化轨迹里,而且也回归到"爨夷"传统文化核心里的自然崇拜。这与那匹不同凡响的龙马一样,黄牛也便有了神圣意义,其挑回铁线草也便有了神谕意涵。那么,很自然就把"爨夷"昂贵重塑成符合汉文化标准,同时又有"爨夷"文化的双重性人物。

从前文所述也可以看出,城子古村的历史,也是杨喜、曾兵头为代表的内地汉族移民与昂贵为代表的"爨夷"交往交流交融的历史。黄牛带昂贵土司选址于白芍山,也即后来风水附会后的飞凤山而具有了神圣性。在早期的五月十三"祭大山"仪式中的黄牛,也是有神圣性的。所以传说曾姓或杨姓把牛换了,并非偶然的场合,而是暗喻"爨夷"的游牧生计被汉族移民的农业生计所取代。但总的来说,将昂贵降职为弥勒土照磨后狼狈逃离广西府署,并选址白芍本为苟延残喘之举。但遵循"为尊者讳"的原则,既给其黄牛找地的神性溢美,也是给"飞凤大仙"指地以风水附会。前者,很显然是诸多西南山地民族寻找居住地的神性附会共性;后者,则显然是汉族的风水文化传播于西南的结果。于是,通过同样的事,同样的人,同样的地,将本土"爨夷"文化与汉文化交融不悖。

整合文献记载与口传历史,可以看出昂贵一生经历了从辉煌到衰败的短暂历史,实际上也是汉、彝势力伸缩的社会急剧变迁过程。而土司府的位移,便是其重要标志。因而对于飞凤古城有一套系统化的风水理论:

昂贵准备在东山旧城找大黄牛,大黄牛跟随他到他家。牛角上盘

---

[1] 2016年10月13日下午,笔者在城子灵威寺对村民陈清华的访谈。

下篇　六百年飞凤古城：汉彝交往交流交融的展演剧场

着铁线草，最长的铁线草有七八尺长，就认为是风水宝地。东边有太阳早晨东升，南方的山脚蟠龙山，北边玉屏山，前边有笔架山，左有紫气，双凤戏水。[1]

联系前文以牛祭大山仪式，目的是要表明或强化昂贵搬迁到城子是"神意"。

　　上任年余，昂贵嫌土府衙门地势不好，规模太小，想重选地点，兴建一所自己满意的土司衙门。他派出风水先生到处寻找风水宝地，最后选中了白勺村飞凤坡顶。然后，不惜耗费大量的人力、物力、财力，大兴土木，营建了彝汉合璧、规模宏伟、富丽堂皇的土司府。并在府城南门修筑了一条宽一丈二尺、铺满石板的通驿大道，直达白勺。真个是逢山开路，遇水搭桥，人们把这条路称为土官路，路中的石桥称为土官桥。[2]

　　昂贵在将土司衙门从更靠近内地的今泸西县城中枢"老城子"迁移到白勺，并建城堡而据之的过程中，是否先看了风水，不得而知。但很显然，对昂贵而言，真正的"风水"并不在于汉文化体系里的青龙、白虎之类的"风水"，而是背山面水，左右高山夹峙，地势易守难攻的"风水"。或者说，村民与地方文化精英口中的"风水"，是彝族土司昂贵盘踞的城堡山水地形与汉文化里的风水学不谋而合。其原因，在于两族在对自然环境的理解中的文化一致性。

　　正如昂贵兴亦"风水"、亡亦"风水"的风水理论一样，整个城子的兴衰、人才的多寡，城子村民总是可以从风水学说中找到依据：

　　　　以前我们这个村子的风水还是好的，出过张冲、李将军这样的人才。蒋介石时期，我们这个寨子里面姓曾的一家有个人做过军统特务的官员，解放后这个人才被打倒。以前村子没有这么大，就像一只凤凰。解放后，村子变大了，样子也变了，所以风水也被破坏了，也就没出

---

[1] 2014年5月8日晚，笔者在城子其宅对村民陈清华的访谈。
[2] 2014年5月8日晚，笔者在城子其宅对村民陈清华的访谈。

华夷互融：飞凤古城民族志

什么人才了。[1]

时至今日，村民还沉浸在城子古村往日的辉煌中，因而将今日衰败原因归为"风水被破坏"了，故而"凤凰"也不再是凤凰，人才也就不出了。

> 城子风水是怎样？大桥那里以前是一个魁阁，后来被姓苗家买了之后建成水泥房的小卖部。以前不兴用石桥，这个石街头大河水淌，还是木桥。我们寨子的龙脉是朝玉皇大寺下来[2]，跑到我们寨子里来了。我们寨子像凤凰一样，我们寨子的凤凰地点会出人，风水好了就会出人。后来呢，他们就把路改朝那边，这个大桥就是（水泥）浇灌成的，路也改成水泥路。浇灌成水泥后，这个大桥的木板被拆了，木板一拆，就浇成水泥板子了。我们寨子是不能把龙脉挤出去，原先是木桥，现在让他们浇灌成水泥桥，这个龙脉就挤出去了，我们的寨子就不会出人（才），龙脉就往外去了。以前我们这里有条大河，龙脉就在这，这条龙脉改去大永宁，大永宁出人才，我们寨子就不出人才了。两座水泥桥一浇，龙脉就挤到大永宁去了。以前是我们寨子出人才，张官[3]、李官[4]都出些人才，但以后就没有出了，龙脉挤出去之后我们就不出人才了。（龙脉）通到大永宁，现在大永宁出人才。[5]

总之，如今的村民对城子古村是否出人才也沿袭着一套风水理论。因此，不唯昂贵的失败，到后来的张家、李家出过人才，近年来城子不再出人才，都有一套风水理论解释。而且，城子村民中不乏热衷于汉文化里的风水理论与实践的"先生""道师"：

> 看风水要看山貌在什么地方而起，什么地方而落，各山都有一定

---

[1] 2014年10月12日下午，笔者在城子其宅对村民陈胜华的访谈。
[2] 即玉屏山上的玉皇阁。
[3] 指张冲。
[4] 指李大将军。
[5] 2014年5月12日下午，笔者在城子其宅对村民何绍刚的访谈。

下篇 六百年飞凤古城：汉彝交往交流交融的展演剧场

的注解在《罗经透解》里。……以前有一座大桥，建了一个魁阁，不做石桥，建木桥。我们村子的地形像一对凤凰，后来浇灌水泥桥，拆除了木板，破坏了龙脉，龙脉就被挤出去了，就不出人才了，这条龙脉就跑到大永宁了。[1]

综上所述，从昂贵的兴旺、土司府后来由关圣宫及其后的灵威寺取代，以及现当代城子人才的兴衰，村子皆有一套貌似合理性的风水理论。但透过地方文化精英创构文本的字里行间所潜藏的深意，所谓"风水"，一为遵循自然特点与规律的因地制宜的生产生活活动；二为符合民心与社会发展规律的政治、军事行为。那么，昂贵土司衙门的兴亦"风水"、亡亦"风水"之"风水"，不过是民心、自然规律与社会规律三个关键词而已。合之或反之，决定了其建筑及其主人的历史命运。

（二）灵威寺：儒释道与民间信仰水乳交融的公共信仰空间

灵威寺经历了从土司衙门到关圣宫，再到威灵寺的名称与功能演变。实际上，也是从彝、汉民间信仰到汉族儒释道与民间信仰的文化层垒，并最终同处一堂，好不热闹！

从飞凤山城子古村前的水田仰望飞凤山山顶，只见灵威寺是村里的最高点，居高临下有威慑全村之势，可知当年昂贵将衙门修建于此的军事用意。爬上山顶，只见整个寺庙坐西南朝东北，远望永宁坝子。寺前有一葫芦形的黄色大香炉映入眼帘，据说是明代（实为清代）关圣宫时代留下的。进入大门后有一功德箱，其上置有一小型的送子观音像。从大门入殿后的左右两侧墙上贴有许多纸张，左侧所贴内容主要为城子村简介，右侧所贴主要是香客们题写的愿望或祝福的吉祥话语。灵威寺的院落中，除了种小型名贵树木外，还放置着诸多石像、石材。其中，功德箱前方的一大缸，起着香炉作用。大缸上除了放置香外，在其对侧还置有一些松柏叶。松柏叶在整个寺庙中出现在多处，如墙缝中、供桌等之上。

大殿中供奉有九尊大型神佛道像，四尊较小的神佛道像，如玉皇天尊、西方佛祖、关圣帝君、太上老君、孔子、南海观音等等。陈学书是城子陈

---

[1] 2018年10月18日下午，笔者在城子灵威寺对村民苗定柱的访谈。

氏后人，原是灵威寺住持，当地人为了敬奉他，就把他的塑像竖在大殿里，并封他为"土地神"。其子陈天一书法好，据说上过中央电视台，他写了城子村、土掌房历史文化，一直在为城子村做宣传。他为香港回归作的诗词还拿过银奖，在当地享有名气。陈氏一脉，为城子精神文化生产者的典型。如果说昂贵被封为"土主神"，是彝族尚武文化的升华与承载者，那么封为"土地神"的陈学书，则是汉族文化的生产者与承载者。

灵威寺的大殿两侧，有两个附殿。菩萨位次，中间是职位比较高者，两边是次等职位者。如是成王菩萨，主要管农田的稻虫期。旁边的一位是药王仙师，管民间的药草，生病了就求他。求子的就拜另外一个殿里的送子观音。与神像并置的还有一张清朝将军的画像，具体何人，有说是张冲，有说是李大将军……[1] 在大殿的供桌上有三碟糖果，一碟香蕉（两个），一碟梨（四个），一碟苹果（一个），一碟枣，一碟糕（两块）等供品及土豆丝、四季豆等五种素菜。素食供上一段时间后，会被居士与香客们吃掉，认为能保佑其及家人安康。此外，供桌上还有18杯糯米、茶，9盏油灯，9鼎小香炉。在供桌下有一神像为镇坛土地之神，在桌上为在赤胆忠心天君之神位的陈学书，其正面为"神谕"。陈学书从人到神的转型，在此可见。

在大殿的左侧殿中供奉有九个神佛像，四个小像，有龙王、药王先师、武财神、五谷太子、虫王菩萨、马祖菩萨、牛王菩萨、本境山神、本境土地等。在其供桌上供奉的供品与大殿中的相差无几。右侧殿为子孙殿，在殿中供有金花孃孃[2]、送子孃孃、子孙孃孃、圣母元君、守胎护孕明京真君等等，供品的规格及样式与其他两殿都没有太大区别。此殿主要是那些求子的香客光临、祭拜。从进门功德箱的送子观音与此地的送子孃孃，可以看出村民诉求中，求子为一大主题。

在院落左侧的殿内有两尊较小的佛像：观音、弥勒，较大的财神像、观音像，还有如南无阿弥陀佛、南无大势至菩萨、南无大势陀佛等都是装裱过的画像，还有两个牌位：幽冥教主地藏王菩萨和本州城隍。

由上可见，灵威寺内供奉的各类神像、神牌包括了佛道儒与民间信仰诸多崇拜对象，甚至还包括了世俗世界中的人，如"张将军"、土地神陈学

---

1 2018年10月18日下午，笔者在城子灵威寺对村民苗定柱的访谈。
2 孃孃：女神的本地称呼。

下篇 六百年飞凤古城：汉彝交往交流交融的展演剧场

书等。在城子村民的眼中，每个人的诉求不同，因此拜的神、佛、道也不同。这样，不仅是财神、送子观音都具有明显的功能性，还有其他各路神、佛、道也是为了满足村民们的不同愿望而受到供奉。说明儒释道信仰在西南传播过程中，其世俗性、功利性依然突出，就更不用说汉族与彝族的民间信仰了。

与其他佛教建筑不同，在正对大殿的方向二楼有"大雄宝殿"，二楼的阁楼是皈依女弟子念经坐禅处，里面不时传来富有节奏的诵经声。大雄宝殿的墙上印有"看破放下自在随缘念佛""真诚清净平等正觉慈悲"等字样。在其正中有三位佛祖神像，供桌上也有同样前述规格的供品。

灵威寺到今天这个儒释道杂糅的过程，寺主苗定柱记忆犹新：

> 少年时期时我就知道村内有个（关帝）庙，但后来寺庙变成了学校，我在此念了五年书。当时瓦烧成琉璃瓦的式样，墙上有关于关胜公及三国的故事图（如三顾茅庐等），而关帝庙的匾额在此时已不存在，庙中佛像大都在"文化大革命"时期被破坏了，仅存几样遗迹。一块匾额做成黑板，破"四旧"时把它毁坏了。柱子上的狮子，红卫兵要把狮子头打了，村子上不支持，就把这些遗物留下来了。以前供奉的图像现在已经不见了，以前墙上还有三国演义的图片、辕门射戟的图片。读书时候只知道是一座古寺，由寺庙变成了一个学校。原来叫关圣宫，也叫城子小学，从一年级到五年级，在里面住了五年。里面有花坛，八个小人像，现在知道了这些人像叫作八仙。只知道以前有一块匾额是"蓬莱无二"。我在灵威寺已有十一二年了，灵威寺的匾是我请陈天一题字做的。这个寺庙第二尊佛像是四川青城山请的观音，大概在雍正八年（1730）请来的，毁坏的时间是1952年，所有的佛像都被毁坏了。
>
> 1982年以前，村子里对佛教有一定感情的老百姓（陈清华、陈天寿、苏世昌、念正）就偷偷进去塑像，遭到人家举报，以后就遭到批斗，（塑像）就被政府毁了。有个乡政府的姓叶的把神像从屋顶毁了，回去就发疯了。应验的有五六个人，后来有人说这些像有地方特色，最近不知道这些像是不是原模原样。后来佛像塑起来了，大家就去烧香了。但因为吃水困难，才挖了一个水井。[1]

---

1 2018年10月18日下午，笔者在城子灵威寺对村民苗定柱的访谈。

改革开放后城子恢复宗教活动，重建威灵寺的过程也在其他村民口中得到印证：

> 在 1982 年前，村民偷偷在庙中塑像，主要是陈天寿、陈清华、苏世昌等。他们被告发后遭到了批斗，政府也毁了佛像。村中有传闻当时推倒佛像的是姓叶（音）的工作人员，他的母亲第二天就上吊自杀，他也疯了。现在无法确认这个传闻的真实性，但它流传至今从侧面反映了当地人信神的心态。直到包产到户政策施行后，国家也不管村内的宗教信仰了，于是人们便公开去庙里祭拜了。[1]

据调查，2000 年苗定柱开始管理灵威寺，他在 2004 年促成儒道佛三教合一于寺里，以期让村内信仰各类宗教的信徒都可以到此祭拜，并请明光大师（音）到此开的光。苗主事自 2000 年左右就在寺里做事了，他在 2004 年提出了三教合一的想法，便去泸西县城佛像殿买了些佛教用品，又从广东请回了三尊佛道塑像，后请人打扫了大雄宝殿，又请弥勒大寺的师父来此开光。2009 年，云南省文联主席来寺里调研，苗主事表示这原是土司府旧址，还是要好好地保管、整修一下。苗主事说，这里的风水适合做寺庙，以前是土司府就被烧了，改成关圣宫以后倒是太平了。[2] 因此，现在虽说是佛教的灵威寺，但一直儒释道并存。

苗主事家祖先大约是清代晚期，即嘉庆年间（1796—1820）从布隆村迁来到城子村，到苗主事是第十代。布隆村的苗族人口比城子多一些，这里只有一二十家。其祖上多人看风水卜卦，是城子村除了陈氏以外的另一户精神文化生产者。除了苗主事，现在还有另外两个村民在寺庙里做事，一个叫保文华，一个叫苏永仙。苏永仙家里有一些经文书籍，他的父亲以前也是在这个寺庙里面诵经文，村民来寺庙里祭拜的时候，苏父就帮人诵诵经。后来苏父去世了，他自己却不想做这个了。苗主事去把他请了回来，让他继承他父亲的意愿，也算城子第三个精神文化生产家族后继有人，只

---

[1] 2017 年 8 月 11 日下午，笔者在城子其宅对村民陈清华的访谈。
[2] 2018 年 10 月 18 日下午，笔者在城子灵威寺对村民苗定柱的访谈。

下篇 六百年飞凤古城：汉彝交往交流交融的展演剧场

不过不如陈氏与苗氏后人那样热心罢了。现在，苗主事是这个寺庙的主管，诵经等事宜由保文华跟苏永仙负责。村民除了定期来寺庙烧香求福，他们也会接受村民的邀请，到家里给村民做法事。一般来求的人家，经常是家里不顺利的，或是觉得家里有不干净的东西，家人生病了，或是牛马等家畜遭瘟疫了。保文华也是汉族移民后裔，与苏永仙一样，做仪式需要帮忙或年节烧香拜佛人多时，就前来一起做事。

苗主事认为他们可以做佛教的法事，也可以做儒教的仪式，但多数做的是佛教的法事，道家的（法事）他们现在暂时还不会做，因为这里也没有"道长"。一般来说，外出做法事需要三天的时间，基本的步骤也是按照灵威寺里面的礼节来做，只是换个场所而已。具体程序是，首先，在那家家里把神灵的牌位摆好，然后在下面的供桌上摆好素饭菜，看这家人能做几样就几样。摆好这些祭品之后，就得每天在他家做"三朝"，一般是连续做三天。做"三朝"的时候拜诵经文，分为"早朝""午朝""晚朝"，每一朝都要进行叩拜，写表奏章，也就是奏表给神灵，祈求神灵给予人们平安，或者是说祈求神灵给予人们其他方面的需求，如消灾免难。就这样做三天，每天都一样。拜诵的经文一般就是"黄经""地藏经"，还有一些其他小的经文。

  灵威寺里面还有几个弟子，例如陈菊华、尹菊芝等，这些就是皈依佛门的弟子"佛人"，她们去做（法事）的时候就是做佛家的，拜诵的经文跟儒家的不一样，她们拜诵的是《金刚经》《大悲咒》与《心经》等等，她们去做（法事）的时候拜诵的一直是这几种经文。而苗主事他们去做（法事）的时候，会因为不同的情况选择拜诵不同（宗教）的经文，比方说那家人是因为生病了，还是说有什么纠纷了，都有专门的要拜诵的经文。总之，村里发生不顺当的事情了，有的人会来找苗主事他们做儒家的法事，也有去找陈菊华她们做佛家的法事的，这由请的那个人决定，相信儒家的法事就找苗主事，相信佛家的法事就找陈菊华她们。有意思的是，即便陈菊华她们去给人家做佛家的法事，她们打的招牌还是灵威寺的，名义上还是灵威寺的人在施法。[1]

---

1 2018 年 10 月 20 日下午，笔者在城子灵威寺对村民陈清华的访谈。

上述可见，灵威寺虽曰佛教寺院，但却包容了儒释道与汉族民间信仰。这不唯体现在所塑神像方面，也表现在宗教师们身份、功能的场景性转换。对于村民来讲，也不在乎供的是什么神、佛、仙，就是"求个平安"罢了：

> 我们去大寺（灵威寺）里面就是磕磕头就走了，也不知道里面都供奉着什么神像，那些事情我们很不管，磕磕头就走了，也不管哪个神不哪个神的。我们在外面打工，就是求个平安，也就是那么个心意。就像去哪家串个门子也是有那个心意才回去，没那个心意也不会去他家串门。进去磕磕头就走了，也不管都是供奉的什么。[1]

总之，所谓儒释道各分一派，或者三教合一，多是知识分子的分类。但对村民而言，只要有一个场所可以挂挂功德，有一个塑像可以磕磕头，表达个"心意"，就认为是求了"平安"了。灵威寺就是因为能够满足村民的这些精神诉求，而香火能够存续至今。

但对于寺庙的当下管理情况，村民们还是有看法的：

> 我们也就是最近两三年在过年的时候去大寺里面烧香，以前年轻，有些东西很不会考虑。念经的那些老人倒是会经常去大寺里面，念的那些东西都是教你做好人，做好事。跟做客挂人情钱是一样的道理，我们去那里面也会挂点功德钱，你有这番心意就多挂两块（元），没这番心意就少挂两块。那天我们挂了十多块钱，给那些（念经）老人打点香油，点点火。大寺这个是国家拿钱来修的，寺庙里的那些人大年初一就是在那儿收收钱，也不见他们在寺庙里面栽棵树，整整哪样的。前几年的时候去寺庙里还会四五十、三四十、五六十的挂功德钱，今年我说挂十几块钱就好了。那些在寺庙里面（的人）一分钱不挂，在那儿坐着吃、在那儿坐着喝的还不是一样的。说直白一点，他们还没我们这份良心在里面呢！他们看着人们进去挂几百块钱，还不是给他们拿来分赃。有死人的、骗人的，也有活人的、好命的，这些东西

---

[1] 2017年6月2日下午，笔者在城子灵威寺对村民张保忠的访谈。

下篇 六百年飞凤古城：汉彝交往交流交融的展演剧场

不是说你在寺庙里挂了多少钱。[1]

一方面为消灾避难而求神拜佛，另一方面又认为对所拜神佛的灵性也并不完全与其所挂功德画等号，这是大部分村民的心态。实际上也是中国汉族社会宗教信仰的功利性传统使然[2]。既因为有求于神、佛、仙而祭拜，又希望以较小的祭奉成本获取较大的回报利益。于是，就因一种"信而不笃"的态度对待各路敬拜对象，也就可以接受将道教的关圣宫改为佛教的灵威寺，也可以接受这些宗教师既念道经也念佛经，还可以接受灵威寺里儒释道与汉、彝民间信仰众神、佛、仙济济一堂而并处不悖。

原先大寺里面有两棵大树在里头，后来在那里面烧香把那两棵大树给熏死了，很可惜了，几百年的树了。（以前）里面还有些好树呢，还有棵很大的观音柳，现在那些树都整到哪里去了也认不得了。还有好些药材在那个大寺里面，如果是肝炎病那些，原先里面那个万年青还是好药呢。找点金制的东西放在药里一起煨一煨，光喝点汤，不需要喝多少就好了，我都喝过了这种。[3]

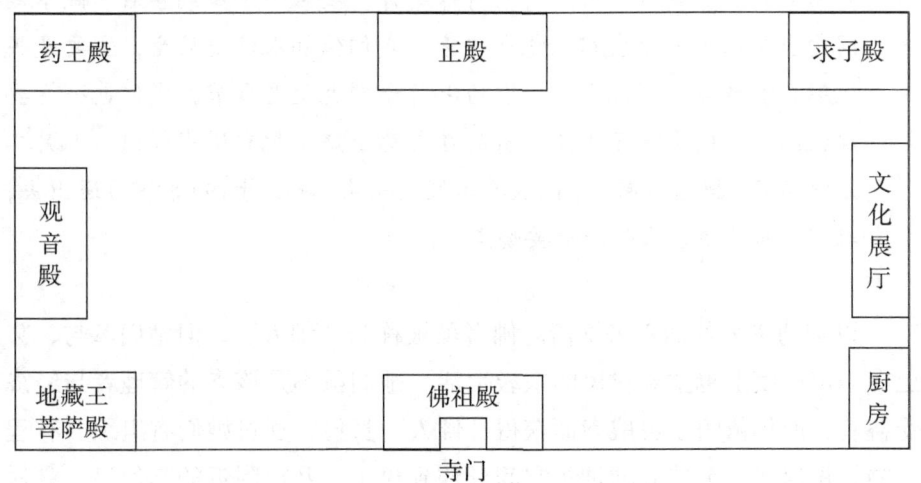

图2 灵威寺建筑格局示意图

1　2017年6月2日下午，笔者在城子灵威寺对村民张保忠的访谈。
2　参见杨庆堃：《中国社会中的宗教》，上海：上海人民出版社，2007年。
3　2017年6月5日下午，笔者在城子灵威寺对村民曾保冲的访谈。

华夷互融：飞凤古城民族志

村民对灵威寺古树名草的回忆，也颇有特点。一方面显示其历史之悠久，另一方面也可以看出宗教商业化在城子也无例外地存在。而且，同样对灵威寺的发展及其村民的宗教信仰，也产生了一定的负面影响。但只要宗教产生的两个要素——自然与社会压力存在，就有其存在的必要。因而就有一群活跃于灵威寺、私人"佛堂"与村民神龛前的"佛人"：

> 本地人生病，去医院一直不好或者有些病去医院检查不出来的，就回来请我们念经，先请陈菊华翻书瞧日子，定好日子。然后请佛祖，师父写表，要求是文辞优美，事情（仪式）完了就把表用火化了，火化了菩萨就能看到了。火化后的灰烬有的送到岔路口，有的送到长流水中。本人家送到长流水中让其自由漂流；埋在地下也可以，因为有"现在埋金，来世用金"的说法，认为埋在地下很好。
>
> （我们）到办事人家里，先点灯，再发文，再是师父写表，其他人跪在旁边，师傅负责敲鼓打铃，一同去的人和师傅一起唱口咒。规模和形制就像现在的一个乐队，缸、钵、鼓、磬等是我们念佛组的敲打用具。至少要做三天。有的特殊事件，要做一个星期左右。做事期间由当事人家安排食宿，吃斋吃素。我们信佛人注重放生，主要是买泥鳅、黄鳝等放到河水中。农历七月十四也就是鬼节，我们也一样要烧钱纸，有的在房子上烧，有的在大路上烧，把鬼送出家门。七月二是接鬼日，把鬼接回来，做点冷水饭泼出去。七月十四（把鬼）送出去，衣裳、黄钱纸、白钱纸等要烧点。[1]

以陈菊华为首的六名吃斋念佛者虽被称为"佛人"，但她们参与，甚至在一定程度上也主导村民的宗教生活。她们虽不是该寺的管理者与经济受益者，但仍依附于灵威寺而获得"佛人"身份，通过她们有组织、有程序的祭祀仪式将灵威寺的神圣空间延伸到村子，乃至附近的其他汉、彝村落，从而将城子宗教文化加以传承、延展。当然，她们所实践、所传承的并非是单一的佛教或道教，而是杂糅了儒释道与汉、彝民间信仰的多元宗教文化。

---

[1] 2017年6月10日下午，笔者在城子灵威寺对"佛人"尹菊芝的访谈。

下篇 六百年飞凤古城：汉彝交往交流交融的展演剧场

除了要供奉的主神以外，有影响的寺庙还要经常把其他信仰的神灵吸纳进来，通常是司掌不同行业的保护神，这就使得信仰不同和行业相异的人都可以把该寺庙看作是一个共同崇拜的中心。这一特征在一定程度上促使民间寺庙能够拥有众多狂热的信徒。[1]

所以有意思的是，灵威寺是西南边疆汉彝杂居区域的灵威寺，因而显示出汉族传统宗教信仰的杂糅性在位移西南后的在地化特征。

（三）阳宅民居：儒释道与民间信仰交融的私人信仰空间

调查发现，城子古村村民之所以热衷于创构族谱，除了使后人知道"老祖宗从哪里来，是怎么来到城子的，到现在有多少代了"之外，[2] 还要通过家堂神龛时时地敬拜与安奉好祖宗神灵，求得祖宗神灵的保佑。神龛所在的"堂屋"，是城子民居中不可或缺的一部分：供奉祖宗与"天地君亲师"牌位、举行祭祀和重大仪式，因而也可谓是民居建筑中或私人领域的神圣空间。

走进城子人家，会发现家家户户至今仍然保留着在堂屋供奉"天地君亲师"以及近世祖宗灵位的传统习俗，另外也在墙壁上张贴观音送子、八仙过海等图画，一并享受主人家的香火供奉。因此，城子人的堂屋，是天地君亲师、各路神佛仙以及祖宗神灵共同栖息的地方。城子人所信奉的各种宗教神灵都是书写在红色纸张上，然后张贴在正对着堂屋门的墙壁上的，其下有摆放花瓶、香炉的香案，共同构成家族神龛这个私人神圣空间。

> 据村里的老人讲，堂屋里供奉天地是汉人祖上传下来的。以前城子村还是以彝族为主体的时候，没有张贴"天地君亲师"的习俗。后来汉族进入后，才开始张贴"天地"。受到汉族的影响，村里的少数彝族以及周边村寨的彝族人也慢慢开始供奉"天地"了。这种习俗一直延续到"文化大革命"开始之前。但在"文化大革命"十年之间，只能贴毛主席的画像。这个时候，供桌、香炉、油灯等一些祭器也不

1　杨庆堃：《中国社会中的宗教》，上海：上海人民出版社，2007年，第86页。
2　2017年6月12日下午，笔者在城子灵威寺对村民陈清华的访谈。

能再用。[1]

看来，狭窄的堂屋，小小的神龛——因城子地势原因，除了少数祖上为达官贵人有深宅大院外，大部分村民的土掌房每间面积都比较小。但也跟城子所有世俗与神圣建筑一样，无不是历史的产物，并也经过历史风雨的冲洗。并且具有汉族祖先崇拜文化传统，汉彝两族共享的祖先崇拜文化，又共同经历"文化大革命"期间的该文化消失到"文化大革命"后该文化复兴的共性。而今，城子家家户户的堂屋里都供奉着种类繁多的各种崇拜对象，是村民最为重要的私人神圣空间。

当下城子村民的主楼为大门所对的二层楼房，主楼一楼中间面积相对大一点的一间为正房，俗称"堂屋"。堂屋墙壁中间上部贴的是"天地君亲师"字帖，此乃堂屋或家族神龛的中心位置。在此红纸字帖上还要写上各路神、佛、仙的名字，包括儒、释、道系统各种神灵。"天地君亲师"左右各贴灶王爷和祖先牌位；最外侧是对联，当地人称"天对"。有些人家还会在对联两边张贴观世音菩萨、寿星、财神、风景画与日历等等，还有各行各业需要供奉的祖师。如有木匠的家庭就供鲁班祖师，有医生的家庭就供药师佛，有铁匠的家庭就供太上老君。这样，汉族传统信仰里的各种神灵就在各家各户的堂屋里济济一堂，共同发挥着护佑家人各种精神诉求的功能。

在红纸神龛墙下，多数还有一个长方形的木质供桌，历史上家境稍好人家的供桌还雕龙画凤，因而成为家庭里最为奢华的家具。供桌，城子村民称为"神桌"。当下在城子村，最多见的供桌便是翘头案。主要有木质古供桌、土垒供桌、组合电视柜式的新式胶合板供桌，以及木质古供桌加玻璃门窗的现代改装型四种。其上摆放的油灯、香炉，是必不可少的祭器。这样，正墙上的字帖"天地君亲师"与各种神、佛、仙图画，以及其下的供桌，组成了一个正对大门的神圣空间。一开大门进入院子，首先面对的是这一神圣空间。因而在城子人心目中，堂屋里的神龛对内护佑家人，对外防止不干不净之物进家祸害。[2]

供桌正中供奉祖先牌位及香炉、烛台，祖先牌位在正中，香炉与烛台

---

[1] 2017年7月27日下午，笔者在城子其宅对村民何韶刚的访谈。
[2] 2017年6月12日下午，笔者在城子其宅对村民陈清华的访谈。

下篇 六百年飞凤古城：汉彝交往交流交融的展演剧场

成双，分列祖先牌两侧。再外侧两端各摆设一个花瓶，从汉语的瓶与"平"，案与"安"的谐音中，有"平安"之寓意。有的人家在花瓶旁放一面镜子，以取阖家"平静"的寓意。还有些人家也在供桌上摆放一面镜子，有辟邪之意。村里的老人解释说：

> 供桌摆放在正对堂屋门的墙下，摆放在供桌上的镜子是正对着屋外，可以将不好的东西反射到外面，因而就有了辟邪之意。[1]

因为主楼正房——"堂屋"的神圣性，家人里只有老人可以睡堂屋，也就是说已经丧失了性能力的老人与未成年的孩子才可以与这些神灵在一起，从而表明对所信奉神灵的敬意。恪守的禁忌尚在生育阶段的男女在此屋同房就会有所亵渎，从而对家人产生负面影响。[2]

在堂屋正墙上供奉的各路神、佛、仙两侧隔墙，则挂有家人照片镜框，有黑白的，也有彩色的；有单人的，也有全家福；有老人黑白老照片重新洗印的，也有近年专门为老人拍摄的彩色大照片，还有年轻人穿婚纱的结婚照。照片的主人，有尚在世的孩子与中青年人，也有已经寿终正寝的老人与意外死亡者。总之，通过正墙与隔墙上的已逝者与活人照片，将死者与活人相连。城子村民的祖先崇拜，就是通过这样看得见、看不见的脉络，世世代代传承下来。

特别值得注意的是，"天地君亲师"字帖背后的文化意义就更为厚重，这俨然就是内地汉族传统宗教信仰在城子的空间位移。因为明代以来内地汉族人口到云南迁移流动，内地汉族宗教信仰中的"天地"变为云南边地的"天地"[3]，就具有了同一苍穹之下与同一大地之上的意义。"君"，更是此"君"，亦为彼"君"。虽然各处内地与边疆，但是同在"君"之统治之下，就融入了中国大一统的政治体系中。"亲"，则既有内地祖居地的远祖，也有明代以来迁居城子之后逝去的中祖、近祖，他们都是祖先崇拜的对象，一样享用城子汉彝村民的香火。尽管英雄远祖中不少是与三皇

---

[1] 2017年8月16日晚，笔者在城子其宅对村民侯二友的访谈。
[2] 2017年8月14日下午，笔者在城子旅游接待中心（室）对村民张保忠的访谈。
[3] "天地君亲师"的民间俗称、简称。

五帝攀附而来的，但由此更加增强了家族的荣誉感与凝聚力。所以，追究这些遥不可及，但却与城子村民同在的远祖是否真实，就很没必要了。因为在村民看来，也许重构的远祖比真实远祖更有"意思"。神位字帖上的"师"，首先是儒学的创始人孔子，但也或许果真是在城子授业的私塾与后来学校里的老师，也或许是来自内地的那些行业神，如鲁班、关公等等。因为这些"师"与师神的存在，使城子人既保留了内地汉族文化，也能够使他们的生产生活技能发生适应性变迁。总之，一墙神、佛、仙字帖、图画，无疑是城子村民多元信仰的一个物化标识，同时也实践并见证着城子"华夷互融"的历史过程。

城子村里张贴毛主席画像的人家也很多，都是贴在"天地"的两边，或者是粘贴在隔墙上。只有一家姓王的老人家，堂屋正中央的墙壁上只贴有毛主席画像。问及原因，原来这家人家原来是贫农，在"土改"时期，得以住进了地主的房子，也因此过上了好生活，对那个时期有着特殊的感情。因此，从"文化大革命"时期张贴毛主席画像开始，就一直没有改变过。[1] 毛泽东主席，也有十大元帅画像与诸神并列，或是主席画像独大，在广大中国西南边疆农村普遍存在，城子里的王家并不是特例，也并不有悖于汉族民间信仰里有忠于国、有恩于民的世俗人物的神化特征。而且，又以王家所贴的主席像与其他家所贴的十大元帅等画像，无声而又形象地表明在中国广袤大地上，无论是内地，或是边疆，都在实践、重构着一致性的将有功于国、有恩于民的凡人神圣化的传统信仰文化。

总之，城子村有的村民将纸质"天地君亲师"条幅供奉于中堂（正堂、堂屋），为内地汉族传统的祭天地、祭君王、祭祖、祭圣贤等民间祭祀的总汇。祭天地，源于汉族传统的自然崇拜，以"天"为至上神，主宰一切；以"地"配天，阴阳结合，化育万物。因此，祭天地有顺服天意，感谢化育万物之意。祭"君"，则源于内地汉族君权神授观念，即皇帝为天之子。因在封建社会君王是国家的象征，故祭祀君王也有祈求国泰民安之意。祭"亲"，也就是祭祖，由汉彝两族传统的祖先崇拜衍生而来。祭"师"，即祭圣人，源于儒家祭圣贤的传统，具体指作为万世师表的孔子，也泛指孔子所开创的儒学传统。"天地君亲师"何时合并在一起祭祀，已不可详考，但作为

---

[1] 2017年7月20日下午，笔者在城子其宅对村民王××的访谈。

下篇 六百年飞凤古城：汉彝交往交流交融的展演剧场

中华民族历史悠久的"天地君亲师"文化体系，所形成的意识形态和思想道德规范，早就渗透在城子村民家教家传的言行举止中。此乃内地汉族的移民实边而传播到了云南边地，成为城子汉彝村民世世代代恪守的宗教文化与习俗。

调查发现，每到年节以及家里操办大事的时候，城子人都要祭拜"天地君亲师"。一般的祭祀，多是从早晨开始，由家里长辈擦拭干净供桌后，就开始燃香、点油灯，然后摆放上一些水果、糕点、茶酒，以及荤、素饭菜作为祭品。饭前都要先祭拜"天地君亲师"，然后才能开饭。在这样的日子里，家人与其所崇拜的神、佛、仙一起共享美食。如果是家里有老人的家庭，每月农历初一、十五都要上香、点油灯祭拜一番。据村里的老人讲：

> 很早以前，家里添置供桌是一件非常了不起的大事，也是家里经济条件好的标志之一。因此，安放供桌也是很有讲究的，需要择吉日良辰和杀牲祭祀。关于供桌，也有一些禁忌：供桌上不能摆放与敬拜无关的东西，不洁净的东西尤其不能摆；供桌要经常擦拭，不能落灰尘；小孩子不能攀爬；家里有吃素的祖先就不能献荤菜，不能献酒，只能献淡茶素食；如果供桌上摆放了观音塑像，或其后方正墙上张贴供奉了观音画像，也是不能献荤、酒，只能献淡茶素果。

有意思的是，即便没有张贴"天地"、灶王和祖先，但是每到敬拜的时候，还是要象征性先拜"天地"、灶王，再拜财神，最后还要拜祖先。故可看出，城子村民已经形成一套程序化的祭拜仪式，而且与内地汉族村落的祭拜仪式是一样的。这也意味着不唯在灵威寺这样的公共信仰空间及其仪式实践，而且在"堂屋"这样的汉彝村民私人信仰空间及其仪式实践，也越来越与内地趋于一致了，因而在民俗上嵌融进边疆与内地、汉族与少数民族一体化的文化体系里。

（四）祖坟阴宅：家族土地边界区隔和风水理论的实践变通

城子人还将风水理论实践到阴宅的选择与建造中，因此城子里就活跃着一些看坟地风水的"先生"：

> 这里的习俗是人过世后都要请风水先生选地。村子里风水先生帮忙看了地，还是要给点钱。以前经济困难些就少给点，现在经济好转点就多给点。在一到三十岁之间去世的人是乱葬的，其中家境好的也会看看地点；三十岁以上的到四五十岁的都要请风水先生，不存在乱葬。在"文化大革命"时期，年龄大的人还是要看地点，还是悄悄地请风水先生。风水是道家看的比较多，佛教不存在看风水。我现在信佛也看风水，大多数还是应验的。[1]

可以看出，风水文化已经浸透到城子人的骨髓里，因此举凡生老病死、衣食住行、起房盖房皆离不开风水。地方文化精英还很热衷于以张冲作为案例证明其风水依据：

> 张冲葬父亲在马鞍山脚下，当时没当什么官，葬他母亲的地形是个圆形。有个风水师告诉说：那是罗汉挂株。单（唯独）张冲的妹子家就突然地生活过好了，张冲去他家妹子家，还有点看不起张冲。回来以后张冲家父亲就把这座坟换了，以后他妹子家就被杀了。[2]

据调查，"文化大革命"之前，各家族有各家族的坟地，因而坟地不仅仅占风水之意，而且又有了家族边界的象征意义：

> 祖坟是在清代哪一块地是哪一家的，会立个石柱，象征这一块地是哪一家的。所有的后一代看得中就埋进去，看不中了就另选地点也可以。我家的祖坟那里现在已经很难葬坟了，现在就葬在新农村这边。这边也不是只有我们苗家，各姓都有，（成）一个公共坟地了。这个公共坟地开始埋（苗家）人，就是从这个村子开始有人那天，就是差不多昂贵土司时候就开始了。解放前还是分哪一家在哪一片，解放后"破四旧"就把它破了，我家的坟也可以葬在你家祖坟里面，乱葬。

---

[1] 2016年7月23日，笔者在城子玉皇阁对村民苗永贵的访谈。
[2] 2016年7月24日，笔者在城子其宅对村民陈清华的访谈。

下篇　六百年飞凤古城：汉彝交往交流交融的展演剧场

现在好像又开始认一些了，我家的不葬在你家里面。[1]

从血缘性的家族所占有的坟地到跨越家族边界的"公共坟地"，在一定程度上是城子村民家族观念淡化，同时结成新的地缘共同体的反映。首先是以往围绕坟地所开垦的家族山地在"土改"运动中归公，"文革"结束包产到户则不依据原地主重新分配土地，那就形成了"坟地—山地—家族"不再对应的情况。再加上"文化大革命"结束，改革开放，村民经济收入差异加大；加之人口增长，一部分村民就搬迁到飞凤城子古村前、右的太阳山、月亮山（太阴山）的新村居住，也就有了挑换更近距离的山地的情况。那么，家族坟地的家族边界意识就不再那么强烈了。

正如昂贵的兴衰成败，村民总有一套风水理论加以貌似"合理性"的解释一样，对于家族（家庭）兴衰、人的康亡，也总习惯于在"风水"中寻找依据：

> M××的大儿子以前有辆大车，赚不到钱，田××以后就失踪了，通知他父亲（这件事）。（他父亲）觉得和他母亲的坟有一定的关系，最后决定把他母亲的坟破了，葬到玉屏山下，就搬到了那里。当时说寺庙会盖（房子），以后寺庙被村子中的一个姓保的建了个石棉瓦房，改成现在的瓦房，塑了塑像放在里面。塑像有一个角对着他家的坟，M家母亲葬下以后，永红就在煤炭（矿产）里被打死了。所以，每个人选一块新地都要选风水。村子会有看风水的人，一个叫张光建（音），还有一个陈清华就是本村有名的风水师。找人看风水都要给钱，前几年经济比较危机就少给点；近年比较好，就多给点。在"文化大革命"时候年龄大的人还是会暗自偷偷地请风水师，现在三十岁以下的就会乱葬，很贫寒的人家也会乱葬。[2]

田家连连出事，先是归咎于其母亲之坟。其后仍然有人因意外事故死亡，则归咎于玉皇阁神像"对"（冲）其母亲坟。总之，"风水"就将死

---

[1]　2016年7月23日，笔者在城子玉皇阁对村民苗永贵的访谈。
[2]　2016年7月22日下午，笔者在城子其宅对村民苗定柱的访谈。

者与生者勾连起来。甚至在"文化大革命"时期，城子古村村民也并未完全放弃其风水观念，说明其风水观念的根深蒂固。

另一方面，坟地的选择，又分为"乱葬"与"非乱葬"。前者包括30岁以下死亡者，也即非寿终正寝者。那么，请"风水先生"看过风水后的"非乱葬"者，就是得以列入祖先牌位，受后人敬拜的祖先神灵。而前者则属于"凶死"者，其尸体不能葬入看过风水的坟地，其灵魂则不能列祖先牌位，因而是"孤魂野鬼"。二者待遇完全不同，前者与生者同处于"堂屋"，并在初一、十五与年节受后代敬拜；后者则只有在七月十四"鬼节"里，或家里不顺时才得享"泼冷饭"的待遇。即以泼冷饭于屋外的方式，驱赶孤魂野鬼那些作祟于人。

另外，很多村民都说"贫寒人家也会乱葬"。是因为：一是饥寒交迫，并无多余的钱财请"风水先生"看风水；二是贫寒人家多数是后来户，先来者早就占据了平坝与缓坡，并分别开垦为水田与山地，用来种植水稻、玉米与瓜豆，用以满足人食用与喂畜禽。所饲养畜禽，又要分别满足世俗与神圣双重生活的需要。因此，老住户很少有可能将土地让给后来的"贫寒人家"，即便后者认为是风水宝地，希望能够埋葬死者，也没有条件去争取。那么，看不看风水对他们就意义不大了。因此说，是否看风水，也成为城子村民地位等级差序的一个象征。其根本原因，还是与内地汉族社会一样，土地是村民极为主要而且是不可再生的生产资料。[1]

但是因为有"土改""文化大革命"，使得城子村民表现在土地、坟地、风水方面的地位等级被打破了。"贫寒人家"借政治运动葬在之前老住户的"风水宝地"里，后者也不敢有微词。于是，就出现了原先单一姓氏的家族坟地，在其附近有其他姓氏坟茔的情况。"贫寒人家"也终于在水田山地、坟地阴宅与风水权利方面，享有一定的平等。

> 父母的（坟）地是我自己看的，（我）爱好风水。如果（以后）我看到风水更好的地方，也会选择不跟父母葬在一起，但是很有难度。现在山都被管理起来，你要想换个什么地点必须要出钱，得跟别人买。山变成私人的了，如果想换个地方也不容易。另外，葬在哪里，还是

---

1 参见费孝通：《乡土中国》，上海：上海人民出版社，2006年。

下篇 六百年飞凤古城：汉彝交往交流交融的展演剧场

> 要看下一代，我说我想去那里，姑娘、儿子以后不把我送到那个地方，我也没得办法，他们把我送到哪点就是哪点。村里有个杨万平（音），他是城子村第一代地下党员，他在村里选了一块风水宝地，经常跟儿子讲，死了之后把他葬在那里，结果后来儿子没有送到那个地方。我们这里的人风水是很看重的，但是对祖坟的观念不是很重视。这和地点窄有关。地点窄，葬不下去人，死者就得去另选地点。有的看这点风水不好，就换地点。[1]

苗永贵的话给了笔者多个信息：（1）村民对风水的看重胜过对祖坟的看重，后代甚至同一代里后世者看到新的"风水宝地"，就有可能选择下葬于新的"风水宝地"，而不是与祖辈、父辈在同一坟地。因而也就出现了一个家族有多个坟地的情况。按照村民的习惯，祖坟旁边山地、水田、山林、箐沟属于坟地主人家所有。那么，这样不断选新祖坟的行为，客观上就拓展了家族的土地占有面积。（2）对于风水观念，具有代际差异，加之孝心、经济能力等因素，父母的风水诉求不一定能够被儿女所满足。（3）风水与祖坟之间的不对称性，与飞凤城子周围空地少、地点窄有关。因此当祖坟数量达到一定程度，后来死者难以下葬，就只好另寻他地。可见，来自内地的风水理论在城子一直处于在地化的动态演变中，既笃信、恪守，又灵活变通。这也可以看成是内地汉文化传播到西南边疆的一个特点、一种趋势，即一方面与内地汉文化越来越一体化，另一方面则发生了适应当地自然环境与社会环境的在地化演变。

---

[1] 2016 年 7 月 23 日，笔者在城子玉皇阁对村民苗永贵的访谈。

结论与讨论

行文至此，掩卷沉思，从昂贵、飞凤古城、城子汉彝村民的历史与现实可以总结出以下几个方面很值得继续深入讨论的特点与问题。

一、外界史家之历史与村民之历史异同——不同视角下的不同历史叙事

对于城子的"开创者"昂贵土司，从明代成化十七年（1481）至今整整540年；彝族村民，如果加上之前"白芍"部建村时间，则至少是600多年。但"昂贵彝族土司"至今一直是"死而未僵"的存在。从正史寥寥几句，到流官们纂写的地方史志的不多笔墨，再到地方文化精英们从20世纪80年代至今的不断互构，明显地呈现出外界史家的历史叙事与村民历史叙事的不同。前者，站在中央王朝与主流意识形态的角度与立场，刻画、层垒的是"肆虐不法"的昂贵；后者则从死前减免税收、对"百姓"好，死后保佑无灾无难等词语，不断塑造昂贵的正面形象，甚至以神化其为"土主神"的方式为其歌功颂德。当然，早期在人民没有"历史"的时代，人民创构历史的声音是微弱的。[1] 因此只不过在昂贵"肆虐不法"滔滔洪流中偶尔冒出点滴来。而身处二者之间的当下地方文化精英，则时时刻刻表现出其思想上的矛盾性、价值判断上的双重性，因而不惜连篇累牍重构了昂贵

---

1 ［美］埃里克·沃尔夫：《欧洲与没有历史的人》，赵丙祥、刘传珠、杨玉静译，上海：上海人民出版社，2006年。

越来越丰满、生动的形象，一方面将昂贵置于明代彝族社会生产生活场景中，从而显得真实、亲切；另一方面在刻画昂贵"凶"的一面的态度同时，又以其"神"的一面不由自主地透出对于昂贵的欣赏、敬意。

如果说关于昂贵的"历史"，具体在各种文本中呈现的昂贵具有两面性，而且以王朝时代的主流意识下定性"肆虐不法"为主，那五月十三"祭大山"则好似弱者的武器[1]，以一年一度的"祭大山"村落集体仪式表达对昂贵的祭拜之情。特别有意思的是，以仪式及其文化解释表达对官方历史叙事的反动的"弱者"，不仅仅有彝族村民，更多的是来自内地汉族移民后裔，他们与"爨夷"昂贵后裔同胞一起杀牛宰猪，一年又一年祈求"土主神"昂贵消灾避难，用仪式实践"书写"有别于官方叙事的昂贵"历史"。这也给研究者对于史料选择、理论预设提供了新的思路——何为真实的昂贵？如何才能复原昂贵的真实历史？很显然，文献记载与田野调查资料的整合是首要的。但是把包括官方史志记载与地方文化精英建构的文献资料回归于具体历史场景中加以印证，则是不可或缺的。而且实际上，不仅是研究飞凤古城"开创者"昂贵如此，对研究西南其他少数民族历史上多存在争议的主要人物及事件，亦莫不如此。

二、攀附与逃离——土司制存废中的多重悖论

众所周知，土司制度是元明清时期延续至民国时期，中央王朝对于政治、经济、文化发展与内地差异甚大的边疆少数民族地区实施的一种权宜性政治制度。洪武年间（1382）普氏（昂氏）家族被敕封广西府土知府，意味着政治上在众多土豪"鬼主"中脱颖而出，而纳入了明代中央王朝政治体系，其经济与文化也必将随之越来越与内地一体化。因而通过其成为广西府署中的一方霸主，代中央王朝管控地方，服从征调与行朝贡之礼，以及接受内地汉族儒释道信仰、风水等民间信仰文化，显示出对中央王朝

---

[1] ［美］詹姆斯·C.斯科特：《弱者的武器：农民反抗的日常形式》，郑广怀、张敏、何江穗译，南京：译林出版社，2001年。

的攀附——努力表达其作为中央王朝在广西府境的代理者身份及其权威。因此，在其入狱、降职后搬迁至白芍，重修土司衙门中都时时刻刻表现出来自内地中央王朝的"加持"。通过来自内地汉文化中的"白发仙翁""玉女"等的"陌生人-王"形式，意在表明从普氏（昂氏）家族在洪武年间（1382）投靠明代中央王朝那一天开始，他们便是中央王朝在地方的一颗棋子，因而必然更加紧密地从思想上攀附之，行动上跟随之。从昂氏家族近百年土司历史中更多时间与中央王朝保持朝贡关系、服从征调等方面，的确是努力攀附不已。

但是，到第五代土司昂贵"肆虐不法"被入狱、降职之后，却走上了一条"逃离"中央王朝控制的道路。第一，在地理空间上搬离广西府署所在地，即今天的泸西县中枢镇"老城子"，而远迁族人"白芍"部所在地。第二，在政治上炫耀"天是王大，我是王二。山高皇帝远，谁能奈我何？"其政治野心的膨胀可见。第三，在军事上招兵买马、攻占抢掠。第四，对民众烧杀奸淫、无恶不作。这离中央王朝任命其安宁地方的宗旨相去甚远，因而走上了短命败亡之路。

不过如果拨开外界史家对昂贵"肆虐不法"形象刻画层垒的迷雾，从改土归流是历史的总趋势的宏观视角，昂贵的"肆虐不法"只不过是为中央王朝以更快的速度以流官代替土官找到了口实而已。因此，对于土官昂贵而言，其命运，要么全方位接受来自内地的汉文化，以和平的方式融入其中的政治、经济与文化体系里；要么以逆历史潮流而行的军事、流血的方式狼狈结束其统治。很显然，昂贵选择了后一条道路，所以结束了其短暂的土知府、土照磨历史。如此看来，似乎昂贵之前的普氏土知府选择的是"攀附"之路，但自昂贵开始选择的是"逃离"之路。那么，对同一土司家族的"攀附"与"逃离"，如果放在历时性场景里探讨，就会发现始终以"攀附"为主流。这也是西南少数民族贵族的共性。

还需要注意的是，昂贵本人也并非完全的"逃离"，而是"逃离"与"攀附"兼备。即出狱、降职之后，地理空间上的"逃离"与政治上的"攀附"并存——仍然以中央王朝任命的土照磨的身份在管辖，或者说"作恶"一方；经济上的"攀附"与文化上的"逃离"并行，即经济上以"江西街"越来越与外界、内地相勾连，文化上则从衙门选址、修建中的无不是汉彝结合，并开启一套在地化的风水理论与建筑文化；其本人与儿子皆与汉族通婚，其统治核心集团"四大金刚"中也是彝、汉人才皆有。由此可见，无论是昂贵及昂贵"历史"的重构者们，皆处于"逃离"与"攀附"的悖论心理与场景性选择中。但最终，无不超越"逃离"与"攀附"的藩篱，而走向和内地在政治、经济与文化上的一致性、一体化。

三、华夷互融的总趋势及其路径的多向性、多维性

通览飞凤古城五百多年的发展变迁史，是一部从"以夷变华"到"以华变夷"，并且二者长期相互交织的历史，以华夷互融贯穿了整个城子古村的历史。而且，这种华夷互融还具有多维性。

首先从华夷互融的多向性来看，其一，"以华变夷"是明代以来西南少数民族社会主要的旋律与趋势。这可以从普氏（昂氏）一脉接受明代中央王朝敕封为一方土官（土司）开始，在其政治、经济与文化多个方面越来越受到内地汉文化的浸润、影响。特别是昂贵兵败而"故"，广西府改土归流伊始，这种"以华变夷"趋势就更增强了，一改之前的"以夷变华"样态。究其根源，明代，迁入广西境的内地汉族人口越来越多，随之而来的，汉文化也越来越呈主流之势。从物化层面而言，功能齐备的广西府署就是突出的标志。随之而来的，还有一大批完全是汉文化标识的文庙、寺观、阴宅、阳宅等建筑。从非物质标识而言，儒释道与汉族民间信仰伴随内地汉族移民迁居广西、泸西、城子而层层传播至此，并逐渐成为该区域从官员到汉夷民众共同认同的主流意识。其二是"以华变夷"仍然与局部、短期的"以夷变华"同步。如果认为"以华变夷"将促使"爨夷"文化彻底消失，那也不符合历史事实。一方面是"以华变夷"中不断吸收"爨夷"文化，另一方面在"以夷变华"中也同样吸纳汉文化，才产生了城子古村这样外彝内汉的建筑物，也才出现五月十三"祭大山"这样典型的彝族传统节日中又充满汉文化元素，从而在城子村民的生产生活中汉文化与"爨夷"文化呈现出你中有我、我中有你的水乳交融之态。

华夷互融：飞凤古城民族志

"华夷互融"不仅包含在文化主体的物质文化、精神文化，以及制度文化层面，同时也呈现于地方政治、经济与包括宗教、民俗在内的多个文化维度。具体而言，城子村民的衣食住行等物质文化、语言、口头传统、社会结构、节日庆典、婚丧嫁娶、宗教信仰与仪式实践都兼有汉族与"爨夷"文化特色，前者源自内地汉族移民移植于此的文化传统，并在适应新的生存空间的文化调适过程中吸收本土"爨夷"文化。因此，走进城子，一股杂糅了内地汉文化与西南边疆"爨夷"文化的"城子文化"气息便扑面而来。这是在漫长历史长河中华夷互变、互融，相互交织、相辅相成的结果。就是在此别具特色的"城子文化"习染中，飞凤古城历经五六百年不衰，汉彝村民历经风雨不灭。而且历代皆有英雄出，并与家国命运关联。同时，以与内地一体化的政治、经济与文化主线延续至国家认同共性，保障了地方的安宁，百姓的安居。又以名为"爨夷"文化，实为汉、彝文化交融的"城子文化"的精神支柱化与资本化，在现代场景中为村民、为地方带来新的功能与实惠。那么也可以肯定，是飞凤古城汉彝村民在不断进行物质与精神再生产，而需要有一部不断被重构的辉煌历史，因而昂贵、城子的"历史"将会越来越辉煌、越来越丰富。因此，对于飞凤古城历史文化的研究，当不止于此书，也不止于笔者。

参考文献

（一）历史文献（以成书年代为序）

礼记［M］.北京：北京燕山出版社，1995.

方韬译注.山海经［M］.北京：中华书局，2011.

（战国）左丘明.左传［M］.上海：上海古籍出版社，2015.

（汉）司马迁.史记［M］.北京：中华书局出版社，1963.

（汉）刘安.淮南子［M］.陈广忠译注，北京：中华书局，2011.

（晋）陈寿.三国志［M］.北京：中华书局，1964.

（东晋）郭璞.玄中记［M］.哈尔滨：北方文艺出版社，2021.

（后晋）刘昫.旧唐书［M］.北京：中华书局，1975.

（宋）欧阳修.新唐书［M］.北京：中华书局，1976.

（元）勃兰肸等撰，赵万里辑录.元一统志［M］.北京：中华书局，1966.

（明）顾炎武.日知录［M］.长沙：岳麓书社，1994.

（明）顾炎武.天下郡国利病书［M］.上海：上海古籍出版社，2012.

（明）宋濂.元史［M］.北京：中华书局，1976.

（明）陈耀文.天中记［M］.扬州：广陵书社，2007.

（清）毕沅.续资治通鉴［M］.上海：上海古籍出版社，1987.

（清）蒋敷锡.康熙广西府志［M］.昆明：云南人民出版社，2016.

（清）赵翼.陔馀丛考［M］.北京：中华书局，2006.

（清）张廷玉.明史［M］.北京：中华书局，1974.

（清）周采.乾隆广西府志［M］.芒市：德宏民族出版社，2010.

（清）木氏宦谱［M］.//云南备征志［C］.昆明：云南人民出版社，2001.

（清）王凤文撰.云龙记往［M］.//云南备征志［C］.

（清）赵尔巽.清史稿［M］.北京：中华书局，1977.

泸西县地方志办公室.民国泸西县志稿［M］.芒市：德宏民族出版社，2016.

方国瑜.云南史料丛刊·第1—13卷［M］.昆明：云南大学出版社，1998—2001.

（二）学术专著

1. 国外学术专著

［德］费尔巴哈.宗教的本质［M］.王太庆，译.北京：人民出版社，1953.

［美］C.恩伯，M.恩伯.文化的变异［M］.杜杉杉，译.沈阳：辽宁人民出版社，1988.

［美］施坚雅.中国农村的市场和社会结构［M］.史建云，徐秀丽，译.北京：中国社会科学出版社，1998.

［美］保罗·康纳顿.社会如何记忆［M］.纳日碧力戈，译.上海：上海人民出版社，2000.

［美］Erik Mueggler. *The Age of Wild Ghosts Memory，Violence，and Placein Southwest China*［M］. University of California Press，2001.

［美］詹姆斯·C.斯科特.弱者的武器：农民反抗的日常形式［M］.郑广怀，张敏，何江穗，译.南京：译林出版社，2001.

［法］马塞尔·莫斯.礼物［M］.汲喆，译.上海：上海人民出版社，2002.

［美］马歇尔·萨林斯著.历史之岛［M］.蓝达居等，译.上海：上

海人民出版社,2003.

［美］埃里克·沃尔夫.欧洲与没有历史的人[M].赵丙祥,刘传珠,杨玉静,译.上海:上海人民出版社,2006.

［法］埃米尔·涂尔干.宗教生活的基本形式[M].渠东,汲喆,译.上海:上海人民出版社,2006.

［美］杨庆堃.中国社会中的宗教[M].范丽珠等,译.上海:上海人民出版社,2007.

［美］斯蒂文·郝瑞,田野中的族群关系与民族认同:中国西南彝族社区考察研究[M].巴莫阿依,曲木铁西译.南宁:广西人民出版社,2008.

［古希腊］希罗多德.历史·希腊波斯战争史[M].王以铸,译.北京:商务印书馆,2009.

［美］罗伯特·芮德菲尔德.农民社会与文化——人类学对文明的一种诠释[M].王莹,译.北京:中国社会科学文献出版社,2013.

［美］费正清.中国沿海的贸易与外交:1842—1854年通商口岸的开埠[M].牛贯杰,译.太原:山西人民出版社,2021.

2. 国内学术专著（以作者姓氏拼音为序）

苍铭.云南边地移民史[M].北京:民族出版社,2004.

陈斌,张跃.云南少数民族盟誓文化[M].北京:民族出版社,2012.

方国瑜.彝族史稿[M].成都:四川民族出版社,1984.

方国瑜.中国西南历史地理考释[M].北京:中华书局,1987.

方国瑜,秦树才,林超民整理.云南民族史讲义[M].昆明:云南人民出版社,2013.

方铁,方慧.中国西南边疆开发史[M].昆明:云南人民出版社,1997.

费孝通.乡土中国[M].上海:上海人民出版社,2006.

高志英.中国节日志·刀杆节[M].北京:光明日报出版社,2014.

高志英,苏翠薇.云南原始宗教史纲[M].昆明:云南大学出版社,2016.

高志英.藏彝走廊西部边缘民族关系与民族文化变迁研究［M］.北京：民族出版社，2010.

龚荫.中国土司制度［M］.昆明：云南民族出版社，1992.

郝正治.汉族移民入滇史话［M］.昆明：云南大学出版社，1998.

江应樑，林超民.中国民族史［M］.北京：民族出版社，1990.

何耀华.武定凤氏本末笺证［M］.昆明：云南民族出版社，1986.

何耀华.石林彝族传统文化与社会经济变迁［M］.昆明：云南教育出版社，2000.

何耀华.试论彝族的祖先崇拜［M］.贵阳：贵州人民出版社，1983.

何耀华.西南民族研究·彝族专辑［M］.昆明：云南人民出版社，2018.

何耀华.中国彝族大百科全书［M］.昆明：云南人民出版社，2014.

黄树民，林村的故事——一九四九年以后的农村改革［M］.素兰，纳日碧力戈译.上海：生活·读书·新知三联书店，2002.

林超民，王跃勇.南中大姓与爨氏家族研究［M］.北京：民族出版社，2002.

林超民.方国瑜文集［C］.昆明：云南教育出版社，2001.

林惠祥.中国民族史［M］.上海：上海书店，1984.

林荃.杜文秀起义研究［M］.昆明：云南人民出版社，2006.

林耀华.凉山彝家［M］.昆明：云南人民出版社，2003.

林耀华.凉山彝家的巨变［M］.北京：商务印书馆，1995.

陆韧.明代云南汉族移民研究［M］.昆明：云南教育出版社，2001.

泸西县民委，文化局，文化馆.飞鹤集（内刊）［C］.红河州印刷厂，个旧市印刷厂，1984.

泸西县老年人诗书画协会，泸西县政协文史委.广西府漫话［C］.红新出（2005）准印字第098号，2005.

泸西县政协文史资料委员会编.泸西县文史资料选辑·第二辑［C］.泸西县印刷厂，1988年.

吕大吉，何耀华.中国各民族原始宗教资料集成·彝族卷　白族卷　基诺族卷　傈僳族卷　纳西族卷　彝族卷　独龙族卷　景颇族卷　拉族卷［M］.北京：中国社会科学出版社，1996.

马丽娟.全新多型论：民族经济在云南［M］.昆明：云南大学出版社，2012.

师培砚等.阿庐文化系列丛书·阿庐文物［M］.昆明：云南人民出版社，2013.

谭良啸.八阵图与木牛流马——诸葛亮与三国研究文集［C］.成都：巴蜀书社，1996.

王明珂.华夏边缘：历史记忆与族群认同［M］.杭州：浙江人民出版社，2013.

王铭铭.社会人类学与中国研究［M］.北京：三联书店，1997.

王明珂.毒药猫理论：恐惧与暴力的社会根源［M］.台北：允晨文化，2021.

王树槐.咸同云南回民事变［M］.台北："中央研究院"近代史研究所，1968.

王忠翰.中国民族史［M］.武汉：武汉大学出版社，1994.

吴光范.云南地名探源［M］.昆明：云南人民出版社，1988.

杨俊.阿庐文化系列丛书·古村神韵［M］.北京：中国文化出版社，2013.

杨庆福.阿庐文化系列丛书·阿庐传说［M］.昆明：云南人民出版社，2006.

尤中.云南民族史［M］.昆明：云南大学出版社，1997.

云南省民族民间文学丽江调查队搜集翻译整理.创世纪——纳西族民间史诗［M］.昆明：云南人民出版社，1960.

曾昭抡.大凉山夷区考察记［M］.北京：中国青年出版社，2012.

政协怒江州文史资料委员会.怒江文史资料选辑（第一至二十辑摘编）［C］.芒市：德宏民族出版社，1995.

张碧波，庄鸿雁.中国文化考古学［M］.哈尔滨：黑龙江人民出版社，2012.

张纯德，龙倮贵，朱琚元.彝族原始宗教研究［M］.昆明：云南民族出版社，2008.

左玉堂.彝族文学史［M］.昆明：云南民族出版社，2006.

《民族问题五种丛书》云南省编写组.独龙族社会历史调查（一）［C］.昆明：云南民族出版社，1981.

（三）学术论文

1. 国外学术论文

［美］马歇尔·萨林斯.陌生人－王，或者说，政治生活的基本形式［A］刘琪译，黄剑波校.// 王铭铭.中国人类学评论 第九辑［C］.北京：世界图书出版公司北京公司，2009.

［美］费正清，邓嗣禹.论清代的朝贡制度［J］.哈佛亚洲研究杂志，1994（02）.

［美］费正清.朝贡贸易与中西关系［J］.远东季刊，1942，01（02）.

［日］鸟居龙藏.《凉山彝家》书评［J］// 林耀华.凉山彝家的巨变［M］.北京：商务印书馆，1995.

2. 国内学术论文

蔡家祺.川滇民族学调查第一人［J］.云南民族大学学报，2003（04）.

范玉春.马援崇拜的地理分布：以伏波庙为视角［J］.广西师范大学学报，2007（03）.

费孝通.中华民族的多元一体格局［J］.北京大学学报（哲学社会科学版），1989（04）.

高志英，张琳.茶山人婚丧礼物的文化意涵解读［J］.西南边疆民族研究，2015.

何平利.明初朝贡制度析论［J］.学术界，1988（04）.

何耀华.论凉山彝族的家支制度［J］.中国社会科学，1981（02）.

何耀华.论凉山彝族与汉族的历史关系［J］.思想战线，1980（03）.

何耀华.彝族的自然崇拜及其特点［J］.思想战线，1982（06）.

侯冲.元明云南地方史料中的九隆神话[J].学术探索，2002（06）.

黄文山.民族学与中国民族学研究[J].民族学研究集刊，1936（01）.

李近春.浅谈纳西族史诗《创世纪》[J].民族学研究，1985.

林耀华.三上凉山——探索凉山彝族现代化中的新课题及展望[J].社会科学战线，1987（01）.

马强.近二十年来国内诸葛亮研究概述[J].成都大学学报（社会科学版），2003（02）.

马勇，代艳芝.论明清时期腾冲汉族移民的历史记忆与族群认同[J].云南民族大学学报，2015（05）.

潘志成，吴大华.简论南方少数民族继承习惯法的几个原则[J].黔南民族师范学院学报，2014（01）.

平慧.从历史记忆到族群认同：云南彝族葛泼人祭祖仪式中的口头叙事[J].民族文学研究，2018（03）.

孙庆忠.林耀华教授和他的凉山彝族研究[J].中央民族大学学报，2000（06）.

汤芸.从《野鬼的年代》看西南中国[J].西北民族研究，2006（01）.

陶芳芳."土掌房的活化石"——城子古村[J].青年与社会，2017（23）.

陶红，张诗亚.西南少数民族生殖崇拜研究述评[J].民族研究，2008（02）.

陶云逵.碧罗雪山之栗粟族[J].中央研究院历史语言所集刊·第十七本，1948.

陶云逵.大寨黑夷之宗族与图腾制[J].边疆人文，1943（01）.

陶云逵.几个云南土族的现代地理分布及其人口之估计[J].中央研究院历史语言所集刊·第七本，1936.

陶云逵.几个云南藏缅语系土族的创世故事[J].边疆人文，1943（01）.

陶云逵.俅江纪程[J].西南边疆，1943（12，14，15）.

陶云逵.西南部族之鸡骨卜[J].边疆人文，1943（01）.

陶云逵.云南土著民族研究之回顾与前瞻[J].中央研究院历史语言所集刊·第七本，1936.

王丽珠.巍山彝族土主崇拜调查[A]//云南巍山社会历史调查[C].

北京：民族出版社，2009.

王菊.斯蒂文·郝瑞的中国西南彝族研究［J］.思想战线，2009（05）.

王水乔.杨成志与西南民族研究［J］.云南民族学院学报（哲学社会科学版），1996（02）.

杨成志.从西南民族说到独立罗罗［J］.广州考古学院考古学杂志，1932（01）.

许晓明，杨成志.凉山彝区的探路者［N］.中国民族报，2013-07-29.

杨成志.中国西南民族中的罗罗族［J］.北平地学杂志，1934（01）.

杨成志.罗罗起源和性格［J］.德国种族学杂志，1936.

杨成志.罗罗文的起源及其内容一般［A］//周大鸣主编.杨成志人类学民族学文集［C］.北京：民族出版社，2003.

杨成志.罗罗文明源流探讨［J］.维也纳国际人类学杂志，1936.

杨成志.云南罗罗族的巫师及其经典《罗罗太上清净消灾经》对译［A］//周大鸣，杨成志人类学民族学文集［C］.北京：民族出版社，2003.

杨福泉.历史民族学家何耀华的治学之路［N］.中国社会科学报，2017-08-21.

杨俊.宜居泸西［A］//泸西县文学艺术界联合会.寻梦红高原–泸西县第五届阿庐文学奖获奖作品集［C］.泸新出内资准印字第532527-025号，2018.

杨政业.李宓其人及被奉为将军洞本主新探［J］.云南民族大学学报，2004（02）.

张泽洪.中国西南少数民族的土主信仰［J］.中南民族大学学报（人文社会科学版），2006（05）.

张泽洪.中国西南少数民族鬼主制度研究［J］.思想战线，2012（01）.

和梦."极边"不边：腾北麻栎村的历史、权力与仪式研究［D］.云南大学，2020.

石元蒙.明清朝贡体制的两种实践：1840年前［D］.暨南大学，2004.

（四）网络文献

山西省关羽文化研究会.关公磨刀与龙王兴雨的传说［OL］.（2017-01-10）［2021-03-15］.http://www.chinaguanyu.com/index.php?m=content&c=index&a=show&catid=27&id=30

后记

自 2011 年受好友何海燕女士之约首次进入泸西，至今已整整十年了。这十年是多次得到泸西县旅游部门的吴伟先生与洪瀛洲先生提供调查便利，并不断被其催稿的十年。他们作为泸西旅游发展的谋划人、实践者，与有着丰富越南旅游资源的海燕女士相识、相知。在此过程中，海燕被吴伟先生发展泸西旅游业的热诚、使命感与实在劲所感动，在努力将越南旅游团队引入泸西的同时，也邀约笔者前去考察，并建议多为泸西文化做宣传。于是，跟时任云南大学民族研究院院长的何明教授汇报后，何老师亲自陪同我与马翀炜教授前去挂了民族学研究基地的牌。同时，受吴伟先生委托，开启了城子历史文化的长时段研究。其间，先后有陈庆德教授、朱凌飞教授、胡凌博士、崔阳博士、聂英涛硕士、此里品初博士及三十多名民族学、社会学、历史学与宗教学等学科的硕士生、博士生，跟随笔者前往城子古村进行短则一两天，长则十几天的田野调查。

时间如流水，不知不觉已过十年，书稿写作超出了预期，因而也不便再提合同中规定的剩余调研经费与出版经费事宜。幸得院领导支持，也感谢科研秘书赵海娟老师的热心联系，更感谢学苑出版社战葆红的帮助，并认真、细致编辑，终于得以付梓出版。也终于可携书面谢上述诸位领导、同仁与弟子们，也可携书面谢城子村陈清华、曾宝冲、张保忠、侯二友、曾炳华、曾国文、苗定柱、苗永贵、钱明华、何绍刚、陈海莲、陈菊华等父老乡亲。

之所以对同一个村落开展长达十年、多达几十次的田野调查后，才敢下笔著书，首先是因读硕、读博阶段恩师林超民、潘先林二位教授"言必有据"的历史学的学术训练，还有投师王铭铭教授学习人类学田野调查的"深

后记

描"熏陶,更是因为飞凤古城不是滇东南一个孤立的彝族土司城堡。其历史,其现实,与中华各民族的发展历史休戚相关;其政治,其经济,其文化,也与中华各民族的政治、经济与文化发展历史息息相连。因此,表面上看,只是昂贵从广西府土知府到弥勒州土照磨短短五六年的土司生命,实际上也是中华民族悠久发展历史的一部分,更是一部汉夷(彝)互变、互融,边疆与内地政治、经济与文化越来越一体化的悠久而复杂的历史。其中,有散见于正史的碎片化史料,也有清代流官组织纂写的地方志文献,还有当下地方文化精英与村民互哺、互构而绵延不绝的生产生活描述与历史记忆重构。有鉴于此,本书撰写所需的田野调查、文献"收集"、材料取舍及理论分析,非三年两载可完成。故调查、积累、反思多年,写写停停,断断续续,终成此文。权且作引玉之砖,期待引来更多、更优秀的飞凤古城的历史文化研究成果,以促进华夷互融研究更加丰富、深入。

高志英
2021 年 9 月 17 日